谁与争雄

——1925-1932年的民国

邱若桐⊙著

中国出版集团公司
华文出版社

图书在版编目（CIP）数据

谁与争雄：1925—1932年的民国 / 邱若桐著. ——北京：华文出版社，2017.1
　　ISBN 978-7-5075-4637-8

Ⅰ.①谁… Ⅱ.①邱… Ⅲ.①中国历史－研究－1925-1932 Ⅳ.①K260.7

中国版本图书馆CIP数据核字(2017)第020609号

谁与争雄：1925—1932年的民国

作　　者：	邱若桐
责任编辑：	谭　笑
出版发行：	华文出版社
社　　址：	北京市西城区广外大街305号8区2号楼
邮政编码：	100055
网　　址：	http://www.hwcbs.com.cn
投稿信箱：	xiaotanxiaotan11@126.com
电　　话：	总编室 010-58336239　发行部 010-58336267　58336266
	责任编辑 010-58336237
经　　销：	新华书店
印　　刷：	三河市东方印刷有限公司
开　　本：	710×1000　1/16
印　　张：	25
字　　数：	390千字
版　　次：	2017年4月第1版
印　　次：	2017年4月第1次印刷
标准书号：	ISBN 978-7-5075-4637-8
定　　价：	48.00元

版权所有　侵权必究

目　　录

序幕 ··· 1

第一章　峥嵘初露 ·· 1
　第一节　廖仲恺思想"左倾"，成为右派的眼中钉 ············ 1
　第二节　群情激愤要惩凶手，蒋介石安抚胡汉民"韬光养晦" ···· 5
　第三节　扳倒胡汉民和许崇智，汪蒋合作，各得其所 ········ 14

第二章　左右"逢源" ··· 21
　第一节　蒋介石头戴面具，令人目眩，汪精卫不解其中奥妙 ···· 21
　第二节　下棋看五步，蒋介石岂会被人牵着鼻子走 ·········· 28
　第三节　汪精卫渐成贵重而易碎的花瓶，蒋介石察看了各巨头的底牌 ··· 35
　第四节　蒋介石冒险发难，汪精卫垂下举到半空的手臂 ······ 41
　第五节　左派、右派俱成为蒋介石官运的升降机 ············ 47
　第六节　蒋汪斗争第一回合降下帷幕，蒋介石大获全胜 ······ 52

第三章 布局北伐 ... 60
第一节 鲍罗廷认为可以继续利用蒋介石，蒋介石却毫不手软地借"中山舰事件"不断扩大战果 ... 60
第二节 北伐这艘大船上，挤满了各怀心机、跃跃欲试的桨手 ... 66
第三节 北伐的号角即将吹响，走哪条路线，怎么走，却大有文章可做 ... 69

第四章 大潮暗流 ... 77
第一节 暗算别人，壮大自己，蒋介石开始对付潜在对手 ... 77
第二节 权术犹如双面刃，玩者也会吃苦头 ... 81
第三节 北伐洪流涌向武汉，力量与智谋不断搏击 ... 86

第五章 出尔反尔 ... 90
第一节 唐生智拿下武汉三镇，蒋介石对他有了疑忌之心 ... 90
第二节 北伐凯歌高奏，蒋介石却觉得自己受到了威胁 ... 96
第三节 蒋介石决意迁都南昌，国民党左派不容，都城之争已成力量增长的加速器 ... 100
第四节 革命首脑机关一分为二，唐生智擒头，蒋介石捉尾 ... 107

第六章 宁汉相争 ... 113
第一节 列强仇视革命，蒋介石成为他们在革命营垒中的同盟者 ... 113
第二节 武汉派取得表面胜利，蒋介石只做不说，身后血迹斑斑 ... 118
第三节 蒋介石暗中霍霍磨刀，在接见工人代表时却还在称"共同奋斗" ... 122
第四节 汪精卫踌躇满志回到上海，蒋介石给他灌上了迷魂汤 ... 127
第五节 蒋介石发动反革命政变，汪精卫在武汉声嘶力竭，却举棋不定 ... 134

第七章 波谲云诡 ... 142
第一节 右派围攻，列强封锁，武汉政府面临空前危机 ... 142

第二节 宁、汉双方均极力拉拢冯玉祥，冯玉祥精明应对 …………… 148
第三节 从限共、用共，到分共、反共，汪精卫和蒋介石如出一辙 …… 154
第四节 北伐东征之争各具内涵，蒋介石四面楚歌，宣布下野 ……… 157
第五节 中央特委会在南京成立，汪精卫的领袖梦彻底破灭 ……… 171
第六节 蒋介石呼风唤雨，特委会成众矢之的，汪精卫乱麻缠身 …… 182
第七节 蒋介石故伎重演，以退为进，驱汪排胡 ………………… 194

第八章 表面的风光 …………………………………………… 205
第一节 蒋介石联冯制桂，让何应钦栽跟头，程潜吃闷棍 ……… 205
第二节 冯玉祥倾全力北伐京津，阎锡山却获得了接收京津大权 … 214
第三节 阎锡山最终竹篮打水，蒋介石再玩以退为进新花样 …… 221
第四节 总理灵前政要们多恭敬肃穆，讨论裁兵却各打小算盘 … 226
第五节 冯想蒋冯配，蒋玩冯阎隙，编遣会议成了心力角斗场 … 231

第九章 蒋桂相争 ……………………………………………… 246
第一节 暗潮涌动，桂系开始较劲。改组派尤让蒋介石头疼 …… 246
第二节 激桂生变，蒋介石秩序井然地磨砺着一把又一把尖刀 … 251
第三节 表面虚怀若谷，暗中心狠手辣，蒋介石把二李骗得好苦 … 255
第四节 冯玉祥手握重兵作壁上观，静待鹬蚌相争 ……………… 259
第五节 砍头、击腰、扫尾，蒋介石使桂系瞬间土崩瓦解 ……… 262

第十章 竹篮打水 ……………………………………………… 270
第一节 冯玉祥起兵反蒋信心满满，韩复榘一纸"养电"釜底
抽薪 ……………………………………………………… 270
第二节 阎锡山赚了老虎进笼，以此要挟蒋介石 ……………… 280
第三节 汪精卫搞反蒋大拼盘，群雄各怀小九九 ……………… 285
第四节 阎锡山出尔反尔，蒋介石将计就计，冯玉祥背后挨刀 … 291
第五节 唐生智坐失良机，阎锡山突然变脸，蒋介石借刀杀人 … 297

3

第十一章　同树异枝 ··· 305
第一节　老狐狸魂惊河南,智激徐永昌,终于定下倒蒋大计 ············ 305
第二节　蒋介石直揭阎锡山老底,阎锡山明知被日本人玩弄,却无可奈何 ·· 311
第三节　从对手到盟友,冯玉祥饮恨联阎倒蒋。排兵布阵,蒋介石备足枪弹与银弹 ·· 317
第四节　秋收未到,改组派西山派争抢果实,大战在即,阎锡山冯玉祥各怀心事 ·· 327

第十二章　中原逐鹿 ··· 336
第一节　冯、阎算人反遭人算,何应钦上演空城计 ·················· 336
第二节　乌合怎能成事:阎锡山用石友三,冯玉祥用孙殿英的悲剧 ····· 343
第三节　张学良挥师入关,扩大会议和"四九"政府顿成昙花一现 ····· 353

第十三章　权力之巅 ··· 362
第一节　中原大战大获全胜,蒋介石心高气傲,不小心踩响了一颗威力巨大的地雷 ·· 362
第二节　蒋介石扣押胡汉民,打开了反蒋的潘多拉魔盒 ·············· 366
第三节　陈济棠挑起宁粤对立,各方追逐,蒋介石再次下野 ·········· 373
第四节　"太子内阁"短命,蒋介石旧招出新意,昂然入主南京 ······ 382

序　幕

1925年3月12日上午9时25分，北京东城铁狮子胡同五号，孙中山先生双唇翕动，轻轻呼喊着"和平、奋斗、救中国……"，溘然长逝。

孙中山是1924年冬从广州北上的。

就在孙中山依靠黄埔师生平定商团叛乱的同时，北方于1924年9月开始的第二次直奉战争发生了重大变化。10月，直系将领冯玉祥在双方激战正酣的关键节点，突然树起反直大旗，发动北京政变，导致直系军阀迅速溃败。靠贿选当上北京政府大总统的曹锟（人称"猪仔总统"，选举他的国会称"猪仔国会"）被软禁，吴佩孚率其残兵败将南逃湖北。段祺瑞被推为北京政府的临时执政，北方出现了段祺瑞、冯玉祥、张作霖三派既联合又互相猜忌和争斗的局面。

由于冯玉祥曾接到过孙中山多次寄给他的信件和有关三民主义的书籍，受到一些影响，同时他看到段、张同属北洋系统，不排除两派携手压倒自己的可能，为与其抗衡，电请孙中山北上，共商时局。

而段、张迫于形势，对冯系主张也假意表示欢迎，企图把孙中山骗到北

谁与争雄

方，借以瓦解革命阵营。

去，还是不去？

段、张是诚心相邀，共济时艰吗？何况，孙中山也知道，自己患的肝癌已到晚期，来日不多了。

但是，尽管实现了国共合作，自己的力量仍然是弱小的，探索了大半生，新的事业才刚刚起步。他以为，即使不能召集国民会议解决国事，也可以利用此次机会，作革命之宣传，掀斗争之波澜。

孙中山毅然决然地接受了邀请，致电北方三巨头：拟即日北上，晤商一切。他对事务作了安排后，以中国国民党总理的名义发表了《北上宣言》，11月13日，偕宋庆龄等乘永丰舰视察黄埔军校后北上。

孙中山在民国成立后，为了避免战争，把"总统"的权位让给了袁世凯，而自己四处奔走，不计名义，希冀与袁世凯共谋建设。

可惜，当孙中山绕道日本，一路宣传到达北京时，政局已发生了重大变化。冯玉祥受张作霖和段祺瑞的压迫，再不提过去的主张。而他本人则因劳累过甚，加之心情烦闷，又受了段、张的窝囊气——与孙中山召开国民会议的主张相对，他们提出"外崇国信"（承认一切不平等条约）和召开"善后会议"（由军阀、官僚、政客参加）；张作霖在与孙中山密谈时，劝孙中山不要反对外国人，因为外国人都是不好惹的，而各国公使非常反对联俄联共政策，希望他放弃这个政策，他愿意代他疏通外国人的感情。他信誓旦旦地说："这件事包在我张作霖一个人的身上，一定可以成功。"而段祺瑞甚至在孙中山病逝后，借口脚肿靴小不参加3月19日在北京中央公园社稷坛举行的公祭仪式，以致病情恶化，一病不起。

孙中山从1894年创建兴中会，即成为革命的旗帜；后来组建同盟会，领导国民党，在国民中享有崇高威望，甚至是外国人都表示钦佩。

巨星陨落了。

国民悲恸之余，都把眼光投向南方——代表中国希望之所在的广东——革命阵营里，谁会继承孙中山的衣钵，成为革命的领袖？

内外都把目光聚集在孙中山麾下"三杰"的身上。人们在猜测：是三杰中的一杰脱颖而出，还是三杰平分秋色，出现三驾马车并驾齐驱的共治局面？

三杰者：

胡汉民，字展堂，1897年12月生于广东番禺县（今广州）。他饱读诗书，才华出众，21岁即考中举人。1902年，他与吴稚晖、钮永键等人东渡日本，入东京弘文学院师范科学习。后因吴稚晖与清政府驻日公使因保送私费陆军学生事闹翻，遭日本警察驱逐出境，他也愤而退学回国。1904年，他与族弟胡毅生、汪精卫等人再赴日本，进入法政大学速成法政科学习。他在东京结识了孙中山，并与廖仲恺同时加入同盟会，初任评议部议员，后任书记部书记。1905年11月《民报》创刊后，他被推为编辑，用其犀利的文笔，写了很多战斗性很强的文章，与戊戌变法巨子、后沦为保皇派的康有为、梁启超等人展开激烈论战。武昌起义爆发后，全国形成辛亥革命的滚滚洪流，各省纷纷宣布独立。广东独立后，他被推举为都督。孙中山在南京就任民国临时大总统，他任总统府秘书长。在孙中山反对北洋军阀的斗争中，他一直紧跟在孙的左右。1924年国民党一大，他被选为中央执行委员会委员；同年9月，孙中山率领北伐军进驻韶关，由他留守广州代行大元帅职位，兼广东省长。孙中山北上时，仍命他以"代帅"资格留守广州。胡在党内的势力颇大，中央委员如居正、邹鲁、谢持、丁惟汾、王法勤、覃振、石青阳、邓家彦、茅祖权等人多唯胡之马首是瞻。

汪精卫，字兆铭，与胡汉民同乡，小其4岁。14岁前，汪即先后失去父亲、母亲，但读书用功，当时有人评他：其文气"磅礴纵横"，为"旋乾转坤之伟器"。他参加番禺县试，考得第一名，初露锋芒。到广州府试，再拔头筹，才名远达。但其早年生活非常不如意，他自己就说："父亲殁后，并无遗产，我衣食住之费，都仰给于长兄。至17岁便出去做'子曰先生'，每月得10元修金，兼长各书院应试，往往取得优等，每月平均得膏火银20元左右。18岁三兄病殁，19岁二兄病殁，和两寡嫂一孤侄，持此度日。"转折发生在1904年。这一年，他考取了留日法政速成科官费生，到了东京。1905年7月30日，在东京赤坂区桧町黑龙会会所召开的同盟会筹备会上，他由孙中山率领宣誓入会，并参与起草会章。同盟会总理下设执行、评议、司法三部，分别以黄兴、汪精卫、邓家彦为首，汪精卫时年22岁。作为《民报》的主要撰稿

谁与争雄

人之一,他发表了一系列文章,击败了梁启超等人,在革命党人中赢得了声誉。经过急风暴雨似的反清斗争和反北洋军阀的斗争,他更是得到了肯定,在改组国民党的过程中,他是孙中山亲委的五委员之一,参加起草了国民党一大宣言等重要文件。他还是国民党一大五人主席团之一,并当选为中央执行委员。他立场鲜明地拥护孙中山的三大政策,获得了孙中山的高度评价:"二十多年来,党员总是阻挠我革命,总是丢掉三民主义,追随我的很多,但总是想打他自己的主意,真正跟我来革命的,如汪先生一样的不出二十个……"孙中山北上时即随身带着他,并派他先赴北京作好安排。当然,应该说他最得意的,是代孙中山草拟"遗嘱"。他将政治遗嘱和对家属的遗嘱草就献上后,孙中山未改一字即签了字,这说明多年追随孙中山的他,对总理的心思揣摩透彻了。这也是他重要的政治资本。

廖仲恺,原名思煦,仲恺是字,1877年出生于美国旧金山,1893年回国,1897年,因其"非天足不娶"的态度而与顶住压力拒不缠足的何香凝结婚。1902年秋东渡扶桑,先后入早稻田大学经济预科、中央大学政治经济科学习。1903年在东京结识了孙中山,从此投身于孙中山领导的民主革命。俄国十月革命后,他看出中国问题的根源,就是政治上的障碍,而欧美资本主义的经济制度和民主制度,并不那么完善。他说:"俄国十月革命后,私有废除,生产分配之事,掌诸国家机关与人民合作社。空前之举,震慑全球,前途曙光,必能出人类于黑暗。"1921年,孙中山任非常大总统,他主管财政,全力整理财务,筹款支援北伐。1922年苏俄派越飞来华,与孙中山就"远东大局问题及解决办法"进行会谈。为进一步商讨联俄、联共等问题,他受孙中山委托,1922年9月与越飞到东京会谈,次年1月发表的《孙文越飞宣言》就是以其所谈为基础。陈炯明叛乱被击退后,孙中山回广州任陆海军大元帅,他任大元帅大本营财政部长和广东省长。三大政策确定后,他与共产党进行了真诚的合作,和李大钊、谭平山、彭湃、苏兆征、恽代英等共产党人,都建立了诚挚的情谊,与苏联顾问鲍罗廷、加仑等人往来密切。1923年10月,他受孙中山委托,和李大钊等五人筹划改组国民党,又和许崇智等九人担任国民党临时中央执委,着手起草宣言、党纲、章程、草案等。改组国民党后,担任中央执行委员会委员、政治委员会委员、财政部长、广东省长、工人部长、黄埔军校党代表、军需总监等职。孙中山北上时曾下令委他为各军总党代表。他经常亲临前线，鼓舞士气，深入工厂、农村，指导工农运动。鲍罗廷曾说，像他这样得力而实干的人，可惜太少了。

在这三杰中，世人多数看好汪精卫。廖仲恺脚踏实地，但风采不足，才堪宰相。胡汉民说话尖酸刻薄，盛气凌人，像个严厉的教员，很多国民党要员对他没有好感，虽其有元老派的支持，但也只能为"帝王师"。汪精卫1910年谋炸摄政王载沣不遂而被捕，他在狱中慷慨陈词，视死如归，写下了"引刀成一快，不负少年头"的诗句，这使他获得了极高的革命声誉，成为中外瞩目的人物，而且他还有作为革命家非常重要的一条：演说天才。胡汉民曾说："余前此未尝闻精卫演讲，在星洲始知其有演说天才，出词气动容貌，听者任其擒纵。余三十年未见有人演说过于精卫者。"

汪精卫也认为，继孙中山为国民党领袖非己莫属，但角逐与争斗是不可避免的，因为孙中山留下的权力以及与之相应的辉煌，对谁来说，尤其是有资格、有机会的人来说，都是一个巨大的诱惑。

为了即时抓住机会，汪精卫在孙中山灵枢移送西山碧云寺后，就收拾行装，匆匆南下，满心向往着国民党的第一把交椅。他知道自己是有本钱的。他自豪地想起，辛亥革命胜利后，关于谁出任中华民国总统，为反清立下汗马功劳的章太炎曾这样说："以功则黄兴，以才则宋教仁，以德则汪精卫。"他连总理孙中山都没有提及。

第一章　峥嵘初露

1925年8月20日，国民党左派领袖、黄埔军校党代表廖仲恺在广州的中央党部门前遇刺身亡。面对群情激愤的复仇声浪，右翼势力人人自危。汪精卫和蒋介石各怀盘算，勾心斗角，剪除异己，以逞其奸。

第一节　廖仲恺思想"左倾"，
　　　　成为右派的眼中钉

黄埔岛，离广州25公里。国民党陆军军官学校就在这珠江激流冲荡着的岛上。成百上千条男子汉的喉咙喊出一个粗犷的声音：打倒军阀，打倒帝国主义！吼声凝聚成强大的时代声波，荡到广州，荡到香港，荡到逶迤的五岭以北；威武的军校学生一双双眼睛目光如炬，一排排队伍迈着整齐矫健的步伐，心中激荡着革命的昂扬旋律，训练场上卷起滚滚烟尘，声声怒吼震得大地呜咽战栗。

怒潮澎湃，红旗飞舞，这是革命的黄埔！

8月20日清晨，励精图治的黄埔军校校长蒋介石在广州市区军校办事处内，做完早操，在吃简单的早餐。

38岁的蒋介石，在广州国民政府中没有职位，只是军事委员会8名委员之一、国民革命军第一军军长、广州市卫戍司令、黄埔军校校长。如果说其有与众不同的地方，一是他那难懂的浙江话，一是瘦瘦的身躯和那双闪着狡黠光芒的眼睛。

骤然间，电话铃响了起来。蒋介石抓起话筒，得知了一个惊人的消息：廖仲恺在中央党部门前遇刺，在送医途中即告不治！

汽车急速开往广东医院。

蒋介石冲进廖仲恺的病房，跪在廖仲恺的床前，双手扶着他的遗体痛哭。廖仲恺静静地躺在床上，雪白的床布映着苍白的脸。

蒋介石停住哭泣，垂头望着何香凝和其子女廖承志、廖梦醒说："廖夫人，廖部长是为革命事业而牺牲的，我们一定要为他报仇！"

准备在中央党部开会的国民党要员闻讯纷纷赶到医院探望廖仲恺。胡汉民、汪精卫、许崇智、谭平山等人都发表了激愤的言论："要为廖仲恺同志报仇！谋害廖仲恺是为推倒整个国民革命！"

局中人都知道，国民党内存在着尖锐复杂的斗争。国民党从1912年8月成立起，就是一个思想混乱、成分复杂的政党，组织松散，人心不齐，一些军阀、地主、买办、官僚和资产阶级右翼分子参加了国民党，并一度成为主导力量。孙中山意识到国民党已经走到死亡的边缘，他曾经指出，武昌起义建立民国后，反对革命之人，均变为赞成革命之人，大多数党员，都是以加入本党为做官之终南途径。要拯救它，使它新生，必须吸收新的分子，注入新的血液。为此，孙中山确定实行三大政策和改组国民党，改组的原则是：淘汰不纯分子，吸收革命分子。结果遭到了强烈反对，国民党内11名元老联合上书孙中山，指责共产党帮助确定反帝反军阀的纲领，是"使我党丛帝国主义之仇怨"，加剧帝国主义对国民党的攻击，是"使吾党在国内断绝实力派之协助"，打破国民党和段祺瑞、张作霖合作的可能。孙中山耐心地解释："我国革命，向为各国所不乐闻，故尝助反对我者，以扑灭吾党，故资本国家，断无表同情于吾党；所望为同情者，只有俄国及受屈之人民耳。"

第一章 峥嵘初露

国民党改组后，在革命立场上出现了左、中、右派三种政治分野。加入国民党的共产党人和革命的三民主义者是左派，代表工人、农民和革命小资产阶级；中派代表民族资产阶级及其知识分子；右派代表大地主大资产阶级。

右派分子极力反对国民党的革命化。孙中山曾说："解决党内分歧的办法有两个，一个是谁反对改组，谁就可以退出国民党；一个是如果国民党人都反对，那就宣布解散国民党。"最后孙中山痛斥右派：要么你们开除我，要么我开除你们。

虽然慑于孙中山的威望，右派暂时有所收敛，但胡汉民在国民党一大闭幕后不久，即向孙中山提议，建立民族国际来对抗共产党的共产国际。孙中山虽对此作了否定，但为了顾全党内团结、协调矛盾，有利于北伐，要廖仲恺把广东省长一职（国民党控制的唯一省份）让给胡汉民。

孙中山病逝后，左、右两派的分别更加明显，斗争更加激烈。

廖仲恺坚决扛起了革命的旗帜，无畏地捍卫孙中山联俄、联共、扶助农工的三大政策，真诚地与共产党合作。

右派非常仇视廖仲恺坚决主张继续实行国共合作。胡汉民、邓泽如、邹鲁等人认定国民党非举行"清党"不可。他们在中央全会上，提出召开一届四中全会来解决"清党"问题，并且秘密商定了"清党"步骤，但廖仲恺是"清党"的最大障碍。

环绕在廖仲恺床边的要员中，最震惊的莫过于孙科了。他不经意地望了一眼戴着眼镜、胖胖的胡汉民，那眼神似乎在说：你们真的动手了，太过分了！

因为孙科是孙中山总理独养公子的缘故，一些趋炎附势的人即去走孙科的门路，渐渐的，在广东的国民党官场上有了"太子派"之称。孙科在全国也是小有名气的。1923年，孙中山准备北伐曹锟、吴佩孚，决心利用北洋军阀各派之间的矛盾，与张作霖、段祺瑞联系后，在沈阳，召开了著名的三公子会议。所谓"三公子"是张作霖的公子张学良、皖系浙江督军卢永祥之公子卢小嘉和孙科。表面上看，孙中山父子最大的不同在于拥有钱财的多少：孙中山的遗产仅上海莫里哀路一幢小洋房，还是华侨送给他的；孙科不仅有钱，而且以吝啬著名。早年的国民党要人一般都比较贫穷，虽然有很多人做了大官，但一般都爱惜名誉。逃亡日本后，很多人没有漂亮的礼服，常是一套好衣服轮流

谁与争雄

穿着出去拜客、赴宴等,其余的人则在家里"孵豆芽"。随着革命势力的发展,尤其是国民党在广州站稳脚跟以后,有些人就伸手捞起钱来了。孙科在广州市长任内就刮了一二百万,但其父病逝后,苏联送的玻璃棺材没有运到,他却一毛不拔,由国民党内的另一大富翁孔祥熙垫出5万元购买铜棺材收殓,也许他想这应该是国民党的事吧。

胡汉民的目光与孙科一碰,立即低头紧紧望着比他大两岁的廖仲恺,圆形眼镜后面深邃的目光一动不动。他们早年一道追随孙中山,都成其得力助手。后来,随着国民革命的不断深入,两人开始出现分歧,胡汉民渐渐与日益高涨的工农革命运动拉开距离,在向右转,或者说他根本没有变,他经常用苛责的目光看着廖仲恺穿着草鞋到前线、农村、工厂。孙中山病逝后,一个成为坚决主张、积极行动、全力推进新三民主义和三大政策的左派领袖,一个成为力主分共、缓缓推进革命的右派领袖。

胡汉民扶了扶眼镜,扭动一下身躯对着汪精卫说:"汪主席,我建议成立一个专门委员会,负责调查廖部长这个案子。"

汪精卫西装革履,即使在这令人震惊、悲愤的时刻,都没有改变举止潇洒、待人彬彬有礼的习惯。他对廖仲恺也是忌恨的,一方面,廖仲恺因其踏实的工作,赢得了崇高的威望,这无疑威胁了汪精卫;另一方面,他反感廖仲恺的做法,不仅是他的平民作风,更重要的是他"左倾",因为汪精卫对于接纳共产党人加入国民党,表面上拥护,骨子里是反对的。他曾私下说:"共产党羼入本党,本党的生命是要危险,譬如《西游记》上所说,孙行者跳入猪精的腹内翻跟斗、使金箍棒,猪精如何受得了!"

孙中山也明白,汪精卫、胡汉民等拥护三大政策,是很勉强的,只是由于自己的坚决态度,他们才不敢坚持己见;但他认为,他们是追随自己多年的老部下,对联共的态度,仅是形式上的分歧,最终他们会继续追随他革命的。当然,他对自己视为臂膀的两员大将的表现很失望。1924年10月,他率兵至韶关准备北伐时,广州发生了英国买办陈廉伯为首的商团叛乱,危及革命政府。他从韶关写信给蒋介石,指示立即成立革命委员会,以应付商团事件而引起的非常局面。在讨论委员会人选的会议上,苏联顾问鲍罗廷反对胡汉民、汪精卫这些主张与商团妥协的人物参加;蒋介石却认为没有这些资望很高的人参加,将会影响号召力。为此，他立即写信给孙中山说："组织名单万不可无胡、汪，否则不如暂缓组织为上也。"孙中山虽然没有给蒋介石以很高的地位和很大的权力，却比较看重蒋介石：陈炯明叛变时，孙中山被困永丰舰，蒋介石应召上舰与孙中山并肩战斗40天。后来，孙中山为蒋介石著《孙大总统广州蒙难记》作序说："陈逆之变，介石赴难来粤，入舰日侍予侧，而筹划多中，乐与予及海军将士共生死。"孙中山认为蒋介石在关键时刻是靠得住的，虽然有时要发点小脾气。接到蒋介石的信后，孙中山当天就给蒋介石回信，以推心置腹的口气，一针见血地指出："革命委员会当要马上成立，以对付种种非常之事，汉民、精卫不加入未尝不可。盖今日革命非学俄国不可，而汉民已失此信仰，当然不应加入，于事乃为有济；若必加入，反多妨碍，而两失其用，此固不容客气也。精卫本亦非俄派之革命，不加入亦可。我党今后之革命，非以俄为师，断无成就。而汉民、精卫恐皆不降心相从。且二人性质俱长于调和现状，不长于彻底解决。"显然，孙中山对蒋介石寄予厚望，对胡汉民、汪精卫与国命革命保持距离颇为不满。

汪精卫脸上还残留着震惊的神色，说："我同意。我建议我们马上回中央党部，召开紧急会议，研究具体的处理办法。"

第二节　群情激愤要惩凶手，蒋介石安抚胡汉民"韬光养晦"

国民政府、国民党中央、军事委员会为调查"廖案"而组织了"特别委员会"，推举国府主席、军委主席汪精卫，国府军事部长、财政监督、粤军总司令许崇智和蒋介石三人组成，并明确规定："授予政治、军事及警察一切之全权，应付时局。"

蒋介石当即以广州卫戍司令的名义，宣布广州市实行戒严，命令何应钦率领党军第一师分布市区警戒，并派兵驻防市区制高点观音山阵地。蒋介石控制了广州全市。

全广州激愤了！

黄埔学生悲痛万分。他们非常尊敬自己的党代表，称之为"黄埔的慈

谁与争雄

母"。廖党代表为办好黄埔军校，含辛茹苦，呕心沥血，尤其为军校筹款，更是费尽心机，受够了窝囊气。广东政府未平定桂系军阀刘震寰和滇系军阀杨希闵时，由于刘、杨自认为是他们帮助孙中山把陈炯明驱逐出广州，遂在广东抢占地盘，擅任官吏，私定捐税，开烟、开赌，孙中山虽名为大元帅而号令不出大元帅府所在的士敏土厂；身为财政部长的廖仲恺收不上税，只好经常亲自跑到刘、杨烟雾弥漫的鸦片烟榻前，向他们要款。（刘、杨的气焰嚣张到这个地步：只有孙中山来了他们才从烟榻上翻下来走出门迎接，廖仲恺去了，他们只坐起来，如蒋介石去了，他们则只管横陈榻上，继续吞云吐雾。广东政府决定平定其叛乱时，他们甚至给代理大元帅的胡汉民送信说：代帅，你要打的话，我让你打三天不还手。）

省港大罢工的工人称廖仲恺为"无产阶级的好朋友"，他亲自为参加香港罢工后回广州的工人寻找住房，协助解决钱粮等问题。

就是这样一位颇受黄埔学生和广大下层民众爱戴的国民革命领导人突然遇刺。毫无疑问，这是一次政治谋杀。广州的政界都这么判断，因为国民党内左右两派围绕工农运动、共产党员加入国民党等问题的斗争已经非常尖锐；而且难保英国人不插一手，因为省港大罢工已经把香港变成了臭港、死港，使英国遭到了重大损失，虽这主要是由共产党发动的，但也离不开左派领袖廖仲恺的巨大支持。

廖仲恺遇刺时，其卫士击中了一个凶手，凶手因伤势过重，陷入昏迷状态，在抬到医院抢救的过程中，问出了他的名字，而凶手在昏迷中频频呼叫"大声佬"。"大声佬"是曾做过孙中山卫士的朱卓文的诨名，凶手在被擒的时候，遗下一支头号曲尺手枪，因为这种枪在广州很少见，很快就查出这只枪是朱卓文的。

凶器既然已经查出了主人，许崇智立即派兵到朱卓文寓所围捕，但朱卓文已驾着一只汽船逃到乡下去了。

朱卓文是主凶这一点已经肯定无疑，但这个人没有政治头脑，显然，他只是出面做了收买凶手的工作，他的背后还有主使者。

为了追查"廖案"的幕后操纵者和策划者，国民政府组织了"廖案检查委员会"，周恩来、杨匏安等共产党人参加了该委员会。

第一章 峥嵘初露

晚上，蒋介石回到黄埔军校驻省办事处，静静地坐着，清理因为整天紧张地处理问题而显得昏胀的头脑。

政治流氓总以残忍冷酷与不择手段作为其性格底色，他们狡黠的如意算盘，只不过是为了满足其发财致富的欲望和强烈的权势欲。

蒋介石的目标已经确定，那就是夺取最高军事、政治权力。但是，权力虽然不断集中到自己的手里，但很缓慢，挡在他前面的，政界方面有汪精卫、胡汉民、廖仲恺、邹鲁、林森等元老重臣，军界也有二十几岁即被称为前辈的许崇智，以及早享盛名的谭延闿、程潜等实力派，这些人，像一道墙壁，厚厚实实地挡在他通往最高权力的道路上。当然，他深信，这道墙绝非铜墙铁壁，因为他了解他们，一旦有了机会、具备了条件，他是不把他们放在眼里的。他相信，他完全可以打垮那一帮老牌军阀，什么张作霖、吴佩孚、孙传芳，他们能在中国的某一块地盘上称雄，无非是因缘时会和未遇上对手罢了。

蒋介石1887年10月生于浙江奉化县溪口镇的一个盐商家庭。早先家境优越，颇受溺爱，养成任性骄横的性格。9岁丧父，家道中落，子幼母寡，遂成为乡邻凌虐胁迫对象，这在蒋介石幼小的心灵刻上了深深的烙印，他暗发决心，有朝一日，出人头地，使蒋家扬眉吐气。

由于溪口镇中流过一条河流——剡溪，往下航行80多里就到了1842年即对外开放的五个通商口岸之一的宁波港，所以溪口并不算闭塞。青年的蒋介石接受了新式教育，受到时代潮流的影响，开始萌发了爱国的民族主义思想，但他性格暴戾，同学给他取了个"红脸将军"的绰号。19世纪末20世纪初，一些比较开放的中国青年都在思考一个现实的问题，小小的日本在1894年的甲午战争中打败了大清帝国，1904年的甲辰战争中又打败了俄罗斯帝国，它们从哪里来的力量？一些有志青年为了学习日本，掀起了留学日本的热潮。1906年蒋介石和当时的许多青年一样，为学好本事干出一番大事业而东渡日本。他进入了东京振武学校，与阎锡山、孙传芳为先后同学。在日本，他结识了同为浙江人的陈其美，并结为盟兄弟，这具有重大意义。陈其美在日本学的是军警，又是上海哥老会的大头目，孙中山很器重他。陈其美介绍蒋介石加入同盟会，并于1913年把蒋介石介绍给孙中山。以后，由于孙中山很缺军事人才，蒋介石渐渐得到孙中山的信任和重用，使蒋介石政治上虽没有职位，但在军界

谁与争雄

却步步上升，光芒渐露。蒋介石此时虽未挤进政界高层，但有一些中央执、监委，如张静江、戴季陶、叶楚伧、吴稚晖等江浙籍人士为其捧场。张静江就说过："总理为生成之领袖，介石则当造成其为领袖。"

在蒋介石的一生中，陈其美所起的作用是巨大的，通过他，蒋介石和江浙财团结下了不解之缘，认识了出身浙江吴兴四大豪门之一、后为国民党一大中央执行委员、被孙中山称为"国民党的财神爷"的张静江，为其后来的发展，奠定了坚实的基础；陈其美又将蒋介石引进了青帮，与上海滩上著名的帮会首领黄金荣、杜月笙等人往来密切。正因为陈其美为蒋介石日后的飞黄腾达创造了条件，蒋对陈是非常感恩的。1916年5月，袁世凯刺杀陈其美后，没有一个亲属、朋友前来收领其遗体，蒋闻讯，痛哭失声，立即赶到出事地点，将其遗体运回自己在上海的秘密寓所入殓，并撰写祭文悼念。

蒋介石的案头常常摆着明代王阳明和清代曾国藩的著作，这两人都以镇压农民起义发迹，同为蒋介石尊奉的人物，其学说是蒋介石一生的检身之法和行动指南。但此时蒋介石无心翻阅圣哲们的著作。廖仲恺被刺杀是一件重大的事，对蒋介石意味着什么？蒋介石望着墙上悬挂着的孙中山画像，默然无语，心中并不平静。

蒋介石端起桌上的白开水喝了几口，起身在布置得非常简单的办公室里来回踱步。办公室里除了办公桌外，靠墙一字排开放着几把椅子。这样简陋的陈设让熟悉蒋介石的人们深感意外，更甚者，这时他烟酒茶不沾，别说去逛花柳巷，与以往他在十里洋场的上海的奢靡生活大相径庭。

蒋介石那双鹰眼里闪烁着搜寻的目光。他打定主意，一旦发现什么地方有缺陷，他就要像横扫落叶的疾风，勇悍地冲过去，摧毁挡在他晋升道路上的一切。

政局很复杂。黄埔军校和党军都恨不得吞噬杀害其党代表的凶手的血肉；胡汉民有元老派的支持，汪精卫早已向左转，高呼革命者向左边来；粤军方面较为混乱；其他如谭延闿的湘军、程潜的湘军、朱培德的滇军等在粤客军无所谓左右袒，唯期保存实力，对各方均敷衍应付，且实力不大，对政局不会发生重大影响。

广州激荡着一股可以摧垮一切的力量，那就是因廖仲恺被刺杀而涌起的广大民众和左派的愤怒之情。如何才能左右这股力量而又不被它卷入漩涡？蒋介石潜思默想。正当他一抬头，浑身一凛，他看到孙中山似乎向他微笑了一下。这一惊，如同耀眼的闪电，照得他的脑海里白茫茫的一片，再清楚不过了。他意识到，他必须溶入这一潮流，站在这列队伍的前头。他必须表明自己是响当当的左派，这样才有机会问鼎国民党进而取得全国的最高权力，走旧军阀的老路，另立山头是行不通的。他认识到自己没有那种本钱，只有深藏自己的真实目的，极力显示出自己是孙中山三大政策的坚定拥护者甚至继承者，走革命这条道路。因为这条道路内有工农群众的拥护，外有苏联的帮助，离开了这汹涌澎湃的革命潮流，只会一事无成。

经过几天的调查，"廖案"渐渐水落石出。

由于廖仲恺自入同盟会始终紧紧追随着孙中山，在孙中山左右不计名位、不计得失地赞襄一切；国民党改组前后，廖仲恺出力最多，革命的态度也最坚决；省港大罢工发生后，他和共产党真诚合作，坚决进行反对帝国主义的斗争，所以，国民党右派和英帝国主义都非常仇视他。从1925年7月初开始，国民党右派邹鲁、邓泽如、孙科等人经常在胡汉民公馆里秘密聚会，还在广州南堤组织俱乐部"文华堂"作为聚会、联络的地方，密谋倒廖，并接受了港英政府200万元经费，准备召开国民党一届四中全会和第二次全国代表大会，使他们的人在中央委员会中占多数，举行"清党"。至于倒廖的形式，多数人主张暗杀，少数不赞成，孙科就说："倒廖的台是要的，但是万万不能用暗杀的手段。"出面组织和收买凶手的是胡毅生、朱卓文；英国人下力气买通了粤军将领梁鸿楷、魏邦平等人，希望他们不仅要杀廖仲恺，还要杀鲍罗廷、汪精卫、蒋介石等。

特别委员会在开会。

许崇智说："汪主席、蒋校长，廖部长被杀已经几天了，案子的侦查已基本了结，事实已经很清楚，胡汉民是刺杀廖部长的真正指使者！你们认为应当如何处置这个罪不容诛的家伙？"

许崇智对廖仲恺是有感情的。许是广东番禺人，与汪、胡同乡，毕业于日本士官学校第二期，在日本期间即加入了同盟会，一直追随孙中山反清反袁。孙中山赶跑陈炯明重回广州后，将广东部队编为建国粤军，许崇智为总司令。

谁与争雄

但许崇智颇好淫色宴乐，孙中山由此对许有所不满。孙中山去世后，曾有人向廖仲恺指责许崇智，但廖仲恺仍对其表示谅解和信任，说："汝为（许崇智之字）目前既肯革命，大家就不必对他求全责备了。"此言传入许崇智耳朵后，他即每天戎装按时上下班，气象与以往大不相同。也许他是为赤心报国、不谋私利的廖仲恺的高风亮节所感化吧！

蒋介石近乎眯缝着眼，静静地坐着不讲话，他相信有人比他更着急。他靠张静江的引见，与许崇智结为兄弟，有过生死不渝的海誓山盟。他长期充任粤军参谋长，作为许崇智的助手，内心却一直瞧不起自己的上司，军事上无能，政治上庸碌，生活上腐化。他明白，许崇智敢于重用他就是看准了他在广东没有根基，手无一兵一卒的基本部队，搞不垮、拖不走他的队伍，而自己则处处仰人鼻息。蒋介石心里明白，根据调查材料，胡汉民这回是垮定了。他似乎听到了挡在他面前的那道墙壁开始坍塌的隆隆声。但政治漩涡深不可测，他极力摆出谦恭的姿态，不贸然表态。他明白，"廖案"追凶的结果，汪精卫肯定是非常高兴的。汪、胡、廖作为孙中山麾下的三杰，廖死了，胡已站到枯井边，难道不该稍微用点力把他推下去吗？

"我手里有几份文稿，可能你们二位手里也有。"汪精卫慢条斯理地开了腔："党军政治部主任周恩来所写的《告人民书》《告革命军人书》《告工农朋友书》《檄党军全体将士》。"汪精卫一边翻文稿一边念其篇名，接着说："勿忘党仇，誓报党仇，成了流行的口号。现在，广州的空气十分紧张，群情疑骇，盼望政府尽速缉凶破案。现在案件的眉目已清，我们是应该采取行动了。"

"我的意见，杀胡汉民给廖部长报仇！"许崇智迫不及待地说。

许崇智和胡汉民本为同乡，早时相投，后来却反目成仇。陈炯明反叛以后，许崇智率兵从江西回救广东，但在北江失败，随即派残部攻打福建。胡汉民作为大本营秘书长，对此次兵败也负有一定的责任，但他见了孙中山却对许崇智提出了很多苛刻的批评，使孙中山对许非常不满。许崇智自然痛恨这种政客作风。再者，许崇智素来骄蹇，而胡汉民自负绝顶聪明，对人爱指手画脚，因此，两人仅从性格上即合不拢来。

汪精卫非常清楚胡汉民和许崇智之间是什么关系，而且在汪精卫登上国民政府主席宝座的时候，许崇智也是出了力的。但是，汪精卫有他自己的想法。

第一章 峥嵘初露

一则，汪精卫与胡汉民之间虽在孙中山先生逝世后，为了角逐国民党内一把手的交椅，两人明争暗斗，一直持续到今天；但是，两人也有一段并肩战斗、同仇敌忾的历史。先前，保皇派梁启超说，革命党首领是远距离的革命家，徒骗人于死，己则安享高楼华屋。汪精卫激于义愤，拒绝孙中山、胡汉民的多次力劝，约集黄复生、喻培伦、陈璧君等由香港潜入北京，从事暗杀活动。他针对胡汉民暗杀恐伤元气之说写信给胡："零星散碎之革命军，足伤吾党之元气，弟详论之矣。至于暗杀不过牺牲三数热血同志之性命而已，何伤元气之有？若并此数人之性命而亦吝之，则何必组织革命乎！譬如煮饭，当热之以薪，薪尽而饭熟，若吝薪则何由饭乎？若谓人才难得，当积以求之，不当零星散去；须知所以求人才，欲其为用也，得而不用，何求之为。"胡汉民在汪精卫被捕以后，为了让世人对汪之行动有所了解，发表了汪写的两封信，怀着真挚而沉痛的心情说："呜呼！吾不能脱友于虎狼之吻，吾岂可使吾友受诬于不白，赍志以殁耶？吾负有为吾友辨正之义务，而忧虑所言不尽吾友之本怀，幸吾友手书数通犹保存吾手，读之可以见吾友之志。"足见汪胡间确曾有深厚的感情。

二则，汪精卫这个读书人认为，他与胡汉民之间无非就是为了争夺权力有了一些嫌隙，而此番胡汉民落马势所必然，即使今后复出，也因有此重重一跤，已难和自己相抗衡了。胡汉民乃一介文士，非手握重兵的桀骜不驯之辈，形不成危险，杀之无益，徒使拥胡派铭刻对自己的一腔仇恨而已，不杀，则可以显示出自己的宽宏大度。所以，当"廖案"检查出胡汉民与之有牵连时，他就全方位地衡量了一下利弊，得出结论："使胡汉民落水足也！"

"从目前掌握的情况看，胡汉民同志没有直接参与谋杀廖仲恺同志，但他知情而不阻止，也不报告，对此事件要负责任。"汪精卫仍不疾不徐地说："但我认为他只应负政治上的责任。他的行为毕竟与凶手和幕后操纵者不同。"

许崇智气愤地说："如果胡汉民报告或阻拦了右派的那些谋划，难道廖部长会死吗？革命会遭到这么重大的损失吗？何况，他胡汉民的家就是右派策划阴谋的会场！"

"许部长，你说的这些都是事实，但我们不能杀胡汉民，在这个重大的问题上，我们要慎重，务必三思而行。"汪精卫耐心地说。他的打算是，在一片杀胡声中，自己极力保住胡的命，定会使其感激涕零，今后必为我所用，成为对付异己的一张王牌。

　　许崇智沉不住气了："那他胡汉民对这么重大的事件就不负责了？他就不受任何惩罚了？"

　　汪精卫笑了，他笑许崇智虽手握重兵，骄狂不已，在政治上却非常幼稚："我刚才不是说了胡汉民要负政治上的责任吗？一来胡汉民是总理的早年助手之一，二来又没有证据证明他直接参与了廖案，我们把这么大个人物杀了，能说得服人吗？"他转向蒋介石："蒋校长也发表点意见嘛，怎么老是坐着听我们说呢？"

　　许崇智这才瞅了一眼蒋介石，心想，蒋介石肯定会拥护自己的主张，因为蒋介石作为黄埔的校长，应该对给了他极大支持和帮助的廖仲恺有深厚的感情。

　　蒋介石咧开嘴，扯动脸上的肌肉笑了笑，说："我自然应该多听听汪主席和许部长的意见。"他已经摸清了两人的脉搏，测准了风向，"廖案的发生显系政治上的谋杀，与本党的改组与联共有关，但这是总理手定的政策，也是革命的需要，我们一定要倾心相从。"蒋介石掂量了自己的分量，明白自己在实力与声望上与汪精卫相比，难望其项背。前面路上的巨石只能一块一块地搬，自不量力将会被滚动的巨石碾为齑粉。必须联合汪精卫，到前面只剩这一块石头的时候，要想把它撬动并弄滚下坡去就容易了。

　　"我对汪主席的意见热烈拥护。胡先生一向强调，国民党是以'爱'和'诚'为基础的，显然胡先生不可能有如此残忍的举措，只是一时糊涂，未把自己了解的不利于廖部长的消息报告中央，因此酿成大祸。所以，我也认为胡先生只应负政治上的责任。"

　　许崇智不满地望了蒋介石一眼，只好悻悻地表示："既然汪主席和蒋校长都主张这样处置，我也不再坚持。"

　　"还有一个问题，要请示许部长的意见。"蒋介石满脸严肃地问其军事上的顶头上司："据查，粤军中的部分将领卷进了刺杀廖部长的事件，许部长看这怎么办？"

　　许崇智被蒋介石这一表面上尊重，实际是将军的一番话搞得非常尴尬，不禁勃然大怒："蒋校长这是什么意思？既然已经查出来了，该抓就抓，该杀即杀，毫不留情！"

汪精卫理了理自己光华闪亮的头发说："既然我们三人都取得了一致意见，那就请介石同志以卫戍司令的名义行动吧。"顿了顿，又说："请注意，到胡先生家里时，一定要说明这样做是因为现在广州的形势很紧张，目的是为了保护他的安全。"说完，汪精卫把眼光在蒋介石、许崇智的脸上扫了一遍，见他们都没有别的表示，便作了总结："那么，就这么办吧！"然后整理了一下自己笔挺的西服。他满意地想到，今天收拢了蒋介石，打击了许崇智，使许觉得处境很微妙，说明自己这个国民政府主席的威望还是比较高的。

蒋介石轻轻地说："我已经做好了布置！"

许崇智略为惊异地望着自己的盟兄弟兼参谋长。

8月25日早晨，蒋介石命令黄埔军校教导第五团由黄埔开进省城，捉拿罪犯。但胡毅生、魏邦平、朱卓文等人在通缉令发出之前，或逃香港，或避乡下，只抓住了曾任孙中山秘书的林直勉和粤军军长梁鸿楷、旅长杨锦龙、梁士锋等人。同时，在25日至26日夜间，党军部队把驻扎在广州市区和郊区的粤军两个旅和梁鸿楷的军部缴了械。

许崇智公开发表《悼廖仲恺同志并告国人及本军同志》一文，表示引咎和负责彻底追查凶手。

蒋介石在一次集会上宣读了他撰写的《祭廖党代表文》："呜呼！总理逝世未半载，而先生突死于凶徒之狙击，是犹慈父见背，而盗又杀其长兄。国民革命之大打击，中华民族之损失：岂止三千学士，全军将士痛失师承！……"读完之后，他悲戚的面孔上出现凶狠的模样，挥舞着拳头高呼："为廖党代表报仇！"

汪精卫发表《悼廖仲恺同志勖诸同志》一文，指出："要反帝国主义的向左去，要生存于不平等条约之下，使中国永为次殖民地以助成帝国主义永保势力于世界的便向右去！"

胡汉民则被带到东山蒋介石的公馆里软禁起来——蒋公馆与廖公馆毗邻——后又被送到黄埔军校内，蒋介石亲自送胡汉民到其临时住所，并向胡保证说："胡先生用不着担心，我的军校师生将保证你的安全，只要有我蒋介石在，谁也不能加害于你。"离开时又安慰道："胡先生暂忍一时之委屈，好好吃饭、休息，权且把这段时间作为韬光养晦之时吧！"

蒋介石的保证确实让胡汉民落了心，他明白广州的形势，的确担心失去师承的黄埔学生的激烈举动于己不利。更使胡汉民感激的是汪精卫的夫人陈璧君，她因丈夫忙于处理重大事务而腆着大肚子亲到黄埔探视老朋友，尽管快要生孩子了，仍然陪他住了两天。

第三节 扳倒胡汉民和许崇智，汪蒋合作，各得其所

虽然广州悼念廖仲恺、坚决回击右派的大会热闹而繁多，政坛却沉寂下来，空出了很多位置。过去比较接近胡汉民或反对过联共的人物均感到不安，两广盐运使邓泽如虽被任命为财政部长，但心怀退志，不安于位；国民政府委员兼广州市政委员会主任委员伍朝枢呈请辞职，悄然到了香港；广东大学校长邹鲁亦借组织"国民外交代表团"的名义出了国；国民党中央执监委员谢持、居正、张继等也相继离开广州。

在军界，许崇智也因其很多部属卷进了"廖案"而黯然失去了往日的风光，而天空闪亮着一颗新星，那就是"左派"军人蒋介石。

蒋介石看到了右派元老们的狼狈，仿佛听见他们招架不住的"嗷嗷"叫声，满意地笑了。

汪精卫和蒋介石趁势对国民政府所属的军队进行了改组，整编成了统一的国民革命军，共六个军：党军和一部分粤军为第一军，蒋介石兼任军长，何应钦任副军长，周恩来任政治部主任；谭延闿率领的建国湘军编为第二军，李富春任政治部主任；朱培德的滇军编为第三军，李济深的粤军编为第四军，李福林的粤军编为第五军；程潜的湘军编为第六军，林伯渠任政治部主任。

此时，全国形势发生了重大变化。

毗邻的广西省，由于年轻的李宗仁、白崇禧、黄绍竑等人击败了绿林出身的军阀沈鸿英，击退了"封建怪物"唐继尧的滇军，并和广州的国民政府建立了友好关系，使广东免除了后顾之忧。

在北方，张作霖、段祺瑞、冯玉祥正在进行非常激烈的斗争。第二次直奉

战争失败后蛰伏湖南岳阳的直系首领吴佩孚正谋复出，北洋军阀暂时无力顾及广东。

但广东省内的形势却很险恶。革命军第一次东征虽然重创了陈炯明，但在"廖案"后，陈炯明集结军队，筹款筹粮，准备进犯广州；盘踞粤南的邓本殷也蠢蠢欲动，企图配合陈炯明夹击广州。

在这种情况下，广州的国民政府因已整编军队，又得到高涨的工农运动的支持，力量空前强大。国民政府决定，首先消灭力量十分强大、对广州威胁最直接的陈炯明。于是广州方面着手准备第二次东征，许崇智被任命为总指挥，并确定李济深率第四军进攻钦州、廉州一带的邓本殷。

空气中弥漫着浓烈的战斗气氛。汪精卫一边组织东征，一边考虑了结一件大事：胡汉民仍在广州，这对他来说是个不小的隐患。汪虽不想杀胡，但也不想给胡留下任何可乘之机。

9月1日，汪精卫和蒋介石等人与广州各界20多万人，以肃穆的面容、悲壮的心情，把廖仲恺安葬在广州驷马岗其生前好友朱执信墓左侧。陈独秀曾悼朱执信说："失一执信，得一广东，得不偿失。"

汪精卫表面上为了照顾自己昔日战友的面子，实质上是借机示恩于胡汉民，显得自己气度不凡，以笼络人心。9月8日以养病为名将胡汉民从黄埔军校转到颐养院休养；几天后又亲到颐养院看望胡汉民，告诉他外面因"廖案"而对他的谴责，万一革命群众对其有所不利，将会把老战友推向一个相当难处的位置，请胡汉民谅解他的处境，为安全起见，不如辞职离粤。胡汉民乃一介书生，面对着如此严峻的局面，早就吓得不知所措。过去，他曾毫无顾忌地讥笑汪精卫"华而不实"，嘲讽戴季陶"有流无源"，现在，那种目中无人的风采已荡然无存，有的是为了活命的忍气吞声。

倒胡汉民用不了多大的力气，这一点蒋介石从一开始就看得很清楚，因为胡汉民自己站到了悬崖边，但这不是蒋介石的直接目标，他本人并不指望能接补其留下的位置，那是汪精卫的事。他之所以支持汪精卫收拾胡，是为了换取汪在他最需要解决的问题上支持他：他现在首要的目标是扳倒许崇智，进而取得军事上的最高领导权。在这个武人称雄的时代里，以军权问鼎政权直如探囊取物。北京政府的段祺瑞权力再大，也不能不买张作霖这个胡匪和冯玉祥这个武夫的账。

倒许，筹划良久，现在时机终于成熟，突破口就在许崇智本人身上。为此，老谋深算的蒋介石采取了双管齐下的策略：第一，利用自己任过粤军参谋长，熟悉粤军内部情况的有利条件，从内部突破。他相继争取了粤军内的外省籍将领如旅长卫立煌、谭曙卿、参谋长冯轶裴、副官处长顾祝同、参谋刘峙等人的支持，接着又拉拢了对许崇智不满的粤军实力派将领李济深、陈铭枢等人，确保倒许行动付诸实施时，不说谋求这些人的帮助，起码要他们作壁上观。

第二，极力争取各军军长，尤其是汪精卫的支持。各军都对如国民政府太上皇的军事部长许崇智深为不满，特别是客处广东的几个军，自己敢怒而不敢言，有人为之发难，自己不承担风险，自然乐观其成。

蒋介石那双阴森森的深不可测的眼睛里面蕴藏着无数的计谋。倒许的炮弹就是许崇智过去无人敢指责的行为：许崇智的部属参与了刺杀廖仲恺；许崇智本人任军事部长兼国民政府财政总监，把持财政、私吞公款、克扣军饷、生活糜烂；第一次东征尚未彻底结束时，许崇智本来是留在汕头防备陈炯明反扑的，但许为了自己的政治地位，急忙随身带着余下的东线部队回到广州，并与陈炯明签订了《税收分配条约》，致使广州政府军刚刚离开粤东，陈炯明即重新占领了几乎整个粤东。蒋介石死死抓住许崇智的愚蠢行动，攻击他勾结陈炯明，阴谋叛党叛国。

各军军长和汪精卫都支持蒋介石的行动，他们觉得是该结束许崇智飞扬跋扈的局面了。

对许崇智本人，蒋介石则采取了似为关心，实则往其脖子上套绳子的行动。他向许崇智提出，由于粤军将领牵连进"廖案"的很多，尽管是多年袍泽，但人心难测，粤军已经靠不住，为了安全，建议派黄埔学生军负责许崇智的安全。

许崇智在"廖案"中一开始即处境尴尬，在众目睽睽之下不便反对，也无从反对蒋介石的建议。再说，他并没有从蒋介石非常严肃的脸上看出隐藏着的巨大祸心。

当即，许崇智事实上已被置于蒋介石所派的黄埔学生军的武装监视之中。

第一章　峥嵘初露

汪精卫明白，蒋介石这样处心积虑地布置，目的在于取得倒许的合法性。事态发展到这一步，蒋介石利用他手里掌握的武力倒许是能够实现的，但这样一来，局势可能混乱，不一定控制得住，显然，只有自己出面，才能替蒋介石压住台。他是支持蒋介石倒许的，这并不是说，在驱胡中蒋介石支持了他，他就该投桃报李。他有自己的打算。从目前看，许倒后必是蒋代之而起。许和蒋之间，他宁愿选择蒋，因为蒋在国民党内资历浅、地位低，要想有大的发展，必须依靠接替总理衣钵的他，建立以他为主导的汪蒋联盟。何况，看来蒋也是真心实意地拥护自己。蒋还亲自提议，并经国民党中央执行委员会作出决议，派汪为国民革命军党总代表和黄埔军校的党代表。而许崇智以强大的粤军作后盾，不一定真心实意地拥护自己，万一闹僵了，自己也把他奈何不了。比如广州国民政府成立以后，蒋介石以军委委员身份，向军委提出六大建议，核心就是统一军事、财政，目的在于通过整顿军队，把军权集中到军委会手上。这首先使作为军委主席的汪精卫非常高兴，当即表示赞同，并作出了相应的决议，但许崇智不但拒不执行，反而纵容部下胡作非为，谁对他都无可奈何。许崇智把自己推到了众人的对立面，使自己处于危险的孤立境地，为蒋介石提供了机会，但他仍浑然不觉。

汪精卫知道，孙中山虽然很重视蒋介石的才能，凡有重大军事决策和行动，都要他参与计划和执行，但是，孙中山却一直未授其军事实权，让他独当一面，这是因为孙中山看出他在军中缺乏人望，他主观好胜，脾气暴戾，动辄与人争吵，上下关系弄得很僵。所以汪精卫认为，这样的人是攀不上权力最高点的。总之，他觉得支持蒋介石实现取许而代之的目的以后，他一定会成为自己听话的小伙伴。

许崇智也绝非等闲之辈，怎肯束手待毙？他密令驻守在东莞、石龙的力量强大、对他忠心耿耿的许济、莫雄两师立即开赴广州，武力保卫自己。

许崇智密调军队进广州，或者其嫡系部队会主动发兵"勤许"，蒋介石在软禁许崇智时都作了防范。

9月18日的军事委员会会议上，蒋介石报告了许崇智密调部队进军广州的消息，并极力要求采取措施，坚决处置。

汪精卫虽只擅长于舞文弄墨，但对于许崇智不会善罢甘休，将会利用一切

谁与争雄

可能进行反抗这一点也是考虑到了的。作为军委会主席，他非常清楚，一旦这事处理不当，后果将不堪设想，他不无担心地问道："介石同志，有把握吗？"

"许崇智的一举一动都在我的预料之中，我已经做好了准备。"蒋介石回答说："再说，即使事起仓促，我们如果有先总理冒险犯难的勇气，难道会束手缄口地等着许崇智做第二个陈炯明吗？"

由于紧张，汪精卫没有听出蒋介石在话语中无意间流露出的责难人的味道，只是听了陈炯明的名字便怦然心动，千万不能出现粤东的陈炯明还没有打过来，而自己已如先总理被城中的陈炯明用大炮赶跑的局面。他精神一懔，没有丝毫犹豫，命令广州卫戍司令蒋介石全权处理粤局。

蒋介石获得了倒许的尚方宝剑。

当天深夜，黄埔军校全体学生、教官全副武装，抢占要地，防止许济、莫雄二师杀向广州。

次日早晨，在广东省财政会议上，许崇智之亲信、省财政厅长李鸿基、军需局长吴道职因侵吞公款，接济反革命军队而被捕，送黄埔关押。当天，国民党中央任命留美归来的宋子文为国民政府财政部长兼广东省财政厅长。

20日凌晨，许济、莫雄二师被包围，随即被解除武装，经整顿后编入了蒋介石的第一军。同时，蒋介石派人给许崇智送去其亲笔信，信中除历数许的罪状外，也留了余地，他只要求许崇智去职，"暂离粤境，期以三月，师出长江还归坐镇，恢复令名。"

许崇智在无可奈何之中，怀着悔恨——过去轻视了蒋介石——的心情，20日下午3时，在陈铭枢的武装"护送"下乘船离穗去沪。

胡汉民有所期待，仍待在广州。在汪精卫授意下，蒋介石戎装佩剑，拜访了胡汉民。赳赳武夫的蒋介石刚走，国民政府顾问鲍罗廷来了。鲍罗廷是犹太人，四十五六岁，为人精明强干，口齿伶俐，精通马克思思想，能操一口流利的英语。他到颐养院看望胡汉民，给他做工作，劝其去职离粤。25日，胡汉民以"赴俄养病"及"协商关于政治经济之一切重要问题"的名义，心情黯然地从黄埔登上苏联货船"蒙古"号前往苏联。

汪精卫将自己昔日的战友、今日的政敌、坚决反共反苏的胡汉民流放到社会主义国家苏联，显然是煞费苦心。

第一章 峥嵘初露

旋即，广州国民政府任命蒋介石为第二次东征军总司令。

因"廖案"而起的紧张形势终于缓和下来。尘埃落定之后，汪精卫和蒋介石都喜不自胜地清点了自己囊中的战利品，均发现自己得到了自己想得到的东西。

汪精卫得到的东西最多。昔日孙中山麾下的三杰，而今汪精卫是硕果仅存了。他可以无后顾之忧，稳做国民党和国民政府的最高统治者了。

蒋介石在"廖案"提供的机会面前，把握形势，当机立断，大胆进取，所获得的东西连自己事前都没有料到。倒许的实现，使蒋介石扫除了前进道路上最大的障碍，不仅扩充了实力，而且取代许崇智担任第二次东征的总指挥，这对他今后成为"军界领袖"具有决定性的意义。另外，"廖案"使许多国民党元老级的人物在广东无处存身，这就给蒋介石这位晚辈沿着权力的阶梯，问鼎国民党领袖地位创造了良好的条件。

通过"廖案"，蒋介石也看到了国民党内大人物们岸然外表掩饰下的虚弱本质。

紧张的斗争告一段落了，即使是作为胜利者的蒋介石也显得精疲力竭。他回到长洲要塞的家里，享受融融的天伦之乐。夫人陈洁如的柔媚温顺，儿子蒋经国的膝前絮语，他猛然觉得儿子长大了，很重要的一点是，过去一切听从父亲的安排，现在蒋经国却断然提出了自己的要求，要赴苏留学。

留着哥萨克式胡子的鲍罗廷在国民党中央执委会上宣布了一个消息，为了纪念孙中山和为中国革命培养人才，苏联政府在莫斯科成立了孙逸仙大学，建议选派学生去学习。孙逸仙大学招生的消息一传出，广大革命青年踊跃报名。鲍罗廷推荐了30名，均为国民党要员的子弟，蒋经国也在内。

1910年出生的蒋经国幼稚的脸上露出严肃的表情，向他的父亲提出这个要求，蒋介石一怔，起身缓步走到窗前，望着窗外已临的暮色。

蒋介石正对儿子的教育问题一筹莫展。作为父亲，他不仅希望自己终究成为中国的最高统治者，而且企盼儿子练就经天纬地之才，继承父业。所以，他对儿子的教育从小就抓得很紧。戎马倥偬中，他刻意学习曾国藩的教子法，不断写信指导儿子的学业。蒋经国离开故乡后在上海、北京求学，均因参加反对北洋军阀统治的斗争而被开除，甚至被监禁。对此，蒋介石并不认为这有什么

谁与争雄

不对，因为他本人在保定陆军速成学堂求学时，即凭着一腔热情，当着全班同学的面，把一个公然侮辱中国的日本教师顶得哑口无言。但作为身上具有浓烈传统思想的父亲，又恐儿子出事，遂召其回到自己身边。不过这也不是办法，保险是保险了，但绝难养成鸿鹄之志和练就经纬之才。

蒋介石最终同意了儿子的要求。一是因为1923年他率团出访苏联三个月，虽对苏联政治经济制度不表赞成，却对苏联的武装力量留下了非常深刻的印象。他曾说："俄国武装之研究及进步，可与欧美各国相竞，非若我国之窳败也。"他希望儿子去学点真本事，接收先进的知识；二是因为"革命"要向前发展，也即蒋介石本人要想在更大范围内取得更大的权力，离不开苏联的帮助。送爱子赴苏留学，正可表现出蒋介石对苏友好之情。

蒋介石并未沉浸在与儿子依依惜别之情和如夫人陈洁如的热情爱意之中，他非常细心地注意着外面的世界源源不断地涌来的信息：北方的政局将要发生重大变化，冯玉祥和张作霖的矛盾日益尖锐，势成水火；吴佩孚这个百足之虫，死而不僵，派遣亲信，四处奔走，八方联络，窥探东山再起之时机；粤东陈炯明正紧锣密鼓地准备攻打广州，而且他得到了中外反动势力的大力支持，香港政府公开送200万发子弹到汕头，港商资助100多万元现金，段祺瑞资助30万元，并派遣"海筹""永绩"两舰开往广东沿海助战。

面对着乌云翻滚的险恶形势，蒋介石坐不住了，必须抓紧时机，出师东征，扫除广东境内的陈炯明及一切反动势力，奠定巩固的广东根据地，然后出师北伐，荡平全国。

第二章 左右"逢源"

本欲用人，反被人用，汪精卫黯然神伤，无奈之中，只好养病林泉；借力于友，借力于敌，蒋介石在左派和右派之间玩两面手法，居然八面玲珑，左右"逢源"。

第一节 蒋介石头戴面具，令人目眩，
　　　　汪精卫不解其中奥妙

形势在发展，革命大潮中的暗流也在不断涌动。

汪精卫说，中国除了反对帝国主义再没有第二条出路，在中国革命中绝不会发生共产与反共产的问题，只有帝国主义与反帝国主义的问题，反共产的口号乃是帝国主义及其走狗的反革命口号，他本人深信中国革命和世界革命必会成功，并宣称"革命的往左边来，不革命的快走开去"！

蒋介石似乎在与汪精卫比赛谁更革命。虔诚的革命面孔是其在公开场合的道具，言不由衷的革命言词成其口头禅。他说："我认为实行三民主义就是实行共产主义，民生主义要打倒资本家反对地主，是为无产阶级而奋斗

的。"——关于共产主义，他毫不含糊地说："将来如果时代到了，要实行共产主义的时候，任何主义也不能抵抗共产主义的。"他在一次悼念廖仲恺的集会上对黄埔学生发表演讲：不要忘了，我们学校里、我们党军里，没有什么共产派与反共产派。他宣称，只有共产党真正同国民党合作，再没有第二个党能够这样，共产党人加入国民党，实在能替国民党求进步，促进国民党的革命精神，反共的口号是帝国主义者用来分裂革命的阴谋，谁要反对国共合作，分裂革命，谁就是革命的罪人。

蒋介石的拜把兄弟戴季陶打着反革命的黑旗。他说："有了这样一个癌肿在国民党内，年长日久，便成了割也割不得，医也医不好的大毛病"。他把共产党称为癌。他先后发表了《民主哲学系统表》《孙文主义哲学基础》《国民革命与中国国民党》等小册子，主要矛头指向孙中山的新三民主义和"联俄、联共、扶助农工"的三大政策。在其反动理论的影响下，黄埔军校中的反动学生、教官成立了与以左派和共产党员为骨干的青年军人联合会相对抗的孙文主义学会，使黄埔军校成了左右两派斗争非常激烈的地方。

实际上，自从国共合作开始，国民党内就存在着激烈的左、右派的斗争，这自然也影响到了作为国共合作产物的黄埔军校。

1924年6月16日，黄埔军校正式开学。不久，共产党员学生蒋先云即与在粤的粤、桂、湘、滇各军所设立的军官学校的学生联系，酝酿成立"青年军人联合会"的组织，并向校部提出建立这个组织的意见，意图是以革命的黄埔学生，影响各军军官学校的学生，以免他们成为各军在广东争夺地盘、各霸一方的罪恶工具。这个建议，为很多黄埔同学拥护，也为蒋介石赞许，蒋介石并亲笔写了一篇发起这个组织的序言。1925年初，在周恩来等共产党人的领导下，正式成立了"中国青年军人联合会"。它在学生中的领导人有李之龙、蒋先云、周逸群、徐向前、陈赓、左权等。该会规定，凡属黄埔同学，均为会员。

但是，后来，蒋介石对青年军人联合会的态度发生了变化。

黄埔军校开学时，国民党老右派谢持由上海到广州，准备参加开学典礼，住在大沙头医院。他极力拉拢军校师生，对他们说："共产党名虽与国民党合作，其实是想乘机篡夺国民党的党权，一朝得逞，所有国民党员尤其是黄埔同学中的国民党员,将受到无情的迫害,而无立足的余地。"在其煽动下,部分师生对共产党人产生疑惧,进而对之侧目而视。

同时,蒋介石也看到,控制青年军人联合会、最具活动能力和组织能力的均为共产党员,遂积极酝酿成立一个由他暗中控制的组织与之抗衡,竭力制造矛盾、利用矛盾,以便自己从中操纵而获利。廖仲恺被刺前后,标榜"研究三民主义,团结革命力量"的孙文主义学会组织已具雏形。1925年11月底,驻潮州、汕头的国民革命军中的反共积极分子正式成立了"孙文主义学会"。当时,驻潮、汕的第一军的官佐有不少参加了共产党,但反动分子位居要津,如何应钦、顾祝同、刘峙等人。

形势越发展,左、右两派学生的斗争越白热化,打架成了家常便饭。东征部队中右派学生不少,当时在右派学生中就流传着这样的顺口溜:"文有贺衷寒,武有胡宗南,又文又武李默庵。"一次,李之龙在东征前线,就和右派学生贺衷寒打了一架,两个人因此被调回军校后,又在军校内大打了一架,甚至发展到了开枪打人的地步。

蒋介石表面上高喊着国共合作革命的口号,做出不作左右袒的姿态,但他从开始就制定了以黄埔学生为骨干建立私家军的计划。他很清楚,道不同,不相谋,他看共产党学生不为其所用,就将其视为敌人,故极力在教官和学生中培植亲信,排挤和打击共产党人和左派人士。他支持王柏龄挤走邓演达就是典型事例。

邓演达,字择生,1895年出生于广东惠阳,曾就读于黄埔陆军小学、武昌陆军预备学校、保定军校。参加革命后,由于他性格耿直,勇于负责,办事认真干练,深得孙中山赏识,叹曰:"干革命,有两达,革命有希望。"(另一达指粤军第二师师长张民达,第一次东征时落水而亡。)筹建黄埔军校时,孙中山将其任为筹委之一;之后,又推他担任训练部副主任兼学生总队长,不久调任教育长。他作风正派,不抽不嫖不赌,非常讲究军人仪表,学生们对他非常畏惧、敬仰。其作风教官中只有军事总教官何应钦和他相匹,但何死心塌地地追随蒋介石,而且两人在办学方针上也有矛盾,邓主苏联式,何主日本式。

蒋介石非常忌恨邓演达,不仅因其才、德,还因为他与广东军界有密切关系,他在学生中有崇高威望。教授部主任王柏龄虽是个吃喝嫖赌样样在行的浪荡子，但因他与蒋介石是铁杆的盟兄弟，所以蒋介石极力扶植他与邓演达作对。邓演达受不了一个如此德性的人的窝囊气，于1925年春愤而辞职到德国学习，是年冬回国。因为邓演达始终不渝地坚持孙中山"联俄、联共、扶助农工"的三大政策，使蒋介石如芒刺在背，而王柏龄因生活糜烂，难当大任，不能与邓相抗，蒋遂扶植生活严谨、勤恳听命的何应钦为大将，以抵消邓在黄埔学生中的影响。

蒋介石表面上积极向左靠，操着他那难懂的浙江话，四处发表演讲，宣称要和帝国主义、反动派进行坚决的斗争。因为在当时的广东，革命的矛头主要是指向帝国主义和它所支持的广东买办、官僚、地方实力派和其他军阀势力，以及国民党内的右派元老，这不仅损害不了蒋介石的利益，还为他扫清前进道路上的障碍，他自然乐得推波助澜，而且更显示出自己的革命性。

"廖案"期间，蒋介石与汪精卫结盟，打击了广东地方势力，尤其是强悍专横的粤军，使初出茅庐的蒋介石和他控制的党军迅速发展壮大，又沉重打击了多为国民党元老的右派头面人物，使其如鸟兽散般逃出了广州，汪精卫因之而坐稳了国民党和国民政府的第一把交椅，也使得蒋介石这个资历浅、地位低的后辈在军内、党内的地位急速上升。

蒋介石明白，国共合作为其个人的发展开辟了一条崭新而可行的道路，为了建立属于自己的军事实力，从而逐鹿中原，离不开苏联和共产党的帮助，但他所代表的阶级利益毕竟同共产党所代表的阶级利益是根本对立的，因此，他采取的对付共产党的方针早已成竹在胸，那就是：利用、限制、打击。

在反共的问题上，亲信们给蒋介石提出了两个方案：一是彼此相安一时，等打到北京再来整理党务；一是所谓"正本清源"、斩草除根，由国民党忠实的领袖（指蒋介石），不问什么纪律，什么组织，拼命实行一种"迪克维多"（即独裁），建设起国民党的纪纲来。蒋介石没有丝毫犹豫即选择了前者。

第二次东征期间，蒋介石虽然内心对戴季陶发表的反共理论大声叫好，但却不得不公开批判戴季陶"以尊重总理适以侮总理，是总理之不肖徒，吾侪当鸣鼓而攻之"，又说他笃信三民主义，要做纯粹的国民党员和总理的忠实信徒。这一方面是高喊革命口号以取悦于左派，同时又向右派暗送秋波，表示他决不会信仰共产党的共产主义，让右派放心。

第二章 左右"逢源"

右派中确也不乏高明之士，对蒋介石的暗示心领神会，遂集中力量攻击国民党中委主席、国府主席、左派领袖汪精卫。

1925年11月23日，国民党右派在邹鲁、谢持的策划下，用"国民党第一届中央执行委员会第四次全体会议"的名义，在北京西山碧云寺孙中山的灵柩前召开会议，参加者有谢持、邹鲁、林森、居正、戴季陶、叶楚伧、石青阳、邵元冲、沈定一、吴稚晖、覃振、傅汝霖、茅祖权等14人。国民党第一届中央执委共24人，参加西山会议的14人中，有8人是中央执委，2人为中央监委，4人为候补中央执监委。自此，国民党内出现了"西山会议派"。

西山会议作出把共产国际代表鲍罗廷驱逐出境、把共产党人"清除出党"等决议，并发出停止广州国民党中央执行委员会职权的通电。会议给汪精卫的处分是：一、开除党籍6个月；二、开除其中央执行委员职务，并不得在国民党执政地方之政府机关服务。对蒋介石则未作表示。

实际上，左派也好，右派也好，共产党也好，谁也没有看透蒋介石，没有看清蒋介石故作谦恭的外表下的老谋深算，没有识破蒋介石包藏祸心的伎俩：这就是利用左派打击右派，利用右派打击左派，而自己站在看似中间派的立场，左右开弓，但都不用尽力气，让左派和右派都对自己抱着幻想，寄予希望，自己就可乘机扶摇直上，成为掌控一切的领袖。

为了回击右派的进攻，1925年12月，在宋庆龄、何香凝、吴玉章、周恩来、陈延年、毛泽东等人的努力和推动下，在广州召开了国民党一届四中全会，决定于1926年1月1日召开国民党"二大"。周恩来和陈延年找鲍罗廷商量，准备在即将召开的国民党"二大"上，采取打击右派、孤立中派、扩大左派的方针，开除西山会议派的党籍，选举时多选左派，争取共产党员和左派在国民党中央执行委员会中占优势。但中共中央不同意。陈独秀等人担心处理西山会议派会造成国民党的分裂，影响革命向前发展。不仅如此，陈独秀、张国焘在共产国际代表维经斯基的支持和协助下，与国民党右派分子孙科、叶楚伧、邵元冲在上海苏联领事馆商谈国共关系问题，并达成了协议：共产党以国民革命为中心任务；继续与国民党共同努力，但不包办国民党事务，不排斥国民党忠实党员；共产党员在国民党领导机构中不超过三分之一；请戴季陶等人回广州参加"二大"。

谁与争雄

1月3日,"二大"已开幕两天,蒋介石从汕头以东征英雄的身份回到广州出席大会。1月6日下午,他代表中央军事委员会向大会作了军事报告。《国闻周报》报道说:蒋介石述及组织党军,击破杨(希闵)、刘(震寰)、梁(鸿楷)、魏(帮平)诸逆军及协同其他革命军讨伐诸逆,勘定内乱的经过。蒋同意并详述国民政府下之武力与邻省兵力之比较和攻守大计。报告毕,全场欢呼。某同志动议,请全体代表起立向蒋同志致敬,并勉其始终为党为国奋斗。东征的功勋都归在了蒋介石头上,使他获得了非常大的荣耀;而同时在东征中出了大力气的第四军军长李济深等坐着冷板凳,心里非常不满。

国民党"二大"的中心议题是对西山会议派分子的处分问题。蒋介石看到,如果按照西山会议派的原则行事,则国民革命必定失败,那也是他自己的雄心化为灰烬的日子,所以,必须打击西山会议派;但是,如果此次大会对西山会议派采取过于严厉的措施,势必削弱自己今后掌权的基础,而共产党和左派将会大大得势,这也不是他愿意的。所以,他暗中开始活动。

1月9日,孙科、吴铁城由上海返回广州,蒋介石拉上汪精卫,找他们商谈团结国民党的办法。汪、蒋同意了孙、吴的三条要求:一、孙科垫付的西山会议各项经费,由广州国民政府拨还;二、孙科得二届中央执行委员一席;三、取消监察院查办吴铁城案,吴仍任广州市公安局长(吴是"廖案"时的广州市公安局长,被李章达取代)。

对处理西山会议派,蒋介石最初主张:西山会议案不提于此次大会,或竟保留至第三次大会再决。他想使用"拖"字诀,后见阻挠不成,便设法减轻对这些右派分子的处分。

汪精卫对西山会议派的进攻,一方面进行回击,痛斥这些人是一般落伍的党员,是受了敌人的诱惑,指出西山会议派的目的,就是取消总理的民生主义,还要戴上假面具,说什么反共产、反赤化,真是自欺欺人。所以,在汪的主持下,"二大"通过决议:一、接受第一次全国代表大会宣言及孙中山遗嘱;二、接受三大政策——联俄、联共、扶助农工;三、以纪律制裁西山会议派。

另一方面,汪精卫对西山会议派的反动性质和影响显然估计不足。蒋介石来找他,请他谈谈对西山会议派的处理意见时,他说:"西山会议只开了两点钟，就是那么一两个人可恶。"听汪精卫这么一说，蒋介石庆幸自己这步棋走对了，他显得非常诚恳地说："汪主席心胸宽宏，以总理之心，设想总理还在。对这批追随总理多年的老同志宽大处理，最重要的是他们必须认识到自己所犯的错误严重性。"随即，蒋介石就请汪精卫以第一军及黄埔军校党代表的名义，对"弹劾西山会议案"提出由他一手炮制的修改意见，汪精卫爽快地答应了。

1月13日，大会通过了蒋介石暗中下了大力气的《弹劾西山会议决议案》。该决议虽然指出西山会议"纯属违法，并足以危害本党之基础，阻碍国民革命之前途。非加以严重之处分，不足以申党纪而固吾党之团结"。但所给的处分却是相当宽松的：谢持、邹鲁两人永远开除党籍。戴季陶由大会予以恳切之训令促其猛省。其余人由大会"提出书面警告，指出其错误，责其改正，并限期两个月内具复于中央"。但在选举中，戴季陶却被选为中央执委。

国民党"二大"可说是蒋介石个人的大胜利。"二大"不仅按照其个人意愿处分了西山会议派，而且在选举中央执委时，他凭其"革命表现"和"东征英雄"的耀眼光环，在全部249张选票中，以240票，仅次于汪精卫一票而当选，并在几天后举行的二届一中全会上，被选为中央执委9位常委之一。

国民党"二大"是共产党对国民党右派作出的第一个重大让步。陈独秀与孙科等人商谈了国共关系问题后，恐戴季陶等右派头子来不及赶到广州，还要求中央特地拍电报到广州，建议把大会延期一个月，并指派张国焘为国民党"二大"的共产党团书记，负责贯彻其精神。张国焘的确很好地贯彻了妥协退让的精神。选举结果，36个中央执委中，共产党员只有谭平山、李大钊、林伯渠、吴玉章、恽代英等9人，比周恩来原计划的少了一半；在24个候补中央执委中，只有毛泽东、邓颖超、董必武等8人；中央监委12人中，共产党员只有高语罕1人。

蒋介石伪装革命的手段，瞒过了所有的人，各方均以为他是己方阵营的人。汪精卫拉蒋介石来巩固了自己左派领袖的地位，蒋介石也利用汪精卫迅速增长了实力，提高了地位。

第二节 下棋看五步，蒋介石岂会
被人牵着鼻子走

广州革命队伍中的领袖们因全国形势的发展而深受鼓舞。

北方政局犹如乱麻一团，各路诸侯钩心斗角，纵横捭阖。冯玉祥一面与奉系张作霖虚与周旋，暗中调整部署，准备打仗，一面使者四出，联络原直系将领，希望实现对奉的大团结。张作霖对情况了如指掌，积极整军入关，并派人联络吴佩孚，企图使两家捐弃前嫌，共同对付冯玉祥。吴佩孚自然不会坐失东山再起之良机，准备在各方的烘托下，破壁而出。国民军二、三联军兵分三路攻打山东的张宗昌，而鲁督张宗昌与直督李景林的直鲁联军分十路进攻国民军。国民军内部也有矛盾，二、三军开始不买一军冯玉祥的账。张作霖又在奉天通电，宣布脱离段祺瑞的北京政府。段祺瑞见各地烽烟四起，以各军阀间战事加剧，下令"各军事长官应一律即日停止军事行动。各守疆圉，互戒侵陵。如再称兵构衅，则罪有攸归"。命虽堂正，然此一时，彼一时。段祺瑞已成光杆老头了，谁还会认真倾听他那苍老的声音？

广西的李宗仁、黄绍竑、白崇禧主动向国民政府靠拢。1926年1月26日，汪精卫、谭延闿作为国民政府的代表，乘军舰到梧州，与李、黄、白会晤，达成了两广统一的共识。为了协商统一的细节，白崇禧随汪、谭来到广州。在北洋军阀四分五裂的形势下，两广统一，为国民革命军问鼎中原，完成北伐大业创造了条件。

2月3日中午，蒋介石随众多党政军要人一起，到码头欢送顾问鲍罗廷。鲍罗廷因为要回国述职，请假一个月。

轮船徐徐开出港口，载走了身材魁梧、穿着中国式长袍、宽宽的前额下嵌着双富含智慧的眼睛的鲍罗廷，蒋介石觉得自己肩上的重负在慢慢减卸。这个鲍胡子，孙中山总理去世后虽说也只是国民政府的顾问，却像是国民党的老子，什么事情他都会指手画脚，非得按照他的意志办不可！这次，他终于走了。军事顾问加伦将军也去了张家口冯玉祥的国民军里，去指导已派进去的苏联顾问的工作。蒋介石感到利索多了！蒋介石穿着蹭亮的大马靴"嚓嚓嚓"

地走进办公室，秘书陈立夫迎上来接住了军帽和手套。蒋介石很喜爱这个年轻人，但绝不完全因为这个英俊的小伙子是其恩人陈其美的侄子，而是因为陈立夫曾留学美国匹兹堡大学，操一口流利的英语，阅历丰富，学识渊博，言谈举止中透出一股精明强干的英气。他与在中央党部工作同具不凡才干的陈果夫是胞兄弟。

"先生，军校的王柏龄主任刚刚来找过你。"陈立夫报告说。

"他有什么事？"蒋介石坐下来，喝口开水后问道。

"他说邓演达勾结共产党，图谋不轨！"

邓演达回国后，参加了国民党"二大"，被选为候补中央执行委员，重任黄埔军校的教育长。

蒋介石心里略显烦躁："又是那一套，你告诉他，我心里有数！"

"黄埔师生不断汇报共产党猖獗的活动，先生要未雨绸缪啊！"陈立夫大着胆子说，"你听听这些数字：军校特别党部选出的第五届执委，5 人中就有 4 人是共产党员。军校和各军的政治部，几乎都是共产党员在工作。第一军 3 个师的党代表，有 2 个是共产党员；9 个团的党代表，共产党员占 7 个，而且连士兵中都建立了共产党的组织。先生虽然规定共产党的活动要公开，国民党员加入共产党必须得到批准，而且重申：'有未经许可秘密加入各团体者，即以结党营私论，在所必惩。'但据我看似乎没有起到多大作用，共产党的势力仍在蔓延。"

蒋介石默然。

"先生"，陈立夫急切地说，"再这样任由共产党发展下去，黄埔必将不为先生之黄埔，一军也恐掌握不住啊！"

"那你说该怎么办呢？"蒋介石慢吞吞地问道。

陈立夫一挥手："立即把共产党从黄埔军校和第一军中赶出去，砍掉他们的脑袋！"

"谈何容易啊！"蒋介石起身，站在窗前。年轻人，你太幼稚了，把他们赶尽杀绝了，我靠谁去问鼎中原呢？但是，反过来的问题，又把他自己难住了，照这样下去又如何得了！

"你打个电话给谭廷闿部长，就说我想找个时间和他谈谈。"蒋介石岔开话头，转身吩咐站在一边的陈立夫。他心里翻滚着很多东西，只是不愿意让陈立夫了解得太多。他认为，作为主帅，让部属过多地了解自己内心的秘密，绝非好事。《战国策·秦策》上不是说："大臣太重者国危，左右太亲者身危"么？

蒋介石的身边已麇集了一批战将谋臣，武的如何应钦、王柏龄、钱大钧、顾祝同、刘峙，以及长洲要塞司令林振雄、虎门要塞司令陈肇英、广州市公安局长吴铁城等人；文的有张静江，他虽因20岁时患骨痛症至使腿部不能自由行动，但天资聪颖，工于心计，而且在党内的地位较高，是蒋介石的瘸腿军师。

比较熟悉的共产党人是周恩来，这个年轻的革命家头脑敏锐、才华过人。李之龙、徐向前、陈赓等黄埔学生均为出类拔萃的人才，可惜都是共产党员。

蒋介石对共产党的限制和打击，虽说没有太大的举动，但是缠绵不绝。东征途中的1925年12月8日，他借口调解日益尖锐的青年军人联合会和孙文主义学会的矛盾，在连以上军政人员联席会上，公开表示他的黄埔军校不可分裂，要求把所有在黄埔军校以及在军队中的共产党员的名字都告诉他，所有国民党员加入共产党的名字也都要告诉他。当时担任第一军政治部主任的周恩来告之，此事关系两党合作的原则，须请示中央才能决定。一计不成，蒋介石眼珠一转，在找周恩来个别谈话时，提出了另一个方案：为了保证黄埔军校的统一，共产党员或者退出共产党，或者退出黄埔军校与国民党，并哼哼哈哈地说，后者是他不愿意看到的，企图诱使周恩来就范。遭到周恩来拒绝后，蒋介石因不能摊牌，也只得隐忍不发。

这一连串阴谋未得逞，蒋介石决定对黄埔生中的共产党员进行收买。他首先约见了海军局局长兼中山舰舰长共产党员李之龙。

李之龙曾就读于烟台海军学校，国共合作之初，在广州任鲍罗廷的翻译，因为鲍的缘故，同国民党的上层人物较为熟悉，黄埔建校后进入第一期学习，第二次东征时任海军局政治部主任，旋即升任海军局局长。

"不知校长找我有什么事？"李之龙坐下来，平平稳稳地问道。

"没什么事，随便聊聊"。蒋介石穿着长衫，眼睛紧盯着对方，但口气却是亲切的，"海军那边的情况怎么样？"

第二章 左右"逢源"

李之龙忽地想起几天前，国民政府特任蒋介石为国民革命军总监："报告校长，全体海军官兵士气高昂，热切盼望政府出兵北伐，打倒列强，打倒军阀，把革命推向全国！"

"哼，好好。"蒋介石的声音像蚊子的鸣叫："政府对海军是寄予了很大希望的，尤其是你兼舰长的中山舰，它不仅是国民政府唯一的一支装备完全的兵舰，更因为总理曾以它在白鹅潭与陈炯明炮战了一个月之久，它有光荣的革命历史！"

"是的，那时叫永丰舰。"

"哼，你记得很清楚。之所以把它改名为中山舰，是希望全体同志继承总理遗愿，发扬革命精神，在全国实现三民主义。李局长希望努力工作，不负总理厚望。"

"我一定努力奋斗。"

"哼，这个，年轻人急躁好胜，希望李局长在今后的工作中注意搞好同各方面的关系，以利革命事业向前发展。"

李之龙蒙了一下，不知蒋介石所指的是什么，只好回答："是。"

实际上蒋介石是有所指的。李之龙曾将虎门要塞司令陈肇英走私的勾当报告给汪精卫，使其受了处分，但陈是蒋介石的结盟兄弟，又是蒋介石保荐他任虎门要塞司令的，这使蒋介石很尴尬。而李之龙因厉行缉私，得罪了很多军警机关和人员。

"我知道你是很活跃的共产党员，但你要明白，国民革命要实现的是三民主义。中正作为总理信徒，誓当促其实现。到那时，你个人的前途也会有很大的发展！"

"请校长随时指示。"李之龙毕恭毕敬地说。

蒋介石见李之龙显然明白找他谈话的目的是要他跟着自己的校长走，但李之龙并未作什么明确地表示，只好自己收场："哼，好，今天就谈到这里吧！"

蒋介石急躁不安，晚饭只胡乱扒拉了几口。他的心被统治全中国的美好蓝图所激荡。他驱车东山，去见暂代鲍罗廷为首席顾问的季山嘉，商讨出师北伐的问题，争取季山嘉对其出师北伐的建议给予支持。这事必须趁鲍罗廷不在广州的时候决定下来，因为鲍罗廷不但自己反对北伐，还善于用他那娴熟的手腕

谁与争雄

打掉别人支持北伐的念头。

鲍罗廷未离开广州时，就和蒋介石发生了激烈的争论，争论的焦点是：

第一，北伐的时机是否成熟。蒋介石坚持要求马上组织北伐，为此举出了很多理由：两广已经统一，北伐有了巩固的根据地；北洋军阀的势力不但已遭到了很大的削弱，而且处于复杂的矛盾中；国民革命军已经成为一支成熟和极具战斗力的部队，具有了战胜北洋军阀的力量；北伐顺应民心，北伐能减轻广东人民的负担；更重要的是北伐是总理的遗愿，正如他在黄埔军校宴请国民党"二大"代表时所说："深信我们中国国民党必能统一中国，而且在本年内就可以统一……从敌人内部看，崩溃一天快似一天，本党今年再加努力，即可将军阀一概打倒，恢复北京，迎总理灵柩至南京紫金山安葬。"而苏联顾问则从另外一个角度看问题，他们认为，到1926年春，北伐的时机仍未成熟。北伐不能搞成单纯的军事行动，应该是在发动群众的基础上进行，只有得到工农群众的支援，军事行动才能迅速胜利，更重要的是胜利成果才能巩固。换句话说，精明而富蕴政治嗅觉的鲍罗廷已经看穿了蒋介石的险恶用心，他企图趁工农运动尚未真正大规模展开时北伐，独占胜利果实。所以顾问们（当然首先是鲍罗廷）主张，在北伐进军要经过的省，必须首先把工农群众组织和发动起来，配合、支援北伐的进军。鲍罗廷微笑着最后说："这也是苏联革命成功的经验，但并非苏联独家所有，二次东征的胜利不也是这样得来的么？"这恰恰点中了蒋介石的痛处。彭湃领导的海丰农民运动蓬勃发展，农民自卫军在东征军节节胜利的形势下，未待东征军到达海丰，即起义占领了县城，使蒋介石这个东征军的总指挥颇觉不是滋味，而且痛感局势并非他能一手控制得住。虽然他在国民党"二大"代表军委作军事报告时不得不承认，东征的胜利，实在靠了人民的援助，这种援助是切实帮忙，不仅仅是表示热烈的欢迎。

第二，北伐的进军路线。这个问题的实质也是关系到谁最终控制北伐的胜利果实。苏联顾问主张，北伐打到武汉后，应继续沿京汉铁路线向西北挺进，与冯玉祥的西北军汇合，这样，一则壮大了革命的力量，一则使苏联援助中国革命的物资可以直接从陆路输进，再以西北为后方，席卷帝国主义势力集中的东南沿海地区，达到统一中国的目的。蒋介石的观点和顾问们截然不同，他认为应该首先打到东南沿海一带，再转身进攻西北及全国的其他地区。

第二章 左右"逢源"

蒋介石觉得，在北伐的时间和路线问题上必须力争。如果时间拖延，工农运动有力地展开，北伐成功了，局势也不是自己左右得了的，如果北伐进军沿着苏联顾问主张的路线走，将使苏联在中国拥有绝对的发言权，北伐的胜利果实不但不为自己所有，自己还可能变成苏联的附庸。自然，依靠革命力量，迅速打回老家去，取得江浙财团的支持和争取美国及其他列强的帮助，从而有利实现个人对全国独裁统治。蒋介石自然不愿他的打算落空。他非常清晰、准确地盘算了各种方案对自己的利弊。

前面已见明亮的灯光，快到季山嘉公馆了。蒋介石心里非常不痛快：苏联顾问简直成国民政府的保姆了。

进了完全中国化了的季山嘉公馆的客厅，双方互致简短的问候，蒋介石即开门见山地说出了此行的目的："顾问同志，我想和你详细讨论一下国民政府出师北伐的问题。"

"这个问题你不是已和鲍罗廷同志详谈过几次了吗？"季山嘉点燃雪茄，望着袅袅升起的青烟淡淡地说。鲍罗廷请假回国述职实为应付蒋介石提倡立即北伐的一个策略，使用"拖"字决。因为鲍罗廷是首席顾问，他不在显然不能决定重大策略。

蒋介石硬着脖子说："我仍然坚持我的意见，不同意顾问同志的看法。"

"蒋同志的性格是比较执著的，我深表钦佩。"季山嘉慢吞吞地说。

蒋介石听了这句话很不舒服，但他耐着性子说："顾问同志，应该肯定，北伐的时机已经成熟了。我们要趁冯玉祥的国民军在北方牵制住直系、奉系军阀的有利时机，迅速出兵北上。至于工农运动发展的问题，我们可以边进军边发动；再者，如果没有国民革命军的保护，工农运动不开展则罢，一开展即会遭到封建军阀和帝国主义势力的残酷摧残，比如吴佩孚即残酷镇压了京汉铁路工人大罢工。现在，北方正积极酝酿实现直、奉、皖、晋几家的大联合来共同对付冯玉祥的国民军，一旦冯玉祥失败，北洋势力从北向南压迫过来，国民政府岂不只能坐以待毙吗？！"

"那么，请蒋同志告诉我，这是国民革命呢，还是像过去孙中山先生那样的北伐？北伐是造成新的军事领袖或者说军事独裁者，还是从军阀手里夺回权力交给人民？人民如何才能当家做主？"季山嘉语调虽缓，但语气咄咄逼人。

蒋介石咽了一口唾沫，也吞下了一丝不快："国民革命也离不开在军事上的胜利，这也是过去的经验所证实了的。"

"从政治上说，工农群众没有发动起来，北伐即成为军事冒险，没有工农的支持，注定要失败；胜利了又怎么样？可能会变成改朝换代的工具。"季山嘉反驳道，"从军事上说，现在属于北洋军阀系统的吴佩孚、孙传芳、张作霖等人的军队加起来，其数目不在百万之下。国民革命军有多少人呢？所以，我们主张，现在国民政府不急于北伐，而是整理内部，积蓄力量；同时，我们苏联对冯玉祥的国民军加紧援助，我们已经派了顾问团进驻张家口，连尊敬的加伦将军也去了张家口，已经给了冯玉祥价值1100万卢布的武器和弹药。等到南北两股革命力量都发展壮大了，再出师北伐，那就水到渠成，用句中国古语说，打倒军阀列强，统一全国犹如探囊取物"。

蒋介石的确是一个战略思想比较高超的军人，这一点，苏联顾问们也承认的。蒋介石从浩瀚的古籍中，吸取了封建统治阶级治国、治家、治人的道理和权术，研究军事着眼于全局性的战略问题。他比其他军事将领高明，就在于他不单纯地从军事的角度看问题，而是能分析全国的政治形势。1922年孙中山积极进行北伐并师出江西，蒋介石并不赞成此举，多次建议首先解决陈炯明的威胁，统一内部，有了可靠的根据地，然后再北伐，仓促行动只会劳而无功。他对孙中山联络段祺瑞、张作霖结成"国、皖、奉"三角同盟倒直系曹锟、吴佩孚的做法也表示怀疑，认为这很难达到革命的目的，颇有见地地说："真正要彻底地改造中国、平定内乱，使人民能安居乐业，还是要有一支真正的革命军出来才好，不然，无论南方打胜仗还是北方打胜仗，都是做亡国灭种的工作，于国家于人民没有福利可言。"

蒋介石的大志就是要成为中国的统治者，而季山嘉把冯玉祥与他相提并论，使他深感厌恶，但他还是忍住了："顾问同志，北洋军阀系统虽有上百万军队，但各系统之间矛盾重重；再说冯玉祥的国民军把其大部分兵力吸引在北方，他们真正能拿来对付我们的兵力并不多，而且均为战斗力极差的部队。现在的国民革命军，完全在国民政府的管辖之下，一个命令出来，可以动员的人数有85000人，枪械也有60000杆，兵士的饷额有一定的预算，兵士的生活也有较大的改善,还有各军校的陆军学生6000人。更重要的是,官兵们的革命热情很高,打败已经腐朽了的军阀是没有问题的!"

"汪主席的意见如何呢?"

"汪主席还不是要听顾问和将领们的意见。在北伐的路线上,我坚持认为应在打到武汉后,挥师东南……"

季山嘉突然插了一句:"效法落后的太平天国运动吗?要知道,洪秀全到了繁华胜地南京,就不想再进取了,结果遭到了失败。"

蒋介石不与季山嘉争论,按照自己的思路继续说道:"占领富庶的东南沿海地区后革命就获得了雄厚的物质基础,再囊括东北、西北、西南就易如反掌了!"

"金钱和物资问题,蒋同志不必过虑"。季山嘉起身踱着步说,"强大而富有的苏联完全可以供应中国革命所需之一切。蒋同志不也是靠了苏联的帮助而发展起来的么?"

背对着季山嘉,蒋介石恨恨地皱了一下眉。

季山嘉突地一停,急切地说:"我忽然想到一个计划,我们把国民革命军从这里海运到北方去支援冯玉祥,你看怎么样?"

蒋介石非常气愤,这不是釜底抽薪之什么?如此一来,还谈什么北伐!

季山嘉坐下来,跷着腿微笑着说:"蒋同志考虑考虑吧。要不,干脆这样,你到北方去帮助冯玉祥训练他的国民军,不仅是军事训练,而重要的是要他们懂得革命的道理。我知道你练兵是相当有一套的。一旦国民军训练成了,你再回来领导国民革命军北伐,与冯玉祥会师中原,中国的革命就成功了。"

蒋介石虽然心里怒骂"儿戏!欺人之谈!根本打消北伐之毒计",但他木无表情地站起来说,"顾问同志,就谈到这里吧,我告辞了!"

第三节 汪精卫渐成贵重而易碎的花瓶,蒋介石察看了各巨头的底牌

蒋介石匆匆走进了汪精卫公馆的客厅。

风度翩翩的汪精卫刚刚请这位广州公认的军界领袖坐下来,蒋介石即递上

谁与争雄

一份辞职报告，请求辞卸"军事委员会委员"和"广州卫戍司令"两职。

汪精卫内心虽然非常诧异，也感到一阵莫名的激动，——没有几天，他已经开始感到自己一手扶植起来的"小伙伴"有点烫人了——表面却丝毫不动声色，看也不看地把辞职报告轻轻放在茶几上，面对着蒋介石亲切地说："介石同志，你这是干什么？现在正是用人之际，你不能丢下革命工作不做啊！"

"汪主席"，蒋介石添添嘴唇说，"我反复考虑过，由于我的精力和能力有限，兼职过多会影响革命工作，所以我辞去两职，专任军校校务，为革命培养人才"。

汪精卫的左手食指轻轻地弹着沙发的扶手，眼光直视着蒋介石。这家伙在搞什么名堂？首先辞掉了第一军军长之职，接着又辞去他本来就渴望得到而由汪精卫促成、国民政府军事委员会于2月1日任命的国民革命军总监之职，今天又来辞军事上仅剩的两个兼职，葫芦里究竟装的是什么药？现在已经很清楚，通过"廖案"获利最多的是蒋介石，使他从党内军内由小卒上升到今天的显赫位置，虽然汪精卫借机把很多有实力的对手赶落下水，但他认为那是局势使然，就是没有蒋介石的支持，也会出现这样的结果。不过，汪精卫也不后悔拉蒋介石做助手的行为，毕竟赶走了资格老、地位高的许崇智，蒋介石要想和他斗，实力还差得远！尽管汪只比蒋年长4岁，可汪几乎可算是蒋的前辈了！

汪精卫问："介石同志是对我汪某个人有意见吗？"

没意见？你的手伸得太长了！你经常跑到军校去给师生训话，军校从建立起即是我的领地，这不是挖我的墙角吗？你扶植我的部下，趁我东征时，任命我手下的师长王懋功代理我的广州卫戍司令之职，准备将来推倒我，你任命共产分子李之龙为海军局长，还兼了最好的一艘军舰的舰长！你借故撤了我推荐的虎门要塞司令陈肇英之职，他可是我的盟兄弟啊！这一切，不是你暗中积蓄势力，砍断我的手脚，以便将来打倒我吗？蒋介石的脑海里飞速地转着这些问题，嘴里却说："汪主席说哪里话？我怎么会对你有意见呢？"

汪精卫的头上戴着好几顶既大又沉的帽子：国民党中央执委主席、政治会议主席、国民政府主席、军事委员会主席、还是黄埔军校的党代表，但他并不满足于当个高高在上、没有根基的军政领袖，开始把手伸进军队，扩大自己的

第二章 左右"逢源"

影响,这自然与把军队视为其禁脔的蒋介石发生了不可调和的矛盾。

汪精卫整理一下质地精良剪裁考究的白色西装,平视着蒋介石那张紧绷而显得异常严肃的脸和微微陷下去而显得阴森的细眼,忽地想到蒋介石势力的快速增长,猛然间觉得一阵凉风吹过,禁不住把架在右腿上的左腿放下来,旋即又将右腿架在左腿上,同时,反复给自己加强意念,不用担忧,自己身兼要职,蒋介石如想图谋不轨,必须调动军队,但军队未必肯听他的话,再者,调动军队须党代表亲笔副署才能生效,否则便是反动。

汪精卫的脑际盘旋着的念头使他未能听清蒋介石后来又说了句什么,为了掩饰自己的尴尬起身关上窗户。

蒋介石无意中帮助汪精卫摆脱了困窘,他说:"汪主席,介石作为总理的信徒,自应为三民主义而奋斗。而汪主席作为革命领袖,仍应早定革命之大计,领导权不能落于外人之手,要始终保持自己的自主地位。"

蒋介石气恼地盯着汪精卫那张保养得很好的脸,回忆起了去年5月8日第一次东征时在潮州前线见到的那张脸。虽然两张脸同为汪氏所有,但和今天这张骄矜、居高临下的脸相比,那张脸非常明显地刻写着渴求。那是汪精卫刚刚安顿完孙中山的后事,从北京回到广州后没几天,即带着妻子陈璧君去前线看望当时尚不知名,但有党军指挥权的蒋介石。一见面,汪就对蒋说,总理临终时,不断低声呼唤"介石""介石",总理对弟寄有厚望。蒋激动非常。之后,汪又说:"愚兄今后之个人出处、进退,全凭弟一句话来决定。"蒋明白了,这是汪急于成为总理的继承人而拉拢有一定军事实力的他,以便在与胡汉民和廖仲恺争权时获得支持。自然,蒋也清楚汪的话传出去对自己有多大的价值。

蒋介石见汪精卫既不对其辞职表示挽留又不把辞职报告退还给他,顿觉进退失据,还未走出汪公馆即阴郁地拉长了脸。

次日,汪精卫收到了蒋介石派副官送来的一封信。信中说:"自弟由汕回省以来,即提议北伐,而兄当时极赞成之,并准备北伐款项,以示决心。不料经顾问季山嘉反对此议,而兄即改变态度。此兄不能自主之一端也。自第二次全国代表大会以来,党务、政治、军事陷于被动地位,弟无时不抱悲观,军事且无丝毫自动之余地,革命前途,几至濒于绝境。故与兄提议,必先与确实交涉，不可使中国陷于被动地位，以违反我总理联合苏俄之本旨，与苏俄扶助中国革命独立之成约。然此不可专为苏俄同志责，兄亦不能辞其责任也。季山嘉劝弟往北方练兵一计，其虚实诚伪，已彰明较著。盖弟在粤一日，而季山嘉个人之计划总难实现，故其不得不设法使弟离粤，减少吾党之势力。"

汪精卫放下信，陷入沉思。蒋介石和顾问之间，矛盾已经非常尖锐了，而广州又在四处流言：共产党要暴动，推翻国民政府，组织工农政府，汪精卫、王懋功都加入了共产党，共产党准备倒蒋，正在黄埔军校查账，说蒋介石有贪污，国民政府准备宣布共产，所有私人财产都要没收。这实际上是西山会议派的邹鲁等人利用蒋介石多疑的性格，设下圈套，挑拨蒋、汪关系，挑拨国共关系，诱使蒋介石迅速向右转，目的仍在于搞垮国共合作。

蒋介石要干什么？他敢干什么？把苏俄顾问都弄走了，我这个国府主席不就成了空架子吗？蒋介石是个聪明人，他不会不知道，赶走苏俄顾问，苏俄政府定会断绝对中国革命的援助，失去了外援，中国革命能成功吗？汪精卫虽然看见了那个咄咄逼过来的瘦削黑影，但认为他是撼不动自己的，同时，他也料定，蒋介石不但不敢公开反俄，也不敢反共，因为苏俄绝对会支持共产党，在目前的形势下，两家联合起来一反击，蒋介石哪里还有出路。

过了几天，神思略显恍惚的汪精卫又在自己公馆的客厅里接待了蒋介石。

蒋介石说："汪主席，我由于在东征前线过久，身体和精神非常疲乏，很想作一次短期休息。休息的地方我也考虑好了，上海是不能去的，我想去莫斯科，一者可以和俄国当局接头，二者可以多获得些军事知识。"

"此次东征，介石同志劳苦功高，国民政府是不会忘记这一点的。"汪精卫客气地说。

对辞职一事既不认可、又不慰留，对离粤的打算不作议论，蒋介石更证实了自己的猜疑：汪精卫和季山嘉企图联合起来赶走自己。

蒋介石咧开嘴，似笑非笑地说："介石誓为总理的三民主义而奋斗终生，但现在北伐尚未提上日程，处于整军时期，我留粤与否无关紧要，因此我想趁此机会，作短暂休息，以利身心健康的恢复。"

汪精卫爽快地答道："介石同志鞍马劳顿，实在想休息一下也行，待身体养好了，北伐中原，定当倚重，现今广东的事务，政治上我可以多担待一些，军事上的琐事可以委托王懋功他们多代劳一些。"

蒋介石离粤之说本为投石问路之举。他生性敏感而好猜疑，这也就证实了汪精卫要对付自己的猜测。他觉得自己的处境非常尴尬，在不宣而战的蒋汪斗争中，自己居于明显的劣势。

如何才能扭转乾坤？

蒋介石去访问第二军军长兼国民政府军事部长、军事委员会委员谭延闿。

谭延闿在各军中资格最老，民国元年即任湖南督军，1924年孙中山组织北伐时，任命他为北伐联军司令。蒋介石造访的目的就是要争取他的支持，以便影响其他各军对蒋介石的态度。军长们的态度非常重要，武人有枪杆子，文人手里的那支笔抵不住一根烧火棍！但蒋介石此行未能达到目的，因为谭延闿哼哼哈哈，就是不作直截了当的回答，不过，蒋介石离开谭公馆时也并非两手空空，他摸到了谭延闿明哲保身的中立观望心理。

蒋介石表面上纵情于山水与人伦之乐，暗地却十分紧张地活动。作为一个富有心计的权谋家，他详细分析了广州的形势。总的来看，自己在党、政、军各方面都未能占到绝对的优势，如果贸然发动进攻，成败在两可之间。对立方面，他经过两次试探，测出了汪精卫及顾问团对自己虽然心怀不轨，但反应迟钝，尤其是汪精卫，更是软弱妥协、书生气浓厚。一次是2月26日，他突然借口第一军第二师师长王懋功"为俄人季山嘉所利用，图谋不轨，倾覆本党革命势力"，将其撤职、扣留，当晚即送其3000元旅费，武装押送离粤赴沪，并派亲信刘峙接任第二师师长，汪精卫对此不置可否。王懋功原是粤军将领，蒋介石推倒许崇智时投蒋，后又讨好汪精卫，企图攀上另一靠山。第二次试探就发生在扣留、驱逐王懋功的次日，蒋介石造访汪精卫，要求汪在两者中任选其一：要么准许蒋介石辞职，要么让季山嘉回国。汪精卫含含糊糊，未作肯定或反对的表示。

处在蒋、汪之间的，是谭延闿、朱培德、李济深、程潜等人。蒋介石明白，自己军事实力的迅速增长，使其他各军心怀猜忌。1924年9月，黄埔军校筹建教导团，蒋介石才有一支直接指挥的部队：平定商团叛乱后教导团改称党军，也只有1000多人，后来经过两次东征，平定刘、杨叛乱，以及通过

谁与争雄

"廖案"推倒许崇智，蒋介石的第一军已达三个师，各师装备精良、官兵素质良好。不久，蒋介石下了一着棋，更使各军军长心存疑惧：他以军委委员的身份，以"打破军阀势力，军长之职不废，积久或有尾大不掉之弊，难免割据之嫌"为理由，建议各师均直接受军事委员会节制统帅，并立即向国民政府请辞第一军军长职，而由其亲信何应钦接替，还在各埠大报上大肆宣扬自己力辞军职的消息。然后又在汪精卫的帮助下，被国民政府任命为国民革命军总监。谭延闿等人岂是傻瓜，看透蒋介石此举是明修栈道暗度陈仓，目的是在冠冕堂皇的口号下，削夺各军长对部队的控制权，采取"职务你且辞，军长我照当"的态度，使蒋介石迫使各军长交出权力的企图落了空。但蒋介石也有所获，借机标榜了自己。至于总监一职，虽为其素所企盼，但蒋介石一看各巨头之脸色，只得悻悻地宣布暂不就职。从总体上说，谭延闿等人虽对蒋介石的暴发心怀不满，甚至喊出了"打倒新军阀、打倒段祺瑞第二"的口号，但对蒋介石的实力也有所顾忌，不待尘埃落定，他们不会亮出底牌。如果能以迅雷不及掩耳的手段成功夺取大权，待众人反应过来，天下已姓蒋了，他们自会就范。

但汪精卫是棵根深叶茂的大树，抗拒风雨的能力相当强大，他对蒋介石的辞职报告不置可否，使蒋介石惯用的以退为进的策略失败。一连几天，蒋介石冥思苦想，都无法解决辞职问题。他感到自己在军事上都丧失了主动权，不但北伐计划难以实现，就是刚刚夺得的军界领袖的地位也岌岌可危。

由于觉得自己深陷漩涡中，进退不得，还有被卷入水底的危险，左冲右突，仍无法摆脱困境，蒋介石遂叫陈立夫购买到汕头的船票，打算到何应钦处，依靠所部，再进广州。

在驱车到港口的途中，一直眺望着窗外的陈立夫忽然转身面向蒋介石问道："先生，不离开广州，真的没有别的办法了吗？"

这句话似乎帮助蒋介石确定了什么，他一愣之后，命令司机掉头回军校驻省办事处。

如果这次离开广州，就不会像孙中山在世时那样，一离开广州，就有人连电相催，甚至派大员促驾，汪精卫巴不得蒋介石走得越远越好呢！

离最高党、政、军大权，只有一步之遥了，能甘心一走了之，另起炉灶，再图发展吗？

晚上，蒋介石坐在椅子上，就着柔和的台灯光写日记："经过努力，事态渐渐好转，余心不再悲观矣。余读阳明文集，文正公文集，每每以为已达善境，然观最近之心态，犹不足焉。由是观之，遇事当详思熟虑，以便抓住要着，奋斗决战，以竟全功。"

第四节　蒋介石冒险发难，汪精卫垂下举到半空的手臂

春光明媚的三月，在悄然逝去。

在政局表面的平静中，有一股暗流在涌动、在积蓄，就要激起冲天的巨浪，发出撼人的呼啸！

戒备森严的长洲要塞司令部。

在一间略显阴暗的小会议室里，气氛很沉重。蒋介石正和刘峙、陈立夫等几个最亲信的人召开秘密会议。陈立夫等人都主张立即向共产党开刀。他们还再次分析了形势：各军中的第四、第五和第三军的一部分会支持他们的行动，会站到他们这边，二军谭延闿是著名的滑头，绝不会拿其视为命根子的军队去赌博，一定会采取观望态度，等到搏斗见分晓时才投向胜利者一边，刚刚统一过来的第七军李宗仁等更不会介入这场他根本就不明底细的权力斗争。他们还分析了苏联顾问团方面的情况，头脑敏捷、熟悉情况的鲍罗廷和加伦都不在，在广州的顾问中最大的是2月刚来的苏共中央执行委员、苏联红军总政治部主任布勃诺夫，不过此人级别虽高，但不熟悉情况。共产党方面有可能反击，如果行动迅速，他们也无从着手。如果顾问团和共产党两方面都没有坚决的表示，以蒋介石和其军队作为自己权力支柱的汪精卫的腰自然硬不起来。蒋介石沉默半晌，抬手吩咐道："你们分头准备吧。"

尽管综合各方情况，胜算较多，为防万一，蒋介石想到了手下头号大将、统兵坐镇汕头的何应钦。他中等身材，留着短发，戴着一副圆框金丝眼镜，一举手一投足都显出端端正正的神态。他对何应钦虽有信心，仍要陈立夫给他发了个亲译电，一则保险，二则因他认为何应钦工作任劳任怨有余而敏捷反应不足，恐其到时事感突然而弄出问题。电报中说："广州有要人联合重要方面反

谁与争雄

对我，我深感处境极苦，打算下野以避风头，但下野的去处却难找。到上海，西山会议派正在那里开会；到日本，又不愿此时避居国外。茫茫大地，几无容身之地，午夜彷徨，筹思无策，我兄其何以教我。"

陈立夫送来一件电稿，是广西李宗仁发给汪精卫、谭延闿、蒋介石等领导人的。李宗仁通报了湖南赵恒惕和其手下师长唐生智内斗的情况，断言唐生智驱逐赵恒惕必定成功，但之后吴佩孚——已当上"十四省讨贼联军"总司令——的军队必定沿粤汉铁路南下，达到把赵、唐一锅端的目的。唐生智虽邀请广西出兵支援，仅是为驱赵，完全没有意识到黄雀在后。现在，广西的钟祖培旅已向黄沙河进发，准备入湘，同时，广西全省已动员，分防各地的部队已向桂林集中。李宗仁在电报中说，此时乘机援唐北伐，正是千载一时之机会，因直系的势力在北方受挫不久，元气尚未恢复，吴佩孚正想利用统一两湖的机会，复振直系。现在直系讨冯的战争正在进行，精锐部队被吸引在华北，湖北全境空虚，我们如利用唐生智为前驱，乘机北伐，击吴佩孚于立足未稳之时，可一鼓拿下武汉。顺江而东，效法太平天国起义作战路线和意图，直捣沪、宁，统一长江流域，则全国不难定矣。我们如不能把握时机，待吴佩孚在北方消灭了国民军，南方统一了两湖，直系势力完全恢复，问鼎中原的机会，将一逝永不再来。第七军援湘之师已经出发，北伐势成骑虎，希望中央速定大计。

蒋介石意识到，北伐的暴风雨就要来了，但那乌云尚在天边积聚，当务之急是解决变幻不定的广州政治局势。

陈立夫说："从电文看，李宗仁北伐的心情是很急迫的。我认为，北伐是其旗号，其目的一定是因广西地处边陲，地瘠民贫，企图乘北伐之威打出广西，扩张势力。我们不能落在他们的后面。"

"我何尝不想立刻上马，挥师北伐！"蒋介石一派愤激，他的心情因北伐的时间紧迫但内部问题尚难解决而变得更坏了，"可是有人反对！时机不成熟，路线有问题，这样，那样，总之一句话，不能北伐！我们不解决好内部问题，怎么能够集中精力问鼎中原？现在内部的问题最重要，必须首先解决！"

"我记得，两广统一会议后，白崇禧没有回广西而是约上第四军第十师师长陈铭枢一道去了湖南见唐生智。"陈立夫若有所思地说，他觉得这个现象里面蕴藏着什么东西。

"这有什么不清楚的？"蒋介石阴沉地说，"李任潮（李济深）是广西佬，陈真如（陈铭枢）虽不是广西人，但他与李宗仁、黄绍竑、白崇禧、唐生智等人都是保定同学。哼，保定军校真的培养了不少人才呀！"

何应钦的回电到了："公之思虑，亦即应钦之想，公即当机立断，应钦及第一军全体将士俱为公之后援。事若不济，请公到汕头总揽一切，再图发展。此心此志，唯天可表！"

3月19日深夜，静谧的造币厂显得有些阴森。

蒋介石的车悄然开进了造币厂。他召集早已等候在那里的亲信人员，作了行动的具体部署：陈肇英、王柏龄执行逮捕李之龙的任务，刘峙执行扣押第二师各级党代表的任务，第二师第五团占领海军局，解除海军局的武装，陈策、欧阳格占领中山舰并解除其武装，吴铁城监视汪精卫、季山嘉及苏俄代表团与全市著名共产党员的住宅和共产党的机关。蒋介石部署完毕，对环绕着他的将领们恶狠狠地说："如果共产党开枪反抗，着第二师、新编第一师及公安部队立即以靖乱的名义坚决镇压！"

天刚亮，外面响起了汽车刺耳的刹车声，跟着，谭延闿和朱培德走了进来。

蒋介石在房间里心神不宁地反复踱着步，脸呈青灰色，布满血丝的双眼更凹了，不难想象，此次行动如果不成功，结果可能是自己的垮台。他抬头见谭延闿、朱培德二人戎装闯到这里来，忐忑不安的心反倒落了下来，甚至有点喜出望外了：他们起兵反抗的可能性几乎等于零了。如欲起兵相抗，则绝不会傻到闯进戒备森严的造币厂。实际上，行动已近尾声：按计划逮捕的第一军第二师和黄埔军校的共产党员被陆续送进造币厂关押起来；同时，汕头的何应钦也动了手，将其属下的共产党员全部逮捕。

"介石同志，你这是干什么？"谭延闿一改平时的慢条斯理，非常着急地问道。

朱培德凌晨2点即被刘峙找去见蒋介石，蒋要求共同行动，他拒绝了，从造币厂出来后，就去找谭延闿。他紧接着谭的话头说："介石同志，千万不要鲁莽行事，很多事是可以用和平的手段解决的。而今市区戒严，四处捕人，顾问被围，政府大楼被围，省港罢工委员会被围，倘若共产党挺身而出，事情不就越闹越大了吗？到时如何收拾？"

谭延闿说："介石同志，你应该马上取消这次行动，释放所有被捕的人，并作出解释。这样干是违背总理遗愿的！"

蒋介石高高地举起他的瘦削的手臂，显得有点歇斯底里地喊叫着说："你们知道共产分子要干什么吗？他们想要我的命！李之龙把中山舰无缘无故开到黄埔，升火达旦，卸下炮衣，如临大敌，究竟要干什么？恰好我不在黄埔，又打电话四处查寻我的行踪！"

"介石同志，这是误会。"谭延闿企图平息蒋介石的愤怒，解释道："也许……"

蒋介石猛地打断谭延闿的话："谭部长，季山嘉和共产党早就计划好了，要把我劫持到苏俄去，让他们做梦去吧！"

"介石同志。"朱培德说："肯定没有这么回事！"

"不，有的，有，共产党就是在制造阴谋，企图谋害我！"蒋介石声音嘶哑地喊到。

谭延闿见无法说服蒋介石，招呼朱培德说："益之，我们走！"

汪精卫因为生病，正疲乏无力地躺在床上，忽报陈公博求见，感到有点奇怪：一大早跑来干什么？

陈公博是广东人，颇有才干，深受汪精卫器重。他1921年作为13名代表之一参加了在上海举行的共产党一大，1922年脱离共产党，1925年加入国民党，先后担任军事委员会政治训练部主任、广东省政府农工厅厅长，廖仲恺被刺后，继任国民党中央农民部部长，1926年1月当选为国民党二届中央执委。

"公博，有什么事吗？"汪精卫在床上接见了陈公博。

"外面已经戒严，顾问的公馆已被包围！"汪精卫见平时颇有大将风度的陈公博都有些慌乱，一急，又咳嗽起来。这时陈璧君也起床了，急忙过来招呼。

正忙乱间，谭延闿、朱培德二人进了屋，向汪精卫报告了蒋介石的所作所为，气得汪直喘气，陈璧君劝慰道："汪先生，不要生气，身体要紧，莫非他蒋介石敢造反？我看他还没有蠢到这个地步，肯定有些什么缘由。"

谭延闿说："蒋介石要我们给你带一封信来，汪先生。"双手把信递给陈璧君。

陈璧君撕开信封，展开信笺，透过字里行间看见了蒋介石阴沉的脸上恶狠狠的模样。

汪精卫懒懒地问："他说些什么？"

"他说共产党意图暴动，不得不紧急处置。"陈璧君双眉一挑，愤慨地说："这不是先斩后奏吗？！哪里把你这个主席放在眼里！"她眼光一扫面前的几个人，又说："更没把其他人放在眼里，岂有此理！"

汪精卫轻轻喘了几口气，说："我是国府主席，又是军委会主席，介石这样重大的举动，事前一点也不通知我，这不是造反吗？！"

众人面面相觑。

汪精卫示意陈璧君把信给他，他手微微颤抖着接过信，扫视一遍，一字一顿地说："我在党有我的地位和历史，并不是他蒋介石能反对得了的！"

陈公博说："要紧的是看现在怎么办！"

汪精卫望着谭延闿、朱培德二位戎装的将军问道："组庵、益之二位先生意见如何？"

"介石发疯，介石发疯！"谭延闿一迭声地叫。

朱培德搓着双手，没有吭声。

"我看，为今之计，最关键的是打垮蒋介石手里的部队。"陈公博已恢复了冷静："如果让蒋介石这样干下去，将来他不会把大家当做早餐吃下去吗？大家一致行动，打垮蒋介石是没有问题的。这是歼灭蒋介石的最佳时机，他的羽翼尚未丰满。"他知道，除第一军以外的其他各军将领都对蒋介石这个暴发户心怀不满，必须鼓起他们的斗志。汪精卫手里没有军队，只有依靠他们了。

谭延闿迟疑着说："各军中，二李都是鬼精灵，不见兔子不撒鹰，程潜更靠不住，益之，和蒋介石硬干，你说有没有把握？"

朱培德也恐性格暴戾无常的蒋介石爬在自己头上拉屎，他愁眉苦脸地说："干我是想干的，但是大家都知道，蒋介石把什么好东西都弄到他的第一军，我的第三军人数少，装备又差，拿什么去和第一军硬拼啊！"

这时，苏联驻广州领事馆派人来问到底发生了什么事。

谭延闿突然想到，为什么共产党方面现在还毫无动静，蒋介石行动的矛头

谁与争雄

是直接针对共产党的呀!大概因为共产党方面都是些文弱书生,无力、无法抵挡蒋介石的枪杆子吧。他说:"如果采取军事行动,局面将变得不可收拾,革命力量定遭极大削弱,而且事起仓促,部队短时间内又难集结。我想还是和平解决,大家一起劝劝蒋,如果他不听劝告,再用武力解决问题不迟。我们都做好采取军事行动的准备。"

这番话把朱培德从想打又怕打的矛盾中解脱出来,他说:"以武力对抗武力,必然造成内战,不到万不得已不能出此绝策。"

谭延闿问汪精卫:"汪主席,你看呢?"

汪精卫的病情这时似乎更加沉重了,他闭着眼,不说话。

陈公博长叹一声,转身走出了汪公馆。他看透了这些将军的自私、懦弱。蒋介石必定会成为独裁者,他相信自己的预见。

李之龙新婚不久,酣睡中被破门声惊醒,还未明白是怎么回事,已被陈肇英、王柏龄和他们带来的十几个壮汉七手八脚地从床上拖到地下。他们拳足交加地把李之龙暴打了一顿,才捆起来。陈肇英吆喝着说:"校长的命令,把这个坏蛋捆紧些!"

李之龙回过神,大声问道:"你们要干什么?"

王柏龄冷笑着说:"你私自调动中山舰到黄埔,图谋不轨!"

李之龙分辨道:"我是奉令行事!"

3月18日晚,李之龙接到一封公函:

教育长电话,转奉

  校长命令,着即通知海军局迅速派得力兵舰二艘,开赴黄埔,听候差遣等因,奉此,相应通知贵局,速派兵舰二艘开赴黄埔为祷。致海军局大鉴。

                中央军事政治学校驻省办事处启
                      三月十八日

李之龙不假思索地派中山、宝壁二舰开赴黄埔听用。

19日早上两舰抵达黄埔，但蒋介石不在军校。中山舰代理舰长即向军校教育长邓演达报到，并请示任务。邓演达感到莫名其妙，说自己并未打电话要军舰，根本不知道这回事。他想了想又说，既然军舰开到，那就稍等，待请示蒋校长再说。

不多时，李之龙又接到通知，说苏俄布勒诺夫考察团要参观中山舰，遂打电话四处找蒋介石，请示可否将中山舰从黄埔调回省城，供考察团参观。蒋介石允许后，中山舰于19日下午回广州。

李之龙听王柏龄一说，反而放了心，说："我问心无愧，不知为了什么，见了校长再说吧！"

李之龙哪里知道，"中山舰事件"根本上就是蒋介石设下的圈套。

事变之前，右派在广州造了很多谣言，的确使蒋介石惊疑恐惧，坐卧不宁。但当蒋介石摸清了各方实力，决定猝然行动打击共产党后，对右派的做法顺风扯帆，犹觉谣言不足以蛊惑人心，自己与左右亲信又制造出有人两次要暗杀他的骇人听闻的谣言。右派本想用谣言挑拨蒋介石反共反汪，蒋介石正好利用其制造的反蒋空气达到了向共产党开刀的目的。

蒋介石与陈立夫等人合谋后，设计请君入瓮。李之龙被调来调去，浑然不知底细。

第五节　左派、右派俱成为蒋介石官运的升降机

右派对"中山舰事件"欢欣鼓舞，他们以为蒋介石终于打出了反共的旗帜，终于要和共产党算总账了。年轻的右派们更是摩拳擦掌，一则准备砍掉共产党员的头颅，畅快地呼出憋在心里的怨气，一则准备抢夺共产党人空出的职位，万事俱备，只等"校长"一声令下了。

现在，蒋介石的目标只有一个，那就是国民党和国民政府的最高领导权和统治权，他时刻筹划着实现这个目标的路径和方法。右派们并不了解他。蒋介石也没有向他们亮出底牌。他认为，要想开凿通往权力的坦途，必须依赖那些

热情专一的共产党人，一心盼望改善处境的工人、农民，以及慷慨的苏俄援助，但又不能在这场运动中让共产党人获得主导权，以免出现胜利果实落到他人庭院的危险。即是说，保持革命力量团结一致的路线是唯一正确的策略。必须有一个适当的处置方法兼顾这两个方面。这点，蒋介石在动手之前，反复翻阅《曾文正公文集》时就已经充分考虑过了，并作了周密的布置，很多亲信都被蒙在鼓里。蒋介石并不是被人利用的那种人，他曾说："我从来的意志，没有一个人能够动摇的，决不能听人家包围来改变我的主张。""应该怎样主张，就怎样实行，没有听从旁人的主张来随时变更的。或者受人包围，做旁人的一个留声机。"

20日傍晚，蒋介石宣布解除戒严。次日清晨，所有头一天被捕的共产党员和党代表都获释了，但广州仍然是一片惊惶和混乱。

蒋介石声音沙哑着反复向来访的人们申明，中山舰异动，责任只在李之龙，限制共产党，也只是在军校和第一军中，与其他各军无涉，对苏俄顾问，他只要求解除季山嘉的职务。

22日早晨，蒋介石正坐在窗前草拟一篇文稿，忽然听到一个泼辣而让人敬畏的熟悉的声音，警卫们极力劝阻，说校长不在。蒋介石已听出来者是谁。他禁不住苦笑一下，凭你们就要挡住廖夫人，当年陈炯明叛乱，关押廖仲恺等人的石井兵工厂无异龙潭虎穴，她都敢单枪匹马地闯进去把陈炯明痛斥一顿！

接着，院子里响起了"咚咚"的脚步声，何香凝先生走进来，差点撞上了慌乱间出迎的蒋介石，她刹住脚步即大声责问道："蒋介石同志，你明白你在干什么吗？你这是反革命的行动！孙先生和仲恺的尸骨未寒，北伐尚未开始，大敌当前，你便在革命队伍里闹分裂，何以见孙先生？何以见仲恺？"言毕，禁不住泪花闪闪。

蒋介石急忙客气地请何香凝坐下，辩解道："廖夫人息怒。现在广州的形势就像去年8月仲恺同志遇刺前夕的情况，到处都是针对我的阴谋，我自己亲身体验到的都有两次，一次是，一只可疑的汽艇靠上我往返广州与黄埔时乘坐的专舰，开口就问蒋校长在不在舰上。另一次我正在军校办公室办公，来了一位形迹可疑的不速之客，在楼下问蒋校长在办公室否？等我接到通报，要接见来人时，那人却不辞而别了，搞得我神经非常紧张。"

第二章 左右"逢源"

"这是谣言,你怎么能相信呢?"何香凝说:"即使有反动分子准备加害于你,但绝不是共产党啊,你为何进攻共产党呢?"

"廖夫人,我们内部有人想搞掉我!我的预算被人削减了,这明明是想从经济上卡我的脖子,本该给我的武器装备却调拨给了其他各军,这是削弱我的实力!我有证据证明俄国人和共产党人反对我,我知道共产国际的计划,他们就是要搞垮我!想我蒋中正早年即追随总理九死一生,到今天会落到被人清除出革命队伍的地步!"蒋介石被他自己的话感动得面色苍白:"好哇,不要我了,我走!我到汕头去,带着我的第二师去,我要单独北伐!即使只剩下我一个人,也要为实现总理的遗愿而奋斗!"

听了这么激昂的表白,何香凝的口气软了下来:"介石同志,不要轻信谣言。共产党是我们真正的朋友,我们熟悉的共产党人,像谭平山,为人极老实厚道;林祖涵(伯渠)为人老成练达;周恩来才干过人,识大体,哪一个不是在勤勤恳恳地工作?想要打倒帝国主义,非与共产党亲善不可,更非注意于最有革命力量的工农阶级不可。你想想,国内民众,十分之九即是工农,不求工农之解放,焉能有巩固的国家,安能把帝国主义之压迫根本推翻?"

"我懂得廖夫人的意思。"蒋介石不那么激动了:"我也并非要反对共产党,但共产党并非我们国民党。传言这么多,为了总理的遗愿,我宁肯信其有,以防万一,即使对共产党有所责难,也是本着革命精神和出于坦荡无私的心,目的在于把国共两党的关系作一个调整。而且昨天早上我已把暂扣的共产党人全部释放,包括肇事者李之龙,这就证明我并非要反对共产党。"

刚刚好说歹说地把何香凝送走,布勃诺夫派领事馆人员来问,此次事变是对人还是对事?是对顾问团中的某些人还是全部顾问?蒋介石紧紧握住使者的手说:"绝对是对人不对俄!贵国给我国革命巨大的援助,我们感谢都来不及呢,再说你们也知道我对贵国顾问有深厚的感情。主要是个别顾问有许多实在不能容忍的地方,尤其是季山嘉同志。我非常欢迎水平高的顾问来指导中国革命,希望鲍罗廷同志速回广州开展工作。"

在批判西山会议派时,蒋介石曾说,国民党联俄是联合世界革命党,打倒帝国主义,完成世界革命,是被压迫民族和被压迫阶级联合起来,站在一条战线上,向帝国主义者共同攻击,四面八方来包围他们,使得他们没有一个地方

谁与争雄

可以逃窜。

"那我们可以放心了。"来人表示:"我们可以命令季山嘉同志回国。"

根据蒋介石的提议,国民党中央召开了政治会议,作出了三条决议:一、查办李之龙;二、季山嘉等十余个顾问回国;三、共产党员撤出第一军。

两天后,布勃诺夫带领着季山嘉等人回国。

蒋介石一直阴森着的脸露出了笑意,虽然冒险,但这一仗他打赢了。

尽管如此,局势仍是混乱的。

蒋介石使尽浑身解数,抓稳胜利果实,平息事态。国民党中央政治会议作出三条决议的当天下午,他即遍访各军军长,争取支持。其实,老谋深算的蒋介石的担心是多余的,事变开始时,有人的确想干一下,但由于事出意外,仓促之间无法调动部队;正犹豫间,苏联方面出于本身国内斗争的需要,对中国革命更多地寄希望于国民党,认为国共关系必须继续维护,对蒋介石的挑衅采取了妥协的态度;共产党方面一开始主张坚决反击,但是后来受苏联顾问的影响,也对蒋介石采取了忍让的态度;汪精卫虚弱不堪,中央政治会议又通过了决议,更不愿意对抗了。所以,军长们对蒋介石所谈的制裁俄国顾问和共产党都极表赞成。蒋介石则怀着得意之心情,记下了当天的日记:"事前反对此举动者,事后奉余言为金科玉律。人心之变化,奈如此其速耶。"

23日,汪精卫声称其病情加重,要到外地就医。蒋介石微微笑了一下,他非常清楚汪精卫的尴尬处境,其实他此次事变的目的之一,就是要使汪精卫不安于位。不能直接攻击汪精卫,目前还没有这个力量。

汪精卫从最初的震怒中清醒过来后,见谭延闿等人不可能按其要求出兵靖乱,退而求其次,要求谭延闿、朱培德、李济深等人把军队撤出广州,以表示不同意蒋介石的搞法,但没有得到军长们的响应。后见苏联方面大事化小,共产党默认,汪精卫感到自己已失掉了行使权力的基础,于是宣称要到外地就医。这实际上也是以退为进的招数,以自己的软弱反衬了蒋介石的专横和霸道。

汪精卫是当时公认的左派领袖,是国民党左派的精神支柱,广大共产党员和工农群众看到汪精卫在军人的逼迫下离职,非常不满。黄埔军校和广州许多大、中学校都贴出了"打倒军阀"的标语。汪精卫无奈之中采取的称病愤而去职的行动的确给蒋介石造成了很大的压力。

第二章 左右"逢源"

但是，蒋介石是一个非常善于分析形势和驾驭形势的权谋家。他判断，汪精卫的离职，确实给自己施加了压力，反过来说，也给自己造就了意料之外的机会，由于苏俄和共产党的退忍，各军长的支持，可以借机清除政敌，扩大战果。

蒋介石虽最终横下一条心发动事变，但他清楚自己的处境是单枪匹马，前虎后狼，孤蘖颠危，是一场尚有很多变数的军事冒险和政治赌博，成败难卜。但他事前即把成功后的策略和失败后的退路均已谋划妥当。

首先，蒋介石在任何场合讲演事件的真相时，总是含含糊糊，极力使人相信他有难言之隐，并宣布这是一场误会。打击共产党的目的已经达到了，必须迅速了结事件，以免使自己陷入被动。

其次，蒋介石竭力以仲裁者的身份，"公正"地处理事件，反手打击其帮凶：免去王柏龄二十师师长、陈肇英虎门要塞司令的职务，并责令他们离开广州；免去吴铁城新编第十七师师长兼广州市公安局长的职务，并送虎门要塞监禁，欧阳格等人也受了处分，蒋介石宣称此次事件很大程度上是受了欧阳格等人所造谣言的蒙蔽，其他人起了推波助澜的作用。王柏龄、陈肇英等人以为替校长立下大功，定会得到重赏，没想到竟受严厉处分。蒋介石不管其帮凶们惊恐而疑惑的眼神，为了自己取得主动，使出了"舍卒保帅"的手段，一则显示自己的清白无私，二则杜绝帮凶们邀功之念。

再次，继续高喊革命口号，用动听的言词向革命派靠拢，并迫使伍朝枢离开广州，力荐著名的国民党左派陈友仁为广州革命政府外交部长。

蒋介石在缩小事态的同时，也不放弃一切机会，剪除异己势力。他一方面宣布解散孙文主义学会，同时又在黄埔军校解散了青年军人联合会，另组统一的黄埔同学会，由他本人亲任会长，是所谓求各派同学之团结。但黄埔同学会以原孙文主义学会分子为骨干。另外，他借口工作需要，把邓演达调任军校潮州分校教育长，遗职由毕业于日本士官学校的方鼎英接替。

蒋介石虽然声音早已沙哑，但却精力旺盛，神采焕发。他坐专舰到黄埔，向骚动不安的军校师生作演讲。他说："大家都听说了，反动的西山会议派以为我是他们的同路人，给我发来电报，简直是岂有此理！我毫不客气地给他们回了电。"他从衣袋里掏出一张纸来："我现在念给大家听听：接上海西山派所谓全国代表大会通电，希图破坏本党，摧残革命，此种托庇于帝国主义势力范围下之运动，不自愧其为帝国主义之工具，竟敢不法通电，视中正为傀儡，殊堪痛心。中正今特敬告本党同志与全国人民，中正誓为总理之信徒，不偏不倚，惟革命是从。"

接着，他又对军校师生们说，他是孙中山最忠诚的学生，虽然要是他愿意，完全可以成为一个实力强大的军阀，但他决不为军阀。他的未来操在听者们手中，他们怎么决定，他就怎么办，要他成为革命者，他将来是革命者，要他成为反革命者，他将来就是一个反革命者。

言毕，他眯缝着眼，狡诡地仔细观察师生的反应。

第六节　蒋汪斗争第一回合降下帷幕，蒋介石大获全胜

虎门海边。

蒋介石身着长袍，头戴礼帽，与陈立夫站在一块岩石上，任凭海风吹拂着衣襟，眺望着海天相接处，湛蓝的海水激荡起柔和的白色浪花，轻轻冲刷着自己最近一段时间高度紧张的神经，蒋介石此时真可谓心旷神怡。

蒋介石收回目光，望着此次事变中为他立了大功的陈立夫，用先哲启示后进的语气说："立夫啊，政治斗争，全系权谋"。然后又抬头望着远方，幽幽地说："主于道义，则不可复问矣！"

本来，蒋介石想请汪精卫为他支撑几天混乱局面，但汪精卫25日表示不再负政治责任，随即，这位国民政府主席就失踪了。蒋介石遍寻而不得，明白汪是以弱者的面目出现，争取同情和支持，用苦肉计给自己施加压力，但现在他没有什么可以忌惮的了。汪这一招岂会击垮蒋介石？就在25日，他坐在办公桌前，略一定神，提笔写下了个自请处分的呈文。——为了抵消汪精卫被迫离职而造成的影响，也要了个以退为进的花招。呈文为：

> 为呈报事，本月十八日酉刻，忽有海军局所辖中山兵舰，驶抵黄埔中央军事政治学校，向教育长邓演达声称，系校长命令调遣该舰前来守候等语。其时本校长因公在省，得此项报告，深以为异，因事前并无调遣该舰

之命令，中间亦无传达之误，而该舰露械升火，亘一昼夜，停泊校前，及十九日晚又深夜开回省城，无故升火达旦，中正防其扰乱政府之举，为党国计不得不施行迅速处置，一面令派海军学校副校长欧阳格暂行管理舰队事宜，并将该代理局长李之龙扣留严讯，一面派出军队于广州附近紧急戒严，以防不测，幸赖政府声威，尚称安堵。惟此事起于仓猝，其处置非常，事前未及报告，专擅之罪诚不敢辞，但深夜之际，稍纵即逝，临机处决实不得已，应自请从严处分，以示惩戒而肃纪律。谨将此次事变经过及自请处分之缘由，呈请察核。谨呈军事委员会。

蒋中正
中华民国十五年三月二十五日

当天晚上，蒋介石心生一计，于次日假装不知道汪精卫已失踪，写信给汪请假，又给各军长和财政部长宋子文写信，说他需要休养，请他们敦促汪主持大局。

蒋介石带着陈立夫跑到虎门海边，把汪精卫晾在半天云里。

站累了，蒋介石坐下来。他用手杖尖轻轻拍打着面前的岩石说："我发动此次事变，对汪精卫来说，是想敲山镇虎，使他不安于位，未料到这只老虎太差劲，居然跑进深山躲起来了！"

蒋介石给陈立夫讲述了汪精卫当上国民政府主席的故事。

1925年7月1日，广州革命阵营改组大元帅制的军政府，成立了委员制的国民政府，选举了16名国民政府委员，以汪精卫、胡汉民、廖仲恺、许崇智、谭延闿5人为常委。随后，广州的11名国府委员举行第一次会议，选举国民政府主席。会议秘书是伍朝枢，因事关重大，他显得特别慎重，对于发出和收回的选票数都要高声报告。最后他站起来说："发出选票11张，收回选票11张，选举汪兆铭的11张。"自命清高的汪精卫的脸刷地一下就红了。

蒋介石讲完，首先就对着大海大笑起来，笑声简直压过了浪涛拍岸的喧哗。

陈立夫说："当时选汪精卫为国民政府主席，简直是众望所归，他完全没有必要这么迫不及待呀！"

第二天中午，广州送了个鼓鼓的文件袋来，说是一个原在苏联领事馆工作的中国人偷出来的。

拆开一看，是苏联顾问给蒋介石作的三份鉴定：

第一份鉴定是这样写的：

"我和蒋介石一起工作已经一年多了，但至今仍难于对他作出一个明确结论，此人极端变化无常，十分孤僻。我第一次见他是1924年2月，那时我们在广州的一个人数不多的工作小组为筹备军校的问题到他那里去了。将军穿着中国便服，双手拢在袖筒里蜷缩地坐着，对译员的话发出含糊不清的'嗳''嗳'声。

"后来，当工作由拟订草案阶段转入实施阶段，并开始以很快的速度向前进展时，他对我们的怀疑打消了，但他的矜持却从未消失。就蒋介石的天性而言，他是一个多疑的、虚荣心很强的、城府很深的追求权势的人，他具有欧洲进步的萌芽，但没有摆脱中国的偏见。

"在对将军的性格有所了解以后，与他得体相处，对他十分含蓄地加以夸奖，是可以从他那里得知许多事情的，但在他面前永远不要表现得高傲或谦卑。

"作为一位组织者，蒋介石是劲头十足地执行预定计划的。他在莫斯科逗留过若干时间，了解红军的体制及其领导，这对他产生了良好的影响。同其他军官相比较，蒋介石对于学校在学员的军事训练方面和政治教育方面实施新办法是容易赞成的。

"在成立国民党基层党部时，蒋介石被选为委员，他积极地参加了党部的工作，同他的学生以及低级军官一起出席会议。确实，在会议上他让人感到他是学校的领导，但他并没有妨碍贯彻执行学校的这些或那些政治措施。当基层党部需要行政上的帮助时，他便立即发布相应的指示。

"蒋介石了解封建军阀部队的弱点，这些军队缺乏政治基础。当他的团队开始整编时，他同意组织政治部和设置党代表。团队的政治工作使这些团队迅速地比广州军队的其他各部队高出一头。

"在部队教练中采用比较现代化的方法不是没有斗争的。在这方面蒋介石不得不在顾问们进行改革和中国旧军官的因循守旧之间相机行事。这些军官不想放弃过去的陈腐方法。蒋介石同样不会轻易放弃习惯了的死板教练方法，去着手进行一种新的需要他本人事先弄懂的办法。但在这一点上他也迅速地向好的方面发展。几个月后事情进展得迅速多了，那些旧军官也慢慢地跟着他。

"关于对待顾问态度。蒋介石比别的人更快地懂得促使和帮助一些军官走上一条比较好的道路的重要性。这些军官们头脑迟钝、没有思想，在军事方面知识贫乏却又自认为是知识的里手，虚荣心强而又多疑。此外，我还感到，蒋介石把目前在他部队里的顾问看成是一种特殊的党代表，他们是一种监督机构，使他正在建立的部队结合成为一个整体。

"我不认为将军们盛衰的原因对他是个秘密。他知道，军阀制度生产了中国特有的各省波拿巴主义。大多数将军常常起先是忠于他的主子，并同他的主子一起壮大。一旦他们羽毛丰满，他们便立即开始另筑新窝了。他们开始单独行动，暗中与别人达成协议反对自己的主子，指望靠他的倒运来使自己走运……蒋介石担心出现这种情况，所以他希望通过顾问和政治机关使部队忠实可靠并对它们实行集中管理。

"对待共产党方面，我感到，由于上述原因他容许共产党员进行工作，甚至还提拔他们。蒋介石不是一个傻瓜，他很清楚，在他的命令之外，在国民党的压力之外，还有另一个党的力量在对共产党员起作用，而这个党是强大的。因此，这些共产党员是优秀的、忠诚的工作人员。

"尽管蒋介石是一个孤僻的、虚荣心很强（强到病态的程度）的人，他向往着在中国历史舞台上出人头地，但他善于克制自己的脾气，并能感到群众脉搏的跳动。

"其他将军如何看待这位对手的发迹呢？表面上他们之间都和睦友好，实际上他们彼此是敌人。别看蒋介石的军队人数不多，他们对蒋介石怀着特殊的憎恶和某种恐惧。他们意识到，而且也看到，黄埔军校的发展不是他们以往看过的那种发展，即他们通常的对手发展，这里有另外一种他们无法了解的势力在某种基础上发展着。他们本能地猜测到这股势力的威力，他们瞧着它，但又不能理解它，只感到心中不安。

"蒋介石能跟我们走多远呢？虽然蒋介石还被当做中左分子，但要回答这个问题无疑是困难的。蒋介石的势力巩固以后，是否会立即变成一般的督军，不再假装'左倾'，不再继续跟我们走下去？"

第二份鉴定较全面，但比较短："蒋介石是黄埔第一军军长。他曾到过俄国。他比所有的军事工作人员都更接近我们，懂得政治，虚荣心强得吓人。他在研究拿破仑，阅读一本日本版的拿破仑传。他曾在日本留学，浙江省人，过去人们猜疑他老是想到那里去。

"在许崇智任总司令时，在军事方面蒋介石并不比别的将领特别突出。现在当他不得不实际出任第一把手时，在明了军队的任务以前，他已经超越了一位军长的狭隘眼光了。占领惠州以后他给政府拍了一份电报，他在这份电报的第一部分指出了他在广东军事建设方面的功绩，并且指出，他了解这种建设的任务。接着他写道，他担心会成为一名平庸的军阀，因此请求免除他的军事工作。他所得到的详细解释是，他不可能成为军阀，因为他没有军队，他那个军不是他的军队，而是党的军队。他接受了这种思想，在自己的演说中一再讲述这一原则。

"蒋介石解决问题迅速，但他作出决定常常考虑欠周，因而又改变决定。他固执，爱坚持己见。他政治上的发展应当达到合乎逻辑的终局。他在军队中享有威信，他能在职权范围内调集部队，又能在公事之外同指挥人员建立友好的关系。"

第三份鉴定最短，它这样写道：

蒋介石是国民革命军总监，中央军校校长，国民党中央执行委员会政治委员会委员。浙江省人。受过日本军事教育。除中文外懂得日语。曾到过苏联。

他是一位深沉的、好怀疑的、虚荣心特别重的人。他对任何人都绝不信任。非常多疑，权势欲强。将军中最先同我们一起从事重要工作的人中就有他。他是一位优秀的组织者。他善于把绝对服从他的人选取在周围。当他相信必须实施新办法时，他是比较容易接受的。他在政治上是个左派，并正往左发展。他容易受到左派人士的影响，为他们所吸引。他的政治行为取决于他周围的人，他在贯彻自己的决定时是坚决又不露心迹的。

第二章 左右"逢源"

他不太重视别人的看法，有时与所有的人意见相背。

蒋介石迅速看完三份鉴定，干笑两声，用手指弹着它说："俄国佬对我的评价不太坏呀！"顺手把它递给陈立夫，自己则凝神看其他材料。

陈立夫说："这些东西已译成中文，显然已经给其中国的同志看过了。"

"其实共产党里面很多人是能看懂俄文和听得懂俄国话的。"蒋介石头也不抬地说。

不一会，蒋介石的脸色越来越阴沉，最后大叫一声："如此，则大事坏也！"把正在看那三份鉴定的陈立夫吓了一大跳。

使蒋介石心惊胆战的是这时他看到了一份秘密报告。密报称，事变发生后，毛泽东分析了形势，主张以叶挺独立团为骨干，发动工农群众，联合国民党左派和一切可能联合的力量，给蒋介石以坚决的回击，打退蒋介石的进攻，以巩固共产党和国民党左派的联盟。周恩来则作了更加具体的分析，认为以共产党人为首的革命力量完全可以打垮蒋介石的进攻，因为蒋介石的力量是有限的，在国民革命军中，除广西的第七军外，他实际能掌握的只有第一军，但第一军的政治骨干却大部分是共产党员，蒋介石指挥起来也不见得能收放自如，何况蒋介石反革命面目一旦暴露，第一军多数官兵就会反对他，其余各军对他都有不同程度的不满，只要共产党和国民党左派强硬起来，通电讨蒋，他们是会跟着走的。此外，广东革命群众的力量十分雄厚，不仅可以动员军校和一部分军队，而且还有十几万有组织的工人和许多武装的农民自卫军做后盾。但是，因病躺在床上的共产党中央总书记陈独秀不赞成毛泽东和周恩来等人提出的主张。

"先生，你担忧什么呢？"陈立夫惊奇地问道："既然共产党不赞成对抗，事实上共产党也没有什么强硬的表示，仅仅是周恩来抗议几声就完了嘛！到今天为止，事变是以我们的胜利而告终。"

"这你就不懂了。"蒋介石那双狡黠的眼睛望着只有他自己才知道的某个地方，忧郁地说："如果共产党人都是一帮迂腐的文人，那就根本不值得让谁去害怕它。这次事变，实际上是争夺领导权的斗争，谁夺得了领导权，今后革命胜利果实就会落到谁的手里。但是，陈独秀的观点与此不同，则是很值得奇怪。他的观点叫二次革命论，认为在这一阶段，革命应当以国民党为中心，

谁与争雄

无产阶级和共产党只能处于协助的被动地位，在完成了反帝和打倒军阀的任务后，再来一次革命，建立无产阶级专政。鲍罗廷也说，命定的在这场革命中，中国无产阶级就是苦力。"说到这里，蒋介石忽地收回他那深邃的目光，盯着认真倾听的陈立夫，用手指轻轻点了点那些材料，"你要记住，孙子兵法上说过，知己知彼，百战不殆。情报工作是非常重要的，双方已较上劲，而对手的情况你一无所知，何异于盲人骑瞎马！再有一点，我们当军人的，不能只知道打打杀杀，虽不说像诸葛亮所说，为将者要知天文、识地理，甚至要懂得奇门遁甲什么的，也要多看点书，加强修养，这样才能成为独当一面的统帅，否则只能是一个莽夫。发动此次事变之前，在衡量各方将会对此作何反应时，我就估计到陈独秀的态度不会太强硬，根据就是他的二次革命论。"

陈立夫听了这段话，觉得很受启发，但仍困惑地问道："既然如此，您还忧虑什么呢？"

"古语云：人无远见，必有近忧啊！"蒋介石感叹着。经过近几年的交往，蒋介石逐渐地感到，他所接触的共产党人既不是那些靠打打杀杀起家的军阀官僚，也绝不是食古迂腐的文人墨客。共产党中的有些人绝不可等闲视之，他们的确有经天纬地之才。比如毛泽东，这个湖南人当过国民党中央党部所办的农民运动讲习所所长和中央宣传部代理部长，经常穿一件蓝布大褂，长得身材高大，肥头大耳，操一口难懂的湖南话，在会议上一般不大发言，但是，每逢发言，总是斩钉截铁，有条不紊，挥洒自如。还有周恩来，别瞧他年纪轻轻，但风度翩翩，为人精明强干，是不可多得的人才，在黄埔生中很有威望。将来，这些人一旦获得用武之地，必将大展雄才，干出一番惊天动地的大事来！共产党可能会是国民党的劲对手。

蒋介石沉默着，似乎心事重重，也许他的心情被自己对毛泽东、周恩来和其他共产党人的估计压抑了。

窗外，融融的阳光照拂着庭院中的几株花草，一只鸟儿歇在院角树枝上幽幽地叫着。

陈立夫望着半躺在椅子上闭目养神的蒋介石，打破这恼人的沉寂："先生的眼睛看得太远了，那一帮穷酸书生，哪个赶得上你，能干出什么大事？或者，趁现在这股乱劲，把他们解决掉，不就一劳永逸地解决问题了吗？"

第二章 左右"逢源"

"立夫,你是聪明人,怎么说出如此糊涂的话呢?"蒋介石略带责备地说:"现在除掉他们是费不了多大的劲,可这样一来,那不是谁都把我蒋某人看成是一个恶棍了吗?人心离散,难道靠你我两人就能北伐中原?你认真读过《三国演义》没有?"

陈立夫说:"看过一遍。"

"你读的洋书太多了,要想在中国这块土地上干出一番事业来,就要多读些中国的书。"蒋介石说:"曹操邀请刘备青梅煮酒论英雄时说:'何为英雄?夫英雄者,胸怀大志,腹有良谋,有包藏宇宙之机,吞吐天地之志者也!'曹操以冢中枯骨、守户之犬等评语,看低多少英雄人物!独认为'今天下英雄,惟使君与操耳'。"

"那先生认为,目前中国的局面和那时差不多吗?"陈立夫问道。

蒋介石不答而继续前面的话头:"曹操之不杀刘备,是怕人评说,因为他那时还要凭借人才统一中原,进而统一全国。一旦目标实现,有的是办法对付刘备。"

这时,副官进来报告:"宋部长到。"

蒋介石起身,整了整衣衫,走出门来,迎面碰上戴着一副黑框宽边眼镜、身材微胖、西装革履的宋子文。他伸出手去:"宋部长,一路劳累,辛苦了!"

"有什么办法呢?"宋子文写、说都习惯用英语,用汉语反而有点吃力:"汪主席身体欠佳,不知到哪里治病去了,中央无人,我是特来请你出山的。"

蒋介石轻轻摇摇手说:"此次事变,虽然事出有因,但我自己在处理的时候仍有一些不妥当的地方,我为此已向军委会自请处分。我不能去主持工作,我没有这个能力,你回去还是劝汪主席支撑时局吧。"

"您就不要再谦虚了吧!"宋子文从随身带着的公文包里取出一封信来说:"这是各军军长给您的联名信,他们都希望您回广州主持大局。"

蒋介石接过信很快看完,微笑着说:"既然宋部长和各位军长都瞧得起我蒋某,却之不恭,那我就勉为其难吧!不过,我这几天头昏目眩,精力不济,实在想休息几天,请宋部长回去代我向诸公问好。"

送走宋子文后,蒋介石同陈立夫乘船到蒲州、香山等地游玩了几天,4月1日,春风满面地回到黄埔,主持大局。

第三章 布局北伐

北伐将荡起滚滚烟尘，新、老军阀们都打着各自的算盘。为了未来的统治权，蒋介石娴熟地驾驭着形势。

第一节 鲍罗廷认为可以继续利用蒋介石，蒋介石却毫不手软地借"中山舰事件"不断扩大战果

鲍罗廷发现自己已经来迟了，内心甚为懊悔，在形势已很紧张的情况下离职回国，把事务委托给威望、经验和判断力均不足的季山嘉，结果铸成大错。

蒋介石发动"中山舰事件"的消息传到莫斯科后，在苏联领导人中产生了很大的震动，但在如何评估事件的影响以及如何应对这个问题上，领导人中产生了严重分歧，托洛茨基坚决主张与蒋介石破裂，共产党应该单独进行斗争，他认为1923年蒋介石率团访问苏联时，对苏联的政治制度本身不感兴趣，感兴趣的是苏联红军的装备和他代表列宁和苏联政府给蒋介石说的那句话："苏联对中国革命的援助，除了不能用军队直接参战外，其他武器与经济需要，都当尽其所能积极支援。"而斯大林等人却深信，蒋介石之所以有所举

动，必定有其原因，他不可能背叛革命，因为离开革命这条道路他就什么都不是，何况他还把爱子送到苏联留学，这证明他对苏联是忠诚的。因此，必须对蒋介石作一些让步，弥补裂痕，使中国的国民革命继续发展。

鲍罗廷接受了斯大林的指示，从莫斯科启程回中国。他过低地估计了蒋介石的能力，因而不是先到广州而是先到了北京，希图指导已在冯玉祥国民军里的苏联顾问团，对国民军进行思想政治工作，改造部队。由于北京在直、奉军队的进攻下将要陷落，他要离开北京回广州，可走两条路线：一是坐火车，由京汉铁路到武汉再转粤汉铁路；一是坐轮船，从北京坐火车至天津，再上轮船。但这两条路线所经地区都是直军或奉军控制的地区，他不敢冒这个险，他知道吴佩孚和张作霖以及手下拥有大量白俄军的张宗昌对苏联的态度。于是他只好选择了一条漫长而又特别难走的路线：北京→张家口→大戈壁→库伦（乌兰巴托）→上乌丁斯克→符拉迪沃斯托克（海参崴）→广州。

4月28日，鲍罗廷到了广州，同船到达的还有自"廖案"后赴苏联考察、接洽的胡汉民。他看到蒋介石已经稳稳地抓住了从"中山舰事件"中得到的东西，感到再怎么使用他的巨大影响也无法改变事态发展有利于蒋介石的结局。汪精卫失踪了，他曾担任的所有职务已被两个人瓜分：谭延闿这个老滑头，人称八面观音的家伙当上了国民政府代主席，接着又被选为国民党中央政治会议主席，尽管由于"中山舰事件"的影响，中央政治会议和国民政府的威望都急剧下降了；在4月16日举行的国民党中央党部与国民政府的联席会议上，蒋介石被推选为军事委员会主席。

虽然鲍罗廷在斯大林的指示下已确定了忍让的方针，但当他看见汪精卫一声不响地退避从而显示出来的过分软弱，以及国民党左派表现出的惊慌失措，更认为在如此复杂的局面下，革命很需要像蒋介石这样有能力、坚强果断的人，即使他今后会成为革命强劲的对手，但目前就需要他这样的人去冲锋陷阵，完成反帝反封建的任务。

鲍罗廷很快就弄清了共产党对"中山舰事件"的态度，是要继续保持同国民党的联盟。共产党的一些领导人认为，主张在组织上同国民党决裂的观点，应该受到批评。因为它和右派把共产党排挤出国民党的要求是相吻合的。他认为，是三个方面的原因导致了"中山舰事件"的发生：中派小资产阶级

谁与争雄

知识分子（蒋介石军队的骨干）向蒋介石施加压力，要求靠损害共产党人扩大自己的权力；国民党第二次代表大会后左派力量的增强使蒋介石感到不安；蒋介石企图当中国的拿破仑，处事的态度显得鲁莽自负。他认为，由于共产党的软弱无力和汪精卫为领袖的左派的优柔寡断和惊慌失措，事件的结果对蒋介石本人来说，也是出乎意料的。

那么现在该怎么办呢？鲍罗廷反复思考。如果竭尽全力，大概能够影响国民党左派和不想支持蒋介石夺权的军界人士，但如果国民军的将军们成功地向蒋介石施加压力，那么这些胜利者之间必然会发生内讧，这在吴佩孚力量增加的情况下太危险了。

蒋介石拜访鲍罗廷，两人一边喝着午茶一边谈话。蒋介石力图解释清楚事件是一场误会，但他只是重复早已使人腻烦了的关于阴谋的说法。他说他和广州的政府和军队都高度评价苏俄的援助，如果希望中国革命成功，必须联合苏俄共同打倒帝国主义。他进一步说，不但应该和第三国际联络，而且还应承认其指导地位，国民革命的军事、政治等一切都要听鲍罗廷同志的指挥。

接着，蒋介石又拜访了已从西北回到广州的加伦将军。加伦身材修长，为人沉默寡言，但对战略战术的认识有独到之处，是一个卓越的军事家，同时，他又具有惊人的政治嗅觉，善于从许多事物的表象后面看清事情的本质。蒋介石不厌其烦地叙述驱使他发动事件的原因，说汪精卫和季山嘉企图把他弄得一无所有，阻止其军队的发展，使他的部队比别的部队处境更坏，这种轻视他和他的军队的政策可能导致国民革命运动的敌人力量增强，为了拯救国民运动，他应当这样做。他老是在事件后顾问们应该继续信任他这个问题上打转转。但加伦那双褐色的眼睛始终柔和地盯着他，不作进一步表示。

安抚住了——蒋介石是这样看的——在广州举足轻重、很难对付的鲍罗廷和加伦后，蒋介石发表了《校长宴会全体党代表训话对中山舰案有关系的经过之事实》一文，为掩盖中山舰事件的真相，继续大施烟雾，文中故作神秘地宣称："将来历史上拿我给各同志的信，及我和几个同志时常说的话，可以证明这回事实，但这要等我死了之后，才可以完全发表，因为这种内容太离奇、太复杂了。还有很多说不出的痛苦，还是不能任意说明，要请各位原谅。今天还有我不忍说的话，这只有我个人知道。"

如此拙劣的伎俩,激得共产党总书记陈独秀天真地建议蒋介石:"如果是关于中国共产党的事,请尽管痛痛快快地说出,丝毫不必掩藏。"

虽然蒋介石在事件发生后,立即举起左手打击了右派,但右派始终对他抱有幻想。他们利用胡汉民返回广州的机会,争取蒋介石向右转,实现蒋胡合作。为此,他们暗地里撒下谣言,说鲍罗廷到广州是为"中山舰事件"算账的。胡汉民本人也以为蒋介石抛弃了联俄联共的路线,希望同蒋介石就反共与反俄问题有所恳谈。但蒋介石明知他到了广州,却一直不见他,他自己等得不耐烦,5月8日要求面见蒋介石,蒋则以事多为由,拒绝会见。于是胡汉民次日只好动身赴香港。在蒋介石行动上反共夺权而口头上高喊革命口号的节骨眼上,怎么会冒着风险与一个老右派头子沾边呢!再说,胡汉民依然是自己强劲的政敌。

蒋介石忽然发现,转眼间,在对待北伐这个问题上,共产党的态度发生了180度的转变。当初他力主立即出兵北伐,但中共认为时机不成熟;现在中共积极推进北伐,他却认为还有问题必须首先解决。蒋介石认为,中共这样做,是想在国民革命取得胜利的基础上再和国民党进行最后的决斗,因而忍让以维护目前的合作局面。现在统一战线内部似乎存在着一种较量,蒋介石企图借助于北伐取得华东资产阶级的支持,共产党则想通过北伐推动蓬勃发展的工农运动。

面对这样的形势,蒋介石使出了更加狡诈的手腕。他采取了老谋深算的做法:一方面,他继续高举孙中山一再倡导的北伐大旗,以免别人将北伐问题作为攻击他的尖矛。他在4月3日即向国民党中央提出北伐的建议,"北方国民军退出京津以后,中国形势会有迅速而重大之变化。如奉军占领京、津,则日本在华之势力,愈加稳固,吴佩孚在鄂、豫之势力,英必竭力助长之,孙传芳盘踞江、浙,英必逼孙与吴联,吴近且有联孙以牵制日本之倾向,法国恐苏俄在华势力之复张,故急欲与英、日联合战线,在滇助唐(继尧),以牵制广东之北伐。总之,列强在华,对于北方国民军处置既毕,其必转移视线,注全力于两广革命根据地无疑;且其期限,不出于三月至半年之内也。"

另一方面,他积极活动,以便利用共产党、国民党左派的弱点,继续扩大

谁与争雄

"中山舰事件"影响，进一步夺取国民革命的领导权，以谋独吞眼看就要成熟了的革命果实。而且目前正是用人之际，必须维护革命阵营的整体团结。关于这一点蒋介石的头脑是非常清醒的，所以他对左派和老右派的打击都力图把握住分寸。

为了消除蒋介石所说的国民党对共产党势力发展的不安，找到消除误会的具体办法，蒋介石与谭延闿、孙科在4月2日联名向国民党中央提出了"整理党务案"，要求在5月15日至22日召开的国民党二届二中全会上通过。此案一旦通过，在国民革命中，共产党和工农群众即真的如鲍罗廷所说，成了"命定的苦力"。

"整理党务案"的要旨共九条：

一、凡他党党员之加入本党者，各该党应训令其党员明了国民党之基础为总理创造之三民主义，对于总理及三民主义不得加以怀疑及批评。

二、凡他党党员之加入本党者，各该党应将其加入本党党员之名册交本党中央执行委员会主席保存。

三、凡他党党员之加入本党者，在高级党部（中央党部、省党部、特别市党部）任执行委员时，其数额不得超过各该党部执行委员总数的三分之一。

四、凡他党党员之加入本党者，不得充任本党机关之部长。

五、凡属于国民党籍者，不许在党部许可以外的有任何国民党名义召集之党务集会。

六、凡属于国民党籍者，非得有最高级党部之许可，不得另有政治关系之组织及行动。

七、对于加入本党之他党党员，各该党所发之一切训令，应先交联席会议通过，如有特别紧急事故，不得提出通过时，应将此项训令请求联席会议追认。

八、本党党员未受准予脱党以前，不得加入其他党籍，如既脱离本党党籍而加入他党者，不得再入本党。

九、党员违反以上各项时，应立即取消其党籍，或依其所犯之程度，加以惩罚。

蒋介石主持召开的国民党二届二中全会通过了"整理党务案"，选举张静

第三章 布局北伐

江为中央常务委员会主席，蒋介石当上了组织部长和兼任新设的军人部长，共产党员纷纷辞职，刘伯承辞去中央秘书处书记，谭平山辞去组织部长，林伯渠辞去农民部长，毛泽东辞去宣传部长职。共产党在党务上作了重大让步。

在闭幕式上，谭延闿说，此次决议整理党务，实是确定两党合作之办法，把年来一切纠纷定了个解决的办法。蒋介石说，以后要消灭一切怀疑与成见。共产党负责人谭平山说，此次决议是为巩固革命基础，团结革命势力，发展革命事业，共产党并无屈服，乃事实上希求革命成功。随后由国民党中央发表的《整理党务宣言》中说："总理毅然改组国民党，与一切革命势力合作，日益取得国内外广大群众的同情，今已成为中国最大之政治势力，将完成国民革命之目的。反动者仇视、惶恐，出其暴力、诡计以攻国民革命运动，最毒之武器为散布谣诼，以引起吾人内部之纠纷，构成疑虑。为明示决不让帝国主义与军阀利用反共产之口号以摧残国民革命，乃一致接受整理党务案，以消灭对于合作原则之真正目的之怀疑。此决议非对任何方面妥协，而实为排除障碍，团结革命分子，以与世界帝国主义、军阀、反动势力作更有力之战斗。"

国民党二届三中全会前，蒋介石把"整理党务案"拿给共产党的一些领导人看，花言巧语地担保说，如果共产党赞同他拟定的措施，他是能战胜右派的。

共产党的一些领导人看出了蒋介石排斥共产党领导、限制共产党活动的险恶用心，但是，其主要领导人认为，假设我们不同意，我们会有两种出路：一、消极退出国民党。这太早了点。二、积极进行工作，吸引左派，排除蒋介石。第二条太危险了。

共产党的"太上皇"鲍罗廷则更明确地认为让步是完全正确的方针。为了寻求通向群众运动的道路，过去国民党的领导职位由共产党担任是完全必要的。现在这个阶段已经过去了。他认为蒋介石在国民党里属中偏左的人物，与国民党分子分裂，那就是个大错误。应当先把广东省以外的工农群众从沉睡状态中唤醒，召集起来。如果共产党不作出让步，那就意味着同国民党合作的终止，革命力量就会局限在一个省里。

对蒋介石来说，好消息不仅是共产党的再次退让。副官报告，汪精卫走了。蒋介石腮帮鼓动几下，勉强忍住没笑出声来。3月25日失踪了的汪精卫观看了一个多月的风色，看到共产党和苏俄对蒋介石步步退让，自己的腰再也硬不起来了，病也就越来越重，遂乘船去香港，再转道法国巴黎治病。更有趣的是在"廖案"中被他打倒而从此成为仇人的胡汉民也同船去香港。蒋介石预料，尽管两人曾为多年之战友，此行定无话可说。

现在，"北伐"就不再是蒋介石嘴里的漂亮言词了，他决心，也相信自己有能力在短时期内将其变成实际的行动。

第二节 北伐这艘大船上，挤满了各怀心机、跃跃欲试的桨手

国民党二届二中全会即将召开之时，国民革命军第七军军长李宗仁到了广州。

黄埔军校教育长方鼎英被派做蒋介石的代表，与广州革命政府党政军各首长及各民众团体代表团一道前往广州长堤天字码头欢迎李宗仁。据方鼎英回来报告，李宗仁在码头应酬一番后，即由第四军军长李济深陪同，到设在新广西会馆的第四军军部休息去了。

听了这个消息，蒋介石深陷的眼眶里射出一束阴冷的光来，"唔"了一声即不再言语。李济深，字任潮，早年留学日本，广西苍梧人。这两个广西佬一见面即揽在一起，要干什么？蒋介石的神经非常敏感，他随时都在算计别人，也随时提防着有人暗算自己。

蒋介石自黄埔专程拜访李宗仁的当天下午，李宗仁就乘军舰至黄埔进行回访。蒋介石领着客人参观了军校和岛上的其他设施后，设晚宴款待客人。

席间，李宗仁向蒋介石陈述了三点理由，要求蒋介石促成中央速定北伐大计。其一，北方形势有利于北伐。冯玉祥的国民军在南口战线上紧紧吸住了直、奉两军的精锐，必须趁敌人主力在华北，首尾不能相顾之时，全力北伐，否则将来国民军失败，直军主力南下，扫荡唐生智，南窥两广，那时不但北伐无望，形势也会变得非常严峻。其二，两广政情将会发生变化，尤其是军队。军队久处纸醉金迷的富庶之区，必至腐化堕落，将骄兵惰不堪使用，这已为陈炯明、杨希闵、刘震寰、许崇智各军所验证。其三，湘省局势也恐有不利于革

第三章 布局北伐

命之大变动。第七军一部虽已入湘援唐，但唐生智实际上仍骑在墙上四面观望，一旦吴佩孚改变其处理湘局之策略，由攻唐变为抚唐，让唐当上"湖南王"，唐再像前面之赵恒惕一样，挂上一块"自治"的招牌，北伐出师攻击湖南就困难了。

在客人滔滔不绝地陈述其理由时，主人既不吃，也不喝，静静地听，一面仔细打量着客人：浓眉大眼，高高的鼻梁，长方形的脸庞和略大的嘴，眉眼间透出一股英气，暗自思量，此人不简单，必须小心应付。

我对你所说的这些理由早就分析过若干遍了。我推动北伐是为了把已经夺到手的党政军权力扩大到更加广阔的地方，乃至于全国，你推动北伐又希望获得什么呢？也想到宦海里去滚打几番？蒋介石当时正忙于促使二届二中全会通过"整理党务案"，再说也不愿让李宗仁了解其内心，所以，在必要的时候，他鼻子里轻轻地"唔唔"两声，等李宗仁说完，良久才说："德邻（李宗仁）同志初到广州，不知道这里的情形太复杂，本党多数同志对共产党发展得太快产生了很大的疑虑和不安，现在如何北伐呢？"

李宗仁说："正因为我们内部问题很复杂，大家情绪不稳，才应该北伐，好让大家有一个新目标，一致去奋斗，以减少内部的摩擦。"

蒋介石也希望有一个让所有人竭其心智的大规模军事行动把人们从内部矛盾和互相纠缠中引开，将使他在更大程度上把军政权力集中到自己手中，但他认为眼下最迫切的任务不是这个。他显得有点踌躇地说："你和中央的其他同志说说看，看看他们怎么计划的。"

在"整理党务案"通过后召开的国民党中央政治会议上，李宗仁发言说第七军一部已入湘作战，并已挽救了衡阳陷落的危机，现在正节节推进，长沙在望，但孤军恐难持久，一旦失利，粤、桂边境立即受到威胁，而云南的唐继尧和福建的周荫人势必见机行事，形势就危险了。李济深说，唐生智不管是自觉也罢，被迫也罢，反正是站到革命这边来了，在本月14日，唐通电讨伐吴佩孚，并派参谋长龚长鲤等人抵粤组建办事处，说明他是下了决心的。谭延闿、程潜两位湘籍要员都发言不相信唐生智会真心实意地加入革命阵营，他们还有点担心唐生智能独自对付吴佩孚的压力而成为湖南的统治者，但都力主北伐。蒋介石心中却想，难道你谭组庵、程颂云又是真正革命的？他认为这是在

谁与争雄

粤湘籍大员不愿因革命而把湖南政权让与唐生智这个从前把他们赶出家乡的家伙。但他补充说，现在北伐的时机已经完全成熟，吴佩孚的主力在京汉铁路的北段，坐拥东南五省的孙传芳在这场战争中一定会持中立态度，因为孙传芳曾发来电报，认为湘省战事是湘省内部问题，他绝对恪守中立，还派代表前来洽谈。

李济深又说："北伐至今日，才得千载一时之好时机，我们正可乘虚直捣两湖。为免第七军和唐生智孤立无援，我愿将驻扎在琼州、高州的第四军张发奎、陈铭枢两师北调赴湘增援，现驻在广州城郊的叶挺独立团可以立即出发，北伐乃总理遗愿，希望各军袍泽一致响应，中央更宜速定大计，以解中原人民之倒悬，以慰海内外人士的喁喁之望。"

蒋介石听着李济深激昂的发言，忽地想起昨天谭延闿对他说，李济深积极赞成北伐，并自告奋勇地派军队出省效命疆场，实为带动客军出动，主人都冲出家门了，客人且有恋栈广州之理？而他的第四军尚有两个师留在广东，他就可以把广东完全置于自己的支配之下。他心里冷笑一下，你别把算盘拨得太如意了，我会叫你流血流汗，到头又什么都捞不着。他接着李济深的话说："任潮同志的革命精神令人钦佩，自动请缨的义举，更值得嘉奖。我蒋中正愿追随诸位同志，为完成总理的北伐大业，为三民主义在全国的实现而牺牲。"

鲍罗廷是赞成北伐的。他曾说："在广东的问题是这样的，或者顺利地向长江进军，唤起广大的群众，自下而上地消灭'三月派'（指蒋介石一派），或者我们留在广东，在那里处于英国帝国主义和内部反革命的夹攻中窒息而死。"但他在中共中央南方局会议上，又反对立即进行北伐。他认为，要使北伐的条件成熟，首先在国民党内部要求稳定，要造成有利的政治环境；与冯玉祥的国民军要达成协议，尝试同孙传芳达成协议或者哪怕使他保守中立；要在农民中间进行宣传活动；还必须完全用苏联武器装备军队。他认为北伐是革命的一部分，它将使革命遍及辽阔的领土。他看到了缺乏必要的政治准备而仓促进行军事进攻的潜在危险，看出了右派可能利用国民革命的成功来达到他们的目的。但共产党的高级领导人多不赞成其主张。

在这次会议上，鲍罗廷发现自己在国民党内的影响已大大减弱了。会议决议在近期即出兵北伐，任命唐生智为国民革命军第八军军长兼前敌总指挥，推选北伐军总司令、组织北伐军总司令部等。

北伐这艘大船在目的不一的各路诸侯的推动下，终于慢慢驶离锚地。5月21日，军委会发表时局宣言，表示接受海内外请愿，决定北伐。24日，国民革命军第四军陈铭枢第十师、张发奎第十二师及叶挺独立团奉命入湘援助唐生智第八军，由韶关向郴县兼程前进，尤其是作为先锋的叶挺独立团，在6月2日即加入前线作战，击退了陈炯明残军谢文炳部的进攻，稳定了战线。同一天，唐生智在衡阳宣布就任国民革命军第八军军长及前敌总指挥。6月4日，国民党中央执行委员会举行临时会议，通过迅速出师北伐、任命蒋介石为国民革命军总司令的方案。次日，国民政府特任蒋介石为国民革命军总司令。为了筹措北伐的经费，财政部长宋子文抛开了文质彬彬的绅士面孔，咬紧牙关蛮干，命令广东财政厅长预收各属钱粮一年，各厘税征预饷一年，各县分摊军费，共约200万元，财政部发行有奖公债500万元，中央军政费用支出搭发公债两成，粤汉铁路车费加五征收。这种竭泽而渔的手法，引起了一些人的反对，宋子文双手一摊："这是为了革命。或者你能给我指出个更好的办法来？"

第三节 北伐的号角即将吹响，走哪条路线，怎么走，却大有文章可做

蒋介石被任命为国民革命军总司令后，各军长均无拥蒋表示。

为此，第一军军长何应钦邀集各军长会议，将拟定的拥蒋通电请各军长联名发表，促蒋早日就职。但是，谭延闿、朱培德、李宗仁等对之态度冷淡，表示俟审查后方可署名。

何应钦急了。他走进蒋介石的办公室，见蒋正阅读厚厚的一沓信，遂知趣地不开言。蒋介石抬头，指指侧边的椅子说："坐。"看完后，蒋介石把信递给何应钦说："你看看，这是共产党首领的信件。关于'中山舰事件'，陈独秀解释得非常仔细，担心我们看不懂。"

何应钦接过信，不看，说："现在用不着管这帮酸书生。李宗仁等还无拥蒋表示，这才是大问题。"

"敬之何必自相惊忧？"蒋介石轻轻松松地笑着说，心中在想："他们现在

谁与争雄

想反对我？迟了！我想他们也没有胆子来下这个决心！'中山舰事件'时我最虚弱，他们都不敢跳起来，现在我手里什么都有了还会怕他们！"

蒋介石见何应钦仍是一副忧心忡忡的模样，又说："敬之不必担心，目前的局势我心中有数。现在我们要尽快出师北伐，湖南的形势不容乐观。你来看。"他指着地图说："吴佩孚已组织'援湘军'帮助叶开鑫攻打唐生智，委任宋大霈为第一路军总司令，前敌正面作战，王都庆为第二路军总司令，防守右翼常德、澧县一带，唐福山为第三路军总司令，率赣、粤军任右翼作战，董政国为第四路军总司令，率两旅一师为总预备队。唐生智恐怕吃不消。你速回潮州做好准备。"

送走何应钦后，蒋介石埋头制定军规和北伐作战计划。

如何切实、自如地掌握军队，蒋介石是下了苦功进行研究的。他用人的方法是制造矛盾、操纵矛盾、利用矛盾，拿一个反动的看住一个进步的，反之，用一个进步的看住一个反动的，因为他的目的是集权于自己手中。原来第一军有三个师，第一师师长是何应钦，其党代表就用了周恩来；第二师长王懋功因接近汪精卫而为左派，周恩来推荐共产党员鲁易为党代表，他就无论如何也不干，结果用了个右派；第三师师长谭曙卿是右派，他就用鲁易作该师的党代表。可见，他并不是怕用共产党人，而是考虑如何为我所用。

面临战乱，军队在现实政治斗争中的地位和作用显而易见。矮小的拿破仑靠什么横霸欧洲？靠的是他那支见了他就忘乎所以地高呼"皇帝万岁"的铁军，洪（秀全）杨（秀清）兵起，使曾国藩由一介官僚而成屡建殊勋的封疆大吏，最后被封为文正公，靠的是什么？靠的是他以在籍侍郎的身份，以宗法为纽带创办团练，后来发展成庞大势力的湘军。袁世凯以天津练成的新兵起家，从巡抚到总督，到内阁总理大臣，后来又摇身一变，窃得了"民国大总统"的职位，最后他竟逆潮流而动，做起了"中华帝国的皇帝"。而孙中山屡次北伐屡次失败，就是没有可靠的军队。由此他更认为，自己在粤军中一直被排挤、漠视，也是因为没有效忠于自己的私家军队。正因为蒋介石看到了这些，他才几经反复，终于接受了当时既无兵权、地位不高、开展工作又十分困难的黄埔军校校长的职务，而且一改从前淫懒、奢迷的生活方式，对军校的工作变得严肃认真，励精图治。他深知，以他现在的条件，如果不像勾践那样卧

第三章 布局北伐

薪尝胆，具有十年生聚、十年教训的耐性，是不会有多大发展的。

对曾国藩、胡林翼、袁世凯等人的练兵治兵之术，蒋介石揣摩得非常深刻。1924年10月30日，他亲手编辑成一部《增补曾胡治兵语录》，发给军校师生人手一册，作为治兵者之至宝，治心治国者之良规。但他觉得这些还不够，遂于1925年1月又亲手制定了《革命军连坐法》。其中规定，如果班长同全班退，则杀班长，排长同全排退，则杀排长，连、营、团、师直至军长亦如之；如果军长不退而全军官兵齐退，以至军长阵亡，则杀军长所属之师长，以下类推至"班长不退，全班齐退，以至班长阵亡，则杀全班兵卒"。蒋介石认为，这样一来，"全军之中，人人似刀架在头上，以绳子缚着脚跟，一节一节，互相顾瞻，连坐牵扯，谁亦不能脱身"。

但蒋介石这类得意之作却被一个人批驳得体无完肤。这个人就是刚来广州不久任军校政治部教官的恽代英。恽代英眼睛高度近视，与人谈话时始终神色不变，慢条斯理，冷静而诙谐。他说蒋介石制定连坐法，说明蒋介石虽然满口革命辞藻，大谈革命军要自觉自愿为主义而献身，但在思想上却不相信革命道理能教育广大官兵，认为不用刀架绳缚，不以杀头相威胁，官兵就不能拼命杀敌，这与旧式军阀的治军思想，实质是相同的。

蒋介石得到密报，对这位九头鸟的湖北籍共产党员恼火透顶。事实上，蒋介石受日本军国主义治军方法的影响也非常深刻。

北伐战略计划的制订，困难重重，因为所有有发言权的人，都不仅仅是从军事的角度去考虑问题。

蒋介石仍然主张首先进攻上海，而不是北伐军到了长江后继续北上。

鲍罗廷坚决反对。他对顾问团的人说："为什么不进攻上海呢？这纯粹是政治问题。只有当革命有力量对付三股主要的敌对势力——帝国主义、军阀主义和资产阶级本身时，才能向上海进军。资产阶级在对待国民革命运动方面已经背叛过不止一次了。如果坚持进攻上海，就将得到下面两种结果中的一种，或者革命像太平天国起义那样被粉碎，太平天国起义也是同这三股反革命力量进行斗争的；或者革命按其组成分化为几个部分，大家已经知道的'三月派'必然会采取国民党在辛亥革命期间所采取的那种行动，把以往向帝国主义承担的义务恭敬地接受下来，另一方面再向帝国主义承担公开的或秘密的义务，以

谁与争雄

此背叛无产阶级，背叛革命。"

就是在打到长江这个近期的目标上，也存在着严重的分歧与激烈的争吵。

毫无疑问，国民革命军的最大敌人是直系和奉系两大军阀。日本一手扶植起来的奉系军阀张作霖控制了东北及京津地区，奉军加上受其控制的直鲁联军，共有35万人左右。以英美为靠山的直系军阀吴佩孚，控制了湘、鄂、豫等省，拥有兵力20万左右。潜在敌人是态度暧昧、号称苏皖闽浙赣五省联军总司令的孙传芳，他表面上属于吴佩孚，但已独树一帜，而且其20万军队训练有素，装备精良，粮饷充足，很有战斗力。不过，他也像其他拥有庞大势力的军阀一样，内部存在着矛盾。五省联军是利害的结合，其手下的分省司令陈调元、方本仁、周荫人等都是眼观四路、耳听八方的滑头。另外，蒋介石曾派张群做代表到南京见孙传芳，在接触中已探明只要不触犯孙传芳本人的利益，就能指望他对北伐战事不进行干预。"我要保障东南五省人民的安居乐业，我们双方谁也不要妨碍谁。我的宗旨是确保五省。人不犯我，我不犯人。"他说。

与两广毗邻省份的形势也不明朗。云南的统治者唐继尧去年准备假道广西进攻广东时，遭到李宗仁、白崇禧等人的拦击，损失很大。吴佩孚见机即派其内弟为代表到云南，答应在一定程度上补助唐继尧，并达成协议：如果革命军北上，唐就攻打广西，作为交换的是唐可为西南五省（滇、黔、川、桂、粤）的领导人。但唐又说："我之所以赞成国民政府，是因为当前广东有了秩序，有了自己的领导原则。此外，我从前与孙中山关系颇好，如今仍然崇拜他。我相信孙文主义，因为它是拯救中国的良药，我害怕共产主义……"这表明，"云南王"的目的也是要坐山观虎斗，不愿为哪一方火中取栗。贵州军阀袁祖铭更是首鼠两端，他一面逢迎吴佩孚，一面又与广州发生联系。四川的情形尤其复杂，从保定军校和四川陆军速成学堂毕业出来的军官们形成了保定系和速成系，而这两系又分成若干集团，其中最大的是杨森和刘湘。广州与杨森达成了一些协议，杨森并表示在适当的时候可以加入革命。这一点是很重要的，如果驻守川东的杨森被吴佩孚拉过去的话，将来革命军进攻武昌时，他挥军冲出夔门，攻击革命军的侧翼，情况将是很危险的。

北伐的计划早在4月份就由蒋介石与参谋总长李济深等人初步拟定：北伐军首先进军湖南，然后占领湖北。部分军队开往江西，以便占领赣州—吉安—

线,向该省主要城市南昌挺进,进而在南昌与其他部队会师。应派三个军攻入江西,四个军打湖南。这个计划的根本缺陷是显而易见的,势必同时对吴佩孚和孙传芳作战,——孙传芳本可使其中立的,而国民革命军的兵力要想左右开弓,两面作战,根本不可能,甚至就是集中兵力攻击一面,也是居于绝对的劣势。领导者们明白,赖以取得胜利的最根本的因素是用革命精神武装起来的官兵们的浴血奋战。当然,也可以利用军阀们的自私自利,彼此都只图扩大自己的地盘和军队,从而产生的矛盾和冲突。这是北伐军的可乘之机。

军事总顾问加伦坚决反对这一作战计划,认为应当把战争局限在湖南省,最主要的目标是打下武汉,占领吴佩孚的巢穴,然后与冯玉祥的国民军会合。当然,孙传芳的中立并非完全可靠,为了保障右翼的安全,应留一部作为主力的预备队,以备不测。加伦反对的理由正是蒋介石本人也比较清楚的,该计划存在兵力严重不足的缺陷,而且蒋介石也明白,该计划嵌进了若干个人的狭隘利己主义因素。唐生智在战线稳定后,隐然以湖南主人自居,坚决反对谭延闿、程潜率领的湘籍部队进入湖南。谭延闿见状,力主进军江西,企图以占领江西作为丢失湖南的补偿。而蒋介石自己呢,他看到唐生智与李济深、李宗仁保持着密切联系,保定系军官的实力正不断强大,又风闻保定帮打算单独占领湖南后对抗蒋介石,对抗他要成为拿破仑的利己主义企图,遂计划绕过保定帮,经过江西及其省会南昌到长江,顺江而下,进入上海,与他熟悉的江浙财阀接上联系。——事实上,江浙财阀也希望与蒋介石这个曾在十里洋场滚打过的总司令接上头。蒋介石在紧张筹划北伐的空隙,接见了由王晓籁率领的上海商界代表团。代表团中有个名叫盛冠中的,是宁波旅沪同乡会会长、上海航业公会理事长、中国红十字会名誉副会长虞洽卿的女婿,他试探执掌军政大权而且将即刻率师北伐的蒋介石对工商界的意见,蒋介石答称不忘与虞洽卿等人的乡谊,更不会忘记过去在上海做生意破产时受虞等人接济的旧情,要盛转请虞洽卿等人放心。

经过艰难的争论,领导者又回到一个常识性的原则上来:没有革命的成功,谁也不可能获得更大的好处。于是,新的战略方针被制定出来:攻打吴佩孚,稳住孙传芳,不理张作霖。其实,早在1919年9月蒋介石上书孙中山时,提出《对北军作战计划》,即指出了"吾军以长江沿岸为主战地,先克武昌,

谁与争雄

次定南京，击攘敌军长江一带之势力，再图直捣北京"的两期作战计划。

北伐作战拟定了三个主要方向：唐生智指挥西路军（第四、六、七、八各军），任务是攻占长沙，再掠武汉；中央军（第二、三军和第一军的第一、二师）直属蒋介石指挥，负责保障西路军的右翼和后方，并掩护广东革命根据地，预防来自江西方面的可能威胁，一旦开始与孙传芳交战，就占领南昌；东路军包括第一军的第三师、第十四师的一个独立团，由何应钦指挥，任务是掩护广东的东路边界，预防福建军阀可能的威胁。

北伐的作战计划在兜了个大圈子后，最后确定下来。7月1日，国民政府军事委员会主席蒋介石下达北伐动员令，略谓："本军继承先大元帅遗志，欲求贯彻革命主张，保障民众利益，必先打倒一切军阀，肃清反动势力，方得实行三民主义，完成国民革命。爰集大军，先定三湘，规复武汉，进而与我友军国民军会师，以期统一中国，复兴民族。"从这个动员令可以看出，蒋介石虽然铁定了心，到了武汉后再不朝北边挪动半步，不愿与冯玉祥并驾齐驱甚或给冯当配角，但他为了尽快北伐，将自己的真实意图深深地埋藏起来，打算到了武汉即折而东下，那时，谁也控制不住他了。而且，为了在北伐中获得更多苏联的援助，他没忘记说，应该和第三国际联络，要承认其指导地位，还说政治、军事一切都要听鲍罗廷指挥；甚至称"孙中山是国父，鲍罗廷是亚父"。

随动员令颁发了"集中湖南计划"，规定第七军李宗仁部（辖第一旅夏威、第二旅李明瑞、第七旅胡宗铎、第八旅钟祖培）、第八军唐生智部（辖第二师何键、第三师李品仙、第四师刘兴、教导师周斓、第五师叶琪）、第四军陈可钰部（辖第十师陈铭枢、第十二师张发奎、独立团叶挺）集中于永丰、衡山、攸县，相机进占长沙；第二军谭延闿部、第三军朱培德部、第六军程潜部集中于酃县、茶陵、安任，以防江西；第一军何应钦集中衡阳，为各方策应。

随后，在广州成立了总司令部，其主要人员是：总司令蒋介石；总参谋长李济深，留守广州，代理总司令；副总参谋长白崇禧，代理总参谋长；总政治部主任邓演达；总顾问鲍罗廷，军事顾问加仑。

在北伐战斗序列的编组和分配作战任务时，暴露了蒋介石打击别人，保留自己力量的私心：第二、三、六军全部出发；战斗力较差的第五军李福林部两

第三章 布局北伐

个师用一个师防守珠江三角洲的辽阔地区,另一个师被调到粤闽边境,归驻在那里的何应钦指挥;第一军只调了两个师给王柏龄指挥,但留在蒋介石手边作为"御林军";留镇广州的第四军李济深共有四个师,先入湘两个师,余下的陈济棠的第十一师和徐景唐的第十三师,负责远及西江和海南一带的防务。实际上,留在广东境内的李福林和李济深所部均被蒋介石撒在岭南的浓雾之中了。

蒋介石使同样怀着私心的李济深水中捞月。

李济深本想留镇广州,待北伐军北上后,把广东的一切权力都抓在自己手里,控制这个革命的大后方,但蒋介石早就看出了他的心思,遂采取措施,以作抗衡:他把李济深留镇的两个师撒豆般地派遣出去后,调黄埔系重兵驻守广州、惠州、潮州、汕头等政治中心和军事重镇;另外,重新安排了广州及其周围地区的重要职位。蒋介石的亲信钱大钧任广州警备司令,兼广州市戒严司令,本就贪权的钱大钧自然把这一切权力都紧紧地攥在手里,睁大眼睛替蒋介石看守广州。广州的另一个重要地方是黄埔军校,军校的管理权按规定校长不在时由副校长行使,但蒋介石不把权力交给副校长李济深,而给了日本士官学校毕业的亲信、军校教育长方鼎英。

在蒋介石把一切都安排妥当后,虽身躯病残但利用其声望替蒋介石看守职位几个月的国民党中央执行委员会主席张静江辞职,在7月6日的第二届中央执行委员会临时全体会议上,蒋介石被选为常务委员会主席,并得任党之军事部长,具有指挥各军之全权。

7月9日,广州东校场举行了国民革命军北伐誓师典礼,北伐军官兵和各界群众5万多人参加。蒋介石登上主席台,望着猎猎旌旗、等待检阅的威武雄壮的部队、情绪激昂的群团行列,由邓演达翻译,发表了慷慨激昂的总司令就职演说:"今天,是国民革命军举行誓师典礼的日子,亦是本总司令就职的日子。本总司令自觉才力绵薄,为中国国民革命的前途负如此重大的责任,惶恐万分。但现在北洋军阀与帝国主义者,已来重重包围我们、压迫我们了,如果国民革命的势力不统一集中起来,一定不能冲破此种包围,解除此种压迫。所以本总司令不敢推辞重大的责任,只有竭尽个人的天职,担负起来,以生命交给党、交给国民政府、交给国民革命军各位将士。自矢鞠躬尽瘁,死而

谁与争雄

后已……"

然后，由谭延闿代表国民政府授印，吴稚晖代表国民党中央授旗。

接着，蒋介石领誓，国民革命军全体将士作如下宣誓："国民痛苦，水深火热；土匪军阀，为虎作伥；帝国主义，以枭以张。本军兴师，救国救民；总理遗命，炳若日星。吊民伐罪，歼厥凶酋；复我平等，还我自由。嗟我将士，为民前锋，有进无退，为国效忠，实行主义，牺牲个人，丹心碧血，革命精神。"

蒋介石换上高大的战马，精神抖擞地检阅了部队。随即举行了阅兵式，雄赳赳的队伍从检阅台前经过，爆发出气壮山河的吼声："打倒帝国主义！打倒军阀！扫除封建势力！"

当天，蒋介石向全国发表宣言，对国人以三事相约："第一，必与帝国主义者及其工具为不断之决战，绝无妥协调和之余地。第二，必与全国军人一致对外，共同革命，以期三民主义早日实现。第三，必使我全军与国民深相结合，以为人民之军队，进而要求全国人民共负革命之责任。"

同时，湖南战场的形势发生了重大变化。5月21日，国民政府任命唐生智为第八军军长兼北伐中路前敌总指挥；接着第四军叶挺独立团、第十师陈铭枢、第十二师张发奎、第七军李宗仁部相继入湘。唐生智得到强有力的援军后，兵分四路反攻敌军，吴佩孚所属部队不战而退。7月10日，北伐军占领长沙。

作为指挥国民政府所属军、政、民、财各机关的国民革命军总司令，蒋介石无疑已取代了汪精卫，成为国民党的第一号领袖人物。他为了把自己拥有的党政军大权扩大到更大地区，乃至于全国，誓师典礼结束后，积极准备北上，就近指挥北伐战事。

第四章 大潮暗流

大潮澎湃，泥沙俱下。北伐军攻下长沙，旌旗直指武汉时，革命阵营中的暗流随着北伐的节节胜利涌动不已。

第一节 暗算别人，壮大自己，蒋介石
开始对付潜在对手

长沙，将星云集。

为讨论北伐第二期的战略计划，8月12日，北伐军召开了军事会议，参加会议的有：北伐军总司令蒋介石、代理总参谋长白崇禧、政治部主任邓演达、首席军事顾问加仑、战地政务委员会主任陈公博、第八军军长兼西路前敌总指挥唐生智、第四军代军长陈可钰、第七军军长李宗仁及各军参谋长和各师长。

经过激烈的争论，长沙会议决定，迅速进攻湖北，主力直趋武汉，对江西方面暂取守势。其部署为：唐生智指挥第八军正面进攻；李宗仁指挥第四、七两军侧出平江，北取蒲圻、羊楼峒，合力歼敌，然后分别渡江，与沿

谁与争雄

武汉岳阳铁路北进之主力并力规复武汉；朱培德指挥第二、三两军集结醴陵、攸县、茶陵防备江西；袁祖铭指挥第九、十两军出荆（州）、沙（市）取宜昌与襄阳。

蒋介石因为北伐节节胜利而精神焕发。

7月23日，蒋介石下令总司令部机关出发，三天后，蒋介石与加仑、白崇禧、邓演达等开赴北伐前线，当天从广州乘火车抵达韶关，次日从韶关出发沿公路前进，沿途均受到老百姓箪食壶浆的欢迎。8月10日夜，总司令乘轮船北上，在株洲换乘火车，翌日凌晨3点抵达长沙。长沙5万余欢迎群众从炎热的中午直等到次日凌晨。蒋介石在车站向群众发表了感激的演说："此次国民革命军自广州出发至长沙，沿途民众，放炮致敬，商店公平交易。迷路者为之指引，任重者则为之分担，疲者设凳，渴者给茶，饥者援食。"

北伐进军如此神速，出乎蒋介石之预料，双方的力量对比自不待言，此次进军是在非常困难的条件下展开的：气候酷热，疾病流行，灌满水的稻田中的狭窄小路非常泥泞难走。

北伐的胜利进军，震惊全国。

召开长沙会议时，国民革命军已由出发时的八个军增加到了十一个军，贵州袁祖铭的部下彭汉章、王天培两部被编为第九、十两军，袁本人在长沙会议上被委任为左翼军总指挥；江西的方本仁暗中受委为第十一军军长。队伍虽然扩大了，但作为总司令的蒋介石非常清楚，投奔革命的这些将领中，不少人是出名的滑头，他们并非要真正的参加革命，而是投机取巧，脚踏两只船，以便最大限度地获取利益，所以，他对实力颇大又处在北伐军侧后的黔军尤其不放心。

彭汉章部师长罗勤光、贺龙、杨其昌已发出就职通电，而彭本人却迟迟不发，而且吴佩孚委彭为湘黔边防督办，给其步枪1万支、子弹1000万发、款100万元和应用器材。袁祖铭的态度更可疑。他被杨森、刘湘联合赶出四川后，由于贵州地瘠民贫，养不起他这支七八万人的庞大军队，遂向湘西方向发展，一面与广东国民政府接洽，一面又向吴佩孚表示效忠。1926年5月，叶开鑫秉吴佩孚之命赶走唐生智占领长沙后，袁决定援湘，并以"一、承认彭汉章为湘黔边防督办；二、湘西辰、沅、永、靖地区为黔军及其部属驻地；三、湘西特税为黔军军饷"等条件，与叶进行谈判。同时，又有恃无恐地于6

月 18 日发出巧电,声称黔军五路入湘是"适因吴玉帅有援湘之命,湘人亦自动欢迎"。及至湖南战局逆转,叶开鑫节节败退之际,袁祖铭又迅速向广州靠拢,连连示好。7月7日、8日,袁连发两电给广西黄绍竑并转至广州谭延闿、蒋介石等人说:"弟对湘事,现令彭会办仲文率三混成旅协同贺云卿(贺龙)部前进,已达沅、辰以上;何总指挥厚光率三混成旅出永、保、大庸;李总指挥晓炎率三混成旅暂驻秀山,兼驻鄂西,王督办植之(王天培)率四混成旅出宝庆,已达麻、晃一带;弟随即率五混成旅赴洪江策应。兄等具体计划如何,……望随时示知为何。"并公开表示绝情不会有欺诈行为,但在发就职通电时不伦不类的来了两句:"幼承庭训,长与孙中山晤于海上,相与讨论国是。"他提出加入北伐的条件是:一、任命袁为川、滇、黔、陕、甘五省联军总司令;二、每月给军饷200万元;三、先给步枪1万支,子弹100万发。7月底,袁还派了代表到吴佩孚那里去联络。袁的态度扑朔迷离,引起了北伐军方面很大的怀疑和忧虑,怕他抄北伐军的侧背;留守广西的黄绍竑发急电到军中,担心拥有重兵、态度暧昧的袁祖铭或侧击北伐军,或乘虚而入桂、粤。蒋介石的意见则与此相反,他胸有成竹地说,正是袁的这种趋利避害的思想可供利用,只要我们不遭受大的失败,袁的算盘打得再响,即使不跟着北伐军走,也定然会按兵不动。

北伐战争帷幕初启,孰胜孰负,变幻莫测。袁祖铭可能会在北吴(佩孚)南蒋(介石)之间游移,采取徘徊、观望的态度。基于这样的估计,北伐军方面给袁以西路军左翼总指挥的头衔而拒绝了他的其他要求。

长沙会议作出的战略部署有违蒋介石初衷,但形势的发展,迫使他收起了自己的一套打算,听从了加伦和李宗仁、唐生智等人的建议:联络孙传芳,使其继续保持居心叵测的中立,对江西方面采取监视的态度,而以主力进攻武汉。但是,蒋在这次会议上并非一无所获,实际上,他获得了非常重大的东西。他提出并通过了如下方略:占领武汉后,以大别山、桐柏山为屏障,扼守武胜关,主力则施太平天国洪秀全之故伎,沿长江而下,西、中、东路北伐军形成对孙传芳之五省三面包围之势,从而底定东南。进而占领以上海为中心的江浙地区,是蒋素所期盼的。他否定了在广州制定的北进中原、直捣幽燕的计划。他用自己小小的让步,攫取了根本的目标。

谁与争雄

蒋介石在人湘途中已有这样的意图：对湖北方面取守势，主力折向江西。这虽犯了分兵进攻之大忌，但基于对付唐生智、李宗仁及其"保定帮"实力迅速壮大的一种策略，也有价值。

唐生智的实力和野心都膨胀得太快了！

唐生智从一个小小的师长，因为参加北伐，一跃而为军长兼前敌总指挥。革命伊始即给其这么大的权力和这么高的地位，虽为给身在敌方阵营而心中已活动的人增大诱惑，树立个榜样，却使以蒋介石为首的很多人担心：唐生智占领长沙后，将成为湖南的新主人，而且唐生智、李宗仁、白崇禧及一帮保定军校毕业的师长，在实力增强和抱成一个紧密的集团后，必成为祸患。事实证明，这种担心不无道理。7月30日，湖南省政府成立，唐生智担任主席兼军事厅长，而且省政府中的主要职位均为其支持者所据。同时，据密报，唐生智在逐渐向左转，他在尽力设法争取苏联顾问的支持，并通过一些国民党人向苏联顾问提出建议：派他那个系统的共产党员去苏联学习领导工农运动。他在同顾问们谈话时不止一次暗示愿和苏联缔结武器供应的条约。更有甚者，他要求与共产党领袖陈独秀会晤。蒋介石认为，这个信佛的将军现在也许并非真诚地接受了共产主义的理论和实践，而是要想借助苏联和人民的巨大力量飞腾上天。这不是和他自己在广州时所玩的把戏如出一辙吗？！

他怎么能容忍唐生智迅速崛起，成为比书生汪精卫更难对付的强大对手呢！？

蒋介石前思后想，认为要除掉唐生智这个实力和地位迅速上升的潜在对手，有缓图和急攻两策：缓图即是对此置之不理，等到底定东南后，再回头举着已磨得更加锋利的刀剑与其算账；急攻则是对武汉方面采取守御战略，主力东移，吴佩孚之主力南下时，势必与唐生智硬拼，待其两败俱伤，而我之主力已肃清江西时，再北取武汉，那就既削弱了唐生智之势力，也消灭了吴佩孚之主力。但急攻显然不是上策，一旦北伐军主力陷在江西战场无重大进展，甚或遭到重大失败，而唐生智又顶不住吴佩孚的进攻，则全局坏矣！所以，蒋介石最后决定把防唐生智及其"保定帮"势力壮大的打算暂时搁置一边，全力消灭吴佩孚。

第四章 大潮暗流

第二节 权术犹如双面刃，
玩者也会吃苦头

前线节节胜利的消息源源不断地涌进总司令部，激荡着蒋介石自小养成的极强好胜心，使其感到由衷的喜悦。毕竟，这场战争是他领导的，他是总司令。

但是，仔细审查战况和各部队的报告，心中顿时生出一片浓厚的阴云。不少事情使蒋介石的心中焦虑不安。

第一军堕落了，这可是被蒋介石视为私产、引以为骄傲的一支部队。"中山舰事件"后，共产党员全部退出了第一军。第一军因而元气大伤，带兵的各级部队长、那些有着无比优越感的黄埔学生，自恃是"天子"门生，肆无忌惮地自由行动。北伐开始时，其教导师刚刚开到韶关，营长们即全部外出寻欢作乐，竟无一人宿于营防。蒋介石接到报告，非常着急，立即电告在广州的国民党中央组织部长陈果夫，要他选派人立即恢复第一军和教导师的营、连党代表，而且特别注明，必须选派共产党员；但那些自认为是蒋介石嫡系的黄埔生，根本不把"中山舰事件"后灰溜溜地退出第一军的共产党员放在眼里，他们就像自由散漫惯了的媳妇，绝不愿再要个婆婆，哪里会听约束？后来，作为预备队开到湖南郴县和衡阳的第一军第一师王柏龄部、第二师刘峙部，军纪更加懈怠，蒋介石气急败坏地打电报给王、刘二人说："万不料我最有光荣历史之第一军，阅时未久，即已堕落。须知第一军在精神上已成为革命政府之模范军队，今不能严整风纪，败坏第一军之名誉，其害非小，而减损人民对革命之信仰，其害更大，尔等自问能在革命史上负此咎否？务须各发天良，严约所部……"

但是，不久蒋介石就发现，他所得知的第一军的情况只是庞大冰山露在水面上的一角。

长沙会议后，蒋介石专程到株洲检阅第一军的第一、二两师。刚到部队驻地，他就发现了很多问题：作为战略总预备队的第一、二两师虽未像湖南战场其他各军那样经历严酷的战斗而大量减员，但已不堪使用。因军长何应钦驻防

谁与争雄

汕头监视孙传芳所属的福建周荫人部而代理军长的王柏龄,虽经蒋介石严电申斥,但恶习不改:官兵随便占住民房,甚至学校,只要军队一到,无论各色人等,强令通通搬出,官兵中还有吸食鸦片的,官长吃空额、嫖赌成风等等。

蒋介石气得额上青筋乱跳,脸色铁青,检阅完部队后,即把两师的军官集合在一间大礼堂里,马靴咚咚咚地敲着走上讲台,雪白的手套脱下来猛地扔在桌上,声音尖利地痛斥道:"如果不能照我的话做到,我不再讲什么话,只有多预备几颗子弹,来枪毙我的学生!"晚上,在日记上写下了当天训话的情形:"此次演讲,声情激越,喉为之瘖。"写毕,不禁陷入了沉思:是不是把自己的第一军作预备队而让其他各军去拼消耗这个打算错了?军队战斗力的提高,有待于血与火的残酷锤炼,平时练兵,怎及实战的淬火!第一军虽然在人员和装备方面未受损失,而且因为在补给上比其他各军优先和厚份,更显得富足,但现在全军上下纪律荡然,照此下去,自己辛辛苦苦练成之兵,用不了多久就会不堪使用!此次训话的效果怎样,只能拭目以待。

使蒋介石更懊恼的是,屡受其打击的共产党人不但没有偃旗息鼓,反而在北伐中起了巨大作用。首先,在共产党人的宣传发动下,广大群众的革命积极性空前高涨,他们组织了担架队、运输队随军行动,北伐军每到一处都受到热情欢迎;他们甚至扛起自己手中的劳动工具勇敢地参加战斗;其次,共产党人在其他各军中展开的轰轰烈烈的政治工作,使他们在战斗力、军风军纪方面都与第一军形成了鲜明的对比,像第二军政治部主任李富春、第六军政治部主任林伯渠,都是著名的共产党人,都做了卓有成效的工作,尤其是作为北伐先锋的第四军叶挺独立团,连以上的干部均为共产党员或共青团员,由于他们的英勇善战和对所部所起的钢筋水泥般的凝聚作用,使这支军队成为敌人闻风丧胆的战无不胜之师,为第四军赢得了"铁军"的称号。虽然第一军补给比别人优越,但在战斗力、军纪方面却等而下之,让蒋介石心里隐隐作痛。但蒋介石始终坚持着这样的方针:既要利用做事热忱诚恳,遇战视死如归的共产党人为其争夺天下而流血牺牲,又要限制、打击共产党势力的发展。所以,他抓住陈独秀刚刚在《向导》周刊上发表的《论国民政府之北伐》一文中说"北伐时机尚未成熟"的错误,大肆攻击共产党:"陈独秀论国民政府北伐一文,反对本党北伐,阻止国民革命。查陈独秀乃中国共产党领袖,《向导》周报为中国共产党言论机关,此种言论,中国共产党当负其责。当此严紧时期,发此言论,显然破坏两党合作之精神,影响重大……"

因为刚刚成为国民党和国民政府事实上的一把手,地位并不十分稳固,所以,蒋介石须臾也未放松对那些窥视最高统治权的人的警惕。长沙会议两天后,发生了一件令蒋介石心悸而又难以忘却的事情。那天,秋高气爽,晴空如洗,在长沙东门外大校场检阅第七、第八两军。第七军官兵身材矮小,且转战日久,补充不易,因而衣衫褴褛,军容不整;第八军则因是北方部队,身材高大,缴获颇多,部队整齐、壮观,从外表看两军差别很大,但从出师北伐至今的战况看,两军的战斗力均为不弱。蒋介石骑着高头大马,批着拿破仑似的黑色披风,戴着雪白的手套,足蹬雪亮的长筒马靴,在李宗仁的陪同下检阅了第七军,随即精神抖擞地按辔徐徐进至第八军队列面前,但听一声口令,军乐队的乐器发出耀眼金光,立即是一片响亮的乐声。蒋介石正举手还礼,忽然胯下坐骑受惊狂奔,惊慌间把持不稳而堕落马下,幸好马靴宽松脱离,否则不知要被那匹马拖多远。总司令在部队面前跌落马下,脱靴掉袍,满身泥土,狼狈不堪,丧失威望不说,最主要的是蒋介石认为这是凶兆,自己戎马至今,从未发生过这种事情,这次意外给蒋介石带来一种强烈的不祥之感。在惊恐和狐疑中,他认定是唐生智的相貌或八字对自己不利,有冲撞;往深一层想,唐生智的第八军是各军中发展最快的,再加上其保定军校毕业的背景,在蒋氏心中积郁的不安之感尤其浓厚起来。

要利用黄埔师生!但现在凭他们的实力和威望,谁也不能与之匹敌。蒋介石忽地想到了唐生智的四校学友,现在即在长沙的李宗仁。

李宗仁陪同蒋介石检阅部队,目睹了蒋介石在第八军队列前堕马的情景,对这位总司令心存轻视,认为军人不会骑马太不应该。然后,他自己也不断深入部队,拜访友军。他特别视察了所属第一旅,因他对第一旅旅长李明瑞始终不放心。李明瑞固然是一员不可多得的战将,但他是俞作柏的表兄弟。俞作柏早年即追随李宗仁,但为人贪奢成性,野心勃勃。1926年,他认为自己羽翼已丰,企图择枝另筑新窝,或鸟占凤巢,在广州对鲍罗廷自称是"广西的蒋介石",指斥李宗仁、黄绍竑、白崇禧等人不是真心革命。此话传到李、黄、白三人的耳朵里,自然深忌俞作柏之为人。当时俞作柏官任第二旅旅长,广西

谁与争雄

准备出师北伐，对军队进行编组时，为了削夺俞作柏的兵权而又不祸起萧墙，李、黄、白三人真是煞费苦心：先升俞作柏之表弟、第三团团长李明瑞任白崇禧所兼的第一旅旅长。而第一旅的两个团长均为勇猛善战的骁将，也都是白崇禧的心腹；升俞作柏之弟俞作豫为第三团团长；再调第六旅旅长夏威为第二旅旅长，俞作柏本人则调为中央军校南宁第一分校校长，要其专心练兵办学。俞作柏见李、黄、白处心积虑地削夺自己的兵权，知道此时斗不过，又见兄弟、表弟的军权均已上升，再则，他也看到蒋介石从一个流浪汉到总司令，全是他埋头练兵并以之作本钱的结果，也就对这个安排隐忍不发。回过头想，战场风云变幻莫测，危险万分，自己也乐得在后方享享清福。

李宗仁到第一旅后，对李明瑞慰勉有加，也嘉奖了战功卓著的陶钧、吕演新二位团长。

李宗仁与唐生智作过几次往返晤谈。在第八军军部时，偶然之中，李宗仁听到一些军官在私下神秘兮兮地议论："蒋总司令爬不过第八军这一关。"后来慢慢问出个门道。原来，唐生智信佛，人称"唐僧"，而且很迷信，相信阴阳谶纬之学，幕中豢养了一位姓顾的巫师，唐生智及所部官兵奉之如神仙。此次蒋介石阅兵堕马，顾和尚说："蒋氏北伐凶多吉少，最重要的是爬不过第八军这一关，将来蒋氏失败，继之而起的定为唐孟潇！"李宗仁闻之，不禁哑然失笑，但也推则这件事定会刺激唐生智的野心，他眼前浮现出唐生智得意洋洋的模样：魁梧的身材穿着崭新的军服，八字胡须笑得一抖一抖的。在衡阳会面时，唐生智对李宗仁表示衷心的感谢：一为在唐、吴之战非常危急时，广西仗义出兵支援他；一为在广州召开筹备北伐的军事会议时，李宗仁极力推荐他担任拥有主力的北伐西路军前敌总指挥。为此唐生智以"受人滴水之恩，当以涌泉相报"的态度，向李宗仁提出了个非常诱人的建议：请李宗仁介绍几个人到新收复的几个收入颇丰的税局去当局长。他相信，这个建议对于经费捉襟见肘的第七军来说不无益处。李宗仁问他在受到吴佩孚的强大压力时，为什么不撤往广东而撤往广西，并开玩笑说："广西贫瘠，什么也没有，只有些光秃秃的石山，你们退往广西难道想吃石头吗？"唐生智说："我退往广东去让谭组庵、程颂云缴械收编吗？"李宗仁暗忖，幸好二、六两军是放在湘赣边界，负责警戒江西方面孙传芳的部队，如果他们与第八军挤在一起，不发生内战

第四章 大潮暗流

才怪。

第八军磨刀秣马,跃跃欲试,攻打武汉的热情非常高涨。谁不想首先冲进武汉,成为这个号称"九省通衢"的城市的主人呢?

李宗仁怀着复杂的心情到总司令部找代总参谋长白崇禧。两人见面,除了互道离别之情的寒暄外,都很忧虑地谈到了一些将来可能引出大麻烦的事情:一是蒋介石狭隘、自私而好猜疑的性格;二是蒋介石偏爱第一军而薄待其他各军,各军皆有怨言;三是蒋介石治军无法度而好市私恩之作风。

白崇禧说:"因为我当参谋长,和黄埔生接触较多,了解不少内部情况。总部一个黄埔出身的参谋给我讲了个故事,第一军一位黄埔出身的下级军官把军饷输掉了,上级报告蒋,蒋即把他叫进办公室去,那人即说:'报告校长,我一时行为失检,把军饷赌输了!'蒋即怒不可遏地把他骂个狗血淋头,骂完后照例写张便条,叫他拿到军需处去领钱。黄埔学生渐渐把校长的这个脾气传开,谁都喜欢单独求见他们的校长,不管干什么事,人人都有把握拿到赏钱,甚至能拿到尚方宝剑!"

"这样下去他怎么统率得了他的第一军?"李宗仁摇摇头说:"谁都可以从校长那里获得圣旨而天不怕地不怕,还要不要层层节制、按级服从?"

白崇禧说:"我观察蒋并不以此为虑,反以黄埔学生均只忠于他个人而得意呢!"

"这你看不明白?这是蒋驾驭黄埔生的手段,是一种权术,他让谁也无法控制住别人而形成一个权力的宝塔,让谁也没有实力和威望取代他本人,大家都只好乖乖地跟着他走!这样搞,终有一天他要自食其果,闹到连他自己下手令都调度不了的地步!"李宗仁说:"不管他,他的事用不着我们在这里干着急。关于我们第七军的军需问题,你又和他谈过没有?"

"谈是谈过,蒋还是不愿解决,一味的哼哼哈哈。"

"广西本身就穷,第七军的军需怎么自理?如此薄待第七军,又要叫第七军拼命上前,怎不叫人心寒?"李宗仁见号称"小诸葛"的白崇禧提到军需问题都面带难色,知道此事定难解决,愤愤地说:"上次我与宋子文谈,他说广西太穷,中央要吃亏,所以不愿统一财政。我看湖南就很富庶,如果唐孟潇不愿统一于中央,那怎么办?"

"我看从总司令到中央诸公,谁也没有雄才伟略和宏大的气魄、深远的目光。"白崇禧鄙夷地说。

李宗仁笑了笑,没再开腔。

讨论攻打武汉的部署和战役的准备工作时,蒋介石问李宗仁:"你今年几岁了?"

李宗仁答:"三十七岁。"

蒋介石说:"我大你四岁,我要和你换帖。"

李宗仁怔了一下,忙说:"不敢当,不敢当,我是你的部下啊!再说,我们革命也不应讲旧的那一套啊!"

"没关系,没关系,你不必客气。"蒋介石说,"我们革命,和中国的旧传统并不冲突。换帖子后,我们更能亲如骨肉。"

桃园结义,生死与共,但一看蒋介石那双深陷下去而闪着蓝光的眼睛和如鹰钩般的鼻子,李宗仁就断定和此人共患难即属不易,而况共享福乎!所以李宗仁总是推辞:"惭愧得很,实在不敢当!"

蒋介石从抽屉里取出一份红纸写就的兰谱,站起来说:"你不要客气。你人好,你很能干。"一边把兰谱硬塞给李宗仁。李宗仁只得接过。兰谱上除写有生辰八字和一般如兄如弟的话外,还有四句誓词:谊属同志,情切同胞,同心一德,生死系之。

蒋介石握着李宗仁的手说:"你也写个帖子给我。从今以后,我们两个除同志之情外,又加上一层兄弟的感情,誓必同生同死,为完成国民革命而奋斗!"

人称"德过于才"的李宗仁并未从蒋介石的眼里读出其扶植他来牵制唐生智的意图,尚未猜透蒋介石的葫芦里到底要卖什么药。

第三节 北伐洪流涌向武汉,力量与智谋不断搏击

加伦和很多人都有这样的看法:向长江推进过快是不利于革命的,唐生智成了武汉的主人后,可能又重新变成通常的军阀。唐生智的第八军在争夺长沙

第四章 大潮暗流

的战斗中和占领城市之后，补充了大量俘虏，实力大为增强，已拥有28个团。在他占领岳州后必须停住，把全部军队集结在长沙，不进军湖北。总司令部采取措施拖延唐生智等人摩拳擦掌地提出的立即进军湖北的请求，而试图通过不流血的方式占领湖北，为此必须对地方军阀实行分化，瓦解吴佩孚麾下的湖北地方部队，可使北伐军占领湖北时少付出代价，也可以排除唐生智鲸吞武汉的企图。利用时间继续争取孙传芳以及四川军阀杨森，确保攻击武汉时北伐军侧翼和后方的安全，是非常必要的。北伐军占领长沙使孙传芳异常惊慌，他停止了对驻扎在赣北边界军队的视察，赶回南京，随即向五省下达了动员令，举行了军事首脑会议，决定鉴于北伐军的威胁，向江西派遣两个旅。但是，孙传芳的举动纯粹是由他的私利决定的。他不关心吴佩孚的命运，只担心北伐军攻入自己的领地。当他确信北伐军不打算进攻江西，而是攻占武汉后继续北上时，他就根本不管吴佩孚增援武汉的请求，撤销了拟订的预防措施。

杨森所部川军编成十个师及一些特种部队，分驻下川东各县，他本人则打出吴佩孚所委的"讨贼联军第一路总司令"的旗号，扼制夔门、万县，可东向而控制鄂西的宜昌、沙市，所以杨森的动向，对北伐军的左侧有着重大的影响。但杨森非常狡猾，眼见北伐军在湖南战场取得重大胜利，而并非像他所想的那样在湘粤边境地区小打小闹一阵即偃旗息鼓，遂使出军阀见风使舵的本领，派代表携其亲笔信到衡阳见北伐军总政治部主任邓演达。邓演达考虑到吴佩孚的长江上游总司令卢金山驻宜昌、于学忠的第二十六师驻沙市，如其顺江东下，对北伐军的侧背是一个极大的威胁，杨森即使是态度暧昧地屯兵上游，对吴军也是个很大的牵制，遂建议蒋介石委任杨森为国民革命军第二十军军长。在此之前，四川军阀中的另外四部刘湘、刘文辉、刘存勋、赖心辉已派代表找到了唐生智，唐生智为壮大声威，也为分裂敌方阵营，将"三刘一赖"信誓旦旦地表示要革命的密信在《长沙日报》上公开发表。此时因杨森与吴佩孚的关系非常深，而且吴佩孚刚刚委任杨森为四川省长，北伐军总司令部疑其不可信。但因四川战略地位又着实重要，决定派遣刚刚从德国留学回国、与杨森同在蔡锷领导的护国军中共过事的共产党员朱德为代表，从上海经武汉去万县，任务是中立杨森，或策动其反吴。

汀泗桥和贺胜桥是通向武汉的要冲。咸宁以北是湖泊和沼泽地带，十分难走，只有铁路沿线才便于通行。谁都想首先打到武汉，争得"先入关者王之"的优势地位。这样，要占领这个华中重镇，"两桥"成为兵家必争之地。

加伦制订的总计划把军事艺术与政治现状非常清醒地结合在一起考虑，认为国民政府的支柱、与"保定帮"或蒋介石都没有密切联系的第四军应当开往关键阵地汀泗桥。于是作出如下作战计划：第四军在击溃平江之敌后，在汀泗桥切断铁路，然后沿武长铁路向武汉进军；第七军在西北方向发起进攻，切断敌人向北的退路；第八军正面攻击岳阳；第六军作为第四军的梯列前进，以保障西路军的侧翼和后方；第二、第三两军面向江西，以防止孙传芳部队抄西路军的后路和进攻粤北；第九、第十两军掩护湘西北。

唐生智和李宗仁很不高兴加伦的计划，他们不愿意为他人作嫁衣，而是打算自己首先上铁路到汀泗桥去，以便取得向武汉进军的最好路线。李宗仁提出把第四军的进军路线向东移动，腾出地方给第七军。在遭到总司令部的拒绝后，他没有提出异议，但他打定主意，在今后的行动中，要按照自己的计划行事。

第四军在进攻的过程中遭到了顽强的抵抗，但第七军未能按照原订的计划在西北方向发动进攻以呼应第四军的攻势，反而缓慢地沿着泥泞不堪的道路向西北穿过九岭山支脉，企图抢在第四军之前占领汀泗桥；第八军也提前进攻，目的是共同的，即尽快在汀泗桥抢占通往武汉的铁路。抢上了铁路，在向武汉进军的竞赛中即稳操胜券，其他各军要么尾随在别人的屁股后面，要么就只能在纵横交错的湖泊与稻田间向武汉发起进攻！

与此同时，孙传芳向江西增派了部队，严重威胁了北伐军的侧后，总司令部对作战计划迅速作了调整，以第二军第五师谭道源部取赣县；第一军第二师刘峙部出莲花、吉安，第三军朱培德部出萍乡占宜春；第六军程潜部出修水支援。这样一来，跟在第四军后面的第六军的任务改变了，第四军变成了孤军奋战。

蒋介石对这场特殊的竞争看得清清楚楚。只要不触动自己的利益，让你们去争吧！第四军主力已到达汀泗桥，正积极布置攻击。夺取武汉的战略行动到了关键阶段。

为了减小北伐的阻力，8月20日，蒋介石在长沙发表了对外宣言："无论何国人士，能不妨碍国民革命之行动及作战者，一切生命财产，中正皆负完全保护之责。若有利用不平等条约援助军阀害我国民，致为中外人民所不容，中正纵欲保其友谊，亦恐碍于正义。"同天，蒋介石又在长沙以总司令名义训示全军将士："吾党起而打倒帝国主义，绝非仇视外人。不但帝国主义国家中之多数痛苦民众，为吾国同胞吾党同志之好友，吾人应诚意待之，即侨居吾国之教徒、商贩，凡非妨害中国国民革命之行动者，吾人亦应加以爱护，一视同仁。""吾党应分别敌友，以奋战之精神杀敌，以诚恳之态度爱友。"

后方的广州国民政府发来一个消息：冯玉祥国民军的代表徐谦、李鸣钟到了广州，在国民党中央党部作了报告，说冯玉祥在莫斯科收到国民军南口失败而全线溃退的消息后，决定迅速回国，掌握住国民军，并率国民军全体将士加入国民党，参加北伐。国民政府决定任命冯玉祥为军事委员会委员兼国民政府委员，中央党部决定任命冯玉祥为国民军党代表。这确是一个鼓舞人心的消息，一旦国民军南下，吴佩孚即陷入腹背受敌的被动局面。

白崇禧手里拿着一份8月23日的《大公报》，大步走进蒋介石的办公室。报纸上登载着孙传芳给蒋介石的信，略谓："公已为外国人所监视，已为过激党所包围，公之举动已不自由……我求结纳，尚何可得？……此役乃非过激派防制过激派，乃中国人抵制非中国人。……如去外国人，铲除过激党，则不待用兵，无不可商之国事。"

蒋介石阅毕，抬头问白崇禧："健生认为孙馨远发表此信的目的何在？"

"此为孙馨远制造出兵赣闽的借口。"

"还有一层。"蒋介石竖起食指道："离间国共合作。谁为过激党？谁为非过激党？这不是明摆着的吗？！这个孙馨远真是诡计多端，挡不住革命的攻势却耍内部瓦解的花招！想我北伐将士，不管是国民党也好，共产党也好，正在前方并肩浴血奋战，使军阀闻风丧胆，他却使出如此恶毒的离间计！"

"总司令分析得非常透彻。"白崇禧赞叹道，内心却说：我白崇禧人称小诸葛，难道还看不出孙传芳的这层用意？只不过政治问题玄奥无比，而你总司令又总是莫测高深，谁知道你对这事是什么看法？如此重要的原则问题，谁敢随便置喙？

第五章 出尔反尔

北伐军轻取武汉,力克南昌,蒋介石却一点高兴不起来。迁都之争,出尔反尔,包藏祸心。

第一节 唐生智拿下武汉三镇, 蒋介石对他有了疑忌之心

吴佩孚在攻下冯玉祥国民军的南口阵地后,忍痛将善后事宜悉数交与奉系张作霖,带着几个月前全部北调的嫡系主力部队南下,其专列于8月25日徐徐开进了汉口车站。当天晚上,在汉口查家墩总司令部召开了军事会议,决定:紧守汀泗桥、咸宁、白墩之线。万不得已时炸毁武泰闸决金口堤以水淹北伐军。方针是:利用众多湖泊这一有利条件卡住北伐军向武汉进军的道路,以争取时间,等尚留在北方的援军到达及孙传芳所部溯江西上后,向北伐军发起大规模的反攻,彻底粉碎北伐军。

自出师以来,北伐军这才遇上了凶悍的对手,战争才真正露出其严酷的面孔。

第五章 出尔反尔

汀泗桥战役成了战争中少见的血战。汀泗桥三面环水，东面高山耸立，吴佩孚在这里遍筑工事，布置了3万守军。北伐军两次攻下，两次被吴军夺回，第三次攻占才稳住阵脚。而吴军的营务执法大刀队将临阵退缩的一位旅长、八名团营长的头颅砍了下来。这一仗直打得天昏地暗、山河变色。汀泗桥下积尸累累，几使河水断流。稍后，北伐军总部经过这里时，很多书生出身的参谋人员简直不敢往桥下看。

在随后的贺胜桥战役中，吴佩孚亲手砍下退却的旅团长十余人的头，将其悬于电线杆上，但仍未能阻止北伐军的勇猛进攻。

吴佩孚亲眼见到北伐军官兵不怕死的攻击，逃回武昌后仍惊魂未定，但他认为在武昌坚守待援还是能够办得到的，因他手里尚有3万精兵。

武汉位于长江中游，长江和汉江在此交汇，使这座城市一分为三：长江的南岸是武昌，北岸又由汉江相隔而成汉口和汉阳。武汉自古即为交通枢纽，有"九省通衢"之称。其水运条件最优：北面溯汉江而上，直抵豫、陕，东西交通以长江为主干，西上可达巴、蜀，顺江东下直通上海，连接赣、皖、苏等省。汉口与河南的朱仙镇、江西景德镇和广东佛山镇，合称全国四大名镇。武昌在三国时称江夏，自古即为行政、商业中心，元、明、清三代，一直是湖广行省和湖北省的首府。清代还是湖广总督驻节地。武昌三面环水，有用石头和砖砌成的又高又宽的城墙，坚实无比；墙外还有十几米宽、水深没顶的护城河。靠城墙外妨碍防守的房屋都被烧掉了。

9月5日凌晨，北伐军开始进攻武昌城，但损失惨重，毫无进展。武昌既高且厚的城墙，没有攻城炮是不可能摧毁的，北伐军只拥有几门三寸口径的野炮，而城上的守军却拥有从炮舰上卸下来的大炮。出人意料的是，北伐军第八军何键、夏斗寅两师于9月5日从嘉鱼渡江、逼近汉阳的时候，兼任湖北省长的刘佐龙的鄂军第二师正式声明附义加入北伐军，刘佐龙通电就任国民革命军第十五军军长，并自汉阳炮击吴佩孚的司令部。9月6日，第八军攻占汉阳；9月7日，第八军攻克汉口。吴佩孚只得仓皇乘车北逃，却给3万孤军下了死守武昌待援的命令。

武昌成了卡住北伐军喉咙的钉子。

但蒋介石亲自指挥的9月5日的攻击非常糟糕。

谁与争雄

赶到武昌城下的第四、第七军组织了一次硬攻，未能得手。随即侦察了各门地形及守备情况，认为只有攻击东门稍微容易，洪秀全领导的太平军曾两次攻克武昌，均自东门攻入。

9月3日晚，蒋介石与加仑、唐生智、白崇禧等到武昌城南的余家湾车站，召集各将领开会。蒋介石一开始即态度非常严厉地说："武昌限于48小时内攻下！乘敌人立足未稳，一定要攻下！"这使得李宗仁等心里非常不满，因为敌人并非立足未稳，而是已给了北伐军很大的苦头吃，但见蒋介石口气如此，也无可奈何。于是调整部署：李宗仁指挥左翼，第四军代军长陈可钰指挥右翼，唐生智任总指挥。

蒋介石亲自在城边观察了整个进攻的过程。他于进攻发起前夕来到了第十二师防地，这正是他极力模仿拿破仑的做法：在战斗最关键的时刻来到士兵中间，让士兵感到他的存在。这虽为很多将领所不满，但蒋介石仍乐此不疲。

硬攻显然无望。尽管在平时蒋介石训示将士们不爱钱而在最关键的时候仍使出了军阀们惯用的一招：招募敢死队。规定登上城墙的，官员200元，士兵50元，最先攀登上去的部队3万元。但由于攻城部队缺乏能够轰开坚城的重炮，也不能有效地压制城上敌方的火力，所以，英勇的北伐军士兵们抬着约10米长、100公斤重的竹制云梯呐喊着冲至城墙下即遭到了重大牺牲。

蒋介石不得不下令停止攻击。虽然攻击武昌受挫，但因汉阳、汉口已攻下，吴军全部北撤，江中敌舰也顺流下驶，武昌之敌已成瓮中之鳖。

这时，孙传芳所部主力已编成五个方面军，赓续开进江西，并已和北伐军发生了战斗；粤闽方面的形势也开始紧张。北伐开始后，革命军主力师出两湖，留下防守广东根据地的兵力非常有限，尤其是提供国民政府三分之一财政收入的粤东，形势更危急。该地区所毗邻的福建省，有督办周荫人的两师一旅，约22000人，而被蒋介石选定防守粤东的何应钦手里只有第一军之第三、第十四两个师驻在潮州、梅县，所属的第十二师驻在广州，拱卫国民政府（从蒋介石的布置中，还有防备李济深的任务），可供调遣的战斗部队约为9000人。因为由闽南进攻粤东是孙传芳攻击革命根据地的最佳方向，所以蒋介石选其亲信而且颇具才干的何应钦镇守，指示其方略："闽方态度

第五章 出尔反尔

未明之前，兄宜坐镇潮、梅，妥筹应付……暂取守势，而固边圉。"但何应钦在北伐胜利进军的鼓舞下，也想斩敌立功，遂电请援，主张改被动防御为攻势防御。但蒋介石认为，此时攻闽，为时过早，又不便对何应钦之战斗热情浇冷水，就拖着不答复。不久形势发生变化，周荫人在孙传芳的一再电催下，勾结驻在香港的陈炯明，制定了攻粤计划：闽军攻入大埔后，一路袭潮、汕，一路攻惠州；陈炯明策动旧部做内应。周荫人按计划调兵遣将，积极布置。何应钦见省界那边军队的活动骤然频繁，判断其将有所图，本就绷得很紧的心弦顿时感觉有断裂的危险，在继续争取、瓦解福建地方实力派的同时，迭电蒋介石告急。

蒋介石非常清楚，何应钦手里的那点力量是对付不了周荫人的，又不可能从两湖战场上抽调军队开赴粤东；经反复研究，认为上策是：迅速开辟江西战场，猛攻孙传芳，吸引五省联军到江西境内而歼灭之。为了实现围魏救赵之方略，蒋介石一面电告何应钦，要其小心应付闽局的发展，一面积极着手开辟江西战场。

武昌不能成为磁铁，把北伐的主力紧紧吸住。总司令部决定了对武昌以少量部队长期围困的方针，以第四军和第八军负责封锁武昌各城门的通道，防备敌军打开城门冲出，并准备相机攻克之。随即，结集在武昌附近的各部纷纷开拔，加入江西战场。

尽管军情紧急，蒋介石却不断注视着唐生智的举动。实际上，在中国革命如此紧要的关头，蒋介石和唐生智之间展开了争权夺势的激烈斗争，两人都表现出非同一般的狡诈。

唐生智的第八军，在武汉长沙铁路上，未经激战，缴获了岳阳一带溃退的敌军的大批械弹；在攻打武汉的战役中，自嘉鱼渡江，由于有刘佐龙的内应，轻松而攻下汉阳、汉口，不但夺得吴军仓皇撤退时遗弃的大批武器装备，还获得全国最大的兵工厂汉阳兵工厂。于是唐生智的野心大炽，大肆招兵买马，所部很快扩充至45000人左右，为各军之冠，每月需要经常性军费200余万元，以唐生智为省主席的湖南全部税收尚不敷此数。唐生智为解决军费问题，在汉口召开了湘省临时省务会议，决定将前面已经提前征收至民国二十年（1931年）的田赋一律作为无效，自11月1日起重新开征本年之田赋。这就使得国

谁与争雄

民政府财政部用湖南税收填补亏空的打算化为泡影。打下汉阳、汉口没几天，国民党中央拟定在汉口成立湖北省临时政治会议，作为处理全省军事、政治、财政之最高机关，俟省政府正式成立时取消，任命唐生智为代理主席。唐生智不仅成了湖南的新主人，还实际控制了湖北，成为武汉的风云人物。

联想到在长沙阅兵堕马的不祥之兆，蒋介石对唐生智实力的膨胀和地位的扶摇直上，逐渐感到恐惧。

为了对付唐生智日益增大的野心和不断增强的实力，蒋介石费尽了心机。占领长沙后，蒋介石本想全师东移，让唐生智与南下的吴佩孚拼消耗，后来考虑到这样肯定会削弱唐生智，但也势必危及整个北伐而作罢；在进攻武汉之役中，蒋介石虽采取种种措施不让第八军抢先，但第八军天赐奇缘，未遇吴军激烈抵抗，不但进兵速度快，而且几乎占据了武汉三镇；在争夺湖北的控制权时，蒋介石已内定了以他的一名亲信为首的湖北省政府的成员名单，但形势的发展不得不对唐生智的势力有所顾忌，把首要位置让给了唐生智。

蒋介石自然不会对唐生智的壮大善罢甘休，他从小即养成非常倔强和不服输的性格。由于蒋介石在两湖的支柱——第一军的第一、二两师处境不佳，开小差、抢劫、吸鸦片等现象成风，使该军不仅缺乏战斗力，而且在各军中威望很低。蒋介石深谙在权力斗争中不仅善于用好自己的力量，还要擅长于借助别人的力量。蒋介石极力拉拢拥有第九军、第十军的北伐军左翼总指挥袁祖铭，该两军现在奋战在湘西、鄂西一带，一旦对唐斗争表面化而真正使用上他们时，可以收夹击之效。同时，蒋介石也积极调整与因后勤补给、作战任务和进军路线的分配等问题而对其不满的二、三、六各军的关系，除加大对各军的补给外，还把江西省许诺给了第三军军长朱培德，尤其利用了二、六两军愤恨其从前的对手唐生智成为两湖新主人的情绪，从中添柴加火。

蒋介石与第四军的关系是很有趣的。在广东，他千方百计防备李济深，而在湖北，他却向第四军频送秋波。他力排众议，把武汉卫戍司令的椅子给了第四军第十师师长陈铭枢，因卫戍司令位置非常重要，实际上是把它作为对唐斗争的一枚重要棋子，其含义是深刻的。唐生智作为武汉这个大宅子的主人，卫兵却是另个系统的人，定使其如芒刺在背，必欲去之而后快，陈铭枢又是

"保定帮"中较为活跃的分子,安他在武汉,除了对唐斗争的需要外,还有分化"保定帮"的打算,唐生智要想夺走已到陈铭枢嘴边的肥肉,陈铭枢绝对不会拱手相让。

　　唐生智竭力利用暂时形成的局势来达到他个人的野心,他希望把控制武汉的权力完全集中在自己手中。他向白崇禧报告以后,命令第八军代替第四军,让第四军在排除大冶的威胁后,开赴江西战场。蒋介石闻报第四军的第十二师已经被换防,怒不可遏地说:"如此重大的部署变动不上报总司令,岂有此理!"马上下令撤销换防计划,第十二师即刻回原防。唐生智向总司令部申诉了理由,但蒋介石坚持己见,丝毫不作让步,最后还是唐软了下来,执行了蒋的命令。蒋介石的企图非常明显,就是要把第四军留在武汉成为对抗唐生智的力量,第四军军长李济深不是唐生智随意摆布得了的。

　　这时,蒋介石甚至不惜再次向左转。他又开始热烈地谈论起工农运动的必要性,在演说中表示:希望群众稍微右倾一点,湖南省政府稍微"左倾"一点。在选举的时候,他甚至同意多于国民党中央执委会五月全体会议的决议(即整理党务案)所规定数目的共产党员参加国民党省党部。蒋介石的"左倾"表示,在某种程度上使一些共产党领导人、苏联顾问及国民党左派失去了警惕。他们曾指望,在北伐中用革命运动的高涨来影响蒋介石的政治态度,他们认为这一意图在一定程度上实现了。邓演达利用他在粤军系统的渊源和影响,帮助蒋介石拉拢陈铭枢。陈独秀认为"魔鬼总归是魔鬼,老鬼总比新鬼强",认定蒋介石比唐生智更靠近革命。

　　另外,蒋介石还在武汉设了几个组织,使其与唐生智的前敌总指挥部、政治分会等相抗衡:总司令部武汉行营,主任邓演达,其政治部主任职由郭沫若代;武汉政务委员会,主任委员陈公博。

　　武昌之敌已成困兽,孙传芳的五省联军主力已入赣,两湖的北伐军主力迅速东移。蒋介石作好关于武汉的部署后把总司令部随军东迁,集中精力应付集结在江西境内的号称能战的五省联军。就在蒋介石离开武昌郊外南湖的那一天,9月17日,电波带来了一个非常鼓舞人心的消息,冯玉祥率领国民军,在绥远的五原誓师,正式参加北伐。

第二节 北伐凯歌高奏，蒋介石却觉得自己受到了威胁

总司令部一片喧嚣，蒋介石那张清瘦的脸却始终阴沉着，目光冷峻。

江西战事的发展很不顺利。9月主力东移，蒋介石亲任肃清江西总指挥，分三路进军，左翼军以李宗仁为总指挥，指挥第七军从鄂城、大冶一线入赣，目标为孙传芳司令部所在的九江；右翼军以朱培德为总指挥，率第二、三军自铜鼓、吉安、萍乡向南昌进攻；中央军以程潜为总指挥，率第六军自修水、武宁直捣德安，截断南浔铁路；总预备队以刘峙为总指挥，率第一军第一、二师为各军策应。9月19日，程潜率第六军在南昌工人、学生、省长所属警备队的响应下，突袭南昌，一举占领。但孙军在"限日夺回省城，否则军法从事"的严令下，组织了有力的反攻。由于后援未至，跟随第六军一起进城的第一军第一师师长王柏龄离队去逛妓院，导致两军大败，程潜剪须易服方才逃得性命，王柏龄则下落不明。10月初，蒋介石为了巩固他在湖南已经动摇了的地位，亲自组织了对南昌的再次进攻，由于没有采纳白崇禧的建议，强行硬攻，又一次大败。

面对江西战场上大败的形势，一些将领懵了。加仑指出：失败是由于各军缺乏有效的联络手段，互不协调，以致被五省联军各个击破。但在私下里，这位杰出的军事家和政治家指出，旧军阀性质的纷争导致了失败。两湖被唐生智拿过去后，程潜非常渴望在江西获得补偿。按计划，在向东推进时，第六军要和第三军协调前进，但程潜风闻蒋介石已把江西许给了朱培德，遂打算在第三军到达之前单独拿下南昌，以便成为江西事实上的主人。朱培德对程潜的打算也看得清清楚楚，因此，当程潜吃了大亏时，尽管第三军离南昌很近，朱培德却按兵不动，静静地作壁上观。反之，在10月初的进攻中，程潜为了报复朱培德在南昌城下见死不救的行为，也未给其援助。

不仅江西战事危急，湘鄂形势也骤然紧张。负责此条战线的是左翼军第九、十两军，他们在9月21～24日的黄金口战役中，重创吴佩孚部第七师、第二十六师，随后占领了荆州、沙市、松滋、枝江等武汉上游的重镇，牵制了

第五章 出尔反尔

向来善战的于学忠等部数万吴军，使中路军得以顺利攻占武汉，第七军得以抽出而支援江西阻止孙军的进攻，稳住了右翼阵地。10月上旬，杨森应吴佩孚电邀，积极准备"援鄂"，同时又密电孙传芳，孙传芳却将该电在报上公开登载出来："拟合力恢复汉阳，夹击长、岳，为我帅一臂之助。"然后本人亲率六师一旅，相继由夔府、万县开拔，并伙同吴军卢金山、于学忠等部，从宜昌、沙市分道东下。吴军靳云鹗部出武胜关，推进到湖北麻城、黄安一线；在襄阳、樊城一带的张联升顺汉水东指；卢金山部占领湖南之南县、华容后，直趋岳阳，企图切断武汉北伐军之后路，与夺取松滋、枝江等县后威胁武汉的杨森部形成对武汉的夹击态势。而此时第九、十军等军饷、弹药缺乏，伤亡甚重，急需休整补充。但北伐军不畏强敌，贺龙率新十二军出敌不意，突由常德向沙市、宜昌实行截击，拦腰冲断了杨森数万之众，迫使其不能向岳阳进军；同时，第九军退至澧县，暂取守势。

除了千变万化、让人提心吊胆的战场形势外，让蒋介石日子不好过的还有一件事，那就是和白崇禧的摩擦。蒋介石虽然欣赏白崇禧的才干，也妒忌白崇禧的才干。30岁刚出头的白崇禧，人称"小诸葛"，遇事每每临机决断，自作主张，不请示总司令。马口之役后，运抵牛行车站的战利品堆积如山，白崇禧觉得一、二、三、六各军损失很大，故面请蒋介石将其酌量分发一部分给各军补充。蒋介石哼哼哈哈，未明确表态，白崇禧却以为总司令已赞同，马上就通知各军前来领取，各军自然欣慰不已，蒋介石却非常不高兴，认为总司令尚未表态，而参谋长独断专行，显为越权，打定主意，以后凡事躬亲，大事小事都下手令。白崇禧则认为蒋介石束缚过紧，参谋长形同虚设，简直成了个高级传令兵，私下里还批评蒋介石作风专横，不给参谋长即时决断之权；军情紧急时，必误大事。这种干法，表明蒋介石不是帅才，只能当一名偏将。说到底，表明了蒋介石的狭隘、自私，战利品，尤其是武器弹药，不分给各军投入战斗，难道要留下来送进博物馆不成？他不高兴，无非是未能达到以此宗战利品给其嫡系第一军的目的罢了。蒋、白的摩擦使蒋介石又多了块心病，他不仅看到白崇禧有棱有角，而从另一个角度看，白年轻有为，他出身的第七军在李宗仁的率领下，战功卓著，再加上保定军校毕业的阴影，如果让他在各军面前卖

谁与争雄

好而让总司令做恶人，长此下去，待其羽翼丰满，后果不堪预料，所以必须对其加以抑制。蒋介石心里已筹划妥当，待江西战场的激战结束以后，就把白崇禧派到何应钦的东路军，这一计真是一石三鸟：一则，最冠冕堂皇的理由是加强对东路军的指挥；二则，让最亲近的何应钦对白崇禧加以牵制；三则，使白崇禧远离"保定帮"，以免其里应外合图谋不轨。

东路战事的发展使蒋介石非常担心。从力量对比看，何应钦很难有胜算，但他又不能失败。10月18日，蒋介石给何应钦发电："此次攻闽，应有东南全盘计划……以维持本军之声威，而为本党争光也。"如果失败，必将危及整个革命势力，因周荫人可以乘势直捣守备兵力空虚的广州，端掉革命大本营，也会使蒋介石的第一军声威扫地。带到两湖及江西战场上的第一军部队的表现已经使蒋介石丢尽了脸面，比如第一军代军长王柏龄在南昌妓院被孙传芳军队冲散后，蒋介石告知何应钦："茂如自二十一日失踪，至今仍无下落。"但是这一次，何应钦却为蒋介石扎扎实实地争了光。何应钦明白，在敌强我弱而且敌军已经发起进攻的情况下，要想战胜敌人，必须出奇招。因此，他不顾周荫人已经迫近的进攻部队，在10月9日派精兵绕道奇袭敌人后方的永定城，一战而捣毁了周荫人的司令部，重挫闽军士气，使其一片混乱，然后乘胜在13日再战于松口，全歼周荫人之精锐，基本上平定了福建省。报捷电发到总司令部，使正在哀伤慨叹"江西战局未决，闽战又启，处境困难"的蒋介石欣慰异常，不仅东路战事胜负已定，而且他的第一军总算打出了高水平的以少胜多的大仗，丝毫不逊色于在两湖及江西血战的其他各军。蒋介石积郁在心中的阴霾为之一扫，没有丝毫嫉妒地看到了何应钦头上夺目的花环：闽军主力被歼，孙传芳主力陷在江西动弹不得，无力援闽，东路军总指挥何应钦剩下的事就是率领部队武装大游行，享受江南的旖旎风光和常胜将军的盛名。

江西的激战，北伐军付出了惨重代价，伤亡的将士占整个北伐伤亡的半数以上，但全歼了精锐的孙传芳五省联军的主力，迫使其提出"共同反奉"的求和主张。

底定东南，指日可待，再也不会有大规模的激战了。

北伐凯歌高奏，蒋介石心中的另一块乌云却又郁积起来，越积越厚。

蒋介石已经得到消息，广州有不少人提议迎接汪精卫复职和修改国民革命军总司令部组织法,以防止总司令权力过大,出现军事独裁。这两件事是密切相连的,要想抑制北伐过程中日渐膨胀、使其他权力相形见绌的蒋介石的军权,只有抬高党权,而扛得起国民党这面大旗的,除了汪精卫,还有谁呢?

其实,汪精卫本不是一个富有经验和具有坚强意志的领袖,但许多人相信了他的乔装打扮和花言巧语,不知道汪精卫所做的、所说的一切,都是围绕着一个目标:争夺革命统帅权,成为国民党统治中国的领袖。一些国民党人把汪精卫的复职,看成国民党回到"中山舰事件"之前执行的路线的象征。1926年秋,迎请汪精卫复职的运动已经广泛开展起来了。

汪精卫打算夺回被蒋介石苦心设计的"中山舰事件"掠去的一切,这是蒋绝不允许的。

事实上,蒋介石早就发现了这些活动的一些苗头。9月初,共产党的喉舌《向导》周报上就发表了彭述之撰写的《我们的北伐观》一文。文章说:"北伐是南方革命势力向北方发展,是防御吴佩孚南伐而转为北伐讨吴,本身还不是一种由革命民众内部发展起来的武装势力,它不过是一种接近民众的军事势力。认为北伐是国民革命的全部工作,以为北伐不过是一种通常的军事战争,以及诬蔑北伐是赤化运动,都是错误的。"文章指出:决定北伐军前途命运的是:一、能否真正得到群众的拥护;二、北伐军自身能否始终有一致的团结;三、能否有明确的,适合群众要求的政治主张。最令蒋介石气恼的是,该文着重指出,北伐军现在必须克服本身存在的最重大的两个缺点:号称党军却没有党的指挥,实际上只有几个军事领袖的权威;国民政府软弱,有名无实,实际上不过是军事领袖的一个特别机关。

对共产党,蒋介石早就打定了主意:先利用,等到自己获得一切后,再消灭掉。他心里不时琢磨,为什么"中山舰事件"矛头明明是针对共产党,而共产党却步步退让,并在前线浴血奋战?只有一个解释,共产党也打着同样的主意,暂时忍耐,待力量发展了,再回头消灭曾是同路人的敌人。

北伐的神速进展出人预料,席卷全国已成必然之势。一旦天下太平,蒋介石军权在握,而且还掌控政权、财权,必将发展为个人独裁。国民党左派决定对蒋介石日益增大的权力和日渐暴露的野心加以抑制。

谁与争雄

10月14日,国民党中央执、监委员和各省市党部代表联席会议在广州中央礼堂召开预备会议,选出谭延闿、张静江、徐谦、宋庆龄、吴玉章等五人为主席团。17日,蒋介石在设于江西高安县城的北伐军总司令部致电联席会议说,他因军情紧急,远在前方,不能出席大会"躬领教诲",而本次大会又"为本党根本大计之所关,尚祈诸同志戮力共济,肩兹重任"。最后表示:"中正师出三月,北伐无功,对党对国,罪累弥深。此后惟有服从党令,向前奋斗,鞠躬尽瘁。"接着另电联席会议,表示请汪精卫复出,主持大局,并请派党内元老张静江、李石曾二人劝驾。从表面上看,蒋介石对党非常恭顺,对同志非常友善,出发点为团结同志,共同奋斗。实际上,这是蒋介石故作姿态,目的是讨取与会人士的好感,避免他远在江西,而广州作出于他不利的决议。18日,联席会议决定因汪精卫病已痊愈,应请汪销假复职,即推何香凝等4人为代表,克日启程劝汪回粤。后接汪精卫之复电:"剖腹后可望痊愈,能行即就道。同志请勿来,恐相左。"

蒋介石听到了远在法国巴黎的汪精卫从他居住的乡间别墅里发出的笑声,看到了那张俊美的脸上露出的得意表情,似乎在嘲讽蒋介石:怎么样,中国的事情,没有我汪精卫,能行吗?蒋介石没料到迎汪之议会成现实,急得乱发脾气。

第三节 蒋介石决意迁都南昌,国民党左派不容,都城之争已成力量增长的加速器

南昌是个相对宁静的小城,四周围着厚厚的年代久远的城墙,易守难攻。它因浔邕铁路与九江相连,进而进入长江干道,从赣江顺流而下,可达鄱阳湖。

北伐军与孙传芳军在南昌进行了拼死激战。北伐军先后组织了三次围攻,付出了沉重代价,第一次程潜割须弃袍,犹如曹孟德潼关遇马超。第二次蒋介石、白崇禧亲临督战,孙军反攻时几乎危及蒋、白二人生命。调整部署后11月6日终于攻占了南昌,北伐军总司令部于11月9日由高安迁进南昌。

头痛的问题接踵而至。

第五章 出尔反尔

唐生智自武汉发来电报，要求将所部扩编为四个军。恰好李宗仁在总部，虽然他和唐生智的关系较为密切，但对于有志中原逐鹿的人来说，别人力量的壮大总不是好事，遂向蒋介石进言："唐孟潇的电报一定要驳斥，以儆效尤，此风断不可长！国民革命军的编制，应由总司令部统筹办理，决不可由各军长恣意自为，一则不成体统，二则军队编制要乱套。"

历史上曾有人说过："天子宁有种耶，兵强马壮者为之耳！"蒋介石当然不愿意谁扩充实力而成为其有力的竞争对手。早在9月，唐生智就提出把他的军分成三个军，蒋介石自然不同意，背后在小圈子里说："看来，我们得为军长们修建一个全国性的疗养院了，以后军长会很多很多的。"事实上，北伐被人称为廉价的胜利，许多敌方的师长甚至旅长，只要投向北伐军，立即摇身一变而为军长。

虽然蒋介石痛恨唐生智极力扩充个人实力的做法，又不得不应付他，当时未批准其扩军计划，却搞了个折中，用增加军费和批准唐生智在湖北成立政务委员会的办法来搪塞。现在，形势发生了重大变化，唐生智的实力已发展为各军之冠，几乎完全成了两湖地区的主人。而且因为现在广州地区和国民党内有比较浓烈的迎汪抑蒋空气，蒋介石断定未来的斗争将十分残酷，唐生智这支庞大力量的地位太重要；再加上苏联支援的一批枪械刚到广州，蒋介石准备把它全数拨归第一军，该军正在湘、粤一带进行扩充。蒋介石对唐方针发生了变化。

蒋介石对李宗仁说："北伐军中现在有很多军长是过去军阀部队的师旅长，虽说这样做是为了迅速战胜敌人，是一种策略，但毕竟还是有些不公平，唐孟潇所部的几个师长战功卓著，部队也算兵精械良，扩编成几个军也是可以考虑的。"

李宗仁无言。他哪里知道蒋介石之所以打算这样做是基于担心党内反蒋人士利用唐生智的考虑，还有第一军也正扩充呢！

随即，国民革命军的番号迅速增加了，唐生智的四个师一变而为四个军：第八军李品仙，第二十六军刘兴，第三十五军何键、第三十六军叶琪。李济深也赶得及时，该军第十二师张发奎部扩充为第四军，第十师陈铭枢部扩充为第十一军，所部有蒋光鼐、蔡廷锴等将领，留守广州的陈济棠、徐景唐两师则改为第八路军，李济深任总指挥。李宗仁的第七军正积极准备，一旦时机成熟，即行扩编。蒋介石的第一军呢，本来早已做好了扩充准备，但此时却不见动静，因为迁都的斗争已日益表面化，蒋介石不想留给别人更多攻击他的口实。

形势迅速发展了，国民党中央和国民政府从偏处一隅的广州迁往内地中心地区已成当务之急。领导机关迁到华中是必要的，不然政府就有可能变成不能掌控革命进程的广东省机关。从各方面看，新的中心自然是解放了的武汉。11月8日，国民党中央政治会议决定于短期内将国民政府及中央党部迁入武汉。蒋介石也认为此举非常必要，他打电报给代理国民党中央执行委员会主席张静江和代理国民政府主谭延闿说："中央如不速迁武昌，非特政治党务不能发展，即新的革命根据地，亦难巩固。"随后，在粤的国民党中央委员和国民政府委员收拾行装，准备分两批赴武汉。国民政府的财政部、外交部、交通部等直属机关也陆续迁离广州。12月7日，广州国民党中央和国民政府宣布停止办公："承先总理遗志奋斗。现前方军事成功，党、政府为适应环境，实行迁鄂。决定七日迁移，准半月内可到武昌办事。"国民革命军总司令部仍留守广州，由李济深主持。

但是，不久，蒋介石变了卦。他改变了支持迁都武汉的态度，而要求将首都定在南昌。在共产党的宣传、鼓动下，两湖的农民运动如火如荼地发展起来。蒋介石希望把政府与广泛展开的群众运动隔绝开来，以免那帮软弱的家伙向左转。再者，要求提防蒋介石军事独裁的空气正逐渐浓厚，驻在武汉方面的第四、八两军，尤其是第八军唐生智所部，是蒋介石很不放心的部队，如果内部酝酿反蒋的国民政府和中央党部迁往武汉，与唐生智的武力相结合，势必形成一股强大的党、政、军一体的反蒋势力，这就非蒋介石能控制得了。蒋介石倏地打了个寒战，对自己支持迁都武汉的言论感到吞脐莫及。

12月2日，首批北上的国民党中央委员、国民政府委员宋庆龄、徐谦、陈友仁、吴玉章及鲍罗廷等一行10余人去武汉时，绕道南昌见蒋介石。当天晚上，蒋介石设宴招待各位委员及顾问。针对彭述之《我们的北伐观》一文，蒋介石在宴会上发表演说："这次北伐，其性质不单是中国国民革命，完全是世界革命在东方革命中的一个起点。"他还信心十足地告诉各位委员："观察全国的形势，不由得我们不抱乐观，我们的敌人内部已发生破绽，自相冲突，用不着我们去打，只要用政治手段，就可以解决。国民革命已快要成功，我们的政府，已可统一全国。"其神采飞扬的模样，让各位委员重见了第二次东征胜利后，在国民党二大上报告军事形势的蒋介石。宴会上决定，12月7日在庐山举行由在南昌的各位委员参加的中央会议。这是蒋介石为了反对迁都武汉而精心设计的第一步。他滴水不漏，准备上山后将其迁都南昌的打算硬塞给与会者。

庐山突兀耸立于九江市南的长江边，紧靠鄱阳湖，有"匡庐奇秀甲天下"之称。它不仅钟灵毓秀，而且存有历朝历代很多著名的政治家、思想家、艺术家留下的大量诗文、碑刻、遗踪和传说。

蒋介石、陈友仁、孙科、徐谦、宋庆龄、鲍罗廷等以及列席会议的李宗仁等人由南昌抵达九江，然后，坐着竹制或藤制的轿子上了山，住在山中的疗养胜地牯岭。但要员们都没有探幽访胜的雅趣，很多大事等待着他们决定。会议的议题是向皖、浙、苏发展对奉策略及国民党中央党部、国民政府迁移武汉等。会议做出了以下几项决议：一、在军事方面，由于南京和上海尚未恢复，孙传芳还残存部分兵力，所以对奉张采取绥靖政策，以便用各个击破之战略，将孙传芳彻底消灭。二、积极开展农民运动，推动土地革命。三、凡北伐军克服的省份，财政归中央统一管理。四、取消主席制的一长制，改为委员会的合议制。五、电请汪精卫回国。

会议还研究了民政组织问题。因为蒋介石这个总司令事实上已经成了大片收复领土的独裁者，广州来的人希望通过这一途径建立与地方军阀的实际专政相对抗的政权，分解蒋介石的权力。

使与会者大吃一惊的是，一直哼哼哈哈的蒋介石对其他问题均未提出异议，最后对迁都阴阴地说了句："我的意见，中央党部和政府迁到南昌较为适宜。"

蒋介石电请迁都武汉的声音还残留在人们的耳际，怎么现在又要推翻自己的建议呢？

外交部长陈友仁急忙问道："介石同志，这是为什么呢？"

"政治应与军事相配合，党、政首脑机关应该与总司令部在一起。"蒋介石回答说。

谁与争雄

"既然要求政治与军事的配合，为什么不把总司令部迁往武汉呢？"鲍罗廷操着流利的汉语反诘道。

蒋介石急急地说："总顾问同志，现在军事的重心在苏皖浙一带啊！总司令部为了更好地指挥作战必须是往前靠，而不是往后移！"

鲍罗廷取下嘴里的烟斗，眨了眨灰蓝色的眼睛，不说话。

孙科却接过话头说："即使从地理位置上看，武汉也比南昌优越，南昌的交通更不能与武汉相比。再者，吴佩孚退居河南，张作霖纠集各军阀残余，组建了安国军，与他们的决斗是不可避免的。我们可以利用武汉方便的水陆交通，北上可以指挥京汉线方面的作战，东下可以指挥长江下游的作战。几近交通死角的南昌，有这样好的条件吗？"

蒋介石顿时感到词穷，一张脸渐渐变成了青灰色，停了停，他说："南昌就交通方面来说，是赶不上武汉，但我马上要开始向东方的大规模进攻，大家都往东靠就能增大力量。本来，迁到南昌也好，武汉也好，都是临时性的，总理的遗愿是要把首都定在南京的，南昌离南京不是更近吗？"

鲍罗廷说："我看这个问题不必争了。中央政治会议对迁都问题作了决定，如果要更改，须得再开一次会议。"

晚上，鲍罗廷找几位委员谈了话。第二天，委员们坐着轿子下了山，随即去了武汉。蒋介石的表演够明显的了，大家都懂得，没有足够强大的压力想使他离开南昌恐难做到，只有一走了之。蒋介石气得脸上青筋乱跳，大骂鲍罗廷利用他与孙中山的友谊而形成的威望来煽阴风、点鬼火。他觉得鲍罗廷这个"太上皇"、这个挥之不去的幽灵对他影响太大了，使他简直忍无可忍了。但是，在这次会上，他也得到了一部分想要的东西，批准了他把军队向南京、上海开过去的计划，而对河南采取守势。这样，他就能迅速赶到以上海为中心的沿海地区，与帝国主义、大资产阶级建立联系，并取得它们的支持，尤其是他的浙江同乡如虞洽卿等人的财政支持。必须拿下东部地区，两湖已经被唐生智紧紧地攥在手里了。该计划的另一个方面是要束缚唐生智的军事主动性，以免唐生智在新的军事行动中获得更大的利益，因此，给唐生智的命令将是占领防御阵地，监视河南敌人的行动。

必须力争！从庐山上下来，蒋介石非常清楚迁都之争已到白热化程度。他

第五章 出尔反尔

狠狠地把杯子顿在桌上,叫来秘书吩咐道:"立即电告广州的张静江、谭延闿两主席,请他们率领尚在广州的中执委委员和国府委员马上来南昌,不要去武汉!"想了想,怕电报解决不了问题,蒋介石坐下来,提笔给张、谭二人各写了一封措辞恳切的信,派专人送至广州。

绝不能让步!武汉方面这么说。蒋介石的军事实力已经很大了,如果让这个流氓底子出身的总司令再成功地把中央党部和国民政府置于其军事阴影之下,北伐必将成为替蒋氏争夺江山的无聊战争。12月13日,先期北迁的国民党中央执行委员和国民政府委员及鲍罗廷在武昌举行了紧急会议,决定在中央执行委员会、政治会议未迁至武昌开会之前,由国民党中央执委委员和国民政府委员组织临时联席会议,执行最高职权,处理决定各项重要问题。会议推举徐谦为联席会议主席,叶楚伧为秘书长。联席会议还作出了秘密决定:通知中央执委会的全体委员和候补委员立即来武汉参加全体会议。这样做的企图非常明显,即保证在全体会议上,拥护贯彻孙中山三大政策的人占多数,从而作出有利于国民革命的决议。

为了加强与蒋介石抗衡、最后制服蒋介石的力量,武汉连续函电交加,请汪精卫马上回国赴汉,领袖群伦。汪精卫在"中山舰事件"发生后,引咎辞职,以弱者的姿态避居海外,赢得了党内外的广泛同情,舆论对他是有利的。海内外请汪复职的函电如雪片飞去。汪精卫欣然,东山再起的时机成熟了。

武汉的军事首领唐生智、张发奎表态支持联席会议,陈铭枢对此未作表示。唐生智根本不愿意把中央党部和国民政府设在南昌,他非常清楚地记得《三国演义》中曹操把汉献帝这个徒有其名的皇帝接到许昌,挟天子以令诸侯所取得的巨大政治优势。既然已经作出了决议,为什么不努力贯彻执行呢?凭第八军这个军事集团的实力,完全有条件和蒋介石斗争,唐生智根本不理睬蒋介石对他的拉拢:同意其扩编军队的计划,将给他更多的粮饷,答应将使他成为国民党中央执行委员等。他有自己的考虑,尤其是他眼前浮现出蒋介石在长沙检阅第八军时,从马背上掉下来的狼狈相,他就扯动着八字胡,发出爽朗的笑声,心情也就越加激动。形势的发展几乎印证了顾老师(唐生智养在幕中的和尚)所言,蒋介石是爬不过第八军这一关的。所以,他一面接受蒋介石大方而稍嫌迟到的馈赠，一面积极筹划对蒋斗争。

12月31日，蒋介石把张静江和谭延闿两位代主席接到了南昌，同时扣留了几位途经南昌准备去武汉开会的国民党中执委委员和国民政府委员。

在南昌的国民党要员有何香凝、林伯渠、邓演达、谭延闿、张静江、朱培德、陈公博、顾孟余、宋子文、陈果夫等人。蒋介石要趁浔汉对立尚不明显的时候，在南昌作出有利于他的决定，遂以迅捷的动作，于1927年1月3日在南昌召开了中央政治会议第六次临时会议。他根本没有通知武汉方面要开这个会。

会议的中心议题是：迁都南昌。

北伐军总司令部政治部主任邓演达坚决反对这样做："关于迁都问题，中央已正式作出了决议，昭告中外，而且，不管从哪方面讲，武汉的条件都比南昌优越。我坚决主张执行中央的决议。"

"我也赞成迁都武汉。"财政部长宋子文说："迁都南昌，对经济收入较好的地方就会失去有效的控制，整个财政就要失败，而且现在在革命地区内经济危机不断蔓延。"他接着苦笑着说："现在已经有人骂我横征暴敛、竭泽而渔了。这么大的军事行动，没有强大的经济基础作后盾是不可能成功的。"

战地政务委员会主任陈公博的着眼点又不同。他说："我也认为应该迁都武汉。一则应该考虑政府的威信，我们已经作出了决议；二则南昌没有同被国民革命军解放的各个地区建立可靠联系的条件。"

条件，条件！蒋介石气恼地想：你们都没考虑到一条，那就是南昌在我的第一军的控制之下！到这个地步，蒋介石觉得应该发言了："各位同志刚才所谈，均极有道理。但是，现在同作出迁都决议时相比，形势已经发生了巨大变化。那时，奉系还没有盘踞北京，而现在张作霖已经宣称自己是国家首领，组织了安国军政府，并搜罗了各派军阀的力量，组建了强大的安国军，而且节节南下，准备和我们血战。河南的局势变得非常危险，而湖北的部队是靠不住的，所以武汉处于军阀势力的严重威胁之下，作为首都是不合适的。同时，浙江的战事也很激烈。在已经巩固的南昌领导作战是非常适宜的。基于这些考虑，我才提出改变决议，迁都南昌。"

张静江说："迁都南昌和迁都武汉，关键是看弊大还是利大。衡量全国形势，我觉得把南昌定为临时首都是很恰当的。"他特别强调了"临时"二字："我们要根据形势发展不断调整策略，不能墨守成规，孙中山先生不也是这样的么？"

邓演达眼睛望着窗外，心里恶狠狠地咒骂道：你这条给蒋介石抬轿子的瘸腿老狗！

谭延闿懒洋洋地说："在广州似乎只从原则上决定迁都这一问题，如果形势变了，可以考虑重新审查决定。"

已经从蒋介石那里获得了甜头的朱培德圆滑地表示："我没有理由充足的意见。"

最后，由于张静江的工作，会议作出了决定：中央党部和国民政府暂驻南昌。

蒋介石紧绷着的脸上露出了笑容。他在欢迎各位委员的宴会上致词："各位从广东来到南昌，我们心里的快乐，几乎是不能形容的。"

第四节　革命首脑机关一分为二，唐生智擒头，蒋介石捉尾

耍花招截住一部分中执委委员和国府委员，并决议首都定在南昌，虽然使蒋介石在与武汉的斗争中有了一面名分较正的旗帜，或者说是块遮羞布，但是精通权术的蒋介石并没有高兴得忘乎所以，他非常清醒，没有其他系统军队的支持，要想在如此复杂、险恶的形势下确立凌驾于各路诸侯之上的统治权，仅凭第一军系统的军队，那是办不到的。

蒋介石打电报给李济深，冒着危险，暗示他可以动手镇压广东的工农革命运动。蒋介石的耳目也报告了在北伐进军过程中第二、三、六各军对总司令的不满，他着手对这帮人进行安抚。打下江西后，首任江西省主席由国民党元老李烈钧担任。李烈钧在反清斗争中起了巨大作用，民国建立即任江西都督，不久率先在湖口树起大旗，发动了反对袁世凯的二次革命。但李烈钧尚未尝出省主席与都督的不同滋味，省主席的宝座就被蒋介石拿过来给了第三军军长朱培德，朱培德则以江西主人自居，上任伊始即拼命搜刮。谭延闿代理国民政府主

席,其第二军军长职由亲信鲁涤平代理,他为人圆滑无比,而且在政治上已得利,暂不足虑。蒋介石于是下大力气拉拢性格较为直爽的第六军军长兼九江卫戍司令程潜。

程潜在国民革命军中资格较老,威望较高。蒋介石对他说:"颂公在北伐中,披坚执锐,为革命立下了汗马功劳,可敬可佩!"

程潜虽为人爽朗但绝非憨直,而且反应敏捷。蒋介石后勤补给上卡第六军的脖子,政治上歧视第六军,现在却跑来说恭维话,大灌米汤,肯定是想达到什么目的。他不动声色地说:"总司令过奖了。北伐能够取得如此大的胜利,完全是各方面共同努力的结果。"

"是的。"蒋介石话锋一转,直指正题:"我们在前方冒矢作战,出生入死,可后方那些人究竟干了什么?他们只知道指手画脚地指责别人,根本不理解我们军人的难处。像广东、湖南、湖北的省党部,根本没有为北伐作好配合的工作,甚至言行越来越离谱。我获悉广东省党部提出了反对'新军阀'的口号,新军阀是指谁?在湖南,由于省党部的错误,农民组织中出现了很多土匪,而且这帮人胡作非为,这叫人怎么去革命?"

程潜望着蒋介石非常愤慨的模样,没吱声。

蒋介石继续说:"现在国民党是个空架子了。迄今为止,国民党的工作不是国民党员在做,而是共产党员做的。正如总理所说,谭平山对工作太过负责。共产党人为什么要对工作这么负责呢?目的就是要借用国民党的招牌,把一切都攥在手里!尤其是农民运动,简直糟透了!"

"总司令将对这种情况想采取什么措施呢?"

蒋介石却不从正面回答,因为他不是来宣读答案的:"你不知道,同共产党人一起工作有多么难啊!"

程潜不紧不慢地说:"我的政治部主任是著名的共产党人李富春,我倒是觉得他是一个热情开朗、忠诚革命事业的人。总司令将怎么办呢?要知道,一方面联共,一方面联俄,这是总理手定的政策。"

蒋介石心中一凛,这个程颂云,莫非也是共产党的同路人?他忽地回想起"中山舰事件"后,程潜要求把离开第一军的共产党员转拨给他。蒋介石心里对程潜打上了深深的问号,口中却说:"对这样的事情我又能怎么样呢?大家

第五章 出尔反尔

都得听中央的,看中央怎么决定吧。颂公是革命元老,指挥有方,今后还请多多指教。"

武汉方面没有闲着。他们致电南昌说:"政治委员会通过了把中央执委会和国民政府迁往武汉的决议。我们在江西举行的会议上再次确认了这一决议。我们的地位在巩固,群众信任我们。群众占领了租界(汉口英租界),还要求在武汉有一个国民政府,领导者应当在群众的前面。如果在军事上没有很大的波折,就不应当改变决议。最终的决议应当由中央执委会全体会议作出,迄今必须遵循原先的决议。"

在中央执、监委的一次联席会上,通过了关于普遍实行财政统一(目的是反对把经费集中在总司令和个别军阀手中)、关于整个外交政策隶属于外交部(目的是反对蒋介石同帝国主义单独建立联系)、关于重建军事委员会、关于与共产党实行革命统一、召开两党联席会议等项决议。

后来举行的中央执委会全体会议决定,从工人、农民和其他劳动阶层的利益出发,坚决实行孙中山的三大政策。全会批准成立两个新部——劳工部和农政部,部长均为共产党员。

武汉方面看到了蒋介石的巨大政治野心,也知道其地位还不巩固。军队的大部分领导人担心总司令的地位过于强大,表示赞成以武汉为中心就是证明。但他们认为,这时候集中火力批评蒋介石是不合适的,在通过的一些文件上谈到了黑暗的封建势力,尖锐地批判了蒋介石的导师张静江,迁都的请愿书纷纷寄给了蒋介石。不仅如此,在如何对待蒋介石这个问题上,国民党所谓的"左翼"内部分成了两派,以秘密逃出南昌的邓演达为首的较坚定的一派坚决要求使蒋介石服从党的纪律;以谭延闿为首的动摇和事佬派反复说,武汉人攻击蒋介石,指责他企图建立独裁,这样做是白费力气。他甚至说,张静江将挑唆蒋介石去制造事端,为了避免冲突,必须削弱群众运动。武汉内部一些人对共产党的态度也变了,他们说:"共产党员不让我们到群众中去,这没有什么可以埋怨的,我们应当自己去摧毁共产党员在群众中的地位。"

在可以预见的斗争中,许多左派国民党人仍然希望,等汪精卫回来后他们的处境就会大大改善。他们给汪精卫发了一份电报:"'三·二〇事件'的后果尚在,军阀们在摧毁党,现在我们一事无成。请回来领导政府和党。"

谁与争雄

左派只是用唇舌来耀武扬威,没有进行坚决而困难的战斗的准备。他们经常摇摆不定,时而作出非常革命的决定,时而毫无理由地拱手让出阵地。与之相反,蒋介石一方面竭力伪装以蛊惑人心,一方面坚决采取把一切权力集中到自己手中和镇压左派力量的方针,并且自始至终贯彻这一方针。

蒋介石不得不于1927年1月12日到了武汉,受到大批手持"政府和总司令应当在武汉!"标语的群众和团体的欢迎。他被迫同意立即迁移政府,同时又就他本人提出了一个保留条件:"当然,我是准备搬的,但你们晓得,总司令应当靠近前线,而你们明白,现在前线是在东边,部队正在浙江和南京地区作战。"但是,尽管蒋介石被迫作了违心的允诺,他此行的收获是巨大的,汉口商界的宁波同业公会送给他100万元,他由此更加强烈地感到,可以指望买办在政治上和金钱上的支持,他到上海去的愿望更加强烈了。

蒋介石力图在中央决议前悄悄地把由他控制的地区政权攫为己有。他擅自任命了宁杭铁路局局长,并把外交部派去研究对外关系的一名官员作为自己的外交事务和财政事务的委员。

左派对汪精卫的回归极为重视。尽管蒋介石对这件事充满敌意,但声明他本人欢迎汪精卫回来。不过相当多的政界人士对其真实意图是不抱幻想的。大家明白,这不过是两面派的伎俩而已,甚至谭延闿都说:"蒋介石其实不愿意汪精卫回来。他有关于汪精卫确实愿意回来的情报。蒋提出要采取措施应对此事。"蒋介石之所以同意汪精卫回来,是为了让大家看到他作了让步,从而争取政治上的主动,最深层的原因是,他认为,汪精卫返回实际上对他不会产生任何严重威胁,相信被矛盾所分裂的国民党领导层今后将成为协商的集体,也就是说今后他不会有真正的对手了。

蒋介石不把汪精卫放在眼里,却把客卿鲍罗廷看做是他为控制革命势力所进行的斗争中最严重的障碍。鲍罗廷认为,国民革命军立刻向上海进军是最大的政治危险,假如政府成员留在南昌,那么笼罩着南昌的反动气氛就会迅速影响那些意志不坚定的左派。蒋介石的最大精力不是花在筹划军事上,而是考虑如何摆脱鲍罗廷。1927年1月下旬,他借口要准确反应关于中国的局势,提出让鲍罗廷去莫斯科的主张,他特别强调:"此事只有鲍罗廷合适。"1927年2月初,蒋介石甚至要求免去鲍罗廷的职务,作为他再次赴武汉的先决条件。

第五章 出尔反尔

顾问铁罗尼向鲍罗廷报告说:"现在蒋介石的主要任务是摆脱您。总之,别人谁都行,唯有您不行。蒋介石给您打了电报(不知您收到没有),要您来南昌,他打算让您从南昌经广州去苏联。"

蒋介石甚至开始利用流氓向革命者进攻。

虽然蒋介石要尽了权术,但远远没有达到目的。除其他原因外,军阀之间的尖锐矛盾起了阻碍作用,他们谁都不愿意为蒋介石个人及其集团的成功牺牲自己的利益。

唐生智的双眼阴鸷地盯着袁祖铭。这不仅是因为这位拥有数万军队的贵州军阀盘踞在湘西,吞噬了这一地区的收入,还因为袁祖铭与蒋介石眉来眼去,使唐生智本就感到凉气袭人的侧后更觉疼痛难忍。卧榻之侧,岂容他人酣睡?唐生智经过周密策划,在1927年1月底打死了纵横川黔多年的风云人物袁祖铭,消除了肘腋之患。

唐生智的个人利益迫使他同两湖地区正在蓬勃兴起的工农运动以及武汉的领袖们暂时团结起来。蒋介石愈来愈积极地进行日益明显的反革命活动,唐生智的言论却愈来愈革命了。

唐生智在极力向左转。他说:"要发展工业,驱逐帝国主义者和把农民从妨碍国内市场发展的压迫下解放出来。"他甚至公开宣称:"农民、工人、学生、商人和佛教徒联合起来!佛祖教人要为他人献身。我要为革命去掉小'我'。"

唐生智对蒋介石非常愤恨,蒋既不许他参加东线攻势作战,又不让他越过豫鄂边境的山岭去进攻河南,而河南对于拥有雄厚实力的第八军这个集团来说,几乎是唾手可得——吴军虽众,但军心散乱,士气不振,冯玉祥在陕西的作战牵制了吴佩孚的大量兵力。当然,他也明白蒋介石这样做的原因,是因为他被蒋介石看作了权力之争中不得不认真对付的强大威胁,力求束缚唐生智的军事主动性。所以,蒋介石在为夺取华东进行斗争时,命令唐生智:占领防御阵地,监视河南敌人的行动。唐生智的野心绝非当个两湖王。为了打破蒋介石对他的禁锢,他非常机密地与孙传芳取得了联系,并且商定,一旦时机成熟,唐军东下,孙军西指,夹击蒋介石。为此,唐生智在扩充部队方面,根本不对兵员的来源哪怕是进行一小点的挑剔,旧军阀、土匪、流氓都在其羽翼下,变成了"革命军"。

唐生智判断蒋介石尚未做好彻底决裂的准备，为了显示自己的革命性，在南昌一个不小的圈子里发表了一次谈话："我现在知道国民党是怎么回事了。这不是党，而是蒋介石的独裁。蒋介石提出什么，大家都赞成，没有人敢提出反对。如果有左派的话，那他们就会对这些问题提出自己的看法。我甚至怀疑今后是否还会有左派……我知道，他们决定留在这里（也就是国民党右派决定首都暂时定在南昌），第一，因为他们怕我——我的兵力比他们强大；第二，我在湘鄂开展了由共产党领导的社会运动，对此他们害怕。他们把国民政府视作财产，把它藏在南昌。国民党人说，他们拥护国民运动，可是，一旦运动开展起来，他们便起来反对，甚至准备加以镇压。蒋现在是在十字路口，他的先遣队——戴季陶和张静江已经向右转了，我想他也会向右转，变成反革命的。局势不妙，但不是没有希望。如果我们是真正的革命者，我们就不会被击溃。我们要和人民一起前进，武装和教育人民，再过六七个月，我们将会取得辉煌的胜利。"

像所有的军阀一样，唐生智当时也认为自己和主张土地革命的人不是一路的。但他比一些军阀富有政治头脑，他的目标是在国民党内借助日益高涨的工农运动发展并最终独树一帜，进而与蒋介石争夺天下——他也料定，北洋军阀必然会被打倒，丢掉国民革命这根拐杖，在目前是斗不过蒋介石的。桂系则不同，他们认为为了扑灭已经声势浩大的工农运动，可以暂时作蒋介石的附庸。胡宗铎，这员桂系的骁将说："国民脱离军队，是因为国民的愚昧和中国共产党的诡计，必须对群众采取断然措施！"唐生智回答道："您有什么考虑？我已根据您的请求投到了国民政府一边，而您现在就要去反对国民。我是国民党员，但对政治并不在行，国民党中央执委会要办的、提出来的事，我就去执行。"

所谓的"保定帮"发生了分裂，唐生智成了武汉地区左派力量的军事支柱，继续实际统治着两湖地区，桂系投到蒋介石一边去了。

第六章 宁汉相争

蒋介石露出反革命的嘴脸，汪精卫空喊着"革命的左边来"，南京政府和武汉政府针锋相对。

第一节 列强仇视革命，蒋介石成为他们
         在革命营垒中的同盟者

国民革命运动的迅速高涨，海外列强均为这呼啸的潮声所震撼，他们非常吃惊地看到，要想遏制这股中国地底深处喷发出来的滚滚熔岩般的澎湃之势，已经不可能了。

英国是这一时期侵华的急先锋。为了压制蓬勃发展的民众运动，它的军舰于1926年9月在四川万县制造了万县惨案，使万县城在一片火海中化为灰烬。1927年又制造了汉口"一·三惨案"。但1月6日，武汉革命群众又收回了汉口英租界。虽然英国仍旧不愿意放弃它的炮舰政策，仍旧打算继续野蛮地屠杀中国人民，但是，既慑于中国人民的威力，又不能如义和团时代那样鼓动八国

谁与争雄

联军剿灭中国人民的革命。英国侵略者遂使出他们屡试不爽的阴谋挑拨和恐吓欺骗的手段,以图实现它从中国革命营垒中找寻同盟者和分裂中国革命阵线的计划。

1927年1月7日,英国人在上海办的《字林西报》发表了一篇社论。它写道:"虽吾人不愿在未得详细报告之前有所评论,然目前国民党及国民政府之政治色彩亦不可不加注意。暴动或许是偶发的不能前知的,一粒火星可使群众发狂,然而此等暴动能创造历史,并且常常是建立一个新政府的机会。国民党有温和派(他们主张维持秩序)与极端派(他们主张扰乱秩序),是公开的事。极端派甚恨温和派掌握政府大权。他们对于英国公使与国民政府间谅解之可能,极为怨恨。他们生怕他们的活动将因蓝浦森与陈友仁间之谈判而缩短,他们尤其恐怕的,是英国对华的友谊提案已博得华人之好感,因而使他们的反英宣传失败。极端派因此将利用一切机会再煽起反英的火焰,此非因彼等深恨英国,实彼等以此为政治活动之手段。国民党终究将何派占胜利,关系于外人对于国民政府之态度,实在不小。

"今汉口事件实为试验国民政府有没有能力,配不配的一个非常机会。一个政府而能保护生命财产商业,则为正当之政府。现在国民政府担任保护汉口英租界生命财产之责任,直到事态能使英国自行负责之时为止。中国之将来命运,全视今日国民政府之能否保护秩序,保护外人商业与生命,以为决定;因在华及在本国之愿与国民政府为好友之英人,皆乐观国民政府之能维护秩序与法律,而引以为荣,若国民政府不克负此责任,则吾人甚觉惭愧,即反对国民政府者,见了国民政府之能维持秩序与法律,亦将得而与国民政府为友。非然者,彼等反对国民政府之意见将愈坚决。承认国民政府问题之最后决定将于此后数日内国民政府处理汉口事件态度而觇见之。如果群众是压静了,如果说没有罢工与抵制,如果货物能应市场之需要而自由进出,如果外人无生命之忧,则国民政府是证明了有权力。非然者,国民政府的前途就可悲观。

"今全世界咸注于汉口事件。大英是能忍耐的,华人至终将认识究竟谁是他们的朋友。大英能静待公平之解决。但若群众汹汹不休,而国民政府袖手旁观,则英人的忍耐将至终点。似乎国民政府已担任了保护外人生命财产的责任了,吾人将观其究竟办到如何样的圆满。当一群极端的暴徒发狂的时候,政府办事是棘手的，可是亦惟有此等事件方能试验政府是否有价值。中国今日最需要之事，莫如武力维持秩序，负责任，有决断等等。国民党和国民政府应该能够做出来给全世界看，证明他们是有权力的，有决断的，如此则他们的许多国际问题就容易解决了。换言之，如果他们没有办法，则保护生命财产与商业的方法一定可以找得。现在是无可躲闪的时机，不论是英人方面或国民政府方面。"

这真是一篇最巧妙且最阴险的煽动文章。

国民革命发展到一定的时候，认为危及到其根本利益的帝国主义必将对中国革命进行干涉，而且从前站在革命旗帜下的民族资产阶级眼见日益高涨的工农运动即将威胁到自己的利益，必将背叛革命，这是一种非常现实的威胁。关于这一点，共产国际在1926年11月底提醒共产党说："（帝国主义）看见军阀不能作消灭革命运动的有效工具，乃用和平办法，在中国民族革命势力中，找寻它的同盟者。帝国主义者企图叫醒民族资产阶级，使之脱离革命战线。并为使民族运动内增加帝国主义代理人的势力起见，于是那些迄今还站在民族革命斗争之外，或甚至仇视革命的某部分大资产阶级，甚至军阀，开始转变到国民政府方面。帝国主义谋这种举动的目的，是从革命的联合（无产阶级、农民、城市小资产阶级）的手中，夺取革命领导权，以阻碍革命的发展并进而破坏革命。"

但是，共产党并未采取坚决有力的措施，阻止事态向着列强希望的局面发展。

蒋介石总算摸清了列强的意图，明白它们正在革命阵营内寻找强有力的代理人。蒋介石因其代表的阶级利益的关系，而且他认为时机已基本成熟，蒙在脸上的假面具开始松动，快要掉落下来了。

忽地，人们发现，在宁静的南昌城里，出现了一些新人的面孔，仔细辨认，不是北洋政客，即为上海滩上的买办，如黄郛、王正廷、虞洽卿、张群等。张群此次来南昌，被蒋介石委为总司令部总参议。黄郛曾任北洋政府出席1921年华盛顿会议代表团的顾问、外交部长、教育部长等职，蒋介石与其拜把子，并与其多次密谈，要其潜回上海，纠集各种势力，联合帝国主义，为自己进上海作准备。虞洽卿是上海的大买办，时任上海公共租界工部局华董、上海总商会会长，蒋介石早年混迹上海滩时，即受到虞的不少照顾，北伐即将出师时，虞洽卿派代表见过蒋介石。此次虞洽卿受到蒋介石的盛情款待，虞向蒋表示了他自己和上海工商界对蒋的拥戴，并告诉蒋，上海金融业闻人、曾借款给孔祥熙和宋子文在上海作投机生意的陈光甫，与美国垄断企业金属公司的董事长霍却特有密切往来，霍却特向陈光甫打听过南方革命阵营的动向，并告诉陈光甫，如果蒋介石建立与激进分子划开界线的政府，美国是会承认的。

虞洽卿还告诉蒋介石，可以指望上海工商界的经济支持。

蒋介石之所以比其他军阀高明，就在于他不仅仅是个赳赳武夫，还善于从各种利益关系的高度看问题。他看到，要达到平息真正的国民革命的目的，除了要争取列强的支持外，还必须与北方的奉张达成暂时的妥协，以便集中力量对付民众运动；而这点，更得到了列强的支持，它们充当了南北议和的中间人。英国驻华公使蓝浦森对张作霖提出：南北议和，划江而守。张作霖宣称："余之起兵非仇抗任何党派，而专为消灭过激主义，舍过激主义，皆有商量之余地。"奉系大将杨宇霆则说得直截了当："蒋介石若对共产派加以彻底之压迫，则南北和平非不可能之事。"日本外务省交涉局局长佐芬利在广东省政府主席李济深的欢迎宴会上说："蒋张之间，并无绝对歧异之点，双方军政领袖，均为统一而斗争。"

蒋介石认为，在华列强中，日本的地位是比较特殊的，日本的态度怎么样，关系重大，所以，他先后派了吴铁城和戴季陶秘密赴日，"交涉中日间政治问题"。

北伐的军事行动并未因汉、浔之间的激烈斗争而停滞下来，这真是一件奇事。

孙传芳投奔奉张，把张作霖推上了安国军总司令的宝座后，残破的五省联军得到了奉张的大力援助，重整旗鼓，自然企图卷土重来，而且北方的北洋军阀基本上实现了大联合，直鲁军主力已饮马长江。

1927年1月上旬，肃清长江下游的作战方略制定完毕：以攻略杭、沪，击破孙传芳主力，会师南京为目的，主力分由赣东、闽北入浙，进攻杭沪，并各以一部由长江南北进攻皖南、皖西，以另一部由鄂东北进入豫南，牵制河南及皖北方面，策应长江下游主力之作战；国民军由陇海路进出洛阳，与豫南部

第六章 宁汉相争

队相呼应，相机击破吴佩孚主力。为此，部队具体布置为：东路军何应钦率部首先攻击杭、沪，以占领杭、沪为目的——这是蒋介石最关心的，上海必须由其嫡系部队占领。中路军总指挥由蒋介石自兼，下辖两路，江右军总指挥程潜，所部由江西沿彭泽、马当之线东进；江左军总指挥李宗仁，所部自鄂东的黄梅、广济、罗田，向安徽的宿松、太湖、潜山一带进迫安庆。西路军总指挥唐生智，所部驻扎在京汉路南段和鄂北，除应配合东进各军外，还要牵制河南吴佩孚的部队。

2月8日武汉方面与南昌方面在南昌开会，讨论迁都问题。蒋介石在会上重申了他主张迁都南昌和遣送鲍罗廷回国的理由，武汉方面则断然拒绝这个"迁都逐鲍"的主张。蒋介石的弱点也比较明显，尽管未遇强敌，东路军何应钦的进展却非常缓慢，他离握住帝国主义列强和江浙资产阶级的手尚差那么一截。再加上谭延闿、宋子文等从中斡旋，蒋介石被迫放弃了自己的主张。南昌会议作出了"年内中央党部及国民政府迁到武汉"的决定。

但蒋介石并非真心放弃。一遇挫折即折腰屈服，他不可能有今天，他的目标是锁定了的：利用国民革命，建立蒋家王朝。正面突破不行，他就灵机一动，采取侧翼包抄、最后夺取核心的战法。他利用张静江任国民党中央主席、陈果夫任组织部长之便，派亲信到已经克服的各省去做特派员，排斥共产党人和国民党左派，抓住基层党权，并压迫农会，解散农民自卫军，架空国民党中央。同时，加快投向帝国主义及资产阶级怀抱的步伐，调集自己的嫡系部队与已经追随身后的李宗仁部队，向南京、上海进攻，一旦拿下宁、沪一带，即回头收拾武汉方面的革命力量。

武汉方面终于对蒋介石有了较为深刻的认识。他们知道，蒋介石虽然稍作让步，但绝不会善罢甘休。为了防备蒋介石实行军事独裁和投向列强的怀抱，成为更加难以对付的新军阀，2月9日，武汉举行了国民党高级会议，决定以徐谦、吴玉章、邓演达、孙科、顾孟余五人组成行动委员会，作为同蒋介石进行斗争的领导机关，会议发表宣言，揭橥实行民主、反对独裁、提高党权、请汪精卫复职、扶助农工运动、召开国民党二届三中全会等项主张，同时发出号召：巩固党的权威——一切权力属于党是目前党的第一标准；统一党的指导机关——拥护中央执行委员会是现在急切的要求,速开中央执行委员会全体会议,解决一切问题,这是目前不容稍缓的。军队在党指挥下统一起来,并准备与右派势力武装决斗。

在召开国民党中央执行委员会全体会议这个问题上,蒋介石"谦恭"地向武汉方面提出建议:请求把全会推迟到东线战争结束后举行。蒋介石掐指一算,到计划开会的3月初,他拿下以宁沪地区的把握不大,手中就没有和武汉方面斗争的大本钱,而从目前的趋势看,全会定会作出许多对他不利的决议,由国民党中央和国民政府掌握核心权力,从而束缚住他的手脚,使他成为不得不听从指挥的军事首领。所以,他又极力弥补和武汉方面的裂痕,口是心非地承认自己犯了错误,借以缓和武汉方面对他的不满。

与此同时,蒋介石决定加快军事行动的步伐,以军事上的胜利作为政治斗争的资本。形势是有利的:孙传芳主力新遭惨败,直奉两家在河南起了武装冲突,而冯玉祥已兵出豫西。

第二节 武汉派取得表面胜利,蒋介石只做不说,身后血迹斑斑

1927年3月10日,汉口南阳大楼。国民党二届三中全会召开。

此次会议原定于3月7日召开,各地中委陆续到达武汉,但南昌方面的迟迟未到。3月7日,谭延闿、何香凝、李烈钧、陈公博等人从南昌到了武汉,报告说张静江去了上海,蒋介石和朱培德因为纯粹军事上的原因,暂时来不了武汉,要求把全会推迟到3月12日召开。多数中委认为这是蒋介石向武汉中央示威,退一步讲,也不能专等某人而误了会期。协商的结果,决定3月7日如期开会,但作为预备会,3月10日才开正式会议,蒋介石要来的话,完全可以赶得上会议。

蒋介石在南昌总司令部,密切注视着武汉形势的发展。武汉方面"赤化"的色彩越来越浓了,工农运动蓬勃高涨,共产党和国民党左派的活动越来越活跃。毛泽东发表了《湖南农民运动考察报告》,推动两湖农民运动的发展。就在3月7日,中央农民运动委员会所办的中央农民运动讲习所在武昌正式上

课,由邓演达、毛泽东等负责,共产党人恽代英、彭湃、方志敏等授课,该所第一期学员800名,均为全国各地从事农民运动的共产党员、共青团员和积极分子。蒋介石恐惧地想到:这批种子一旦撒到辽阔的农村,必成大事!他深切地感到工农运动迅速发展对自己的威胁,遂积极行动。3月1日任命张静江为浙江临时政治会议主席,替自己守住故乡;同时开始镇压工农运动,他指使驻赣州的新编第一师党代表倪弼杀害了赣州总工会委员长、江西省总工会副委员长陈赞贤,在人民要求惩凶的压力下,他同意将首犯"撤职查办",却又故意先在报上发表消息,后发命令,使倪弼得以闻风脱逃。

蒋介石非常清楚,汉浔之间已经走到公开决裂的边缘,但此时北伐军正在向宁沪地区推进之中而未竟全功,自己立足之地尚未取得,遂以"拖"字诀对付武汉方面。他命令总司令部制定了应付奉军南下的军事计划:一、以唐生智为北路总司令出武胜关,由京汉路北进,以唐部为主力,魏益三等豫军供其调遣;——为了使唐生智不再成为武汉派的军事支柱,蒋介石一改此前对其遏制,而让其放手到河南去发展。二、以李宗仁为江左军总司令,由黄梅、宿松、太湖窥图皖北,以李部为主力,陈调元、柏文蔚等皖军均听其调遣;三、以程潜为江右军总司令,由皖南前进,以程部为主力,贺耀组之第四十军供其调遣;四、以何应钦为东路总司令,白崇禧为东路前敌总指挥,由嘉、湖进窥苏、锡,以何部为主力,周凤岐、曹万顺等部供其调遣。然后把计划报告武汉方面,并说军情紧急,请求延期开会。这一方面是为了推延会期以获得好处,另一方面是为了造成武汉方面听从南昌方面安排的印象。

武汉方面越来越清楚蒋介石所作所为暗藏的企图,更加坚定了抵制蒋介石军事独裁的决心,在吴玉章、毛泽东等人的强烈要求下,3月10日,正式召开了国民党二届三中全会。

就在三中全会开会的这一天,武汉的国民党员召开了恢复党权运动大会,通过巩固先总理联俄等三大政策、反对军事专制、纠正个人独裁等11项决议案,由党员大会主席团携向中央委员会请愿。两天后,在武昌纪念总理逝世两周年大会上,还要求蒋介石明白表示对总理政策的态度。

在这样热烈的革命气氛影响下,三中全会确立了不妥协的反帝反封建方针,通过了一系列重要的决议。在《统一党的领导机关案》中,规定全国代

谁与争雄

表大会为党的最高权力机关，大会闭幕后，中央执行委员会行使最高权力。常委会不设主席，采取主席团制，对党务、政务、军事行使最终决议权。这实际上巧妙而体面地撤销了蒋介石的国民党中央常务委员会主席的职务。在军事、组织的有关决议案中明确规定：军事委员会为国民政府最高军事行政机关，军事委员会一切会议之表决，以出席委员之过半数行之。军委会不设主席，由7人组成主席团，主席团之决议及发布命令，必须有主席团委员四人签字方生效力。并对军委会的权力作了进一步限定，军事委员会及其主席团所决议之重要方案及办法，必须经中央执行委员会通过方生效力。又针对蒋介石这个总司令决定：军官任免和出征动员，须经军委会决议，提交中央执委会通过，再交总司令部执行。而且还撤销了由蒋介石担任部长的中央军人部。大会并发表宣言指出，要防止个人独裁，继续援助工农群众运动。

三中全会明了蒋介石迫切希望得到江浙资产阶级财政上的支持，所以，在3月15日的第五次会议上作出决议，以财政部长兼江、浙财政处长，以统一财政。

在《统一革命势力案》中规定：国民党和共产党共同担负政治责任，应由共产党派负责同志，加入国民政府及省政府。这从实质上推翻了此前蒋介石一手炮制的《整理党务案》。

在国民党中央和国民政府选举中，共产党员占了很大比重，再加上国民党左派，基本上控制了这两个机关。中央常委9人：汪精卫、谭延闿、蒋介石、顾孟余、孙科、谭平山、陈公博、余谦、吴玉章；中央党部各部长：组织汪精卫、宣传顾孟余、农民邓演达、工人陈公博、商民陈其瑗、妇女何香凝、海外彭泽民、青年孙科；中央政治委员9名中常委均兼，另有宋子文、陈友仁、邓演达、林伯渠、王法勤、宋庆龄6人；军委委员15人，由汪精卫、唐生智、程潜、谭延闿、邓演达、蒋介石、徐谦组成军委主席团；在国民政府的选举中，共选出委员28人，孙科、徐谦、汪精卫、谭延闿、宋子文为常委，蒋介石未能进入常委。

决议还在汪精卫复职问题上敲打了一下蒋介石："自从去年春天，直到现在，海内外各级党部，同声一致的要求汪精卫同志销假复职，是否因有使其不能销假复职的障碍，如果有这种障碍存在，我们全体党员便不能不大家起来消

第六章 宁汉相争

除这种障碍。"

总的来说，二届三中全会的确实现了抑制蒋介石、削夺其手中大权的意图。

获得有关三中全会的情报后，蒋介石大骂"娘希匹"，办公桌上的文件被丢得满地都是，连他心爱的砚台也被他砸烂了。侍卫听见总司令办公室里一阵乒乒乓乓，急忙跑进来，只见蒋介石青筋乱跳，坐在椅子上直喘粗气，地上一片狼藉，惶恐地叫道："总司令……"

蒋介石狂暴地一挥手，几乎从椅子上弹了起来，吼得连声音都沙哑了："滚出去！"

侍卫急忙退出，差点和闻讯赶来的陈立夫撞了个满怀。陈立夫知道蒋介石为什么发这么大的火，有关三中全会的材料就是他转交给蒋介石的。他轻轻地走上前，招呼道："先生，我叫他们备车，出去转一转吧！"

汽车在静谧的南昌街上缓缓地开着。蒋介石闭着眼一言不发地向后靠着，陈立夫也不开腔。转了好一会，蒋介石才睁开眼恨恨地说："想捆住我的手脚，想让我变成穷光蛋，办不到！"

陈立夫说："您不是经常教导我说，当今的中国，除了枪杆子，别的什么也不是吗！武汉那帮人会作决议，但是决议没有人执行那就是一张废纸，枪杆子仍然操在我们手里！"

蒋介石这才慢慢露出笑容："立夫，你说得对，他们是奈何不得我的！我到了上海，会拿好果子给他们吃的！"

蒋介石在办公室时，脑海里翻腾着愤怒的浪涛，盘算着抽调哪些部队西征武汉。现在冷静地一想，如果在狂暴中作出西征的决定，后果不堪设想。他不由回忆起了"中山舰事件"前夕，准备在众多矛盾面前打退堂鼓时，也是陈立夫提醒了他，他更喜欢身边这位英俊而且才华出众的年轻人了。

"武汉反蒋的言论甚嚣尘上。"蒋介石慢吞吞地说："凡是拥护我的人，都在武汉站不住脚，陈铭枢在本月6日离职东下，他们已派唐生智负责武汉方面的卫戍事宜。"

陈立夫接口道："唐生智又将卫戍事宜作了分工，武昌由第四军张发奎负责，汉口由第八军李品仙负责。不过我断定，武汉方面利用唐生智实力的打算，最后将是一场空，唐胡子的野心本身很大，他也知道政客们是利用他，他实际上装着被利用，暗中利用政客们的政治力量来壮大自己的实力，一旦羽翼丰满，他还会容忍政客们骑在他的头上吗？"

蒋介石改变了策略：只做不说。

随着北伐军向宁沪一带胜利挺进，蒋介石从南昌启程，坐专车到九江，再换乘军舰顺江而下，准备直达上海，荣归故里。

于是，在蒋介石身后，留下了斑斑血迹。

3月16日，蒋介石从南昌动身时，指使爪牙解散了南昌国民党市党部，次日，蒋介石在九江指使总司令部特务处处长杨虎等组织青洪帮流氓，捣毁了拥护三大政策的国民党九江市党部、九江总工会，并在晚上命令九江警卫团，如有工人罢工，立即拘捕。18日，蒋介石乘"楚同"号军舰东下安庆，20日到安庆，即利用流氓组织了"安徽省总工会"，三天后，捣毁了安徽省党部、安庆市党部、全省总工会筹备处、省农民协会筹备处、安庆市妇女协会等革命团体。沿途，蒋介石派自己的亲信担任警备司令、公安局长、电报局长等要职，以便切实控制这些地方。

第三节 蒋介石暗中霍霍磨刀，在接见工人代表时却还在称"共同奋斗"

中国最大的工商业城市上海在望了。

军事总顾问加伦将军从南昌发了一份电报给鲍罗廷等人，电文中说："预料在我军到达上海时，已宣布进行总罢工，准备发动起义。罢工是在反对帝国主义和军阀孙传芳的口号下进行的。我们进军上海的迟缓有使工人受到镇压的危险。我们务必加紧进攻上海。要向白崇禧和其他将军说明，必须乘敌人混乱之机，立即开始进攻上海。无论如何不要提出必须支援罢工者这个理由，因为我担心他们为了削弱上海工人不愿这样做。"

加伦不仅仅是军事家，由于他的影响，单独占领南京的权利交给了最忠于武汉革命政府的第六军程潜所部。

恰如加伦所料，白崇禧指挥的部队在距上海60公里的嘉兴停了下来。非

第六章 宁汉相争

常明显，这是等待孙传芳残酷镇压上海工人的武装起义，使他们在消灭孙传芳之后没有别的要对付。但是，工人阶级力量是伟大的。3月21日，上海工人发动了第三次武装起义，次日，在攻击上海北火车站最紧急的时候，上海总工会执行委员会委员长汪寿华赴龙华请求白崇禧支援，被白崇禧拒绝了。当晚，工人取得了全面胜利，解放了上海。第一军第一师薛岳部不费一枪一弹，进了大上海。

蒋介石正沿江而下。暮春的江南，山青水涨，景色宜人。他踱上甲板，时而对锦绣河山，指指点点；时而眺望下游，眺望那尚遮藏在雾中的长江龙头城市上海，遐想着那里熟悉的一切。

早在2月，在沪的江浙财阀虞洽卿、陈光甫、李铭、张嘉璈、叶琢堂等人就秘密商定，如果蒋介石取消"打倒帝国主义"的口号，向右转，则全力予以支持，并推派与陈果夫有乡谊的四行储蓄会副主任钱新之到南昌去见蒋介石。蒋介石对这个条件满口答应，于3月初以北伐军将要作战的区域为列强势力很强大的地方，为了减少不必要的麻烦为由，命令各军将口号改为"和平奋斗救中国"，然后回头要求工商界作支持自己的准备。在北伐军进入上海前夕，虞洽卿等人组建了"上海工商业联合会"。白崇禧进上海的当天，即持蒋介石之亲笔信到三北公司会晤虞洽卿，作了长时间的密谈。

舰到芜湖，一份急电打乱了蒋介石愉快的心境，发生了南京事件！

3月24日，北伐军第六军进入南京城。城内反动分子乘秩序混乱，煽动五省联军及抢劫成性的直鲁联军溃兵和流氓进行抢劫，波及了外国领署及侨民。美英帝国主义借口侨民及领事馆受侵害，下令泊在下关江面的军舰炮击南京城，制造了死伤军民两千多人，毁坏房屋财产无数的南京大惨案。

蒋介石非常气愤。怎么能和英美列强发生冲突呢！这会让列强对自己产生什么想法？这一定是程潜捣的鬼，他那支部队里全是共产党人在干事，一定是企图借机离间自己与列强的关系！发了一通脾气后蒋介石派了个参谋官到芜湖的日本领事馆，恳请日本领事转达英美当局，谓党军对外国人并无恶意，蒋总司令当亲赴南京解决。

25日，楚同舰泊在下关江面。蒋介石在舰上接见了何应钦、程潜等人，

谁与争雄

协商处理南京事件的善后事宜,然后又接见了一位秘密使者,这是他派出联络张作霖的。蒋介石提出的条件是,张作霖攻打武汉,蒋介石则给其财政及其他援助。双方达成了协议。蒋介石进攻长江下游,张作霖进攻武汉,从中国驱逐布尔什维克。

忽接广州方面电称:广州各界在东校场举行促汪销假复职运动大会。

这是一场夺取北伐胜利果实的竞赛!蒋介石非常敏感地想到。汪精卫的回国必会使武汉方面在其旗帜下团结起来,以党权压军权,这本身并不可怕,问题是,蒋介石此时仍然不想丢掉革命的外衣!必须尽快赶到上海,因为汪精卫在巴黎接到国内电报后,已经开始了取道柏林经莫斯科回国的旅程。蒋介石对南京的事务作了指示后,命令座舰起锚,直驶上海。他说:"我们先要占领上海。因为上海是中国经济的枢纽,如果上海再落在共产党人的手里,如汉口一样,弄得外交、经济、政治都纷扰不堪,使国民革命不能成功,那不但是稍有资本的商人不能安居乐业,就是一般民众,也要受他们的压迫威胁,而无可告诉了。"的确,对蒋介石和他所代表的阶级来说,上海的形势已经很严峻了,上海工人阶级凭自己的力量解放了这个中国最大的城市,总工会所属的武装纠察队控制了全市的局面,并由市代表会议宣布成立了上海特别市临时市政府,何况,汪精卫回国的头一站就是上海。

3月26日晚,楚同舰到达上海。

蒋介石下榻于枫林桥交涉使署大楼,略事休息,即前往公共租界西摩路访晤国民政府财政部长宋子文。宋子文是日前国民政府为了统一财政,特派到上海主持工作的,他带有命令,所有江浙财政均须经过宋子文办理,否则概不承认。而且还负有秘密使命,汪精卫很快就要抵达上海,要把汪安全地送到武汉。

蒋介石在豪华的宋宅吃晚饭。晚餐桌上坐着宋老太太、宋蔼龄等人。蒋介石很谦恭地回答宋老太太及宋蔼龄关于北伐战事的询问,但没有与宋子文谈他自己与武汉方面的政见分歧,似乎此次拜访仅为礼节的访问,并非拉拢宋子文脱离武汉方面转而支持他。宋家在中国是有很大影响的,英美的背景不说,政治上,宋子文是国民党中央执委、国民政府常委兼财政部长;毕业于美国耶鲁大学,辛亥后任晋督阎锡山的顾问,1924年到广州任财政厅长,现任国民政府实业部长的孔祥熙是宋家大女婿；宋子文的二姐夫即为国民党总理孙中山，二姐宋庆龄现为国民党中央政治委员。吃过饭闲谈间，三小姐宋美龄从外面回来，加入谈话的圈子。蒋介石已经向宋美龄求婚了。

随后，法租界当局派包探黄金荣到交涉使署照料。蒋介石见到黄金荣，非常高兴，因为蒋介石当年在上海胡混时，曾向这个上海滩上有名的流氓头子投过门生帖，黄金荣也帮过他的大忙。法国总领事向蒋介石送来了特别通行证，允许他带十名武装卫兵自由出入法租界，公共租界工部局亦送来了特别通行证，蒋介石成了列强心目中的瑰宝。投桃报李，同时也是他来上海的目的之一，蒋介石表示："保证与租界当局及外国捕房取得密切合作，以建立上海的法律与秩序。"

蒋介石住在迈尔西爱路其妾陈洁如处，他在这里接见了大批客人，如毕业于日本士官学校的上海警察厅长吴忠信，原总司令部特务处处长、现上海警备司令杨虎，以及黄郛、张静江等人；他更同黄金荣、杜月笙等流氓头子作了多次密谈，要求他们组织"中华共进会"，专门从事反共活动。

上海商业联合会的虞洽卿等人也往访他们的老相识，说："希望原有经济制度不被破坏过甚。"蒋介石保证道："此次革命成功，商界助力亦匪浅显，此后仍以协助为期。至劳资及维护商业问题，旦夕间即有具体办法，所有上海地方秩序和中外人民生命财产，自由鄙人完全负责。"虞洽卿连称："好。好"。蒋介石又说："但是，形势也比较严重，上海工人手中有很多武器，共产党在很大程度上控制了这座城市。我已决心和共产党摊牌，此次行动更望工商界相助。"

虞洽卿很爽快地答道："上海银行界已作出决定，只要总司令打倒共产党，愿意提供一笔6000万元的贷款。"

"虽说打倒共产党是大家的事，但我也不会让商界朋友吃亏！"蒋介石坚决地表态："事成之后，当有厚报！"

为了发动从背后对革命的袭击，蒋介石作了极其阴险周密的计划和部署。

为了让外国列强进一步放心，并取得他们的支持，蒋介石召开记者招待会，再次做出了保证："外国列强没有必要派遣军队和舰队到应由国民革命军管辖的那些地区和城市，因为本人将完全负责地保护外国公民的生命和财产安全。的确，我们打算废除不平等条约和重新审定所有的外国租界地，但我们所要的一切不是用武力或聚众闹事的方法，而通过外交渠道解决问题。"——他表面上还不打算公然抛弃废除不平等条约的口号。

3月28日，蒋介石指使吴稚晖、蔡元培、张静江、古应芬等在上海举行了国民党中央监察委员会常委会议，通过了吴稚晖所提的"纠察共产党行为"的反革命提案，为蒋介石日后的行为制造合法依据。

军队是决定政变成败的关键，蒋介石对军队部署作了调整，命令部队中共产党员和共青团员较多而不稳定的第二、第六两军离开南京到长江以北去作战。随即派何应钦去南京，将尚在那里维持治安的第六军三个团缴械。然后把何应钦和李宗仁所部调到了沪宁线上，——蒋介石在北伐出师不久即拉拢了迅速崛起的新桂系力量。但是，嫡系的何应钦部也让蒋介石不放心，因为该部中很多黄埔出身的中下级军官结队找校长质询，现在所看到的事实和他们所受的教育相去甚远。蒋介石终日舌敝唇焦地剖白、责骂、劝慰，均不能解决问题，最后不计后果地把有"左倾"倾向的第一军第一、第二、第二十一师通通北开，而把原属孙传芳的周凤岐的第二十六军调来上海接防，准备接着清洗第一军中的"左倾"军官。

为了取得更好的效果，蒋介石使出了政治欺骗这一招。他在接见工人代表时信誓旦旦地保证："纠察队本应武装，断无缴械之理，如有人意欲缴械，余可担保不缴一枪一械。"蒋介石的表演真是淋漓尽致，他甚至给工人纠察队送去写有"共同奋斗"字样的锦旗。

别说一般群众，共产党的领袖都被蒋介石麻痹了。陈独秀帮助蒋介石解除了共产党员和革命群众的思想武装。他在与汪精卫联名发表的宣言中为蒋介石辟谣，该宣言荒唐地宣称："国民党最高党部全体会议之决议，已昭示全世界，决无驱逐友党摧残工会之事。上海军事当局，表示服从中央，即或有些意见与误会，亦未必终不可解释……两党同志果能开诚合作，如兄弟般亲密，反间之言，自不获乘机而入。"他要求群众"不听信任何谣言"。

当然，就在这时，也冒出了让蒋介石感到刺耳的声音。代理北伐军总政治部主任的郭沫若3月31日写成《请看今日之蒋介石》一文，指出："蒋介石已经不是我们国民革命军的总司令，蒋介石是流氓地痞、土豪劣绅、贪官污吏、卖国军阀，所有一切反动派——反革命势力的中心力量了。"文中疾呼："愿我忠实的革命同志，愿我一切革命的民众迅速起来，拥护中央，迅速起来反蒋！""打倒背叛革命、屠杀民众的蒋介石！"

4月9日，蒋介石在一切布置就绪后，离开上海去南京，似乎在告诉人们，以后在上海发生的事与他无关。上海的反革命政变由白崇禧指挥，杨虎、陈群具体执行。——后来，上海人民将其说成"虎狼成群"。

第四节　汪精卫踌躇满志回到上海，蒋介石给他灌上了迷魂汤

4月1日，上海黄浦港码头，一艘苏联客轮缓缓地靠了岸。

汪精卫夫妇钻出舱门，与登船迎接的吴稚晖、宋子文等人笑容满面地握手，互致寒暄，然后乘车去西爱威斯路的孔公馆。

孔公馆骤然间热闹非凡，门前车辆川流不息。蒋介石为了达到利用汪精卫的目的，派自己亲信的军人、政客络绎不绝地去拜访汪精卫。

吴稚晖一进门就亮出了底牌："兆铭同志，现在的国民党已经乱成一团糟了，共产党从中做了手脚，把国民党变成了一个空壳。只有开展一场轰轰烈烈的清党运动，才能解决问题！"

汪精卫对吴稚晖十分客气，因为吴是他报考留日学生的监试人："稚老，情形很复杂呀！"他一句话敷衍了吴稚晖后，始终保持着优雅的风度听吴激动地述说。

蒋介石紧接着来访问汪精卫。他清楚汪自负的个性，进屋即给他送上了几顶高帽，使其产生"党国前途握在我手中"的英雄气概，但图穷匕首现，最终点到了谈话的主题：反共。他要求汪留在上海而不去武汉，并声称他本人绝对服从汪的领导。

汪精卫被灌了迷魂汤，心里虽然甜乎乎的，头脑却很清醒，他郑重地告诉蒋介石："介石同志，你与武汉的对立，对党非常不利。如果你失败了，我们国民党必就此消灭，共产党必就此起来；如果你得胜了，武汉被东南打倒的时候，国民党就要恢复到十三年（1924年）前的状况。要是恢复到这种状况，

无论右派的军队、左派的党员，一定不会同你合作，你在党里的生命，怕要从此消灭。"

蒋介石见汪精卫不上钩，反而把话题轻轻地转到自己的头上来，就慷慨激昂地说："现在不是这个问题，不是我个人的问题，而是国民党生存的问题。如果国民党可以生存的时候，那么，无论什么责任我都可以负担起来，绝不能自己不负责任，从中取巧，来做个好人。现在我们只有不管成败利钝，同共产党分离。"

蒋介石喝了口水继续用动听的言词去打动汪精卫："如果共产党被我们国民党消灭了，那只要他是纯粹的国民党员，能为全党奋斗争气，我都可以同他合作。"最后，他决断地说："总是要把共产党消灭了再讲！"

汪精卫望着蒋介石那瘦瘦的脸上满堆着的"捍卫革命事业"的凛然之气，颇觉滑稽，慢声道："介石同志，不要这么紧张，问题总是可以解决的。"

汪精卫在激烈的政治漩涡中沉浮了这么多年，也十分精明，岂会次次都中蒋介石的圈套？他敏锐的政治嗅觉已经断定，蒋介石定然下决心要公开走上反共、和国民政府方面决裂的道路了，蒋介石坚留自己在上海，一怕自己去了以后增加武汉方面的资本，二是想利用自己充当镇压共产党和革命运动的刽子手。当然，镇压共产党和革命运动，汪精卫没有不同看法，问题是镇压了以后怎么样呢？他汪精卫有把握保住现在蒋介石许诺给他的国民党和国民政府的第一把交椅吗？蒋介石在"中山舰事件"中使用的手法，现在汪精卫已经看得清清楚楚。上海是蒋介石的老家，其势力盘根错节，他有的是流氓和军队，当今的中国能与之抗衡的只有共产党和革命运动，如果自己现在割断与革命运动的联系甚至成其仇人，一旦蒋介石对自己有所动作的时候，拿什么本钱去和他对抗呢？此次的东山再起，全靠武汉方面的拥戴，不然，自己还会在巴黎的乡间别墅，与陈璧君饮酒作诗，对月唱和，自己的政治资本，即是武汉方面的革命力量。

蒋介石在上海忙得团团转，要与各国人士周旋，又要与上海各界应酬；军事上，江北战事非常激烈，他拟定了兵分四路继续北伐的计划，第一路由津浦路进攻，以程潜、鲁涤平等四个军担任；第二路由陇海路进攻，以李宗仁、陈调元等三个军担任；第三路由京汉路前进，以唐生智部担任；第四路由江北前进，以何应钦等三个军担任。

第六章 宁汉相争

在这分秒必争的关键时刻，武汉方面也没有闲着。4月2日，连续采取了几个行动：一、国民党中央执行委员会训令蒋介石克日离沪赴宁，专任筹划军事，对于外交，未得中央明令以前，切勿在沪发表任何主张，并切勿接受任何帝国主义口头或文字之通牒，以强迫帝国主义国家直接与国民政府交涉，这道训令的目的，是想斩断蒋介石与列强的联系。二、严电申斥蒋介石擅委郭泰棋为上海交涉员，下令拿办郭泰棋并开除其党籍。三、国民政府重申，国民革命军总司令条例已依中央执行委员会第三次全体会议之决议公布，关于总司令之职权，限于该条例所定在前方得指挥军民财政等机关，但任免文武官吏，非经国民政府或军事委员会发布命令，不生效力。4月5日，武汉国民政府任命蒋介石为国民革命军第一集团军总司令，下辖何应钦的第一方面军、程潜的第二方面军、李宗仁的第三方面军、唐生智的第四方面军；冯玉祥为第二集团军总司令，杨树庄为海军司令。同时，颁发对张作霖的讨伐令，责成蒋介石、冯玉祥两总司令各率第一、第二集团军，务于最短时间将张作霖所部予以歼灭。4月7日，武汉中央政治委员会临时紧急会议决定：为适应革命势力之新发展及应付目前革命之需要，中央党部及国民政府迁至南京。

与武汉方面声势浩大、名正言顺的行动相比，蒋介石的行为却要诡秘、无赖得多。4月2日，他在上海会见了应其急电邀请由粤至沪的李济深、黄绍竑，并相偕与白崇禧等人一起密谋"清党"，同天又支持国民党中央监察委员会在上海召开紧急会议，蔡元培、李宗仁、古应芬、黄绍竑、张静江、吴稚晖、李石曾、陈果夫等人出席，通过了吴稚晖所提"请查办共产党"呈文，决定通知军警机关对共产党员和革命分子197人分别实行看管监视，对汉口联席会议及二届三中全会之决议，认为有疑问，应请中央执行委员会按酌事实分别接受或搁置。上海市民政府的成立，本属理所当然，但蒋介石不赞成，认为该政府多为共产党和工人所把持，吴稚晖这个充当了蒋介石反共急先锋和轿夫的所谓国民党元老帮腔说："北伐军来，自然有国民党的党政府，为什么又要什么市民会议的政府？这一定是共产党的阴谋！"遂采取种种阻挠、破坏的措施。市民政府在呈准武汉国民政府，不管蒋介石态度如何，宣布成立后，蒋介石随即宣布成立了"上海临时政治委员会"，以吴稚晖、蔡元培等15人为委员，掌握上海市一切军事、政治、财政，并有权指导地方党务和群众运动。4

谁与争雄

月3日,蒋介石的喽啰在福州组织了"拥蒋护党"运动大会;5日,蒋介石指使地痞张伯岐等设立"上海工界联合会",四出活动,招摇撞骗,制造纠纷,对抗上海总工会。5日这一天,蒋介石以总政治部迁移上海后不向总司令部报到为由,下令东路军前敌总指挥派兵查封,并逮捕办事人员19名,其代主任郭沫若发表讨蒋檄文后已东渡日本。第二天,蒋介石下令,从本日起,所有武汉发来之电报、函件,武汉各报"妨碍革命"之记载及总政治部等各种"反动宣传"之广告,一概不许刊登或转载,如有故意违抗者,决按条例严惩。为了切实控制南京、上海,蒋介石委任自己的警卫团长为沪宁路要塞司令。

接到武汉方面关于第一、第二集团军的任命后,蒋介石自然很不高兴,因为武汉方面实质上否定了其革命军最高指挥官的职位,抬了个北方大汉冯玉祥与他平起平坐,互相制约。但他也有微笑着对待卫们温语相加的时候,那是他想到国民党右派元老们正起劲地帮他抬轿吹号,而且自己要尽手腕,终于把军事实力派李宗仁、李济深等人拉了过来。

武汉方面政治上居于明显的优势,打起文仗来,蒋介石总觉得底气不足,所以,他想尽千方百计要把汪精卫留在上海,力争挂出一面比武汉方面更加鲜艳的旗帜,为此,除了派军政大员去说服、劝告外,自己也多次亲自造访汪精卫,甚至提出了警告:"你切不要到武汉去。你去了,一定出不来,那时,你想不做共产党的工具也不能了。你如果真正为本党,那就要到南京去,然后再请武汉一般中央执行委员过来。如果你到武汉去,国民党还是不能团结,你还是要做本党的罪人。大家一致抱怨共产党,诚恳地希望汪先生重负领导的责任。"

汪精卫郑重地说:"我是站在工农方面的,谁要残害工农,谁就是我的敌人。大家都应该清楚,没有工农群众,哪能有我们的今天。"

蒋介石见无法说服汪精卫,随即改变策略,举行会议。会议一旦作出决议,汪精卫也就受到了束缚。4月3日,蒋介石、汪精卫、李宗仁、白崇禧、黄绍竑、吴稚晖、李石曾、蔡元培等10余人,在上海举行秘密会议。汪精卫是何等机灵的人,一见开会的阵势,即明白这是对付自己的八卦阵,遂摆出一副超然的模样,温和地说:"共产党素来不肯轻易变更所定的政策,实以国民党为利用品,本人亦不赞成共产党之阶级革命及劳农专政。而且根据本人的观察,国民党与共产党也不易继续相安。但本人希望暂能维持合作,自己愿负调和之责。"

但蒋介石一开口就打破了汪精卫心里的平衡——那口气太不容置疑了："既然汪主席也认为革命到今天,与共产党已很难相处,我的意见,今天只议决两件事:一是解聘鲍罗廷,一是清党反共。"

蒋介石的话音刚落,小会议室里即充塞着赞成的声音,尤其是出了名的元老级右派吴稚晖等,十分激烈地与汪精卫争辩。汪精卫不为所动,提出:"可以提议开四中全会,以形成新的决议来改变旧的决议,而且南京已经光复,总理本有遗命,中央党部和国民政府,均要从武汉迁到南京,四中全会就在南京召开,会议怎样决定,我无不服从,如果不由会议决定,恐分共不成,反倒陷党于粉碎糜烂,这是我所不赞成的。"

在舌战中,蒋介石始终不作长篇大论的发言,很多时间只是静静地坐着,当谈到关键问题他才插上两句,因势利导,加油煽风。

但不管怎么围攻,汪精卫始终坚持他的方针,如果抛开武汉国民政府和中央党部,自己的蓝图不就变成了空中楼阁了吗?靠什么与蒋介石争夺最高权力?他说:"总理亲手制订了联俄、联共、扶助农工的三大政策,我们必须坚决执行,否则,何以对总理在天之灵?"

尽管蒋方人数众多,汪精卫就像一艘在大海里颠簸不已的小船,时时被埋进浪底,但不久又从浪尖上冒出褐色的身子。

吴稚晖见怎样都说不动汪精卫,激动地离开座位,几步跨到汪精卫面前,拱抱起双拳,扑通一声直挺地跪了下来,声泪俱下地说:"我请求汪主席改变祖共的态度,留在上海领导我们大家坚决地清共,恢复国民党的本来面目!"

全场为之愕然。

汪精卫被震惊得不知所措。少顷,他才清醒过来,颇觉难堪,急忙起身逃避,一边往楼梯上退,一边尴尬地说:"稚老,您是老前辈,这样子我受不了,我受不了……"一边隐身到二楼上。

最后,汪精卫受不了纠缠,会议达成了几项协议:一、4月15日召集国民党四中全会解决共产党与国民党的问题,开会之前,由汪精卫通知陈独秀,各地共产党员暂时停止一切活动,听候开会解决。二、武汉国民党中央和国民政府所发命令可以拒不接受。三、由各军队、团体、机关的最高长官和主要负责人对"在内阴谋捣乱者",予以制裁。四、凡工会纠察队等武装团体,应归总司令部指挥,否则认其为对政府之阴谋团体,不准存在。

尽管汪精卫作了上述表示,蒋介石还不死心,他的企图是,把汪精卫留在上海帮助他以暴力"清党",然后拉着汪精卫一起到南京去成立政府,与合法的武汉政府分庭抗礼。谁都清楚,如果这时汪精卫到武汉去,以其资历和这时在人们心目中的威望,对武汉的政府来讲,真可谓如虎添翼。为了表明自己的拥戴诚意,就在开会的这一天,蒋介石发出了热情感人的拥汪通电:

"广州李总参谋长、龙华杨总司令、南京何总指挥、南京汉口程总指挥、汉口唐总指挥、陈总指挥并转各军长各师长钧鉴:我军势力日益进展,东南已告底定,江北频传捷音,河南敌势不振。当此革命大业功亏一篑之际,如能统一党权,有全党依赖之人,指导督促,疏解纠纷,排除障碍,国民革命即可告成。汪主席病假逾年,不特全国民众渴望仰慕,党国亦蒙受重大影响。中正曾经迭电促驾,今幸翩然出山,恍如大旱之获甘霖,莫名欣慰。汪主席为本党最忠实同志,亦中正平日最敬爱之师友,关于党国大计,业与恳谈。中正深信汪主席复职后,必能贯彻意旨,巩固党基,集中党权,完成革命,以竟总理之遗志。今后党政主持有人,后顾无忧,中正得以专心军旅,扫荡军阀,恪尽革命天职。凡我将士,自今以往,所有军政、民政、财政、外交事务,皆须在汪主席指导之下,完全统一于中央,中正统率全军而服从之。至于军政军令,各有专属,军政大计应归中央统筹,中正唯司军令,以明责任。各军师长务遵此意,对汪主席绝对服从,诚意拥护,使汪主席得以完全自由行使职权,真正党权集中,达成本党革命任务,以促进三民主义之实现。特此电达,即希查照。"

4月5日,汪精卫踌躇满志地连发几通电文,答复各方面的拥汪通电:

"武昌中央执行委员会、国民政府钧鉴:兆铭遵命启程回国,已于一日到沪。数月已来,以诸同志之努力,国民革命获一日千里之进步,谨以满腔的热诚,施革命敬礼,并当追随诸同志之后,从事工作,顷以(已)电告中央,听候批示,谨以奉闻,汪兆铭。支。

"蒋总司令勋鉴:顷读江电,无任惶愧,兆铭于去年三月,因病离职,北伐之役,未获躬与艰难,稍分劳苦,此迭奉党部电召,并承来电催促频仍,故力疾回国，期以党员资格，从事工作，稍尽心力。尊电期许过当，自维驽骀，深惧弗胜。惟望时颁教诲，俾有遵奉，是所至荷。汪兆铭。支。"

对这两电，政治嗅觉敏感者分析道：汪精卫两方应付，预留后路，他既遵奉武汉国民党中央为正统，因为武汉方面诚心诚意拥护他，并以他为旗帜，另一方面也不愿得罪蒋介石这个军事实力派，以免堵绝蒋汪再度合作的道路。

汪精卫与蒋介石等人的会见充满着争论甚至争吵，但他与陈独秀的会晤却比较愉快。陈独秀于1915年在上海创办《新青年》，发表《敬告青年》一文，高举民主与科学的旗帜，发动了新文化运动。其道德文章，一时无两，汪精卫对之亦极佩服。

汪陈联合宣言发表在《申报》上，对共产党员和革命群众起了解除应付突然事变的思想武装的作用，但反动集团对其仍然很不满意。开会时，吴稚晖很激动地诘问汪精卫："这是怎么回事？中国从此即由两党共同统治了吗？"汪精卫正要辩答，吴稚晖断然道："能够治理中国的只有国民党，没有联合共产党共治的可能！"又摸了摸似乎跪痛未消的膝盖，讽刺汪精卫说："陈独秀是共产党的党魁，是他们的家长，他在共产党里的领袖身份是无可怀疑的，但是我们国民党内是否有这样一个党魁或家长呢？现在有人以国民党党魁自居，恐怕也不见得罢！"

正在汪精卫非常难堪的时候，李宗仁附在蒋介石耳边悄声说道："汪主席不改变态度，我们就不让他离开上海。"

宋子文见李宗仁这样神秘，又见蒋介石的眼里陡地射出一束凶光，断定形势已经十分危急，蒋介石这个流氓底子的总司令可能对汪精卫采取非常措施。尽管蒋介石在拼命追求其妹妹，但他是极不情愿有这门亲戚的。他脑筋一转，说："今天大家都累了，不如休息一下，每个人对自己所持之立场再进行一番深入的研究，明天再议如何？"

众人不欢而散。

4月5日晚，宋子文设法将汪精卫送上去武汉的"江丸"号轮船，6日凌晨即离沪赴汉。

第五节　蒋介石发动反革命政变，
汪精卫在武汉声嘶力竭，却举棋不定

当蒋介石发现汪精卫已离沪而自己鞭长莫及时，哀叹两声："我早知道留他不住，留他不住！"

汪精卫虽未留在上海充当为蒋介石火中取栗的反共旗手，但蒋介石已取得了李宗仁、李济深、白崇禧等军事实力派的支持，自认为"清共"的力量还是绰绰有余。

4月9日，蒋介石由上海至南京，立即致电汪精卫、谭延闿、程潜、何应钦、胡汉民、朱培德等人："中正已于本日驻南京。东南虽已底定，北伐尚未成功，各项进行事宜亟待解决，务请诸同志于本月14日前驾莅南京，筹商一切，不胜盼祈。"他到南京是作建都准备的，几天前，他就捏造了"江苏十六县公民代表会议"的名义，通电全国，要求在南京建都。

武汉作为革命的中心，充满着热情与混乱。

蒋介石确实已经走向革命的反面了。他从南昌出发，一路杀戮地到了上海，一头扎进了帝国主义和买办资产阶级的怀抱，所以，武汉的大街小巷贴满了"打倒蒋介石""拥护孙中山三大政策"等标语。

群众觉醒了。鲍罗廷说："国民革命击溃了吴佩孚和孙传芳，这就向千百万人表明了旧制度必然灭亡，表明了革命的力量和威力。同样，不管军队领导人的意志如何，唤起和组织最广大的群众，为反对中国的殖民地军阀制度赖以维系的基础而进行斗争的信号已经发出了。"

革命运动迅猛高涨。工人纷纷罢工，组织了武装纠察队。在广大的农村，农民运动如火如荼。早在1926年12月，湖南的农民协会就遍布全省。广州农民运动讲习所和武汉的中央农民运动讲习所培养的大批农运干部如革命的火种到了遍地干柴的农村，农民协会解除了民团的武装，禁止提高粮价，降低地租，给恶霸地主戴高帽子游街甚至处死他们，湖南成立了审判土豪劣绅的特别法庭。的确，在农运迅猛发展的地区，农民协会成了唯一的权力机关。这就使

第六章　宁汉相争

一部分军官，尤其是唐生智所部的一些军官皱起了眉头，因为他们中的很多人，或者他们的家人就是地主，他们看到自己的土地被没收无偿地分配给农民，或自己的父亲被戴上高帽游街，露出了恐惧甚或仇视革命的面目。

武汉革命气氛虽然很热烈，但其中潜伏着的危机，正慢慢吞噬着革命。

众望所归的汪精卫已从上海启程赴汉。民众奔走相告，汉口《民国日报》寄望于汪精卫说："亲承总理遗训，经此一发千钧，危机四伏，众望喁喁，民众拥护，救党救国，望慨然复职，策应时艰。"他们认为，只要汪精卫一到，很多问题定会迎刃而解，革命定会有新的起色。

4月10日，满面春风的汪精卫与夫人陈璧君等人抵达武汉，受到盛大欢迎。汪精卫在国民政府大厦宣布复职，并在汉口民众的欢迎大会上作演讲，旁征博引地阐述了三大政策：第一，联合世界上革命的民众，共同来反对帝国主义，这就是联俄政策；第二，联合国内的一切革命分子，来反对帝国主义，这就是联共政策；第三，要把全国最大多数最受压迫分子唤起来做革命的领导者，这就是农工政策。最后得出结论，要使革命胜利，一定要按这三股大道走。第二天，《中央副刊》请汪精卫题词时，他提起笔略一思索，即写下了一句通俗的话："中国国民革命到了一个严重的时期了，革命的往左边来，不革命的快走开去！"

汪精卫尚沉浸在享受至高无上权力的喜悦之中时，蒋介石发动了"四·一二"反革命政变。就在4月12日，蒋介石与李济深电告广东省党部、省政府，不准执行中央迁到武汉后的一切命令。4月15日，广州发生了针对革命的大屠杀。

蒋介石公然叛变的消息传到武汉，震惊了三镇，尽管这也应该说是预料中的事情。各种政治团体纷纷通电，痛斥蒋介石破坏孙中山三大政策并勾结帝国主义分裂革命运动，屠杀民众的罪行，要求国民党中央开除蒋介石党籍并撤职查办。

汪精卫在上海时即料到蒋介石会有这一手，但没有料到来得这么快，度过最初的一段心神不定之后，他明白蒋介石已公然打响了第一枪，于是他致电各级党部、各地方政府，斥责蒋介石违背中央命令，强缴工人纠察队枪械，谋开

谁与争雄

西山会议式之会议，反抗中央。接着又发表一个通电，指责蒋介石所作所为，"既违反中央命令，且与总理扶助农工策略大相剌谬。悍然行之，无疑甘为民众之敌。似此丧心病狂，自绝于党，自绝于民众，纪律俱在，难逃大戮。"决然表示，断绝与蒋介石的合作。

针对事态的发展，武汉决定开会研究应付时局的策略方针。4月16日，在汉口南洋大楼召开了国共两党联席谈话会，国民党方面出席的有汪精卫、谭延闿、孙科、徐谦、顾孟余五人，共产党方面的有陈独秀、张国焘、瞿秋白，以及鲍罗廷等人。

在如何对付蒋介石这个问题上，国民党和共产党内部均存在着极大的分歧。

汪精卫心中矛盾，既明白这是蒋介石公开向他挑战，又怕和对手进行针锋相对的斗争。作为武汉方面军事支柱的唐生智，这时被蒋介石视为夺取中国统治权的最凶狡诈的敌人，却担心东征讨蒋时，张作霖的军队从河南进攻自己的大本营武汉，因而举棋不定。

刚刚从上海法租界迁到武汉的共产党中央内部也存在着激烈的争论。4月16日，在上海转入地下斗争的周恩来发电报给中央，建议趁蒋介石立足未稳，迅速出师东征，指出：如果不迅速讨蒋，则蒋之东南政权将益固，与帝国主义关系将益深。即使武汉北伐，能直捣京津，而蒋之政权已固，继蒋而起者亦将大有人在，日本帝国主义在北方亦未尝不可与国民政府成直接冲突。因此，东征讨蒋是唯一正确的方针，再不前进，则彼进我退，我方亦将为之动摇，政权领导尽将归之右派，不仅使左派灰心，整个革命必根本失败无疑。瞿秋白也主张东征讨蒋，蔡和森主张在立即实行土地革命的条件下进行北伐；张国焘、谭平山主张南征回广州，首先打李济深，建立广东革命根据地，再出师北伐。中共的"太上皇"鲍罗廷和刚刚于4月2日到达武汉的共产国际代表罗易之间的看法也不相同。罗易认为应该首先开展土地革命，巩固两湖，使革命深入，在此基础上东征，他坚决反对不讨蒋而北伐，将武汉所有的军队集中去打张作霖，造成武汉防卫空虚，就给了蒋介石可乘之机，在这种情况下北伐不但没有意义，而且是军事冒险。鲍罗廷则认为应该马上北伐，与冯玉祥会师河南，打下北京后再搞土地革命。陈独秀、张太雷

第六章　宁汉相争

等人赞成鲍罗廷的主张。

经过两党联席会议的紧张磋商，国民党中央和国民政府4月17日发表声明，表示拥护三大政策，继续国民革命，痛斥蒋介石的反革命罪行；并发布了《免蒋介石本兼各职令》，委任冯玉祥为国民革命军总司令，唐生智为副总司令，指出："蒋中正屠杀民众，摧残党部，甘心反动，罪恶昭彰，已经中央执行委员会决议，免去本兼各职。着令全体将士及第一集团军所辖之第一、第二、第三、第四各方面军及总预备队，着均归军事委员会直辖。"

由于国民党方面的代表摇摆不定，鲍罗廷与陈独秀提出了立即进行北伐而暂与南京方面相安的理由：第一，蒋介石仍在高喊北伐，他仍在对外说只反对鲍罗廷一个人，并连电加伦，请其作宁汉间的调停人，因此，蒋介石在部分群众中仍有欺骗行为；第二，东征会与帝国主义过早发生冲突；第三，如果东征讨蒋，张作霖会从背后攻击武汉；第四，继续北伐可与冯玉祥会师，打通国际路线。

作为共产党的总书记，陈独秀当时正承受着巨大的悲痛。在国民党反动派的一系列屠杀中，他的长子中共中央政治局候补委员、江苏省委书记陈延年，次子中共江苏省委组织部长陈乔年，和一大批革命志士倒在血泊中。他与鲍罗廷密切配合，使联席会议最后决定先进行第二期北伐，攻打张作霖，与冯玉祥会师后，再回头消灭蒋介石。

4月19日，武汉国民政府在武昌南湖举行第二期北伐誓师典礼及庆祝军事委员会成立大会，中央党部及国民政府全体要员均出席并阅兵。唐生智以第四方面军的名义，统率三个纵队，张发奎为第一纵队司令官，任右翼，指挥第四、第十两军及贺龙独立第五师，经汝南、上蔡，攻开封、归德；刘兴为第二纵队司令官，指挥第三十五、三十六军向京汉路正面前进；以前收编的河南保卫军田维勤、靳云鄂部及暂编第三军梁寿恺、暂编第五军庞炳勋等部为第三纵队，任左翼，沿京汉路西侧地区前进。各部总计6万人，限4月29日前集中完毕。

一星期后，武汉国民政府军事委员会特任阎锡山为第三集团军总司令。

"四·一二"政变后，蒋介石见武汉方面揭旗北伐，觉得自己在政治上分量不足，尽管有众多军事实力派的支持，也感到气势不如人，左顾右盼之间，

谁与争雄

想到了胡汉民这块搁置已久的招牌，遂立即派人到上海，找到蛰居了一年之久的胡汉民，恭请胡汉民启驾赴宁。权力离手很久的胡汉民早想东山再起，立即收拾行装，直奔南京，紧紧握住了蒋介石那双出人意料地伸给他的手。

4月17日，南京国民党中央政治会议推选胡汉民为主席，又推其出任国民政府主席。18日，南京国民政府宣布正式办公。当天上午9点，在旧江苏省议会，举行了国民政府委员蒋介石、吴稚晖、张静江、胡汉民、蔡元培、柏文蔚、邓泽如、陈铭枢、陈果夫等人的就职典礼，由蔡元培代表中央党部授印，胡汉民代表国民政府受印。在随即举行的阅兵式上，胡汉民发表他那教员似的枯燥演讲，呼吁国民革命军将士"一致拥护蒋总司令，以巩固革命阵营，打倒反革命势力"。

蒋介石虽不愿聆听胡汉民无味的长篇大论，但对其呼吁报以真诚的微笑。

胡汉民到南京后忙得不可开交。他研墨铺纸，用他那早年主编《民报》与康有为、梁启超论战的大手笔，挥毫连写几篇文章，均在18日面世。国民政府发表宣言，向民众揭示革命方略：一、使党军愈与人民密切的结合；二、造成廉洁之政府，提倡保护国内之实力；三、保障农工团体之利益，并扶助发展。国民政府又发表《告国民革命军全体将士文》，其中有几句话特别显示出文告作者的匠心："总理既逝，本党秉承遗训，出师北伐，而以军事全权托付蒋中正。蒋同志忠贞勇敢，受命以来转战七省，奠定江汉，数十年来本党军事成绩之伟大，盖无过今日者，虽然，苟无认识主义、效命党国之全体将士，则蒋同志亦一手一足之力耳！"

蒋介石读罢这几篇皇皇文告，暗自庆幸自己这步棋下对了，抬出了胡汉民，使南京方面有了可与汪精卫比资历比文笔的大招牌。这比自己坐上主席宝座舒心得多。

然后，蒋介石在阅兵主席台上，双手叉腰，抑扬顿挫地对全体将士作了长篇训示："今天虽是国民政府成立的一个纪念日，也可以说是我们国民党恢复党权中兴的一个纪念日，并且可以说是我们中华民族开始独立、自由、平等的一个纪念日。各位将士们要明白，我们革命的环境，是很恶劣的，是很危险的。为什么呢？因为我们南京地处上海、汉口之间，上海是各帝国主义者的根据地，时用强横的手段压迫我们；汉口现在被共产党占据，勾结了赤色帝国主

第六章 宁汉相争

义者,来捣乱我们的后方。所以我们现在正处在赤白帝国主义者夹攻之下,而奉鲁军阀又时时向我们进攻。我们四周的环境,既是这样严重,如果我们还不赶紧觉悟起来,从这种恶劣的环境中冲出一条血路来求生,那我们的失败比从前还要来得厉害……"

蒋介石讲这番话,说明即使到这个地步,他也不敢公开丢掉"反对帝国主义"的招牌,进而也说明了蒋介石的地位很不稳定,不得不用谎言来安抚、欺骗自己的部属。

蒋介石表示了自己的决心:"南京为总理亲自指定的首都,在历史上,亦为中华民族屡次建立的都城。邦国之基,自是永奠,是非既分,真伪立辨。中正身负党国重任,自当率我国民革命军全体将士,一致效死,拥护我们南京都城的真正国民政府,并且要消灭汉口共产党所操纵的伪国民政府。"

为了对抗武汉方面对蒋介石开除党籍、撤职、通缉的处分,南京国民政府发布第一号命令,通缉共产党人及跨党分子,其名单长达197人之多,其中有顾问鲍罗廷,共产党重要干部陈独秀、谭平山、林伯渠、毛泽东、周恩来、吴玉章、刘少奇等人,国民党左派徐谦、邓演达、柳亚子等榜上有名。随即成立了以老右派邓泽如为主任委员的"中央清党委员会",浙、闽、粤、桂、皖、川各省开始大规模"清党"。

草创政府容易,要想使它巩固而成为一个真正的政府,困难成堆。南京的形势,确如蒋介石所言,非常危急。

随着武汉方面反蒋浪潮的日益高涨,且军队渐渐东开,南京上游顿感吃紧。蒋介石急忙调集虽然庞大,但矛盾而且疑虑重重的军队对武汉方面作出防御部署,计划兵分六路,反攻武汉:粤桂为第一路,李济深、黄绍竑指挥;湘黔为第二路,王天培指挥;闽浙为第三路,何应钦、白崇禧指挥;苏皖为第四路,陈调元指挥;四川为第五路,刘湘指挥;贵州周西成为第六路。

蒋介石认为,武汉的军事实力派中,唐生智野心勃勃自不消说,他必定希望趁机一鼓而下东南,囊括长江以南之中国,进而与张作霖逐鹿中原。老资格的程潜反蒋最烈。程潜一直屈居于蒋介石之下,而且屡受蒋介石的歧视,再加上革命潮流对其内心的冲击,使其越来越反蒋。早在蒋介石东下上海途经南京

谁与争雄

时，程潜即认为大敌当前，要求团结、慎重，还自告奋勇地赴武汉进行调停。程潜离军后，蒋介石对其第六军阴险地动了手，他以军长的头衔收买该军总参议兼第十七师师长杨杰，又怕其另一师第十九师的官兵不服，命令白崇禧以总司令部参谋长的名义，于4月4日集合该师全体官兵训话，无端以"四国炮击南京事件"挑起者之罪名，由何应钦之第一军将其包围，缴械遣散，并下令通缉程潜。程潜在返回途中得知消息，折返九江，旋即与第六军留守九江的部队重返武汉；"四·一二"政变后，程潜重建第六军。第六军深恨蒋介石的奸诈毒辣，秣马厉兵，准备与其一决雌雄。

上海方面虽已进行了"清党"，但工人运动仍在发展，大有澎湃之势。不要忘记，上海是工人阶级独立地从孙传芳手里夺过来的。

江北的战事让人忧心。孙传芳的五省联军和张宗昌的直鲁军在津浦线上大举反攻，北伐军失利，定远、寿县相继陷落，直鲁联军迫近合肥、浦口，其飞机向浦口和南京投掷炸弹；孙传芳在瓜洲、泰兴集结部队，准备渡江进攻沪宁线。

蒋介石表面上镇静如常，但色厉内荏，心中非常惊慌。但天公作美，由于汪精卫软弱的书生性格，加上鲍罗廷与陈独秀的错误，失掉了打垮蒋介石的最佳时机。蒋介石却不同，他一发现对手的弱点或缺陷，便紧紧追迫着对手，不给其丝毫回旋余地。武汉方面决定暂时搁置东征而进行北伐的情报送到办公桌上时，蒋介石悬着的心才回落到原位，他一面布置北伐战事，一面绞尽脑汁，苦心筹划，准备搞垮武汉。他采取的策略是：实行经济封锁，唆使武汉方面的将领叛乱，对武汉政权内部进行分化瓦解。

为了巩固已取得的成果，蒋介石成立了吴稚晖为主任、陈铭枢为副主任的总司令部政治部，抓住宣传喉舌；同时，蒋记国民政府又陆续改组了它控制下的各省政府。蒋介石和胡汉民存心与汪精卫开玩笑似的，4月27日，南京国民政府发表文告，任命蔡元培、李石曾、汪精卫为教育行政委员会委员，汪精卫兼东南大学的校长。

蒋介石安顿就绪，觉得威胁仅来自北方后，命令上海交涉员郭泰祺正式照会各国领事，并转达各国政府，南京国民政府已于4月18日正式成立。

5月1日，蒋介石确定兵分三路北伐的作战计划：第一路以何应钦任总指挥，由镇江、常熟渡江北上，肃清江北；第二路以蒋介石为总指挥，由白崇禧代理，由浦口渡江北上，任津浦路正面作战；第三路以李宗仁任总指挥，由芜湖渡江袭击津浦路直鲁军侧背，北上解六安、合肥友军之围，然后联合进攻陇海路。

　　武汉二届三中全会对蒋介石的总司令权力作了若干限制，蒋介石为名正言顺地实行军事独裁，于5月1日操纵南京国民党中央政治会议，通过了《国民革命军总司令部组织大纲》，其要旨为：凡作战之陆、海、空三军，均归总司令统辖，未加入作战各军由军事委员会直辖，必要时总司令得以咨请调遣之。战时政务委员会由政府特派民政、财政、交通、外交等部人员组成，受总司令指挥，处理作战区域内政务，并任作战上各种要素之筹备、调节、分配。

　　蒋介石口含天宪，指挥大军浩荡北上，逐鹿中原。

第七章　波谲云诡

汪精卫把蒋介石叛变革命当做自己争夺国民党统治权的机会，然而，他公开发动反革命政变后，却猛然发现自己不仅在武汉已无法立足，在南京、上海、广州，到处都是政客们的算计和陷阱。

第一节　右派围攻，列强封锁，武汉政府面临空前危机

武汉国民政府第二期北伐的战事，在河南境内发展较为顺利，但武汉面临的总形势，却没有因为汪精卫的到来而好转。

首先是经济问题。英、日等国为保持其在华特权，采取种种措施，实行经济封锁，企图从经济上扼杀反帝的武汉政府。日本人在汉的所有工厂、银行、会社、商店停业，导致大批工人失业；他们唆使奸商、买办向中央银行挤兑，将大批现金偷运上海，并图谋从武汉运出燃料、粮食等。宋子文到上海设立财政部驻沪办事处，但起不了作用，蒋介石设立的江苏兼上海财政委员会行使了实际职权；宋子文退而求其次，准备在上海公共租界华俄道胜银行旧址设立中

央银行,事为荷兰驻沪总领事获悉,以中国政府不得在租界内设立政治机关为由,具备忘录函宋查照而加以阻止;南京国民政府成立后,蒋介石以国民革命军总司令部名义发出通告,嗣后凡有汉口地名之中国、交通两银行钞票不得在他省兑现;南京政府又发出通电,令长江下游各地禁止将现金运往武汉。北京、上海的银行公会决议与汉口各行暂停往来。

武汉国民政府为打破蒋介石与帝国主义的经济封锁,下令禁止现金出口,并颁布《集中现金条例》,封存各银行之现金四百多万元,规定凡完纳国税、流通市面均以中央、中国、交通三银行所发之汉口通用钞票为限,凡持有现银或其他商业银行纸币者,准换成以上三行钞票使用,一律不兑现。

但是,在四面受封锁的情况下,这些措施连燃眉之急都无法解决,原因就是庞大军队的日常开支和战争费用,吞掉了政府的绝大部分财政收入,无论财政部的官员如何精明强干,但农村、城市罗掘俱尽,无奈只得求助于最后一招——大量发行纸币,中央银行、中国银行、交通银行都享有纸币发行权,于是银行的印钞机高速运转起来。伪造最常用的纸币在更大范围内猖獗起来。饮鸩止渴的恶果很快就暴露无遗,到1927年5月,这些钞票贬值了85%,农业凋敝,工矿破产,物价飞涨,失业人数众多。在这种情况下,又决议发行直鲁豫陕国库券900万元,这无疑是一种公开的掠夺。

第二个问题是军事包围:东面是蒋介石,南面是广西的黄绍竑和广东的李济深;北面是正与之激战的张作霖,还有一个让人很不放心的第二集团军总司令冯玉祥。冯玉祥1926年9月在绥远的五原誓师,率部参加了北伐,在共产党人刘伯坚等的帮助下,确定了"固甘援陕,联晋图豫"的战略方针,取得重大胜利。他在西安,不时接见武汉、南京、太原的代表。蒋介石的代表三天两头找冯玉祥密谈。尽管冯玉祥反复声明,他认为不管武汉或者南京,当前头等重大的任务是打倒奉张,但蒋方代表提出的条件使其黯然心动:在装备精良的奉军击溃武汉的国民革命军前,不要忙出兵攻击奉军,然后,两家再联合起来,或者再加上阎锡山,一道去反对胜利者。但冯玉祥有他自己的担心:现在本是西北、武汉、南京三方共同北伐,一旦武汉败退回去,或者掉头东征,蒋军势必从津浦路往后缩回头,这就会造成冯玉祥与张作霖的单打独斗,说不定阎锡山这个惯会见风使舵的家伙又会加入张作霖方面。因此,一夜之间,潼关

谁与争雄

墙上的反蒋标语消失了,一种批蒋的小册子被悄悄地收了回去,冯玉祥给全军下了密令:禁止反蒋宣传。但冯玉祥不会傻到死死地靠住某一方面而把退路全部堵死的地步,他毕竟是武汉国民政府任命的第二集团军总司令,后来武汉甚至任命他接替已公开反动的蒋介石为北伐军总司令。对他来说,最好宁汉双方的分歧搁置到打倒张作霖以后再说。所以,他给武汉发去密电,声称他完全支持国民党中央执行委员会,国民革命是建立在群众运动基础上的。南京方面,中央政治会议决议,加推冯玉祥为中央政治会议委员,由其部将李鸣钟代表出席,对其进行进一步拉拢。

西面,长江上游,形势也非常不妙。早在4月9日,四川几个大军阀,先后投入革命阵营的第二十军杨森、二十一军刘湘、二十二军赖心辉、二十三军刘成勋、二十四军刘文辉、二十八军邓锡侯、二十九军田颂尧联名通电反共。南京政府建立后,蒋介石更是对川黔将领进行拉拢、分化、煽动,要他们攻击武汉。贵州的周西成联合袁祖铭的旧部,决定向长沙进兵,他们有一个现存的口号:打垮唐生智,为袁祖铭报仇。各部纷纷向长沙靠拢,湘省形势顿时紧张。杨森在与川中各派的角逐中处于较为不利的地位,局处下川东,向川内发展,与刘湘兵戎相见又无制胜把握,决计趁武汉方面主力投入河南战场的绝好时机,一举攻占武汉。蒋介石对其野心火上浇油,默许杨森进入武汉后控制汉阳兵工厂。5月5日,长江上游硝烟滚滚而来:刘湘通电就任蒋介石所委的第五路总指挥职,任命第二十军军长兼川鄂边防司令杨森为前敌总指挥,率七个师约45000兵力东下,当日即占鄂西秭归;第四十三军长兼第六路前敌总指挥李燊率在湘鄂的黔军4万人向武汉方向进攻。5月8日,驻在宜昌、原鄂军第一师的国民革命军独立第十四师夏斗寅,由于不满唐生智对其压制,与蒋介石和杨森的代表密谈,决定趁武汉空虚,分由长江、汉水两路奇袭武汉。然后,夏斗寅以不能抵抗杨森大军为由,撤出宜昌向沙市退却;11日,驻于鄂北的吴佩孚残部于学忠、张联升联合向汉口出动,进攻确山、广水;15日,夏斗寅公开叛变,通电指责共产党:"盘踞要津,借口总理容共,而喧宾夺主,以暴民政治扰乱两湖。"随即率部由嘉鱼、蒲圻向武昌推进,并占领咸阳、汀泗桥、贺胜桥;杨森部进抵仙桃镇,紧逼汉阳。武汉危在旦夕。留守武昌的第二十四师师长叶挺统率所部及武汉工人纠察队等武装,奋勇出击,在距武昌仅

45 公里的纸房，将夏斗寅部彻底击溃，乘胜收复了贺胜桥、汀泗桥、咸宁等地；与此同时，武汉政府又抽调军队包围杨森，打得杨森丢盔弃甲，险些当了俘虏，武汉长江上游的形势才转危为安。

第三对矛盾是农民运动问题。

农民运动向纵深发展，深深地触动了与农村剥削者有密切联系的国民革命军军官的利益，上层军官拥有数目很大的土地，中下级军官多为中小地主出身。农运轰轰烈烈的发展，使很多军官对其恐惧、憎恨，尤其是出现了第三十五军军长何健年龄颇大的父亲被绑游街示众的事件，军官们的思想发生了变化。鲍罗廷说："军队从不介入的旁观者变成了积极活动的反革命。"另一个苏联顾问也说："国民革命军的各个部队都敌视农民运动。"这说明，军官们的变化不是十分隐蔽的。

面临着众多的矛盾和这么严峻的形势，要想取得革命的胜利，必须利用非常的手段，充分发动、武装民众，彻底改组军队，把革命推向深入。但是，武汉政府是办不到的，因为它本身只代表小资产阶级和地主阶级的利益。它只反对蒋介石的军事独裁，而像其军事支柱唐生智，只是不希望别人搞军事独裁而已。它们的利益和民众的利益是对立的，这一切就决定了武汉政府要么走向民众的对立面，与蒋介石同流合污，要么被以蒋介石为首的新军阀和帝国主义联合绞杀。中间道路是走不通的。

最根本而且无法回避的问题是土地问题。出于自身阶级利益的考虑和由于军官们的压力，武汉政府渐渐向右转。5 月 14 日，武汉政府公布了《禁止擅行没收人民财产令》，规定：凡不依《处分逆产条例》而擅行没收人民财产者，政府当予以严厉制裁，其为团体行动者，解散其团体，并对于负责之个人加以处罚。这里的"人民"显然不是指工人、农民，因为他们没有财产让谁去没收。5 月 19 日，国民党中央执委会训令各级党部："长江流域之农工团体，以突飞进展之故，幼稚之病，潜然不自觉而发生。"20 日，中央正式向各级党部发出关于"纠正农运"的训令。就在这一天，湖南省党部与省政府在发布《什么人是反革命》的文告中走得更远，宣布：侵犯军人家属者即为反革命。这里的"军人"，显然是指军官，士兵们的利益，没有谁去真正考虑。唐生智提出没收他自己的土地，但要求不要没收军官们的土地。

谁与争雄

汪精卫到了武汉后，没有表现出雍容大度、处变不惊的政治家风度。他既想同蒋介石争夺最高统治权，又怕斗他不过；既觉得民众的革命运动是他的政治资本，又觉得民众运动搞得过了头。汪精卫对蒋介石进行了口诛笔伐，他号召革命群众"依照中央命令，去此总理之叛徒，本党之败类，民众之蟊贼"，却无讨蒋的实际行动。

国共合作表面上是很密切的。在共产党4月底5月初召开第五次全国代表大会时，徐谦、孙科、谭延闿等国民党要人应邀出席。但分歧是无法调和的。由于经济封锁，工厂停工、货运稀少、码头冷落，武汉失业工人已不下30万人，武汉政府特设湖北失业工人救济局，每人每日发洋二角救济，因而大受攻击，因为现金特别珍贵。某些县的农民协会为了免受青黄不接时投机倒把之苦，禁止大米外运，这又造成了武汉，特别是前线缺粮的情况，又引起了一场喧闹："把军队和前线从饥饿中振救出来""应该送来大米""保卫北伐英雄"。甚至有人把收到大米的数目很小的总账登在报上。

虽然面临如此严峻的局面，武汉政府内的领袖们还是很清楚，离开国民革命运动，自己就在武汉站不住脚。所以，大家在公开场合，仍然是一副革命者的面孔。谭延闿暗中和蒋介石派来的密使接头，一面宣布把自己的字由"组庵"改为"左庵"。

5月21日，发生了由何键等人指使、许克祥实施的"马日事变"。随后，湖南的右派分子在长沙戒严司令部成立"中国国民党湖南救党临时办公处"。

这时，唐生智在河南指挥战事。他害怕何键的行动增强蒋介石的地位，遂于24日发出"敬电"致湖南省政府代理主席兼军事厅长张翼鹏，提出对马日事变的处置办法：一、长沙各部队非有命令，不许有任何举动；二、以长沙军界全体会议名义贴出拥护中央党部、拥护三大政策、打倒蒋介石等标语；三、所缴枪枝一律发还。随后，在唐生智授意下，第八军军长李品仙等通电主张从速解决长沙事变："湖南农工运动幼稚之病，非深加整顿，诚属危机，惟整顿权衡，应在中央。此次长沙事变，中央已决定方针，派员处理，武装同志应服从中央调处与唐生智总指挥电令，并请政府查明真相，从速解决，以免久延时日，别生枝节，如有不听调解，惟有从严惩办。"

"马日事变"后，湖南省农民协会执行委员兼秘书长柳直荀到湘潭、湘乡等县发动和组织农军,并在湘潭建立农民军总指挥部,准备进攻长沙。唐生智得此消息,大骂许克祥及其上司何健不识时务,现在主力尚在河南决战,一旦在后方同共产党开战,必致大局崩坏。

汪精卫认为,马日事变是由于工人纠察队袭击许克祥部而引起的,提出要政治解决,不主张派兵镇压叛军。总政治部主任邓演达却坚决要求派兵清剿。汪精卫禁不住丢掉涣涣君子之风,对邓皱了皱眉说:"邓主任不要急躁,急躁对革命来说是幼稚病!"

汪精卫之所以对邓演达侧目,除了政治分歧外,还有邓"风头太健"这一因素。北伐军攻下武汉后,总政治部迁到汉口。有一天,邓演达昂然端坐在一辆小汽车内,车两边的踏板上,一边站着两个武装卫士,雄赳赳地奔驰在英、法、日租界内,绕了一大圈后回到总政治部。租界是不许中国武装部队和任何军人进入的。邓演达这位国民革命军高级领导人的举动,震惊了列强,鼓舞了民众的士气,也使邓演达成为外国人和中国人心目中的一个传奇人物。

邓演达激动地说:"汪主席,这不是简单的一次兵变,它是一个信号,一个背离革命宗旨的信号!"

唐生智表示:"在工人和农民运动中存在着幼稚病,但不能用刺刀来治这种病,原先湖南的政府应该保留,工会和农民协会应该恢复,应把武器归还纠察队,许克祥对国民党军队来说是不合用的军官。"

邓演达独木难支,甚至鲍罗廷、陈独秀均主张用政治手段解决问题。他们认为,如果采取武力镇压的手段,不管怎么说,许克祥是唐生智的部下,恐怕于唐生智面子上不好看。鲍罗廷和陈独秀现在,正如过去把革命期望寄托在蒋介石身上一样,现在把期望寄托在唐生智的身上,不能冒因为这点"小事"与唐生智反目而葬送革命的危险。最后决定,派人去调查解决。

5月25日,鲍罗廷偕同武汉政府特派员谭平山、陈公博、彭泽湘等由武汉乘专车到湖南查办"马日事变"。当天晚上,车到岳阳站,刚刚停稳,一个军官上车来,交给代表团一份电报。电报是许克祥发来的,说要逮捕鲍罗廷等人,并且就地枪决。这份电报在车厢里引起一阵不小的骚动。最后,火车调了头,鲍罗廷等折回了武汉。

第二节　宁、汉双方均极力拉拢冯玉祥，
　　　　冯玉祥精明应对

6月12日，武汉方面与冯玉祥在郑州举行会议。

参加会议的双方主要代表有：汪精卫、谭延闿、冯玉祥、孙科、唐生智、邓演达、张发奎、鹿钟麟等。

6月6日，武汉政府鉴于冯玉祥对时局闷声不响，难测其态度，派邓演达至潼关见冯玉祥。但冯在谈话时顾左右而言他，对实质性的问题不作正面回答，性急的邓演达很无奈，只好放弃先摸其态度的打算，代表国民政府通知他参加郑州会议，商讨下一步的计划。在由潼关至郑州的路途中，邓演达，这位孙中山曾交口赞誉过的将领气愤异常：看冯玉祥那个样，似乎是穷亲戚去给他告贷，而他已不是国民政府任命的集团军总司令了，是个独霸一方的草头王。真是有枪便有一切！

冯玉祥很少说话。他被苏联顾问称为"狡猾的乌克兰村长"，他身材高大，貌像朴实，在与会者之间很显眼。他要求武汉方面与南京方面合作："大家都是总理的学生，都是为国民革命，都信奉三民主义，有什么问题都可以坐下来好好协商，决不能互相残杀。"的确，冯玉祥真诚地希望宁汉双方合作：如果武汉方面真的东征讨蒋，南京方面为了对付顺流而下的东征军，必定撤回已经占领徐州的北伐军主力，奉张则绝对不会放过这一夺回失地的好时机，那么，与翻身杀过来的奉军接战的就只有冯玉祥的国民军了，而国民军虽得河南，但属四战之地，孤立无援，力量单薄，定然失败。

汪精卫作了冗长的关于总的政治形势的报告。

汪精卫的侧面坐着戎装的唐生智。唐生智正襟危坐，似乎在静静地听汪精卫的报告，实际上，枯燥的报告早就约束不住他的心思了。他手里的武装力量是武汉政府赖以生存的支柱，摆在面前的有两条路：与冯玉祥合师继续北伐，或东征讨蒋。但何去何从，却使他左顾右盼，难作决断。如果继续北伐，一怕被共产党端了老窝；二怕蒋介石从津浦线偷袭侧背。如果东征讨蒋，势必从河南方面撤军，打下河南，唐生智并没有付出太大的代价——虽然河南战役的牺

第七章 波谲云诡

牲较大,但他利用自己的统帅地位,把第四军、第十一军及贺龙的部队首批调上前线,使他们去与奉军拼消耗,而他的嫡系部队跟在后面开进。但让他把地盘让给冯玉祥,颇觉不痛快。临开会时,汪精卫曾跟他说:"由于战线太长,贵部留一小部分在漯河、信阳一带,公率大部,回镇武汉。"汪精卫甚至把这次郑州会议的底线都与他商定了,召开会议的目的有二,一是为了防共,他认为共产党将有"异动",如果不加以制止,则祸起肘腋之间,必死无葬身之地;二为重新布置东征计划,以河南地盘拉拢冯玉祥,武汉无后顾之忧即可一举而囊括东南。这一切的关键是冯玉祥的态度。

汪精卫的报告结束后,孙科接着作关于财政问题的报告。

河南战役基本告一段落时,为了确定大政方针,5月30日和6月2日,在鲍罗廷的寓所里开了两次会,争论都十分激烈。不言自明,如果继续北伐,稳定后方的最好办法就是一如既往地保持和共产党的合作。但是,唐生智非常明确地告诉汪精卫:"所部分崩离析,将领不服调遣,莫可如何!"他用约束不住军队要挟汪精卫分共。何健公开发表反共宣言,要求与共产党分裂,并占领全国总工会等场所,大肆逮捕共产党,他甚至公开回敬汪精卫的指责:"中央有什么办法可以使共产党不暴乱?"

汪精卫主张消灭南京的反革命势力,彻底打垮蒋介石,他念念不忘的是蒋介石处处以总理信徒的面目与自己争权,自己应该是总理的接班人。程潜对汪之主张极表赞同,孙科则说他服从决议,谭延闿睡着了。

汪精卫本身不是共产党领导的民众运动的真正伙伴。他处在无法解脱的矛盾中,既失魂落魄地害怕民众运动,——他想依靠将领们的支持来对付蒋介石的军事独裁,而不敢依靠比这强大得多的民众运动。他决心以镇压共产党、停止工农运动为代价来换取将军们的支持。但在分共的时间和方式上,汪精卫始终没有作出决定。帮助汪精卫走出犹豫摇摆的是共产国际代表鲁易。鲁易把共产国际对中国革命的议案,即五月指示拿给汪精卫看。给汪送去了他这个书生底子的人所想要的分共冠冕堂皇的理由。该指示的主要内容为:一、改组武汉政府,加强这个政府中的中国共产党的领导力量;二、改组国民党中央执行委员会,在中央执行委员会中增加更多的工农领袖;三、武装二万中国共产党员;四、挑选五万工农积极分子加入国民党军队,使国民党军队得以彻底改造，排除其中的反动将领，以中国共产党或坚定的国民党左派代替；五、设立以国民党左派领袖为首的军事法庭，严厉惩办反动军官；六、厉行土地革命，坚决从下面实行没收地主土地和豪绅的财产。汪精卫惊呼：只要中共认真执行了其中的任何一条，国民党就完了。但他隐忍不发，因为他尚未做好分共的充分准备。

徐谦和顾孟余反对汪精卫对抗南京的主张，要求与南京联合。

冯玉祥看见武汉内部存在这么大的分歧，更不愿像汪精卫要求的那样，对武汉方面一边倒。他说："我还是那句老话，宁汉两方本是一家人，只有大家联合起来，才能打败奉鲁军阀，如果自相残杀，将使亲者痛，仇者快，而且容易被敌人各个击破。我认为，宁汉分裂的重要因素是苏联顾问和共产党操纵了武汉政府，那我们实行驱鲍和分共，不就能使两家合作起来了吗？"冯玉祥得力于苏联的援助和共产党的具体帮助，才使国民军发展壮大，但现在的思想发生了急剧变化。

邓演达在潼关即看出了冯玉祥不会作武汉方面的支柱，更不愿居于蒋介石之下，而是想凭其三省地盘和20万军队，充当宁汉之间的调停人，独树一帜。不是吗，他的军队始终不肯改名为国民革命军，他说国民革命军是崇高的称号，不能随便取用的。邓演达知事无可为，懒懒地不开腔。

最后，会议作出了几项决议：一、成立河南、陕西、甘肃三省政府，以冯玉祥主河南，于右任主陕西，刘郁芬主甘肃；二、组织开封政治分会，以冯玉祥、于右任、徐谦、顾孟余、王法勤等11人为委员，以冯为主席，指导豫、陕、甘三省政务；三、冯玉祥之第二集团军扩编为七个方面军。

郑州会议的消息传到蒋介石那里，他怔了半天。

南京，虎踞龙盘，富有帝王之气。作为长江流域的三大火炉之一，天气非常闷热。蒋介石穿着轻柔的丝织衣裤，倒剪着双手，在窗前踱来踱去。他在冥思苦想武汉方面解除了北方军事威胁后的行动。良久，他坐在办公桌前，在日记本上笔走龙蛇，写下这句话："是其以豫交冯，而以全力巩固两湖，其后南下攻粤或东下攻宁，皆意中事也"。

写毕，蒋介石信步走出房门，仰看落日，忽有所感，急忙叫机要秘书到面

第七章 波谲云诡

前,吩咐道:"记下来,马上发出去。冯总司令钧鉴:贵部自五月潼关出师,所向披靡,横扫吴佩孚余孽和奉张军阀,为国为民,立下殊勋,今津浦路战事发展颇为顺利,今后将取何行动?实赖兄之指导。请兄于十九日至徐州,与吾等共商国是。"

蒋介石要联络冯玉祥的心情是迫切的。如果冯玉祥倒向武汉一边,沿着陇海线东进,再折而南下,沿津浦线进攻,与武汉方面会攻南京,南京决不能守。

6月15日,为了东征,武汉方面对所属部队进行了重新编组,继4月25日任命阎锡山为第三集团军总司令后,武汉政府任命唐生智为第四集团军总司令,将其第四方面军扩充为第四集团军,军委会宣布,该集团军下辖两个方面军,以第八、三十五、三十六军组成第一方面军,唐生智兼任总指挥;以第四军黄琪翔、第十一军朱晖日、暂编第二十军贺龙为第二方面军,张发奎为总指挥。第一集团军之第一、二、三、五各方面军仍归军委会直辖。

蒋介石急忙召见了阎锡山之驻宁代表,甘言厚饵,要阎支持自己,同时,请阎迅速行动,以达成宁奉晋三角同盟。蒋介石真急了。

蒋介石6月17日即到徐州,等待预定于19日早晨到达的冯玉祥。19日早晨,蒋介石为了表示谦恭,率领在徐州的李宗仁等高级将领,专车西上,到离徐州二十华里的黄口车站等候。站台上,冠盖如云,将星云集,整齐排开的仪仗队、军乐队器械鲜明,金光灿烂。大家在蒋介石的率领下,屏息以待,似乎一旦喧哗,已从开封专车东进的冯玉祥即会不高兴地掉头回去。

突然一阵汽笛声撕破了早晨的宁静,专车徐徐进入站台。霎时间,军乐声大作,欢迎人员则整肃衣冠,调整姿势。冯玉祥未与其随员一起从客车厢里走下站台,却从后面的一节铁皮车厢里走了出来。他向站台上的人群频频挥手。他穿着一套很粗的河南土布制作的军服,腰束布带,脚穿布鞋。站台上戎装佩剑、戴着白手套的欢迎队伍一看到高大威武的冯玉祥,个个面露惊愕。他们挤上去与冯玉祥握手,互道久仰。他们终于见到了富有传奇色彩的北方怪杰。

冯玉祥在车站上发表了简短的演说,然后应邀坐上了蒋介石的专车,一起前往徐州。在车厢里,冯玉祥细细打量早已闻名但从未见过面的蒋介石:身穿

谁与争雄

黄军服，头戴大檐帽，40岁左右，身体很瘦，眼睛往里凹，很少说话，说起话来先笑，然后哼哼哈哈。当晚，冯玉祥下榻在花园饭店。蒋介石设晚宴招待冯玉祥，并由在徐各高级将领作陪，对冯大加推崇。

次日，南京国民政府主席胡汉民及南京的其他高级官员吴稚晖、张静江、蔡元培、李烈钧等专车到徐州，参加了会议。

蒋介石一开始即亮出了此次徐州之行的底牌：请冯玉祥合作，共同攻打武汉。

冯玉祥的原则早在与武汉方面的郑州会议时即已确定：既不倒向武汉，也不倒向南京，要在宁汉间充当调停人，共同北伐，然后再谈其他事。他首先说了一堆客套话，不对蒋介石的问题作正面回答："今天是南赤、北赤在这里集会。我们哪里赤呢？我们是真真实实地赤心赤面要流赤血，保护中华民国的赤子，决不像张、吴两个的样子，他们只要想杀谁就给谁一顶赤帽子戴！"

吴稚晖却忍不住了："今天，蒋冯二位总司令在这里相会，是中国革命的幸事，然而，武汉方面被共产党把持，正迫不及待地准备东征，革命危如悬卵，具有非凡革命精神的冯总司令定会揭竿而起，与蒋总司令一道，救民于水火，解救危急之形势。"

实际上，冯玉祥对宁汉两方面谁好谁坏尚未有明确的概念，如果认为武汉方面内部不团结、工农运动的确过了头，但蒋介石也不见得怎么样。他在莫斯科时，即听说蒋介石在访问苏联期间，发表了很多非常革命的演讲，现在又为何发生这么大的变化呢？

冯玉祥说："老实说，上次在郑州时，武汉方面即劝我帮助他们打南京，现在你们又劝我帮你们打武汉，但我对两方的意见都不敢苟同。若是我们自己打起来，何以对孙中山先生，何以对中国的人民！我宁愿得罪你们也不愿你们自己打自己。我恳求你们共同北伐，先打倒我们的敌人，这是最迫切的任务。"

冯玉祥停了一下，见宁方代表满脸失望的样子，又说："据我观察，宁、汉的根本分歧点是分共问题，但现在武汉的领袖们已着手准备分共。国民党内是不能互相残杀的。"

第七章 波谲云诡

蒋介石说:"不是我们要打仗,是他们要动手,他们的军队快到安徽了"。

冯玉祥正了正腰板说:"这件事情,我愿负调解之责,并敦促他们早日表明态度,驱鲍分共"。

蒋介石见冯玉祥这样说,遂示意其他人不必再提攻打武汉的事。

此次会议,决定了蒋冯合作的方略:第一步肃清革命军境内之敌,如鄂西之吴佩孚、杨森、于学忠等,由冯玉祥会同唐生智派兵进剿,江西方面由蒋介石派何应钦剿平;豫西之红枪会由冯玉祥设法领导。第二步北伐,津浦线作战以冯系靳云鹗、蒋系陈调元为主力;京汉线作战以冯玉祥军为主力,另由阎锡山派部分军队出正太路;绥远方面由冯玉祥军与晋系商震军会同出动,与京汉、津浦两路会师。京汉线战事等津浦战事达到相当地点时始行发动。

蒋介石当即给了穷困中的冯玉祥60万元银元,又允诺今后每月拨给冯部军费200万元,并预请冯将来担任军政部长。这比武汉方面出的价钱高得多了,徐州之行虽未把冯玉祥彻底拉过来,但得到了冯决不与武汉方面共同倒蒋的明确承诺,所以,蒋介石觉得此行收获已不算小。

会后,蒋冯联合发出通电,声明中正、玉祥并肩携手要为实现三民主义而奋斗,继续北伐,说两人为"三民主义信徒,凡诱惑艰险牺牲,均所不顾,必期尽扫帝国主义之工具,以完成国民革命之使命"。显然,尽管冯玉祥部得到苏联很大的帮助,而且他在莫斯科待的时间也不算短,但他长期形成的军阀纷争思想并未被触动,尽管他口中说过若干动听的话,但从本质上说,他仍然只关心自己军队和地盘。6月21日,冯玉祥致电汪精卫、谭延闿等人,敦促他们将鲍罗廷解职回国,劝在武汉的政府委员除愿出洋休息的以外,其余均应与南京合而为一,请唐生智调集所部至郑州,协力北伐。

当冯玉祥的专车西上后,蒋介石与李宗仁等发生了一场争执。在军事会议上,蒋介石坚持现在的首要任务是西征,一再说:"我们占有优势,先把武汉解决了再说!"但李宗仁等人不同意,认为应该乘胜继续北伐,如果武汉方面东征,可以抽调一部分南下抵御。蒋介石被迫同意。北伐遂按原计划继续进行。

第三节 从限共、用共，到分共、反共，
汪精卫和蒋介石如出一辙

7月中旬的武汉，气候非常闷热。

这里的政治气候更加闷热，在武汉稍稍沾点政治的人都预料，这种难挨的政治气氛即将发生重大变化。

武汉的军政领袖都在积极谋划，以寻求解决问题的办法。

长江上游被死死地锁住了。7月11日，蒋介石在南京丁家花园宴请四川驻南京之各军代表，一为进一步拉拢，一为借此协商川军各部讨伐武汉的计划。

广州各界在纪念国民政府成立两周年的大会上，决定电请南京政府下令讨伐武汉。

河南给了冯玉祥，冯玉祥反而连电指责武汉政府继续容纳共产党。武汉政府因此而作出决定：一、解散工人纠察队；二逼农政部长谭平山、劳工部长苏兆征辞职；三、停止宣传工作。至于党务及对鲍罗廷等苏联顾问解聘的问题，留待下次中央全会决定。

武汉政府已呈分崩离析之势。派到上海去的财政部长宋子文被蒋介石拉过去了，财政更没有办法；金融也陷入困境，国库券已发行900万元，纸币价格惨跌；物价暴涨，殷实商帮广帮、宁（波）帮纷纷歇业逃匿，本地商家也多停业，市面极度萧条。孙科、谭延闿等成了暗中非常积极的反共派，尤其是谭延闿，很多湖南的地主豪绅跑到他们这位老乡的家里，把他家变成了谋划对农民运动反攻倒算的大本营。

按照汪精卫、唐生智的设想，分共应在东征打倒蒋介石之后。他们真正看到了共产党和它领导的工农运动的伟大力量，一则以喜、一则以忧。他们的打算是限制或控制革命运动的发展，而又利用革命运动去打倒蒋介石，夺取国民党的最高领导权，因为他们觉得，单纯依靠自身的力量，讨蒋没有制胜的绝对把握。对汪精卫而言，他必定成为孙中山之后的国民党领袖，对唐生智而言，他将取代蒋介石成为新的军事领袖。唐生智认为，打倒了蒋介石，要对付汪精

第七章 波谲云诡

卫,只消派出一个班的士兵就可以了,到那时,汪精卫仍得带着陈璧君,到法国巴黎的乡村别墅去饮酒赋诗,苦中寻乐。6月底,唐生智对所部下了东征令。

汪精卫既以国民党正统自居,所做事情就须符合党统。他认为即使是在驱鲍分共、镇压工农运动这种问题上,也应该做到合理合法,因为联俄、联共、扶助农工的三大政策,是总理手定的,作为以总理唯一传人自命的他来说,用召开中央全会来证明他分共的合法性,借以保持其正统性,是非常重要的一着棋。

但是,形势的发展由不得汪精卫按部就班。

第三十五军军长何健在汉口对官兵发出反共训令,要求武汉中央及唐生智明令与共产党分裂,宣称:"此而不去,祸将不堪。"唐生智查办马日事变,采取了各打五十大板的做法,说之所以出现事变,是因为工农运动"领导失人,横流溃决,迭呈恐怖。中央明令保护军人家属,则视同具文,投机分子更从中推波助澜,寻仇报复,留省军人目睹恶化,身受压迫,乃作自决自卫之谋。"处理意见为:一、党部及民众团体停止活动,听候改组;二、许克祥从轻记过一次。这样一来,民众运动更是发展,要求严惩反动军官;而反动势力的活动则因之更加猖獗。湖南、湖北出现反动军队下乡"清剿"农民协会的行动,湖北更是明目张胆地成立了"湖北省清党委员会",夏斗寅的代表在其成立会上报告了该军反共的经过。

冯玉祥的态度更坏了。7月7日,他在洛阳官佐及总部人员朝会上宣布"清党":"不经军长师长之许可一律禁止开会。对于共产党之办法,要求注明何时入党何人作保;愿意走者发给川资。其不愿走而愿加入国民革命之战线者,必须宣告脱离共产党,听从国民党之指导,守国民党之规则,然后收容之。至于各级各处政治人员一律开缺,俟调开封训练后再行另派任务。"9日,全军政治工作人员一律解职,加以甄别。武汉派往豫、陕之政治人员全被遣回。12日,冯玉祥分电南京、武汉,要求双方化除意见,努力北伐。并说:"凡有妨碍北伐者,即是反革命"。虽然话是对双方说的,但其矛头所指不言自明。

南京方面,蒋介石除了企图拉拢冯玉祥和促成奉、宁、晋三角同盟外,积极准备西征。7月10日,白崇禧下令弃蒙阴、费县,撤临沂之围,抽兵南下,转而用于长江上游的军事行动。次日,胡汉民在中央党部纪念周上声称:"我们的军事政治力量,如果不严重的逼迫过去,所谓真的清党,是断难实现于两湖的,要动员全体党员力量去完全消灭共产党。"

形势的发展打乱了汪精卫的步调,正当他感到犹疑措手时,原先引以为忧的一些因素反而帮助他下了决心。

一是共产党的退让。虽然共产党员蔡和森写信给中共中央说:"我们坐以静待人家来处置,直无异鱼游釜底……中央及军部应即检查自己的势力,做一军事计划,以备万一。"但鲍罗廷和陈独秀屈从和妥协的思想,实际上成了当时中央工作的指导方针。6月30日,中共中央举行扩大会议,通过一个关于国共两党关系的决议案,企图以投降式的让步拉住汪精卫。该案写道:国民党当然处于国民革命之领导地位;共产党人参加政府和召开国共两党联席会议,并不含有联合政权的意义,为避免政局的纠纷,共产党人可以请假的名义退出政府,工农等民众团体均应受国民党党部之领导与监督;工农武装均应服从政府之管理与训练。湖北全省总工会自动解散了工人纠察队,并发表宣言,称工纠队自动停止武装的意义是为了顾全革命利益,消灭反动派的借口,而使兵工团结更加巩固起来。

二是邓演达的出走。邓演达在国民革命军,尤其是广东部队中有很高的威望,他见汪精卫背叛孙中山的革命路线,革命形势逆转,已无力挽回,遂于6月30日化装成检查电线的工人离开武汉北上郑州,准备转西安奔赴苏联。7月13日,他发表《辞职宣言》,声明:"此次革命势将重蹈民国元年失败之覆辙。此殊与予素愿相违,故不得不辞职让贤。"

共产党自动解除武装,使汪精卫看到了它的软弱;邓演达的出走,更使汪精卫松了一口气,因为邓演达曾被称为"黄埔四凶"之一,其言行被右派称为比共产党还要左,比这更重要的是手握重兵的张发奎很听他的话。

时机终于成熟了。7月14日晚,武汉国民党中央政治委员会主席团召开秘密会议,兼有国民党籍的共产党员都被排斥在外。尽管宋庆龄、何香凝、陈友仁等坚决反对,这次会议仍然作出了分共的决定。

为此,宋庆龄写成《为抗议违反孙中山的革命原则和政策的声明》,批判汪精卫背叛孙中山的三大政策，使革命政党丧失了革命性，变为虽然扯起革命旗帜而实际上却是拥护旧社会制度的机关，他们不再是孙中山的真实信徒，党也不再是革命的党，而不过是这个或那个军阀的工具，并严正地宣布："对于本党新政策的执行，将不再参加。"

汪精卫为了洗刷自己，急忙发表了《夹攻中的奋斗》一文，以如簧之舌，混淆视听："我们正在为国民革命而奋斗的当中，我们的队伍里，忽然发生裂痕了。共产党同志根据他们中央委员会七月十三日对时局的宣言，退出国民政府了。我们的队伍里忽然溃退了一部分了。"

"容纳共产党加入国民党，共同致力国民革命，这是总理的政策。我们因为笃信谨守，曾经与违背这政策的人，实行决裂。无论他们在党里有如何的关系，和我们曾经如何同生死共患难，我们因为他们违背总理政策，便无疑无二地和他们实行决裂。如今放弃总理政策的，不出于他人，而出于共产党了。有人很担心地对我们说：'你们未免太孤了。'我们不孤，我们有总理的遗训，悬在我们面前，宛如大海茫茫狂风海浪之中，一个放出光明的灯塔，我们要忠实而勇敢地继续奋斗，继续猛向前进。"

第四节　北伐东征之争各具内涵，
　　　　　蒋介石四面楚歌，宣布下野

宁汉双方剑拔弩张。

"七一五"反革命政变后，汪精卫高举两面大旗：一是分党"清共"。他和谭延闿、孙科等到汉口车站送鲍罗廷一行从京汉铁路北上郑州——他们转道陕、蒙回苏联——后，咬牙切齿地对共产党人喊出了"本人愿为杀共之刽子手焉"，甚至提出了"宁可枉杀千人，不使一人漏网"的口号。

另一面大旗是反蒋。"七一五"反共后宁汉即将合流，这是大势所趋，但怎么捏合在一起，双方主角各有打算。汪精卫希望以自己为统一后唯一的领袖，蒋介石则根本不愿自己的头上悬着一块招牌，他攻击汪精卫是勾结共产党的祸首，宣称拒绝与其合作，目的是要把汪精卫置于被告席上，排斥于统一后的国民党中央之外，由蒋介石一手把持国民党。这一招也真管用，汪精卫只好

谁与争雄

用不断升级的反共行动来抵挡。

党统、党权是重要的,但真正决定一切的,还是军事斗争,蒋介石自不待言,汪精卫也深知其中奥秘,双方都停止了对北洋军阀的斗争而调兵遣将,准备放手一搏。

"时局仍以南京为重心,以对武汉为重点。此本党成败之所系也。"蒋介石7月11日的日记写下了这句话。为此,他除积极备战,调李宗仁及王普第二十七军过芜湖开往安庆,令夏斗寅回安徽太湖防地,并在南京为纪念北伐出师而举行的阅兵式上叫嚣:"共产党不打倒,武汉政府不消灭,国民革命便不能成功,从今起一年中一定要打倒共产党。"为了进一步拉拢冯玉祥,彻底孤立武汉方面,他派孔祥熙到洛阳,与冯玉祥进行密谈,落实前面许下的诺言。随后,冯玉祥自洛阳致电宁、汉政府,力陈内讧妨害对外,主张召开开封会议专门讨论党内问题,因此双方应立即停止向皖赣增兵,共图和平,凡会议公认负咎之人,均当服众议下野。同时,他还派部将孙连仲屯兵鄂豫边界的武胜关,威胁唐生智所部。蒋介石接到电报,暗骂冯玉祥居然在宁汉两方之上要起了花招,以他自己为主席的河南省政府所在地开封为会议地址,手提20万雄兵,冯大个直闯会场,而宁汉双方领袖谁对当今局面没有责任?大家都引咎下野,由谁来做领袖呢?尽管蒋介石认为冯玉祥有险恶用心,但因此时正是用人之际,暗中防备就是了,遂命胡汉民、吴稚晖自南京复电,对携手反共的建议表示赞成,但指出汪精卫上月复冯电中所说的"南京决难宽恕"之言论颇为不当,并对武汉时至今日仍在积极准备倒蒋大为不满。同时,蒋介石还力图从内部分化武汉,他要白崇禧致电第六军程潜,要其"以党国利益为重,勿为共党所利用"。

7月17日,武汉方面命令由张发奎、程潜、朱培德、贺龙各部合组之东征军集中江西,计划分三路行动:由九江、湖口向安庆;由赣东攻浙江;由鄂东趋皖北。

此时,宁、汉、冯几方一则调兵遣将,厉兵秣马,一则电波往返,局势非常混乱。

南京方面的军委委员杨树庄、李济深等致电武汉方面唐生智等军事大员,呼吁与蒋介石合作,一致团结,继续北伐。唐生智、朱培德、张发奎等人联名

第七章 波谲云诡

复电指出："蒋假除共之名,行独裁之实,欲以一手囊括中央,成立南京政府,分裂国民党。"最后决断地说："有蒋则无党,有党则无蒋……蒋如不去,党必沦亡。"

汪精卫在复冯玉祥开封会议电时,对开会表示完全赞同,声明坚决反共,表示愿意迁都南京,实行宁汉合一,如宁方赞同,可在开封开预备会议,并说,对蒋只有公愤,别无私仇,但政府法统必以死争。

汪精卫、唐生智虽在高喊东进,实际上内部的问题已使他们左支右绌。经济更没有办法了,到7月底,武汉商家拒收国库券,有以修房为名停止营业者,有无货应市为借口者。当局没有办法,只好使出最后一招,用高压手段,在各交通要道高悬"要革命先维持国库券""谁不用国库券,谁就是反革命"的巨幅标语。武汉市政府又发出布告,称国库券价格日落,显系奸人破坏,此后倘有故意折扣,及拒绝收用者,定当严惩。武汉控制的另一大城市长沙发生了大规模的骚动,自集中现金令实施后,当局滥发纸币,7月下旬发生军人、流氓向商店强迫兑现的事情,激成全城罢市风潮。

军队成为使人担忧的另一个问题。一方面是军队因派系而产生的猜疑,乃至于争斗。7月26日晚,贺龙的第二十军武昌留守部队不慎失火,炮弹炸裂,发出惊天动地的声音,而防地毗邻的张发奎第四军与何健之第三十五军因此而误会,互相炮击终夜,由此可见其平时相处关系之一斑。

另一方面是共产党对军队的渗透,并逐渐掌握部队的问题。汪精卫以在庐山开会为由,通知叶挺、贺龙到会,并令所部集中德安,其企图非常明显:逮捕叶、贺,消灭所部。武汉方面的"清共",汪精卫口中不说,但心里颇为不安。虽说捕杀了大批共产党员,但著名的共产党员均已逃匿。他发现,贺龙、叶挺未到庐山,所部第二十军、第二十四军亦未向德安开拔,而是日夜兼程地赶往南昌。

汪精卫同孙科、唐生智、张发奎、朱培德等人站在庐山上,发现南昌这座宁谧的城市,汇集了大量共产党人,共产党掌握的部队也向其聚拢。他们要在那里干什么?

石头城里,蒋介石的日子也不好过。

虽然蒋介石使出了浑身解数,把冯玉祥拉了过来:冯玉祥及其部将张之江、鹿钟麟电报南京政府，表示接受它所委的军委委员职。这实际上否认了武汉的正统地位。冯玉祥的代表熊斌到南京向蒋介石慷慨激昂地表示：西北军一致讨奉反共，服从中央命令。

同时，江浙财阀在政治和经济上的坚定支持蒋介石，但是，难题依然很多。

武汉方面的第四、十一、二十、三十五等军已向下游移动，进入安徽，宁汉战争日益迫近。蒋介石计划抽调津浦线上的北伐军五万人西迫湖口、九江，并以周凤岐等军集中浙江衢州，威胁南昌。

在宁汉间箭上弦、刀出鞘之际，津浦线上的战事陷入不利。7月24日，直鲁军乘李宗仁、贺耀组部南调对付武汉的时机，大举反攻，一战夺回徐州，第三路前敌总指挥王天培率第十军等部争相撤退，蒋介石又急令贺耀组回津浦线督师；次日，蒋介石又亲率第一军之第二十一师抵蚌埠部署反击，并电请冯玉祥派兵夹击。

同时，日本方面积极活动，图谋斡旋奉、宁、晋三方结盟。7月中旬以后，以此为目的的活动更加频繁。驻北京日本武官、后任关东军司令的本庄繁中将7月20日晚设宴招待奉方杨宇霆和晋方南桂馨等人，希望达成奉晋合作，共拒冯玉祥北来。蒋介石的驻晋代表到北京会晤了杨宇霆等人，转达了宁方希望。就在这一天，张作霖约集重要部属在帅府商谈了南北议和的问题，决定派代表赴南京协商南北妥协。7月29日，南京政府的正式代表何成浚到了北京，开始与杨宇霆磋商。杨宇霆提出南北双方在国家政治上可以合作，内部之事则各自为政，对方不必过问，先军事后政治，第一步商谈停战办法，第二步确定合作方案。但因何成浚未能就实质性问题作明确而负责的承诺，谈判没有结果。狡猾的张作霖看出了蒋介石的真正用心，眯缝着他那双精明的小眼睛说："妈拉个巴子，蒋介石在给老子耍花招！他根本不想同咱们合作，现在和咱们敷衍，是因为武汉对他的压力大，他想各个击破，独霸中国！"

外交问题及因此而引起的民众反帝运动更费周章。南京国民政府建立后，蒋介石派人到上海，迎接著名军事家、袁世凯时代曾任保定军校校长的蒋百里来南京，在三元巷总司令部晤谈。在问及对国民党统一中国问题的看法时，蒋百里回答说，国民党统一中国没有问题，问题在于外交方面，中国外交的第一线是日本，如果日本对中国革命怀有戒心，势必引起中日纠纷。蒋介石问计时，蒋百里答称：革命军在打倒本国军阀的阶段，对日本宜采取缓兵之计，莫让它袒护中国的残余军阀，等到统一告成，国防建设有头绪，再和日本清算不迟。蒋介石深以为然。日本不断发出征服满蒙的叫嚣，不断增兵济南、青岛，不断进行挑衅活动。中国人民掀起了大规模的反日本侵略运动，重要的形式是抵制日货。而国民政府发布告民众书指出："稍一不慎，动误大局，经济绝交于是不能审慎，抵制日货之方式于是乃有细加考核之必要，若因抵制日货而引起排外举动，而引起外交纠纷，因外交纠纷而妨碍军事进行，因妨碍军事进行而危害国民革命。"这表明了南京政府谋国之"苦心"，也把南京政府对外之软弱与妥协态度昭告于中外。

对中国共产党莫名的恐惧常使蒋介石绕室彷徨。"四一二"反革命政变时，不，早在1927年初，蒋介石即对中共及其领导下的工农革命群众挥起了屠刀，许许多多英勇的共产党员和革命群众惨遭迫害了，但他们并没有被杀绝，反而越抓越多，越杀越多，使蒋介石暗暗心悸。6月份，蒋介石派其心腹、东路军前敌总指挥部政治部主任陈群、总司令部特务处长杨虎到宁波去"清党"，因为宁波是蒋介石的家乡，陈群、杨虎临行前特别向蒋介石请示方略，蒋介石这样回答他们："凡是可以杀的一律杀，宁可错杀，不可错放！我们将来是要给人杀的，不如现在多杀几个！"蒋介石就是凭借人民的力量而登上中国政治舞台的，他清晰地记得，唐太宗的铮臣魏征曾说过"水能载舟，亦能覆舟"的话。他看到，虽然中共的一批领导干部，如李大钊、陈延年、赵世炎等人已被捕或被杀，但是其他领导人，如比较熟悉的周恩来、毛泽东等人不知道到哪儿去了。但他非常清楚，他们绝对没有躲藏起来，而是准备着要干什么，他深知他们个人超凡的智慧和能力，他们的非凡禀赋和人民革命运动相结合，将会发出冲天的神力，摧毁旧世界的一切。所以，他才发出"我们将来终是要给人杀"的哀叹。

8月1日，宁汉双方均非常担心的事件石破天惊地爆发了：在南昌，周恩来、朱德、贺龙、叶挺、刘伯承、聂荣臻等发动了旨在反抗国民党反动派血腥统治的武装起义。

谁与争雄

所有参加起义的部队进行了整编，仍沿用国民革命军第二方面军的番号，由贺龙任总指挥，叶挺任前敌总指挥，下辖三个军：第二十军，贺龙兼军长；第十一军，叶挺兼军长；第九军，朱德任军长。

南昌起义使武汉政府炸了锅。汪精卫一改平时温文尔雅的政治家风度，杀气腾腾地在为此而召开的会议上说："我们要用对付敌人的手段去对付，捉一个杀一个。同时我们要自请处分，本席就要向第四次中委会请求处分。为什么容共政策到发现了第三国际给鲍罗廷、鲁易的命令，还不把他们一个个抓来枪毙！现在事实已经大变了，对共产党已很难再雍容大度了。"南昌造反的全部为武汉方面的部属，这不为蒋介石送去了一发攻击汉方的炮弹吗？

会议经过简短的讨论即作出决议：贺龙、叶挺即褫夺军职，照谋叛律治罪；贺、叶之领导张发奎初抵九江，即逢事变，从宽免予置议，着即饬部赶紧进剿；朱培德即饬赣东南各处驻军严密兜剿，唐生智抽调湘鄂驻军合力围剿。

由于起义部队按预定计划撤离南昌，开始南征广东，更由于对共产党的深切仇恨，汉宁两方作了第一次勾通，唐生智、朱培德、程潜自武汉发电报给何应钦、李宗仁、李济深、白崇禧等人，请求合力堵截叶、贺部队，这个意思明摆着，争权归争权，但是在镇压革命这个问题上，大家应该团结一致。该电发出的次日，宁汉两方就迅速调集部队进攻起义军，张发奎部在德安附近与起义军激战，另有该部数千人从武汉开抵九江，黄绍竑部两旅奉命集中南雄，朱培德赶到九江与张发奎会商作战计划，驻广东的钱大钧部自南雄至赣州驻扎。各部连营数百里，截堵起义军南下。

到了这个地步，自觉反共迟了一步的汪精卫决心以比蒋介石更坚决反共的姿态作为自己的政治资本。他在国民党湖北特委会临时宣传大会上说："我们今日已经到了决斗时期，要和共产党，和一切假革命派决一死战。"他甚至致书西山会议派的许崇智，对容共表示认错，并对许颇多推崇，要其"出而负责，置党于最安全之地"。

"余以为对同志应退让，对敌人须坚持，而汪某乃异是，是诚非人类也。"

8月8日晚，蒋介石在日记本上缓慢地写下了这句话，然后将笔掷在桌上。南昌起义一爆发，蒋介石禁不住连声叫好，觉得这回武汉方面有事可干

第七章 波谲云诡

了,其东征必将稽延甚至撤销。但是,汪精卫和唐生智既要反共,还要反蒋,坚决要把蒋介石赶下台。

武汉国民党中央不断发表宣言,抨击蒋介石的军事独裁:"挟持党军,遂进而挟持党部,个人独裁之结果,使国人知有蒋中正,不知有党,此实为党所不容。"提出要提高党的威望和权力,务使党的权力高于一切。在下达各军加紧政治工作令时,宣称革命濒于危险时期,一方面须制裁共产党;一方面须讨伐新军阀,8月7日,武汉军事委员会总政治部发表《为讨蒋告九江民众书》,指出:讨伐蒋介石是革命势力和反革命势力的决斗。为打倒新军阀,为提高党的威权,为解放东南民众,非打倒蒋介石不可。8月8日,唐生智以第四集团军的名义通电讨蒋,痛斥蒋介石以军治党、以党窃政,操纵党权、军权、政权于一人之手,以反共为名,叛党抗命,自立政府,屠杀异己,并给蒋介石扣上一顶红帽子,说共产党的暴动是蒋介石暗示的,要求海内共起平叛。唐生智非常担心宁汉在反共的基础上合流后,削弱其是其两湖王的地位。他向汪精卫、谭延闿保证说,打到南京之后,他将拥汪为国民政府主席,谭为行政院长,以何健、程潜、鲁涤平三人分任皖、苏、浙三省主席,而自己只做北伐军总司令。汪精卫通电全体国民党员,大谈国民党之危机,因反共已去其一,唯分裂不可不及时解决,其矛头所指非常清楚。

关键时刻,徐州战役的失利更使蒋介石羞愤难当。

徐州是津浦、陇海两大铁路干线的交汇处。蒋军于6月初攻占后,由于宁汉矛盾激化,蒋介石抽调部队回援,尤其是各军看到蒋介石把何应钦部撤回南京附近,遂起不愿同直鲁军拼消耗之心,纷纷保存实力,徐州在7月24日被直鲁军攻占。徐州的失陷不仅威胁到了南京的门户,还使打了败仗的蒋介石自觉在与汪精卫的明争和与冯玉祥的暗斗中身价大落,急忙亲赴前线督战,临行前发出豪言,此次不打下徐州,便不回南京。但是,在主力悉数南撤,以战斗力较差的第一军两个师为前锋,再加上新败之余、斗志已减的前线部队,断难克服徐州。蒋介石急攻不下,只得下令撤退。恰在这时,冯玉祥因奉蒋介石的命令会攻徐州,以鹿仲麟为东路军总司令,率杨虎城军及另外四个师约35000人,自陕州、豫南驻地出发,日夜兼程,在蒋介石下令撤退时赶到了徐州城郊,与直鲁军相持。这使蒋介石更觉狼狈。

谁与争雄

以徐州战役的失败为导火线,引爆了内部潜藏着的许多问题,顿使局势大乱,无法收拾。

首先是蒋、桂矛盾的激化。李宗仁、黄绍竑、白崇禧等人借助于北伐战争,大大发展了实力,又在蒋介石发动"四一二"政变、建立南京国民政府的过程中,为其立下汗马功劳;同时,他们对蒋介石以北伐的名义拼命扩充实力,为拉拢而滥封军长、师长,以军压党,再控制政权的手法了解很深,颇有起而效之之打算;对时局的发展,不再全唯蒋介石的马首是瞻,而是不时以另外一个声音讲话。蒋、桂矛盾,实际上从双方合作之初即已埋下了种子,从军队编制、后勤供给、财政统一这几方面,桂系都感到蒋介石是在抑制其发展。筹备北伐时,蒋介石挑选白崇禧任参谋长,一则爱其才,一则以示对广西的拉拢。经过一段时间的接触后,李、白二人对蒋介石作出了相同的评价:为人刚直其表,阴柔其里,护短多疑而忌才,狭隘偏私而暴躁成性。蒋介石也渐渐不喜欢白崇禧了,他在一个范围较小的圈子里说:"白崇禧是行,但是和我总是合不来,我不知道为什么不喜欢他。"当然,这不仅仅是两者的个性差异问题,而是双方非常明显的权力之争。蒋介石全力防范桂系因力量增强而成尾大不掉之势;李、白等则想借机丰满羽翼,寻隙起飞。于是蒋介石借口加强东路军方面的指挥,把白崇禧踢离权柄日重的总司令部,到东路军任前敌总指挥,让自己手下的第一员大将何应钦对其加以牵制和监视,反过来也可以使自己对何有所制约,达到一箭双雕、双双操纵的目的。"四一二"后,蒋介石仔细分析各方力量,觉得对自己威胁最大的是卧榻之侧日渐崛起的桂系,奉张为代表的北洋军阀已成冢中枯骨,冯玉祥远在西北,唐生智才能不匹野心,阎锡山以下更不必说。在对付桂系这个问题上,表现出了蒋介石的奸诈与狐疑,他命令何应钦设法将桂系除掉。何应钦回营后闷着头想了许久,然后复命:执行命令有困难,请暂缓执行。蒋介石咬着嘴唇听何应钦陈述理由:"李、白势力目前与我们不相上下,没有一举成功的把握贸然发动,必然产生无法收拾的恶果。不如暂时搁置,等时机成熟再图之。"蒋介石当下点了点头,以示赞成,心里却想:我也知道此时图桂没有制胜的把握,一动手局势有可能糜烂到不可收拾的地步。我只不过是试试你何敬之罢了。不愿动手,莫非与李、白有所联络?

李、白亲眼目睹甚至参与了蒋介石将程潜第六军缴械,对蒋介石关于桂系的看法已知一二，所以一面对蒋介石的狠毒手段严加防范，一面积极寻找盟友。当程潜率领武汉东征军长江右岸方面的人马到达芜湖以西时，李宗仁的密使迎了上去，相约互不敌视。李宗仁并派人到武汉，表示愿在反共的基础上，与武汉政府妥协。汪精卫对这员战将的通款大表欢迎，希望将其收归麾下，遂下力气劝其倒蒋。李宗仁的这一行动也未能瞒过蒋介石的耳目。

蒋、桂矛盾的表面化起因于北伐与西征的争执。蒋介石准备北伐与西征并举，既要守住以徐州为中心的区域，又要西征武汉，与汪精卫、唐生智等决一雌雄。而李宗仁却认为，就战略来说，两面作战实属不妥，武汉既以精锐倾巢来犯，我军势必以精锐调回安庆、芜湖之间，迎头堵截，否则无法抵挡，这就必须调回战斗力强的第七军。但是津浦线战事已深入鲁南，当面之敌也系对方阵营的精锐，第七军一旦回师南下，直鲁军肯定会趁机反击，以北军的精锐对付战斗力较弱的第十、二十七、三十三、四十四各军，我军绝难持久支撑，何况徐州向称四战之地，无险可守，与其明知不可守而守之，不如将主力撤回淮河南岸，不得已时放弃徐州，据守淮河天险。俟武汉方面问题解决，再挥军北进。从革命这个角度说，不如与武汉方面妥协，因武汉已反共，双方最大的分歧点已弥合，自无再自相残杀之理，然后双方军队合二为一，继续北伐。但蒋介石仍然坚持他的意见：放弃徐州事小，影响民心士气、增长北方张作霖和武汉方面的气焰事大；再者，宁汉双方的斗争，关系到生死攸关的党统问题，更不能让步。这样一来，李宗仁心里更瞧不起蒋介石，觉得身为统帅，不应患得患失。

尽管李宗仁、白崇禧极力主张与武汉妥协，但也不愿武汉方面染指东南，因而设想把蒋介石赶下台去，使汉方失去东征的理由。

何应钦的变化也让蒋介石觉察到了。何应钦虽说早年即为蒋介石的亲信，但随着他手中的权力因为蒋介石的飞黄腾达而不断膨胀，蒋介石对他也不大放心了，这使何应钦也感到很窝火，所以在桂系步步逼宫时，他暗中支持，希望把这个难以捉摸的婆婆赶下台去，自己取代其黄埔系领袖的地位，再与桂系斗争。

对南京系统的人来说，震颤最大的是刚刚发生的"王天培事件"。蒋介石在这件事情中的表现，使人人都看清了他骄横、多疑、暴戾的性格，深切体会

谁与争雄

了古语"伴君如伴虎"。

王天培是出身黔军的将领,资格较老,任第十军军长兼第三路前敌总指挥。在蒋介石亲自指挥的反攻徐州的战役中,他率部奋勇攻击,连续攻入城内三次,终因正面及右翼被敌所阻无法支援而奉命撤出。蒋介石此时指责他不服从命令,贻误戎机而导致战役的失利,将其撤职查办,交军法处关押。

很多将领的心不平静了,这么老资格的军长,说关就关,而且攻徐失利也不该他负责。

何应钦觉得背上冒出了丝丝凉气,唯恐哪天蒋介石也对自己来上这么一手。

李宗仁更感到不好受,因为王天培是其前敌总指挥,所以,一则自危,一则痛恨蒋介石诿人以过、罚人立威的做法。

看来,蒋介石不得不走最后一着棋了:宣告"下野"。

"下野"之举动,蒋介石在办黄埔军校时即屡次实行,以邀孙中山之宠信,但毕竟是不得已而为之的事。所以,蒋介石从津浦前线回到南京后,虽看出自己已成众矢之的,各方均把矛头指向自己,仍然想尽办法,企图挽救危局。他终于认识到只有与汉方讲和这一条路,在北军压境的形势下坚持与同属国民党的汉方打仗毕竟有点说不过去。奉张军队已经压迫过来,投奉的孙传芳和张宗昌的直鲁军由徐州分两路南下,中路占固镇,向蚌埠推进;东路由宿迁向江北发展。贺耀组第四十军等部已撤至淮河南岸。蒋介石要胡汉民、吴稚晖、李烈钧等复冯玉祥电时作这样的表示:"汪精卫前存意气,故未能开诚相商,只需汉方实现四月开执监大会之宿诺,则其重要分子来柄大权,亦所希望。"汪精卫、谭延闿、孙科、唐生智、程潜等联名电告冯玉祥,说汉方已经通知在一个月内召开执监会议,讨论反共和北伐事宜。在冯玉祥的调停下,宁汉间表面上达成了妥协。

但是,武汉方面的既定政策不仅是合流,更重要的是宁方要服从汉方。汉方也明白,吃掉宁方,最大的障碍是蒋介石。为此,唐生智发了讨蒋宣言,命令部队继续东开;汪精卫电告李宗仁:"武汉之中央党部及政府,实为党国之最高机关,万不能以不慊于供职之个人之故,遂并机关而否认之。"

第七章 波谲云诡

蒋介石想和，但绝不愿被人吃掉，汉方的话说到这个地步，他决定孤注一掷，命令白崇禧部署军队准备接战汉方的东征军。但白崇禧不仅不服从命令，反而对蒋介石的一些作法公开提出批评，气得蒋介石想去掏手枪，但一看南京周围部队的布防图，禁不住倒抽了一口凉气，后悔自己太麻痹了：桂系军队借口与汉方作战而进行调动，现已控制了南京周围地区。

8月10日，蒋介石召集何应钦、白崇禧再议军事。他说："武汉与奉张均是我们的敌人，既然我们现在无力同时对两者大加挞伐，只有首先打倒武汉，才可以北伐。否则，我们北上武汉东下，不特将使北伐战事功亏一篑，还有可能使我们覆亡！"

白崇禧说："我认为还是应该派人和武汉方面联合，说来说去，宁汉间毕竟只是党争，不能自相残杀而让亲者痛，仇者快。"

蒋介石听了顿时上了火气，突兀地说："这样，我就走开，让你们去和好了！"

白崇禧硬着脖子说："我看此时为团结本党顾全大局计，总司令离开一下也好。"

蒋介石回顾何应钦，何应钦正襟危坐，默不作声，一咬牙恨声道："好，好，我走吧！"然后拂袖而去。他找李宗仁，谈了下野的想法。李宗仁说："在此军情紧急时期，总司令如何可以下野？这千万使不得。现在津浦线上一再失利，你下野将影响军心民心。"蒋介石一听李宗仁表示挽留，事犹可为，急忙说："德邻，武汉方面大军已日渐东进，我们必须首先打垮他们的东征军，再回头重振津浦路战事。"李宗仁摇摇头说："我还是赞成健生的意见。总司令最好派大员到武汉去疏通，我也从旁斡旋，以免同室操戈，为敌所乘。"蒋介石陡然高涨起来的情绪又忽地跌落下来，这不是废话吗？他说："好了，我决心已下，不必再谈了。我下野以后，军事方面，有你和健生、敬之三人，可以对付得了孙传芳，而武汉方面东进的部队，至少可因此延缓也！"

蒋介石回到丁家花园官邸，生活节奏照旧。他很清楚，如恋栈不走，必成众矢之的。此时下野，不失为以退为进的明智之举。

首先，使汉方汪精卫、唐生智的"东征"失去目标，自然师出无名。蒋介石根据从各种渠道搜集到的情报分析了武汉方面的形势。汪精卫已失去全面

谁与争雄

控制武汉形势的能力，尤其无法驾驭手拥重兵的唐生智。如东征停止，没有大规模的军事行动，汪精卫便仍然当他的"太平王"，唐生智实力的发展就会受到各个方面的限制。汪精卫、唐生智共处到一定的时候必定会产生大麻烦，汪精卫手里无兵，无力对付跋扈的军人，到时仍要请蒋介石出山与其合作。待到除掉共同的敌人，则蒋介石要想去掉汪精卫，易如反掌。

第二，可以牵制力量日渐强大、俨然成为宁汉之外的独立势力的冯玉祥。冯在宁汉相争中，任双方怎么拉拢，始终处于超然的地位，但他的野心也很大，蒋介石如不退让，他就会在宁、汉调停中得利，大权有可能旁落。一定要交权的话，蒋介石绝不愿交给手提雄兵的军人，而宁肯交给汪精卫这样的书生。蒋介石电请冯玉祥主持津浦路战事，把冯玉祥推上前台、推进了斗争的漩涡。

第三，汪精卫、冯玉祥、李宗仁各有算盘，由他们开会协商国民党的统一，定如痴人说梦。到他们争吵不休时，任何一方都会极力联络蒋介石，以便压倒对手，蒋介石就可以打一派拉一派，最后将权力统统归于自己。

第四，主动下野并非垮台，只不过是一种政治姿态，蒋介石的基本实力仍在：陈果夫控制了中央党部，上海滩有帝国主义、买办和青洪帮为其后台或为其工具，替其控制经济命脉、实力团体；军队仍由效忠他的将领统带。

第五，可以磨炼部属。第一军系统中的军官绝大多数都是黄埔学生，他们被抬举为"天子门生"后，跋扈专横，不听调度，使蒋介石都感到伤脑筋，而且引起其他各军的侧目。蒋介石下野后，他们势必受外人的排挤，失掉禄厚职高的待遇，就会认识到只有蒋介石才能给他们带来那令人羡慕的一切，定会成为拥护蒋介石复出的中坚力量。而且经此磨难后，他们更会死心塌地地追随蒋介石。这甚至包括俨然以蒋介石之后为黄埔领袖的何应钦，他也会受桂系的挤压，他也会有这样一个淬火、转变的过程。

蒋介石在日记中勉励自己："时局纷扰，内部复杂，南北皆同，只有镇静谨守，持之以定，则待机而动，无不得最后之胜利也。"

蒋介石辞去总司令职务的问题提到中央党部进行讨论。经过激烈辩论，最后进行表决，赞成的占多数。

8月12日，蒋介石在南京召开了军事会议，所有在南京的师长以上的干部均参加，大约有100人左右。蒋介石在发言时，把中央党部开会的情况和作出的决议概要地讲了一遍后，略带激动地说："我即将离开大家，以后大家一切听党中央的命令，我到何处去，尚未决定。"

之后，会议就冷了场。

白崇禧见这样下去不是办法，只好首先发言："党中央既已决定，我同意这个决定，同意蒋先生休息一段时间。"

李宗仁、李济深也表示赞同。

何应钦扶了扶金丝眼镜慢条斯理地说："既然中央已作出决议，多数同志同意，我没有其他意见。"

虽然几位拥有决定权的高级将领都表了态，但蒋介石的嫡系刘峙等人坚决反对蒋介石辞职。蒋介石心中颇为感动，但他为缓和会场因之而紧张的气氛，安抚表示拥戴的将领说："中央既已决定要我出国，希望大家都服从中央的命令，安心工作，把队伍带好。"

蒋介石在会上作了这些说明后，李宗仁、白崇禧认定蒋介石是非下野不可了，他一走，南京不就成了桂系的囊中之物了么？所以散会后，即以两人的名义，发了一封电报给汉方军政要人，建议宁汉联合：诸公毅然"清党"反共，已与宁方一致，其他党内问题自可迎刃而解，而介公以其所抱"清党"去鲍目的已达，对于总揽戎机之权，急需卸脱仔肩，离宁休养，所有总司令之职权，交军事委员会接收，党内政治问题，亟须推诚计议，迅谋解决，请速电示进行方针，以便合宁汉全力一致北伐。

桂系首领迫不及待地想掌握南京政权的猴急相被去探望蒋介石的顾祝同、蒋鼎文、刘峙、钱大钧等将领描绘得绘声绘色。蒋介石听了，只是笑笑，对满怀愤恨的将领们说："要好好带好自己的部队，留得青山在，不怕没柴烧。"

蒋介石胸有成竹地布置了撤退、迁往杭州等事宜，并面谕朱绍良注意两方面：一是团结在职的黄埔同学，保持和积蓄力量；一是收容失业同学，施以军事训练，使黄埔同学会成为牵制何应钦的重要力量。

8月12日，蒋介石乘专车离宁赴沪。

当天，南京政府将国民革命军总司令部改组为军事委员会，由李宗仁、白崇禧、何应钦三人任常委，实际负责南京的军政事务。

谁与争雄

8月13日，蒋介石在上海发表了下野宣言。文中说：

中正自熏沐总理之教训，即以二义自矢。

一、认党高于一切。在党的利益下，党员个人绝无逞主观、用感情、计利害之余地。

二、认捍卫党基为党员最大之天职，苟有逞智弄巧，阳奉阴违，篡夺吾党基础，剽易吾党主义，使吾党名存而实亡者，必竭全力以铲除之。

由第一义言：进退生死，一以党之利益为依归……故昔日以党之命令不能不进者，今若认中正一退，可解纠纷，中正固无时无刻或忘归隐者也。

由第二义言：苟有侵蚀中国、篡窃本党如共产党之所为，任何党员，决不能以识解小有异同，而稍遗其卫党之天职……

幸赖主义之照临，同志之用命，曾不数月，湘、鄂、赣、闽全告克复，此非中正所敢贪天之功，实中央执委会付托之专，用能集中号令，团结内部，不虞牵制，以克奏斯绩也。

何图包孕本党中之共产党徒，奉鲍罗廷之发纵指示，造作种种蜚语，提出'军阀''独裁'等口号，冀直接打倒中正，间接打倒国民革命。而本党本军之一部分同志，不悟其奸，竟被所惑，遂以为中正真有企图军阀及个人独裁之倾向……中正只自咎信义不孚于同志，言行未见信于朋侪……

中正于此敢掬诚宣告其最后之愿望三事：

一、要求双方（南京、武汉）同志悉摒外间挑拨之辞，尽捐意气猜防之念，武汉同志克期联袂迁移东来，共同集合于南京，以谋党国大政之进行……

二、要求分驻湘、鄂、赣武装同志，并力北进，会同津浦线作战之军队，一致完成革命。

三、要求鄂、赣、湘诸省彻底"清党"……

这真是一篇妙文，既有照应与伏笔，又有辩解与表功。

冯玉祥接到李烈钧发来报告蒋介石辞职的电报，立即复电，并请转蒋介石以示挽留："务请刻日还宁，主持大计。如必欲退休，忍将垂成之业，付诸东流，则本人自揣智力，不及万一，亦惟有一同退隐。"同时，又发了内容相同的电报给宁汉双方："北伐吃紧之时，乃党国要人不以国家民众为前提，精诚团结，一致对外，顾斤斤正焉，而操同室之戈，徒使敌人张目，能不令人失望耶？当从速召开二届四中全会，以决大计。"

8月14日，南京国民党中央委员中的五元老胡汉民、张静江、蔡元培、吴稚晖、李石曾到上海挽留蒋介石，殊不知蒋介石已于13日下午乘船赴宁波转奉化去了。访欲隐者不遇，五元老电告南京中央宣布辞职，其挂冠而去的原因在同日答复冯玉祥在安庆召开宁汉两方中央执监会议的建议时所说："夫议而必至于会，会且必赴各非所居之安庆，则双方尚有不可思议之小隔阂可知……虽弟等自信能至议席让步，然何如介兄早让之直捷，故现亦蟠然改其安庆之行，一了即百了。"

就在14日，白崇禧等再电汪精卫、谭延闿、唐生智诸人商量宁汉合作：蒋已离宁赴沪，总司令职权交军委会接收，现双方所争持者皆不成问题，至因争执期间所发生之诸问题而必须先解决者，仍由代表赴浔面商。次日，汪精卫、谭延闿复电南京，请李宗仁等到九江协议。但汪精卫在当天的国民党中央党部总理纪念周上作报告时说："中央党部与国民政府，都只有一个，谁也不能任意把持……我们坚持我们的主张，务必达到提高党权的威权。"他的意思非常明显，宁汉合流只能是武汉统一南京。

第五节　中央特委会在南京成立，
　　　　汪精卫的领袖梦彻底破灭

李宗仁、白崇禧、何应钦等人清理了蒋介石留下的摊子，分析了形势，作出了西和武汉、北凭长江以拒奉张的战略决策。

8月17日，南京军委会以各军转战过久，疲惫不堪，需要长时间休整，而敌追踪即至，宁汉合作瞬间断难实现，决定将长江以北前方所有部队撤至长江南岸，依江扼守。快速跟进的孙传芳部旋即追到江北沿岸，占领和县、含山、六和、扬州、泰兴各地，征集船只，准备渡江。中午，孙部前锋一个旅抵达浦口江边；晚上，孙军后续部队源源不绝地开到，开始攻击南京，与狮子山守军隔江相互炮击。

在南京，谁也不能登高一呼即群贤毕至，所以显得混乱不堪。中央党部决

谁与争雄

议挽留蒋介石、胡汉民等委员，并推举代表分赴上海、宁波劝驾，但掌握军权的李宗仁、白崇禧等人的想法却不同，因为他们在政治上没有多大的号召力，所以，打算只请政治家们回任，替他们支撑门面，绝对不愿意再把费了那么大的力气才推下去的军事领袖蒋介石请回来，再让他们整天提心吊胆，反复揣摩那颗剃掉头发后泛着青光的脑袋里又在转悠着什么念头。

何应钦与桂系的合作开始出现问题。何、桂合作逼蒋介石下台后，何应钦俨然成为黄埔系的新首领，但他的得意心情还没保持两天，就发现自己实际上是被利用，下一步肯定是被排挤，他出了一身冷汗，第一次感到缺乏蒋介石庇护的不踏实感，对桂系产生了事急虽相随、终归不是伴之叹。

为了挽回因津浦线全线收缩，孙传芳部紧紧相逼的颓势，何应钦与李宗仁、白崇禧商量，将第三路军白崇禧部署于皖东，以对付皖北之敌，并对长江上游警戒；将第二路军李宗仁部署于南京附近，对付津浦路方面之敌，拱卫首都；第一路军何应钦部署于京沪一带，对付运河方面之敌，担任乌龙山以东长江下游防务。但是，很快就有了李宗仁、唐生智联合消灭何应钦的流言；流言昭示，何、桂间的裂痕几天之中即扩大了不少。其根据是，何应钦撇开李、白，拉上海军总司令杨树庄等将领联名通电，请蒋介石归镇："惟幸今日之是非已明，曲直已判，讨共所以护党，人无异词，主义不可以曲解，事有教训，不祥之物，业已尽除，忠实分子，谋同一室，正赖钧座总领师干，长驱北上，竟此全功，完成任务……敬恳克日移节回宁，主持军事。"何应钦终于看清了桂系所要反对的不仅仅是蒋介石个人，而是蒋建立起来的整个系统，所以主动弥合与蒋介石的裂缝，开始为蒋介石的复出奔走呼号。

但是，形势的发展使何、桂之间又不得不保持合作。武汉任命第三十五军军长何健为第四集团军江左军前敌总指挥、第三十六军军长刘兴为江右军前敌总指挥，其东征军第十三军陈嘉佑部20日前锋抵达湖口，21日，第三十五军抵达安庆，原驻安庆之宁方王普、夏斗寅两军奉命让出防地，开往大通，安徽省政府、省党部迁往芜湖。虽然汪精卫、谭延闿电告宁方，军队东下是为了与宁方一起抗击南下的奉张军队，只有急难之谊，并无落井下石之意。《大公报》却突然登载一条消息说，两星期前唐生智的代表携其亲笔信到北京，协商奉、唐提携，约定待北军到达蚌埠时，唐部即迅速东下，两方会攻南京。这

第七章 波谲云诡

一家伙真如捅了马蜂窝，宁沪一带人心惶惶。白崇禧在上海以淞沪卫戍司令的名义布告说，这是奉张有意散布的谣言，但因奉、唐双方对此缄默无语，自己也疑窦丛生。

宁方深恐与孙传芳重兵夹江对峙时，汉方趁机东下击己之背，遂急与汉方和好。经数度电商后，李宗仁作为代表21日自南京专轮西上，次日到达九江，下午即上了庐山，与汉方核心人物汪精卫、谭延闿、孙科、陈公博、唐生智、朱培德、张发奎等人座谈。李宗仁首先介绍了南京方面自"清党"以来的情况，强调了在"清党"和蒋介石下野后双方的共同点，最后坚决要求武汉的东征军停止前进，以解除因此而引起的不安与误会。

此时，汪精卫极力主和。宁汉合流，中央党部、国民政府迁往南京，他便成为全国、全党的领袖，自然比在武汉当半个领袖强，但他要求唐生智停止前进时，遭到唐生智的拒绝。

尽管李宗仁对前恭后倨、骄横仗势的唐生智非常痛恨，碍于己方所处的困难地位，强忍怒气，不逞小人之勇，问汪精卫："汪先生能否派一、二中央委员和我一道去南京，庶几我们昭告国人，宁汉之间误会已冰释了呢？"

唐生智未等汪精卫开口，抢先发话道："现在我们哪一个敢到南京去？"

"孟潇兄，南京究竟有什么危险呢？"李宗仁耐着性子说："若说是敌人渡江吧，我敢担保，只要你的军队停止东进，敌人决不敢渡江；如果你更能和我们合作，自安庆北上合肥，出凤阳，直捣津浦路，敌人便会闻风自溃。南京的危险在什么地方呢？"

唐生智虽感到辞穷理屈，仍横蛮地说："我把部队开到芜湖再说！"

李宗仁只好不再言语。

还是汪精卫打破这恼人的冷场，他望着谭延闿和孙科说："组庵先生和哲生兄，您二人能否和德邻兄去南京一趟呢？"

谭、孙二人看不惯气焰熏天的唐生智，更为在众人面前下不来台的汪精卫鸣不平，都爽快地答应去南京，希望早日实现合作，少受两天唐生智的气。

唐生智非常清楚汪精卫想到南京去的急迫心情，因为他渴望成为全党的领袖。在宁汉合作尚未最后确定下来的情况下，武汉政府依据中央执委会扩大会议的决议，通电宣布迁都南京，并以中央执委会名义发表《迁都南京宣言》，

谁与争雄

文中说:"今者蒋中正既解除兵权,以听命于党,李宗仁等复环请中央党部及国民政府即由武汉迁都南京,以实行四月初旬之决议,而亟谋全党之统一。"为了减少阻力,武汉国民党中央执行委员会第25次扩大会议通过了汪精卫的提议,将中央前次对胡汉民、蔡元培、吴稚晖、李济深、张静江、蒋介石、古应芬、萧佛成、陈果夫等人开除党籍之处分撤销,留待四中全会解决。

唐生智从骨子里是反对宁汉合作的,一旦合流实现,他的野心就难以得逞。所以,他从庐山下来后,坐镇安庆,一面指挥军队缓缓东进,一面等待各方消息。

首先是陈调元的消息。陈调元任第一集团军第二军团总指挥,率部驻守芜湖。唐生智很恭敬地给这位曾任教于保定军校的老师写了一封密信,告诉他自己决心东下沪宁,希望他与自己合作,如愿意合作,则请为先锋,如不愿,请将芜湖让开,不要阻拦东征军,以免发生误会。

另外,唐生智与孙传芳订有密约。蒋介石的下野,虽说是各方共同作用的结果,但汉方倒蒋的坚决态度和大军东征的压迫,是最重要的因素。唐生智更相信"蒋介石是爬不过第八军一关"这句话了。蒋介石下野后,南京内部群龙无首,乱成一团。他决心借此良机,囊括东南,自任国民革命军总司令,再北上讨伐孙传芳、张作霖。他与孙传芳达成了夹攻南京,瓜分东南的默契。

唐生智接到报告说陈调元既不合作又不抵抗,在唐军接近芜湖时向南撤退了一日行程。他正站在地图前担心东征军过芜湖顺江而下时遭到陈军的袭击,副官送来一份情报:8月26日凌晨,孙传芳乘夜雾由长江北岸之望江亭、划子口、大河口三处向乌龙山、栖霞山、龙潭一带强渡,占领了栖霞山、龙潭车站,沪宁交通断绝。李宗仁、白崇禧、何应钦正督率部队,与孙军6万渡江大军作拼死战斗。

唐生智气得一拍桌子大骂:"他妈的,孙馨远不像话!不等我军东下就发动进攻,这不是搞先入关者为王的鬼把戏吗!"发过脾气后,转念一想,既然下游打起来了,自己先不忙行动,静观一下战局的发展,再作打算。

两天后,唐生智收到了孙传芳发自六合总部的电报,要求唐部迅速东下,会攻南京。这封电报刚刚译完,又有一封来自上海的电报,说由于孙传芳北岸部队用重炮猛轰南京,渡江部队又由龙潭沿长江南岸攻紫金山要塞,南京国民

第七章 波谲云诡

政府认为形势非常严峻，仓皇撤退南京的物资、档案和各部院人员。由于铁路、长江都被孙军截断，只得用汽车抢运。满载物资、人员准备逃跑的汽车，从南京一直排到溧阳附近，长达二三百里。南京城内的秩序混乱不堪。

唐生智接报正想命令部队加速东下，否则筵席上就只剩下残羹剩饭时，振聋发聩的消息随即到达其司令部：孙军除少数北逃外，6万渡江部队悉数被歼，龙潭大战以孙传芳的彻底失败而告终。这一下，唐生智感到口干舌燥，殊不料局面这么混乱的南京，居然在短短的三天时间里取得如此重大的胜利，表现出强大的战斗力。他拿不定主意，是停止前进，顺势与南京方面讲和呢，还是继续东下夺取东南。和虽不愿，战却胆寒，唐生智虽有极大野心，却抚摸着八字胡绕室彷徨。南京方面取得如此大捷，部队虽有损失，而且较为疲惫，但定然士气高昂，又解除了北边的威胁，战端一开，胜负难料。

终于，唐生智作出决定，暂停东进，等待时机。

正如蒋介石所料，他一下野，国民党其他领袖即被卷进了漩涡的中心。

宁汉合作大致商量妥当，汪精卫迫不及待地想成为全党的领袖，于9月5日率领手下大将陈公博、顾孟余等自九江抵达南京。李宗仁为汉方要员的到来举行了盛大宴会。

但是，汪精卫等人觉得，透过这热闹隆重的场面，有些问题令人担忧：一是唐生智拒绝前来南京，借口要在安庆整顿部队；二是宁方要员多避往上海；三是汪精卫到达南京的当天，街上即贴满了反汪的标语。这一切，一方面使汪颇为尴尬，另一方面也显示出汪要成为领袖，道路漫长而坎坷。

这时，有人横地杀出一刀，令汪精卫及其他各派侧目，那就是西山会议派。

"四一二"后，蒋介石出于大权独揽的欲望对西山会议派这个党内最早公开打出反共旗帜的老右派仍然采取了打击和利用并举，宣布查封上海环龙路44号的西山派中央党部，对西山派的公开诋毁、攻讦，犹如往昔。宁汉紧张对峙时，蒋介石暂时利用西山派，由中央政治会议主席胡汉民宣布取消"打倒西山会议派"的口号，并决定恢复该派林森、张继、谢持、居正、邹鲁等人的党籍，大有宁、沪（西山派）两个中央统一之势。但蒋介石不能容忍沪方与宁方平分秋色的打算。蒋介石下野后，政局发生重大变化，宁沪合作之议顿作烟消云散。

沪方与汉方的斗争也比较激烈。许崇智派人到武汉，与汉方协商"清党"及党务统一办法时，汉方提出了两条意见：一、汉沪同志开预备会，充分交换意见；二、汉方开第四次执行委员会会议，请西山会议诸同志加入工作，声明除中央党部须俟第三次全国代表大会决定外，其余各机关一律均可参加。沪方在答复汉方时，对开预备会表示赞同，要求宁、汉、沪三方合作，但只字不提开四中全会之事，而且还提出了与宁方相同的意见，各方分别举出相等人数，筹备第三次全国代表大会事宜。这就从实质上打破了汪精卫自认为的正统地位，所以汪精卫拒绝三方对等合作。

不仅如此，张继在就合作问题致电南京李烈钧、何应钦、李宗仁时说："值此危疑震撼之际，团结内部，实为唯一要图，其办法仍宜统一汉宁沪三党部合组，南京、武汉两政府同属一家，无正统与非正统之可争，先后反共，更无谁胜谁负之夸。"甚至进一步提出："精卫对内外皆失信仰，暂避要路，东南大局更有赖焉。"

就在9月5日，谭延闿和孙科因为李宗仁认为，在南京召开四中全会及组织政府，必须邀请离职在沪的"五中委"回宁参加，否则，宁汉合作便没有实际意义，两人到了上海，邀请胡汉民等讨论召开四中全会之事，胡等以"于大局无裨"为词表示拒绝。

9月8日晚，南京军委会设宴欢迎武汉抵达南京的中央委员。李宗仁坐在一边，望着风度翩翩、以领袖姿态居高临下、抑扬顿挫地发表讲话的汪精卫，忽地想到一些人给他取的绰号：花瓶。他对汪精卫的态度，已由1926年1月梧州会议时的崇敬变为现在的鄙夷，觉得汪精卫西装过于笔挺，头发过于整齐，手势过于无力。透过汪精卫那脆弱的躯体，李宗仁忽地看到身材高大、蛮不讲理的唐生智。今天，唐生智在安庆机关团体欢迎大会上发表演讲时说："共产党南昌之变及成立政府，皆系蒋介石成立南京政府之恶例引起。"并否认宁汉合作之说，说这件事是武汉中央政府迁都南京，不能说成是两个政府合并。演讲之后，他在答复李、白、何三个请其赴宁列席中央执监委全体会议的电报时说，党国大计，悉由会议决定，军事意见，已向主席团陈述，无列席会议的必要，根本不卖宁方的账。

　　李宗仁心里很清楚唐生智企图囊括东南的野心，急于实现团结；汪精卫则急于通过召开二届四中全会来恢复其领袖的地位，所以晚宴后，李宗仁将汪精卫请到其位于石板桥的私宅，共同听取了谭延闿、孙科上海之行的汇报，决定汪精卫、李宗仁等亲自到上海，劝"五中委"返驾南京，共组政府。

　　次日，汪精卫率李宗仁等一干要员乘专车到了上海。他在北站接见记者时，宣称宁汉两派在军事方面现已一致，政治方面亦非一致不可，两派合作已不成问题，并说此行目的有三：一为慰问龙谭战后赴沪养病的何应钦，二是挽留宁方委员，三为挽留蒋介石。

　　汪精卫在上海使尽浑身解数，争取各方支持。他首先致电蒋介石，请他到上海会商党国大计，但杳无言讯，原因是蒋介石觉得，局势还没有糟到一塌糊涂的地步，各派首领对其复出尚未心悦诚服，将来一旦风吹草动，他们还会乘势而起，向自己发难。在接受《申报》记者采访时，汪精卫称颂蒋介石反共有先见之明，并说自己自从5月间奋斗起，一直到现在为止，都是主张分共的，宁汉间因反共之方法与政策不同，以致把党分裂，但又重申："关于政治问题，在军事时期，不得不提高党权，实行以党治军，以党治国。"

　　然后，汪精卫访问在沪"五中委"，均非常失望：胡汉民、吴稚晖匿不见面，其他三人虽见上了面，但他们反对召开二届四中全会。

　　为了拉拢沪方（西山派）为自己说话，汪精卫提议先在上海召开四中全会的预备会，并表示宁汉分裂局面的造成双方都有责任，四中全会后，他将亲自去奉化请蒋介石复职，他自己也将引咎辞职。但是沪方不愿给汪精卫吹喇叭抬轿子，他们坚决反对汪精卫成为正统领袖，都站在宁方一边。

　　汪精卫奔跑半天，除了装满一肚子的怒气，别无所获，最后被迫同意在上海举行由宁、汉、沪三方参加的谈话会，协商三方的合作问题。

　　从9月11日至13日，宁、汉、沪三方中央大员在上海戈登路伍朝枢的寓所召开谈话会，磋商统一党务及宁汉政府合并改组办法。汪精卫、谭延闿、孙科、伍朝枢、李烈钧、褚民谊、李宗仁、程潜、张静江、蔡元培、杨树庄、李石曾、于右任、叶楚伧、邹鲁、张继、谢持、林森、覃振、许崇智、王柏群、居正21人出席，胡汉民、吴稚晖、蒋介石、陈公博、顾孟余拒不出席。会议

谁与争雄

一开始，宁沪两方为了打破汪精卫武汉中央的正统名义，联合提出：一、反对以二届四中全会的名义召开中央执监委全体会议。如以此名义行之，就是认定此会为三中全会的继续，等于承认了汉方党部是国民党的正统。他们表面的理由是三中全会是由共产党一手操纵的。二、与共产党关系密切的人不能进入中央党部，尤其点了徐谦、陈公博、顾孟余等几个汪派得力干将的名。三、汪精卫应当引咎辞职。这自然遭到汉方的反对，会议辩论甚烈，无法得出结论。最后，由孙科提议成立一个国民党中央特别委员会，作为中央临时机构，行使中央职权。

汪精卫感到形势对自己非常不利，汉方的谭延闿、孙科、程潜已然倒戈。实际上汪精卫被深深地蒙蔽了，这是上面三人与宁沪两方事先策划好的一个圈套，用的是偷梁换柱之术。他为了摆脱孤立的地位，抢先表示同意孙科的建议，他开了口，其他各方也表示赞成。

会议决定：一、由宁、汉、沪三方各推委员 6 人（另推候补委员各 3 人）及共推委员 14 人合组中央特别委员会，为行使党务政治之最高机关。二、中央政治委员会及中央政治会议暂时撤销。三、宁、汉两政府合并改组，由特别委员会另选国民政府委员，并另派军委委员及各部部长；四、特别委员会除行使中央执行委员会职权外，应负责统一各地方之国民党党部，并于三个月内筹备第三次全国代表大会解决党内纠纷；五、推汪精卫、谭延闿、蔡元培起草统一宣言；六、推张继、于右任、何香凝、李石曾、蔡元培 5 人代行监察委员职权。

汪精卫极力想实现的汪记中央成为正统的打算落空了，32 名特委委员中，汪系所占比重较小，大权转移到了桂系和西山派之手。汪精卫终于看清了孙科提出成立特委会埋藏着的续招：剥夺汪精卫合法领袖的地位后，再利用特委会把汪派势力排挤出去。

汪精卫岂会束手待毙！经过一番密商，9 月 13 日，汪精卫偕同顾孟余秘密离开上海，到九江，上了庐山。行前，顾孟余致书南京中央党部："此次南下，系专为出席第四次中央执监会议而来，现闻在沪同志多主张暂时不开此次会议，此外其他会议，孟余已无参加之必要。"汪精卫则致电中央执委会并通电全党，自认对共产党防制过迟，自动下野，并听候处分。汪系另一大将陈公

第七章 波谲云诡

博则南下广东，有所联络。

对于汪精卫此举，宁、汉两方尚未作出反应，远在广州的李济深马上行动起来。他发表对时局宣言，呼吁党内合作、蒋汪合作，指出：拥汪倒蒋或拥蒋倒汪，均属失当。主张暂时保留总司令制度，认为蒋介石是最合适之军事领袖。宁汉间一切重大问题应由不跨党之中央执监会议解决，并宣称："宜巩固党基，勿令共产党重来。"他对汪蒋合作、汉宁提携提出了具体主张：一、党之各派彻底统一；二、蒋介石复任总司令，汪精卫不可引退；三、党之军事首脑以蒋最为适任；四、速开中央执监委员联席会议，解决党内诸重要问题。

但是，特委会并不因汪精卫此举而垮台。汪精卫出走的次日，宁、汉、沪三方代表（除汪派）乘专车由上海到南京；15日，宁汉两方委员在南京成贤街中央党部召开中央执监委员临时会议，沪方中委则在南京紫金山开会，分别作出成立中央特别委员会的决定。同一天，中央执监委员联席会议在南京举行，规定了特委会的任务及职权，对汪精卫自请处分案，决定应毋庸议，并决定劝汪、蒋及胡汉民等速出视事。

9月16日，中央特委会在南京宣告成立。由于汪精卫的正统领袖地位被打破，遂对特委会的态度从支持走向了公开反对；由于特委会是桂系以武力为后盾建立起来的，也不符合蒋介石独揽大权的欲望，其态度从不合作逐步走向反对。所以特委会由于先天不足，一产生即虚弱不堪。

特委会决议推丁惟汾、于右任等47人为国府委员，以汪精卫、胡汉民、李烈钧、蔡元培、谭延闿五人为常委；推出军委委员67人，以蒋介石、胡汉民、谭延闿、何应钦、汪精卫、李宗仁、白崇禧、冯玉祥、阎锡山、朱培德、程潜、唐生智、李济深、杨树庄为主席团。特委会第三次会议决定：一、推汪精卫、蔡元培、谢持为常委，叶楚伧为秘书长；推定中央党部各部委员。二、中央政治委员会及各地政治分会一律取消，其职权分别由中央党部、省党部、国民政府、省政府执行，各地政治分会限10月1日前取消。三、以前各级党部及国民政府立即合并于新组织之中央党部及国民政府，所属机关立即移交。

政治和党务总算有了个眉目，但唐生智屯兵上游，始终是个重大的威胁。白崇禧主持制定了西征的军事计划，决定分三路向安徽进兵，将唐军逐出皖境。

谁与争雄

汪精卫从南京潜行西上，与唐生智协商后，一道返回武汉，宣布成立中央政治委员会武汉分会，管辖两湖及江西省，指定该会委员32人，以唐生智、顾孟余、陈公博、孔庚、邓寿荃5人为常委。这是公开与南京的特委会唱反调，因为特委会刚刚作出撤销各地政治分会的决议。

唐生智的第三十六军刘兴部进至当涂，与李宗仁的第七军发生了战斗。

宁汉终有一战，这是李宗仁在庐山会见唐生智后得出的结论。这实际上是桂唐之战。从桂系方面看，这一仗非打不可，因为现在桂系控制了宁沪一带，唐生智东下，必然损害桂系的利益，此其一；桂系逼蒋下台，实际控制了南京政府后野心大炽，希望把后方基地广西和宁沪一带连成一气，唐生智控制的两湖和江西正是通道，此其二。所以桂系早就定了对唐生智用兵的决心，只是一时腾不出手来。而今，龙谭一战，孙传芳精锐尽失，短时期内恢复不了元气，同时，桂系又控制了特委会，取得了政治上的优势，下令武汉撤销政治分会，以便给唐生智扣上违抗中央的帽子。

桂系又拉拢了谭延闿、程潜。老资格的谭、程素与唐生智不睦，更不能容忍这个后辈专横跋扈，所以对桂系的拉拢一拍即合。

但唐生智的实力也颇为强大，所辖计有：第八军李品仙、第三十五军何健、第三十六军刘兴、第十八军叶琪、第十九军高桂滋、第三十军赵振国、暂编第五军庞炳勋，以及10个暂编师，共有兵力10余万。南京方面不敢等闲视之，在调整军队、周密部署时，还与冯玉祥，以及驻宜昌的第二军鲁涤平、湘黔边境的第四十三军李燊、两广的黄绍竑、方鼎英等部取得了联系。

就在桂系积极筹划西征时，蒋介石忽地从故乡来到上海，并与胡汉民、吴稚晖等人会晤，宣称在上海小住数日即东渡日本。为了探听蒋介石此行目的究竟为何，白崇禧9月24日自南京到上海，表面上是为挽留蒋介石。

蒋介石平静地望着这位使自己成为黎民百姓的桂系干将，说："健生辛苦了。"

"多谢蒋先生关心。"白崇禧说："蒋先生要出游日本？"

"是的。"蒋介石说："而今我卸却繁忙的事务，成为在野之身，正好去看看日本的变化，像总理当年那样，把权力交给袁世凯后，自己一心一意地去搞实业，为国家建设尽力。"

第七章 波谲云诡

白崇禧对这个比喻非常不痛快，但他说："蒋先生应该留在国内，与同仁一道，协商解决当前革命面临的问题。"

蒋介石回到故乡后，住在名胜雪窦寺之方丈室。群山万壑，自北向南倾泻，在雪窦山的前坡，形成一个大壑。溪水两道，自山顶曲折而下，流到山前汇合成一大池。池边一峰横陈，恰好锁住这个大壑口。雪窦寺即建筑在两溪之间，面对着横峰妙高台。蒋介石徜徉在故乡幽美的山水之间，同时冷静地分析着形势。他认为，他的复出，不仅需要国内各派系的拥戴，还需要列强的支持。在华列强中，日本、美国的实力较大，所以他决定东渡日本，一则联络日本各方的感情，一则向已到日本的宋美龄求婚。向宋美龄求婚带有明显的政治目的，不仅因为这样可以和孙中山攀上亲戚，还因为势力强大的宋家有着浓厚的美国背景。尽管自己已有妻室，而且长期在美国学习、生活的宋美龄和自己的文化背景差异很大，蒋介石仍然苦苦追求，他写信给宋美龄说："惟余平日倾慕之人，厥惟女士。前在粤时，曾使人向令兄处示意，均未得要领。当时或因政治关系。顾余今退而为山野之人矣，举世所弃，万念灭绝，曩日之百战对疆场，叱咤自喜，迄今思之，所谓功业宛如幻梦。独对女士才华容德，恋恋终不能忘，但不知举世所弃之下野武人，女士视之，谓如何耳？"

蒋介石婉拒了白崇禧口是心非的要求。他知道，桂系尽管把权力拿过去了，但早已显得手忙脚乱，支应不开。龙潭之役后，何应钦称病到了上海。作为中国财富最集中地的上海，桂系在那里更没有办法。蒋介石下野后，受桂系压迫，上海市长黄郛托病辞职，南京即任命白崇禧的参谋长张定璠为市长，但虞洽卿等江浙财阀不买账，不但不出钱，反而要求对市长进行民选。龙潭大战前夕，白崇禧到上海找银行界借钱，结果未能如愿，又不敢用强，只得丧气而归，南京的财政已玩不转了。

桂系所恃的是特委会这块招牌，但特委会受到各方攻击。浙江总工会在杭州举行"浙民救党运动大会"，国民党省市党部代表均演说，通过了"否认南京特别委员会之决议事项"之提案，理由为"南京会议使西山派复归，实属破坏革命精神之谬举"。江苏省、浙江省、南京特别市党部联名通电，否认特委会：特别委员会之组织，破坏党的系统，破坏第二次全国代表大会决议，特别委员会份子中有曾反对北伐者，有曾贿选议员者，有曾反对收回法权者，有吸食鸦片、人格破产者，有军阀之走狗蜕化而来者。

汪精卫也积极行动起来，通电各级党部、各报馆，声称政府职务虽已解除，仍愿以党员资格，奔走各方。武汉政治分会通电全国，否认南京特委会与中央执委会有同等权力，指责特委会代行中央职权违反党章，不能承认。

同时，汪精卫致电黄琪翔，称当回粤候命，为指臂之助。因为张发奎与唐生智有矛盾，遂借追击贺龙、叶挺部队为名，率部悉数南下，准备入粤，另创局面。张发奎觉得回粤与老长官李济深不好相处，即以休养为名，将部队交给第四军军长黄琪翔统带，并要其代行第二方面军总指挥职，自己去香港。9月21日，黄琪翔进入广州，该军政治部四处张贴标语："拥护汪精卫、李济深、张发奎及军事委员会""反对个人代表党""建设革命的新广东"。

这些口诛笔伐并未使桂系着急，使其如芒刺在背的是待在上海的蒋介石。好在9月28日早晨，蒋介石一行10人自上海搭乘日轮"上海丸"去了日本，尽管上海的《民国日报》此时发表了蒋介石的一则《家事轶事》："各同志对于中正家事，多有来书质疑者，因未及遍复，特奉告如下：民国十年，原配毛氏与中正正式离婚；其他二女，本无婚约，现已与中正脱离关系。现在除家有一子外，并无妻女。惟恐传闻失实，易资淆惑，肃此奉复。"

李宗仁等人未及仔细揣摩蒋介石此时发表这么篇文章的深义，只觉得总有目的，否则不会来这么一下子，但此时国内形势日趋复杂，只要这位令人发怵的先生滚得远远的，暂时没有大的威胁就行。于是，回头加紧秣马厉兵，准备西征。

第六节 蒋介石呼风唤雨，特委会成众矢之的，汪精卫乱麻缠身

南京方面，军事大员们行色匆匆，忙碌异常，一看就明白：将有大的军事行动。

军事委员会宣布：国民革命军将再次大举渡江北伐。

这其实是施放的烟幕。南京已对西征讨唐做好了最后的部署，其战斗序列为：总指挥李宗仁，下辖第一路（李宗仁兼总指挥）三个军，第二路（程潜

任总指挥）三个军，第三路（总指挥朱培德）两个军，陈绍宽第二舰队的五艘军舰，另外还有一个航空队。

部队以北伐的名义趁黑夜渡江，武汉方面毫无察觉。到10月15日、16日，西征军的主力第7军、第17军、第44军抵达滁县和全淑后，突然来一个左旋回，直扑合肥、安庆；长江南岸，程潜的第六军突袭芜湖。军事行动成功地拉开序幕后，10月20日，国民政府依军委会决议下令讨伐唐生智，免唐本兼各职，交军委会依法治罪，并宣布其罪状为：勾结张作霖，阴谋破坏党和政府的统一，把持财政，剥削人民，擅增军队，窃据湘鄂皖省政府，"清党"之后复用共产党等。

唐生智则以武汉政治分会名义宣布与南京政府断绝关系，指责南京破坏赴汉委员团与武汉所商妥之约束。武汉政治分会并发表宣言，否认南京特委会，宣布在中央执监委员会成立前，政治分会辖下各省党务、政治、军事完全独立。宣言尖锐地指出："南京特别委员会者，政客、官僚之结合体，违法篡党之谋乱机关也。政客官僚而可以谋国，则革命为多事；违法篡党而可以不讨，则本党为无人。"

虽然唐生智不服输，但军事前景极为黯淡。讨唐军已形成了对唐生智的四面围攻之势：东面，李宗仁的西征军扑面而来；北面，冯玉祥命孙连仲进攻湖北，孙连仲派一师兵力迫近武胜关，已发生激烈战斗；西面，鲁涤平第二军与杨森合力自宜昌顺江东下；南面，第十六军范石生部由乐昌、仁化向湘边开拔，黄绍竑、李福林部分别自广西、广东进逼湘边。

各路讨唐军中，起决定作用的是西征军。除朱培德一路受汪精卫运动而态度暧昧外，其他两路夹江并进，海军溯江而上，进展极为迅速。

唐生智所部士气沮丧，节节败退，心中颇为后悔把汪精卫气跑了，在目前形势下，没有一位大人物来给自己抵挡一阵子。汪精卫离宁赴汉后，本拟手握唐生智而与南京抗争，但唐生智的表现使他瞠目结舌，觉得即使与南京的斗争取得胜利，自己也驾驭不住野心勃勃的唐生智，转而准备依靠同属广东人而且与自己比较接近的张发奎。由于张发奎的第二方面军已经开到广东，汪精卫遂于10月24日离开汉口到上海，29日抵达广州。政治上的这杆大旗一倒，唐生智顿觉脚底虚空。面对极其不利的形势，唐生智感到部队也较难掌握；主力

谁与争雄

第八军的师长劝其撤退,有情报表明第三十五军军长何键派人到南京接洽投降。同时,南京对武汉实行更严密的经济封锁,下令禁止自上海向汉口运银、制造军火之金属、纸、煤等物资,尽管唐生智运动日本人,以此举违反条约为由,向南京提出严重抗议,也未能解决问题。武汉经济状况日益恶化,金融形势更显紧张,中央钞票跌至每元仅值现洋一角二分。

尽管汪精卫是唐生智一时失算逼走的,但汪精卫并未把事情做绝,他公开发表谈话,主张讨唐事应该俟中央恢复后,以命令使其服从,如不从命,再行声讨。

唐生智虽四面楚歌,但不甘心失败。11月1日,他率其第四集团军全体将领通电说:程潜等部乘芜湖驻军渡江北伐之际施以袭击,轻启衅端,甘为戎首,武汉政治分会忍无可忍,分遣各军,一致征讨。并声明,护党纲,除腐化,促开第四次执监大会,恢复中央,巩固党权。笔杆轻摇,东征顿时变成了北伐,而且还成了护党的先锋。

文字游戏无益军事形势。唐生智眼看抵敌不住,决定弃鄂守湘,各部沿武长铁路退守湖南。但形势发展不容他从容布置:蕲春战败,沙市失利,冯军紧逼孝感,鄂省防军不稳,湘南粤军进逼,部将迫其解职。11月11日深夜,唐生智在汉口召集高级军官紧急会议,决定下野,乘日本军舰东渡,所部分向鄂西、岳阳撤退。次日,唐部将领李品仙、何键等电请南京罢兵言和,称唐生智"不忍自相残杀,一再饬属退让,冀留合作余地,免深党军分裂之痕"。劝宁勿进逼不已,师出无名。

南京本拟一举收复鄂湘两省,特设立了湘鄂临时政务委员会和临时党务委员会,以程潜为政务委员会主席。但就在李宗仁雄心勃勃地准备毕其功于一役时,形势发生了重大变化:为了召开中央执监会议,各派人物吵成一团;何应钦的一路军在津浦线上激战正酣,急需增援;南边的广州充满着火药味。而唐生智所部虽败退回湖南,但其基本部队第八、十八、三十五、三十六军未经剧烈战斗,仍有相当战斗力,退回故乡后,收拾起来并非易事。经过程潜与何键、李品仙往返电商,11月13日,宁汉双方同时下停战令,长江上游烽火遂告熄灭。

李宗仁一面派人到湖南,对唐生智残部进行招抚,一面与程潜等人协商,

第七章 波谲云诡

处理鄂湘善后事宜。但他并无多少得意心情,因为宁汉对立尚未完全弥合,新的伤口又出来了,那就是宁粤对立。控制南京没多久,他就已遍尝谋国者的酸甜苦辣!

南京的形势复杂,广州的形势也复杂。

广州的中心人物是李济深。北伐开始时,他以总参谋长代总司令,坐镇广州。

蒋介石与李济深从北伐开始即产生了矛盾。蒋介石志在取得对全中国的统治权,而握有强大实力的李济深也不是任人揉捏的角色。蒋介石随军北伐时作了周密部署,架空了坐镇广州的李济深,李济深对其恨之入骨,又不敢硬来,于是采取了因利乘便、釜底抽薪的策略,逐步将蒋介石钉在广东的势力排挤出去。蒋介石在1927年初提拔亲信刘峙、顾祝同为第一、第九军军长时,任广州市戒严司令兼公安局长的钱大钧非常眼红,认为刘、顾二人资历没有自己深,能力没有自己强,遂一面向蒋介石哀求,一面请李济深帮忙。蒋介石对钱之要求开始不同意,但接到李济深的保荐电后便委派钱为第三十二军军长。就在钱大钧官瘾已偿、踌躇满志时,李济深也非常高兴,因为他乘机拔掉了蒋介石安插在广州的一面利刃,指定第三十二军军部设在韶关,取消了广州戒严司令部,广州公安局长换上了第八路军参谋长邓世增。钱大钧荣升,帮蒋看守黄埔军校的方鼎英也坐不住了。经过一番活动,方升任新编第十一军军长,为扩充实力,他将素质好、装备精良的军校教导总队编入其军,不久就全部离开广东。同时,李济深寻机派亲信接管了粤海舰队。黄埔军校为蒋介石培养爪牙,经费却要广东负担,而分配在广东的毕业生又是蒋介石控制广东、钳制李济深的主要力量。李济深对此自然难以忍受,遂围绕着军校,与蒋介石展开了激烈的斗争。

蒋介石下野后,李济深采取了落井下石的手法,他对要求他通电捧蒋上台的黄埔同学会代表说:蒋先生好些事情是做得太过火了,否则就不会有这么多人反对他,复职问题要看大家的意见,我个人有什么办法。

蒋介石在蒋李斗争中连下几步错棋,李济深也有重大失算。他要求黄埔同学会裁减在广东的会员,削减同学会的经费甚至默认把已经工作的黄埔生排挤出来。流落在广州一带的黄埔生工作、生活无着,只好多次向副校长李济深求

谁与争雄

告,李济深不但不帮助解决,有时还训斥几句:你们同学在部队不服从长官,骄横跋扈,失业这么多,是你们同学会教育不严的结果。李济深的这种做法客观上起到了为渊驱鱼、为丛驱雀的作用,促使这批青年军人横下一条心追随蒋介石。

当自己的旧部、后成为汪精卫派实力人物的张发奎率部南下时,李济深企图利用汪精卫加强自己的政治地位,并利用张发奎来收罗旧部,同意该部入粤。张部入粤后,公开打出了拥汪、反对特委会的旗帜,隐然出现宁粤对立的局面。特委会依决议电令十月一日撤销广州政治分会,李济深却电请特委会收回成命,或准其设立与政治分会职权相同之机关;广东省政府又电南京国民政府,称当此西南多事之秋,万难将广州政治分会裁撤,但广东方面的提议遭到了特委会否决。10月11日,广州政治分会决定拒绝特委会取消该会的决议,并通过在该会下组织临时军事委员会,对政治分会辖内海陆空军及一切军事机关有指挥整理之权,随即推李济深为该委员会主席,陈可钰为参谋长,黄绍竑、张发奎为副参谋长,陈公博为政治部主任。次日,南京国民政府再电李济深,重申取消广州政治分会的决议,但李济深不予理睬。

李济深、张发奎在广州发起迎汪回粤大会,联名电邀汪精卫回粤主持大计。10月17日,广州派代表携李亲笔信到汉口迎汪回粤。汪精卫遂离汉经沪至广州。

汪精卫及一批追随他的中央委员到达广州,在广州树起"国民党中央"的大旗。11月1日,汪精卫、李济深等人主持召开了国民党中央委员会成立大会,同时宣布,国民政府在广州再行设置。

国民党内又该有一场激烈的厮杀了。

人们看得清清楚楚,宁汉对立与宁粤对立的局面中,汪精卫都是一方的领袖。

11月4日,《大公报》发表《呜呼领袖欲之罪恶》,很能代表一些人对汪精卫的看法。文章说:"十数年来,中国政治淑扰无定,至于近来纠纷益多。一言以蔽之,领袖欲与支配欲为之崇耳。夫领袖欲与支配欲,乃人类'好为人上'之常情;苟其绝灭,则文明进化或至浸息。然而从政治上言,领袖群众,支配恒伦,必有其相当资格焉。简单述之,谋国必忠,持躬必正,以至诚

第七章 波谲云诡

与人格为感化之工具。学能治世,才能抚民,以学问与能力为兴亡定乱之资。苟非然者,以庸才而抱野心,以细人而操大柄,则误国殃民而已,何足以言功名事业?中国不幸,十数年来,驰骋政界争雄军阀者,非庸才即细人。而崭新跃起之所谓民党人物,乃亦不能外是。遂至牺牲许多地方,断送无数青年,势力半中国,而建设成绩卒不可得。惟时闻二三自号领袖者,反复争斗,自播其丑,此真可以轻中国而羞天下之士也。最近尤不可解者,为汪精卫之态度。汪氏今春由欧回国,在举世反共风潮酝酿已急之中,突于4月4日在上海与陈独秀联合宣言,改容共为联共,未几赴汉,目击共产党徒蹂躏两湖之状,犹大呼'革命的往左边来,不革命的请走开'。迨长沙军共冲突,湘军决心反共,未几而白李携贰,蒋氏下野,乃突以反共自鸣。凡所以抨击共产党者,又无所不至。当其由沪到汉,各处演讲,丑诋西山派。迨倒蒋运动兴,首先贻书许崇智,卑辞谢过;邀致西山会议派,请予合作。蒋氏既倒,南京特委会成立,汪实主其议。且于九月十二日通电,谓曩之负疚不去者,目的在使破碎之局归于完整;现在三派合作,目的已达,本人已到退休时机。一面以防共过迟,自请处分,在沪对人表示,尤屡认错误。世人以为汪殆真退休矣,乃不数日而有复到汉口之报。九月二十、二十一日且两电南京,谓到汉乃解释误会。乃未几而武汉政治分会宣告成立,汪又赫然主盟。所谓反对南京特委会,攻击西山会议派之文电,乃复层出不穷。更未几而汪又到广州矣,且通电在广州召集所谓第四届执监会议矣,更有将设广州国民政府之讯矣。综汪氏本年四月以降之个人言动,矛盾变化之多,殆中外古今政治家所罕见。"文章最后责汪道:"特以好为人上之故,可以举国家利益,地方治安、人民生命财产,以殉其变化无常目标不定之领袖欲,则直罪恶而已。"

文章把汪精卫骂得狗血淋头。它揭示了汪精卫幼年时期苦难的生活环境与多年的政坛沉浮逐渐形成的外表谦和而心地狭窄,懦弱自卑而又要出人头地,首鼠两端,反复无常的性格。汪精卫以为他在党国,有历史、有地位、有勋劳,除了孙中山以外,不作第二人想,但是他想当领袖,又缺乏当领袖所必须具备的魄力和魅力。他的对手蒋介石则不同:性格倔强,刚愎自用,具有固执的信念,不达目的誓不罢休。

在汪精卫看来,只要解决好党统问题,一切军事行动,皆取决于党,其他

谁与争雄

一切问题都可迎刃而解。他企图利用党统的名义，凌驾于军阀之上。汪精卫回粤后即侃侃而谈："兄弟此次回粤，其唯一目的在于提高党权。以党治国系总理之遗训，故举凡无论势力怎样大，也要在党领导之下。"所以，围绕召开四中全会的问题，宁粤之间争执不休，斗争激烈。

桂系手拥特委会，坐困石头城。讨唐军事尚未结束，与蒋介石的矛盾无法弥合，粤方之攻击一波强过一波，虽与西山派政客联合，但缺乏共同的利害关系，因而是不可靠的。财政更是玩不转。财界对南京进行了杯葛。财政部长孙科致电虞洽卿说："劝募绅商二五库券，承先垫借25万元，现西征北伐，全赖后方接济，务请赶为凑集50万元。"大军同时在进行北伐和西征，"25万元"，真可谓杯水车薪了。李济深致电孙科说："决与宁合作，一致讨唐，惟在战事时期，两广每月应解中央之款，须暂行停止，以济军需。"不拿钱不说，还"决与宁合作"，似乎根本不属于南京管辖，讨唐与否不是听令，而要看他自己。这一电报，把孙科气得够呛。

除了粤方，蒋系也极力攻击特委会。无奈，李宗仁、白崇禧等连电催促汪精卫、陈公博等到南京共商国是，并解释说特委会的产生系各方在沪所共同商定，言下之意是你汪精卫为何出尔反尔。南京国府主席谭延闿也电促汪精卫、李济深克日到南京召开第四次中央全体会议。后来，李济深提出了一个折中方案：在未正式开会前，先在广州或上海开一预备会议，确定正式开会地点。粤方电告宁方：若谭等坚持在宁开第四次中央全会，则中央特委会应即取消，最低限度亦应明白宣布停止其职权。宁方回电说：特委会乃根据沪议成立，同人等数人固不能宣布取消，即停止其职权亦觉非同人等权力所及。此问题宜待中央全体会议解决。先开预备会议一节，亦极赞成，地点在上海较为适中。接着，宁方作了让步，表示在四中全会开会以前，特委会暂停职权。

宁粤在逐渐接近。

但是，粤方内部却正悄悄地发生着变化，而这个变化是身在日本的蒋介石积极推动的。如果宁粤从对立走向合作，他要复职上台就难了。对蒋介石来说，局面越乱越好。

李济深与汪精卫、张发奎的矛盾逐渐激化了。李济深当初同意数万人的第

第七章 波谲云诡

二方面军入粤，是想借它来扩充实力，所以才把汪精卫象佛骨一样地迎了进来。但是他们来了以后，李济深发觉根本无法控制他们，他们有自己的一套，尽管张发奎是自己多年的老部下。卧榻之侧有人酣睡，直如芒刺在背，李济深觉得自己在广东的统治受到了威胁，后悔打算用人反而被人利用的举动，对鸦占凤巢的结果忧心忡忡。李济深对汪精卫的态度发生了根本性的改变。

张发奎南下广东的目的就是想用武力统一两广作为角逐的资本，这样，广东的李济深和广西的黄绍竑必须铲除，但李济深不但实力强大，而且德望素著，又为多年之长官，颇感难办。

这时，汪精卫与蒋介石搭上了线。汪精卫看到，即使四中全会开成，如果桂系从中作梗，即使自己的领袖地位得到了也是不稳固的。在日本的蒋介石耳聪目明，而且下手极快。他看到汪精卫的细微变化，紧紧抓住这稍纵即逝的时机，急派宋子文带着他的亲笔信到广州葵园见汪精卫，表示赞成恢复中央执委和召开第四次中央全体会议的主张，并说他愿意到广州，再办黄埔军校，再练兵，然后北伐。汪精卫正出神地盘算如何利用蒋介石来推倒横亘在道路上的桂系武力，从而登上最高领袖的宝座，宋子文话锋一转说："汪先生，蒋先生对您是拥戴的，但是，桂系把持着南京中央，必须推倒，否则无从谈起。广东这边，实力人物是李济深，他拥护特委会，又是桂系首领之一，因此，蒋先生的意思是，如果真要实现蒋汪合作，就要设法解决李济深，把广东切切实实地拿到手，把广东建成汪蒋联合反对特委会的基地。"汪精卫见蒋介石对自己表示拥戴，离最高领袖的宝座只差一步，遂对着宋子文轻轻地点了点头。

宋子文神秘地离开广州后，汪精卫与张发奎等人作了密议，决定利用宁粤妥协，在上海召开四中全会预备会议的机会，诱杀黄绍竑，驱逐李济深。汪精卫根本没有意识到，蒋介石给他送来的武器是把两面刃，既伤了别人，也坏了自己。黄绍竑正在柳州巡视时，接到汪精卫个人署名的电报，请他到广州，有要事面谈。黄绍竑因张发奎不听李济深进攻叶挺、贺龙南下潮梅部队的命令——张打算让李与叶、贺互相厮杀，他再来收拾局面——而被李檄调，率领其第十五军去进攻叶、贺，刚刚班师回广西。汪精卫等人一到广州，黄绍竑即断定这帮人想在广州另搞一个局面，并认为汪精卫要搞新局面，必定会商请地方实力派的支持。他接到汪电后，认为汪邀他至广州，定为商量这件事。事实上，黄绍竑对依托两广搞小朝廷也颇有兴趣。李济深曾忧虑地向黄绍竑诉说：回粤的第二方面军势力越来越大，其作法也越来越令人反感，不像是多年袍泽和部属，简直是强客压主：要求把民政、财政、建设、农工厅长换成第二方面军的人。广州市公安局长换成了第四军的师长朱晖日。军事上除联系李福林第五军外，还勾搭上了薛岳、黄镇球这两师李济深的基本队伍。李济深将此形势商之于黄绍竑时，黄说："他们要求什么，就给他们什么好了！横直广东的事由广东人自己去搞，您是他们的老长官，他们不会对您有什么恶意。"

作好安排后，汪精卫在中山大学演讲《武汉分共之经过》时说："联俄与容共政策，为应付时代和环境的一种政策，不能与三民主义同样有长久的时间性。时代与环境变了，政策也应随之而变化的。容共之后，必定分共，是不可免的。不过容共的时候，不能说出来，犹之明知到上海后必然分路，不过从香港到上海的路上，大家都不说出来便了。"这像是告诉人们他的政治哲学，又似乎在向人们发出某种信息。

汪精卫自诩聪明，但饱读诗书的他，恐怕疏忽了一个典故：螳螂捕蝉，黄雀在后。他过低地估计别人，根本未料到比他更奸诈的蒋介石，使他成了受人嘲笑的水中捞月的灵猴。

汪精卫刚刚听说蒋介石自日本到了上海，即收到蒋介石发来的电报，请他到上海晤商党务，并说欲使党从破裂复归完整，非相互谅解、从速举行四中全会恢复中央党部不可。汪将电报在葵园会议席间传阅，这当中，汪精卫脑海里忽地闪出一个疑问：宋子文来时，不是说蒋介石要到广州来吗？怎么现在又要求到上海去会面呢？但他尚未细细推敲此举的含义，各位"中委"即表态，既然蒋介石对召开四中全会表示赞同，此后一切纠纷不难解决，似可不必坚持在粤举行。在推举赴沪代表时，汪精卫觉得这正是把李济深驱逐出广东的好时机，遂首先推举李济深，而李济深也想趁机把汪精卫这尊神送出去，欣然同意。

就在汪精卫、李济深整装待发的11月16日中午，黄绍竑乘专轮到了广州。李济深匆匆地将粤省军政要务面嘱其办理，下午，即与汪精卫同轮离粤赴港，准备次日早晨转轮赴上海。而黄绍竑从汪精卫的私邸葵园告辞出来回公馆时，心里划了个大大的问号：既然汪精卫专电召我来粤面商要事，为何汪、李又行色如此匆匆？仅仅是为让他代理省务的话，可作代理人很多，根本没必要把他从广西召过来！黄绍竑是何等精明之人，顿时觉得其中有诈，此行恐怕凶多吉少，马上就准备乘船赴港，但已无班船，只好在公馆坐等天明。深夜，黄的好友、广东财政厅长冯祝万急急忙忙地跑来告诉他："今晚他们要加害于你，还不快逃！"黄赶忙化装，连夜逃跑。

11月17日凌晨，黄琪翔与李福林、薛岳等以"护党救国"为号召，声言打倒新桂系，并将第八路军总指挥部、省防军、黄埔军校工兵团、石井兵工厂、虎门要塞守备队等悉数缴械，并包围李济深、黄绍竑、陈济棠之住宅进行搜查。广州贴满了标语："欢送汪主席、李主席北上""打倒侵略广东的黄绍竑""打倒南京特委会""打倒西山会议派"。

张发奎和黄琪翔发动军事政变，端了李济深的老窝后，马上改组了广州政治分会，由顾孟余任主席，张发奎加入该会为委员，黄琪翔等任临时军委委员，并决定以张发奎、李福林、陈公博为军委主席团，张代主席；陈公博代广东省主席。张、黄见未能抓住黄绍竑，知其脱逃，肯定不会善罢甘休，急忙作了军事上的部署：第四军主力调往西江，由副军长缪培南坐镇肇庆，以防桂军东下；其余部队调去东江监视陈济棠，一部分调到四邑方向监视徐景唐；广州方面仅留第四军教导团和朱晖日的警察维持治安。同时，张、黄联名分电汪精卫、李济深，报告粤变经过，说汪、李深夜启程，而黄绍竑已密令北江所属部队移动向第五军包围缴械，为形势所迫，已奋起驱除，黄本人先时兔脱外，其余在广州之部队已一律缴械，并拟于最短期内肃清北江，并请汪、李会毕即回粤坐镇。在粤中委顾孟余、何香凝等人又致电汪精卫并转谭延闿及各省，历数黄绍竑之罪状，声明候呈第四次执监全体大会加黄以处分。

黄绍竑从香港取道越南海防、河内转赴梧州，一面调集军队应战，一面致电南京，要求以反革命罪逮捕汪精卫。

粤局糜烂乐坏了一个人，那就是蒋介石。

蒋介石在日本，答应了宋家提出的信奉基督教，与元配及侧室脱离夫妻关系的条件后，向宋美龄求婚成功。随即，他以强行军的速度，遍访了日本军、政、财界的重要人物，寻求他们的谅解与支持。这些活动的间隙，他确定了利用汪精卫搞垮特委会的策略，又预伏了达到目的后再赶走汪精卫的手段。

谁与争雄

11月10日，上海。日轮"长崎丸"徐徐靠上了码头，蒋介石精神抖擞地走上了岸，结束了近50天的日本之旅。而在这个时候，沪宁一带早已哄传蒋介石挟着日本所给的巨资，准备复职。

蒋介石在11月16日上海国民党员欢迎大会上，声称因汪精卫力促，由日返沪，与汪合作不成问题，但必须是汪、胡等共同联合，始是真合作，而且不赞成排斥西山派。蒋介石以一幅和善的面孔出现，似乎要成为四分五裂的各派之间的黏合剂。

18日上午，汪精卫与蒋介石在上海环龙路宋子文住宅会了面，交换对党务、政务的意见。蒋介石表示赞成召开四中全会，重申了对汪精卫的拥戴之意。汪精卫企图恢复到"中山舰事件"前，蒋介石主军、汪精卫主党的两驾马车的局面。他们这时谁也不欠谁，蒋介石利用"中山舰事件"把汪精卫赶到了法国，汪精卫利用宁汉对立也曾将蒋介石从赫赫总司令变为黎民黔首。

两人握着手，内心都非常感慨，从4月初分手到现在的几个月内，形势发生了巨大变化。几个月前是小字辈的桂系飞黄腾达，一手遮住了国民党的天空，成了实现蒋汪合作的主要障碍。

蒋介石在汪精卫慢声细语地说明粤方关于四中全会的意见时，走了神，怎么开四中全会是次要的，现在最关键的是如何拆散特委会，使特委会的军事支柱桂系屈服。

汪精卫谈完粤方的立场，蒋介石哼哼两声，不住地点头，禁不住暗自嘲笑这个跃跃欲试准备入主南京的政客：你的算盘别打得太好了，你头顶的黑云正越积越厚，暴风雨就要吞掉你了。

"张黄事变"发生后，汪精卫大受各方指责。尤其是受骗上当的李济深，他与汪精卫从香港乘"亚洲皇后"号轮船抵达上海，一下船即接到黄绍竑发来报告粤变的电报，气得他浑身乱抖，因为刚刚在船上，汪精卫尚对记者说："对于党内纠纷之解决，务避去激烈手段，而采用和平补救之方法，实为余之根本主张。"

李济深痛斥一顿汪精卫后，立即命令陈济棠、徐景唐、黄绍竑等分别督率所部，合力攻击广州。粤桂战争一触即发。李济深在上海对各报记者发表谈话，说粤变纯系共产党支配一般骄兵悍将与失意政客，乘机作乱，夺取政权之表现；请国民政府、军委会下令讨伐发动粤变之张发奎、黄琪翔。李济深并把前事抖了出来：原属张发奎第二方面军的叶挺、贺龙在南昌暴动后南下，黄琪翔率部沿赣江与东面的叶、贺部队平行南下互不侵犯，李济深命其东向剿灭叶、贺时，遭到坚决拒绝，只好千里檄调远在广西的黄绍竑第十五军进行堵截，而正当黄绍竑、陈济棠等与叶、贺在潮梅激战时，黄琪翔却率部进了广州安享太平。

于是，反对派群情激愤，纷纷指责张、黄与叶挺系多年袍泽，叶贺暴动后又作壁上观，定是其同路人！

汪精卫只好自己出面，在上海举行记者招待会，对广州张黄事变进行辩解：广州事变之起因，并非由于对共产党问题，乃是由于对特委会之态度不同。黄绍竑遵照特委会决议主张率两广军队讨唐，张黄则认为西征纵有必要，但不能奉特委会之命而西征，以增加特委会之声势，由意见之冲突而形成武力之冲突。他的目的是想把反汪派所称的敌对矛盾变成内部矛盾。

但反汪派并不罢休，他们紧追不舍。

蒋介石阴沉地笑了。汪精卫自顾不暇地拉扯缠绕在身上的乱麻时，他又让特委会的主角西山会议派陷进了圈套。

11月22日，南京各界在公共体育场举行讨伐唐生智胜利庆祝大会。这本是为特委会歌功颂德的，由于陈果夫在暗中主持，参加大会的中央党务学校学生在会场上散发传单，发表演说，并大呼"打倒特别委员会""打倒西山会议派"口号，台下该校学生振臂与之呼应，形成浩大声势。会后举行游行，党务学校学生走在队伍最前列，其中一部分学生暗藏着手枪。队伍行至秀山公园门口时，遇到军警的阻拦，不久就响起了枪声。结果，造成了死2人、伤75人的惨案。

这一下犹如捅了马蜂窝，蒋介石从中又猛摇了几下鹅毛扇，遂成轰轰烈烈的讨伐西山派的运动。

事件发生后的第三天，南京各界即组织了"一一二二"惨案后援会，并派代表5人到上海，向当天才开始的四中全会谈话会陈述惨案经过，要求惩凶，并指西山派之特别委员会委员邹鲁、居正、谢持、覃振、傅汝霖、潘宜之等人为该案之主使者。接着，该会发行《救党特刊》，内列"潘宜之屠杀民众之铁证"一栏,称系潘宜之下"市民暴动着武力解决"之手谕。上海市各区党部联席会议决议援助"一一二二"惨案,电述特委会屠杀民众之罪行,请谭延闿、蔡元培严惩主犯。而中央党务学校学生200余人携带惨案伤亡民众血衣及该校学生袁大煦的尸体游行。

面对着沸腾的舆论,西山派力图洗刷泼在自己身上的污水,发表宣言、召开记者招待会,辩解自己与该案无关,并要求国民政府拿办凶犯及煽乱分子。但这无济于事,微弱的辩护声被有组织的喧嚣湮没了。

对这场运动看得很清楚的倒是刚刚由沪返京的谭延闿,他说:"若单纯共产党暴动,悉行拿捕,自属易办。而此事发动,由上海有人主持,实党内之争,为人所乘,愈捕愈加纠纷。"蒋介石正在上海,此话耐人寻味。

第七节 蒋介石故伎重演,
以退为进, 驱汪排胡

李宗仁等见西山派自顾不暇,汪精卫已经与蒋介石妥协,蒋介石总司令的职务呼之欲出,已虽不愿,但无力阻挡,遂乘轮自武汉东下,一则为祝贺蒋介石的婚礼,一则为参加将在上海举行的宁粤中央执监委谈话会。

但是,李宗仁、白崇禧等人并未赶上蒋介石的婚礼。那场盛大的婚礼上海英文报纸作了如下报道:"这是近年来一个壮举,是中国人的一个显赫的结婚仪式……昨天下午,当仪式举行时,大华饭店的舞厅里足足有一千三百人。"12月2日白、李赶到蒋介石设在拉都路311号的新居时,新婚夫妇已到杭州去了,据说准备在莫干山度蜜月。他们对蒋介石的举动产生了疑问:明天即要召开执监委的谈话会,这么重要的一个会,蒋介石会不参加而携新人去莫干山中悠游吗?这可是关系到他复职等一系列重大问题的啊!

回到寓所,正无聊间,秘书送上《大公报》。李宗仁一看头版的标题,马上联想到昨天报上登载的蒋介石撰写的题为《我们的今日》的感想文,立即叫秘书找来昨天的报纸。文章写道:

"余奔走革命以来,常于积极进行之中,忽萌消极退隐之念。昔日前辈领袖问余,汝何日始能专心致志于革命?其他厚爱余之同志,亦常讨论——如何而能使介石安心尽革命之责任？凡此疑问，本易解答，惟当时不能明言，至今日乃有圆满之答案。

"余确信余今日与宋女士结婚以后，余之革命工作必有进步。余能安心尽革命之责任，即自今日始也。

"余平时研究人生哲学及社会问题，深信人生无美满之婚姻，则做人一切皆无意义。社会无安乐之家庭，则民族根本无从进步……家庭为社会之基础，欲改造中国之社会，应先改造中国之家庭。

"余与宋女士讨论中国革命问题，对于此点，实有同一之信心。

"余二人今日不仅自庆个人婚姻之美满，且愿促进中国社会之改造。

"余必本此志愿，努力不懈，务完成中国革命而后已；故余二人今日结婚，实为建筑余二人革命事业之基础。"

李宗仁正欲喷茶，白崇禧和程潜联袂而至，于是，大家一起阅览《大公报》题为《蒋介石之人生观》的社论。社论说："离妻再娶，弃妾新婚，皆社会中所偶见，独蒋介石事，诟者最多，以其地位故也，然蒋犹不谨，前日特发表一文。一则谓深信若无美满姻缘，一切皆无意味，再则谓确信自今日结婚后革命工作必有进步，反翘其浅陋无识之言以眩社会。吾人至此，为国民道德计，诚不能不加以相当之批评，俾天下青年知蒋氏人生观之谬误。"文章接着写道："男女，人生之大欲也。其事属于本能的发动，动物皆然，不止人类。人生得真正恋爱，固属幸事，然其事不可必。且恋爱对象变动不常，灵魂肉欲其事难分。自生民以来，所谓有美满之姻缘者甚少矣。然恋爱者，人生之一部分耳。若谓恋爱不成，则人生一切皆无意义，是乃专崇拜本能，而抹杀人类文明进步后之一切高尚观念。或者非洲生番如此，中国不如此也。夫文明人所认为人生意义，一言蔽之，曰利他而已。盖人生至短，忽忽数十春秋，与草木同腐。以视宇宙之悠久，不啻白驹之过隙。然而犹值得生存者，则以个人虽死，大众不死故，所以古今志士仁人之所奋斗者，惟在如何用有涯之生，做利人之事，而前仆后继，世代相承，以为建筑文明改善人类环境尽力。行此义者，为人的生活；不然，为动物生活。得恋爱与否，与人生意义无关也。或曰：此言固是。然得恋爱始能工作，失恋爱则意志颓然，蒋氏之意仅在是耳。然此亦大误。盖在有道德观念知人生意义之人，其所以结构一生者，途径甚多，不关恋

谁与争雄

爱……且蒋氏之言若即此而止,犹可不论。盖人各有志,而恋爱万能之说,中外皆有一部分人持之。蒋氏如此,亦不足责。然吾人所万不能缄默者,则蒋谓美满婚姻始能为革命工作。夫何谓革命?牺牲一己以救社会之谓也。命且不惜,何论妇人?"文章最后说:"呜呼!尝忆蒋氏演说有云:'出兵以来,死伤者不下五万人。'为问蒋氏,此辈所谓武装同志,有美满姻缘乎?抑无之乎?其有之耶,何以拆散其姻缘?其无之耶,岂不虚生了一世?累累河边之骨,凄凄梦里之人;兵士殉生,将帅谈爱,人生不平,至此极矣。呜呼,革命者,悲剧也。革命者之人生意义,即应在悲剧中求之。乃蒋介石者,以曾为南军领袖之人,乃大发其欢乐神对之教。夫以俗浅的眼光论,人生本为行乐,蒋氏为之,亦所不禁。然则埋头行乐已耳,又何必哓哓于革命?夫云裳其衣,摩托其车,钻石其戒,珍珠其花;居则洋场华屋,行则西湖山水;良辰美景,赏心乐事;斯亦人生之大快,且为世俗所恒有,然奈何更发此种堕落文明之陋论,并国民正当之人生观而欲淆惑之?此吾人批评之所以不得已也。不然宁政府军队尚有数十万,国民党党员亦当有数十万,蒋氏能否一一与谋美满之姻缘,俾加紧所谓革命工作?而十数省战区之人民,因兵匪战乱,并黄面婆而不能保者,蒋氏又何以使其得知有意义之人生?甚矣不学无术之为害,吾人所为蒋氏惜也。"

白崇禧拍案叫好:"骂得痛快淋漓,这个《大公报》真敢骂啊!前不久不是臭骂了汪精卫吗?"

程潜说:"蒋介石的肉麻真叫人齿冷!"

"我看蒋介石是高兴得昏了头。"李宗仁说:"怎么能公开发表这种文章,招人唾骂呢?"

他们都没有看到这桩英雄爱美人的婚姻背后的政治意义。

程潜深沉地说:"前面他半心半意的时候就把我收拾得很惨,今后全心全意地工作了,大家都得提防脖子上的脑袋啊!"

李宗仁不以为然地说:"颂公过于悲观,天下绝非他姓蒋的一个人所有。"

白崇禧血往头上涌:"颂公,不见得他蒋介石就能够一帆风顺!"

的确,蒋介石考虑到复职道路上的坎坷,12月2日当天即从杭州返回了上海。次日,在蒋介石家里,召开了四中全会第一次预备会议,由蔡元培主持,到了蒋介石、汪精卫、谭延闿、李济深、何香凝、李宗仁、张静江等29人。

　　会议围绕着特委会的存废和处置广州事变的方针展开了激烈的辩论。从表面看是宁粤的对立与争吵，但因为西山派被蒋介石推进了浊浪翻滚的急流中，面对着汹涌澎湃的舆论，拼命折腾以图自救，实际上是汪派与反汪派的斗争。在第一次会议上，何香凝对南京对粤下讨伐令甚为不满，希望不用干戈，由四中全会解决；汪精卫以张、黄已有函服从四中全会为理由，也主张不用武力解决。李济深则坚决主张对粤用兵，称广州事变背景复杂，各委员对取消特委会一事达成一致，决议对"一一二二"惨案组织特别法庭审判，对该案被指控之谢持、邹鲁、居正、傅汝霖、王昆仑、葛键时、潘宜之、覃振等人即行停职监视。

　　但是，宁方认为粤方未作让步即获得了取消特委会的重大胜利，大为不满。12月5日，谭延闿、李济深、蔡元培、李宗仁、何应钦、孙科、张静江、李石曾、伍朝枢、吴铁城相约不出席，致使第三次预备会议因不足法定人数而流会，上述中委则在南园李济深寓所会商对粤之办法。7日，预备会议仍未开成，宁方委员谭延闿等邀请非粤派委员在南园晚餐，但蒋介石未出席。8日开成了第三次会议，但又吵成一团，中央监察委员吴稚晖、张静江等五人联名提出对汪精卫、陈公博、顾孟余之弹劾案，要求停止其出席正式会议之资格；汪精卫则表示监察委员会业经特委会取消，——这时汪又扛出了特委会的招牌——此举系宁方对认为是敌人者的应付，他无所畏惧；李济深提出，汪精卫以外的在粤中委退出议席提交监察委员会查办。何香凝则反驳说，李济深显欲借此破坏会议。

　　汪精卫的日子颇为难过。宁方，尤其是李济深、李宗仁等硬把一顶红帽子扣在他头上，为了摆脱困境，他也借反共这个大标题做文章，以示自己本就积极反共，是"清白"的，他于12月9日连发几电到广州，命令彻底"清党"、合剿海陆丰等地的叶贺部队、派兵搜查俄领署、驱逐俄领事等。

　　9日晚，汪精卫与顾孟余等人商量的结果，认为目前汪派受桂系、西山派、胡汉民派借粤变之机的合力围攻，只有拥蒋出山，抓住蒋介石的实力才能自保。在次日召开的第四次会议上，汪精卫等粤委提议请蒋介石续任国民革命军总司令职："惟有请预备会议即日催促蒋介石同志继续执行国民革命军总司令职权，才是解决党务、政务、军事问题的当务之急。"在此形势下，蒋介石

谁与争雄

复出已是大势所趋，谁愿徒作恶人呢？所以此案当即通过。汪精卫并当众声明，如其不能谅解，个人尽可引退。

蒋介石眼见各方如此激烈的争吵，非常高兴，因为各方矛盾越是尖锐，就越是要拉拢他作为盟友以击败对手。但他表面上不作左右袒，于8日发表《致中央执监委员同志书》，劝宁粤各委息争，尽捐前嫌，勿互相猜忌，暗地里却对汪派落井下石，送30万元给李济深，唆使其攻打张发奎。他幸灾乐祸地听各方互相攻击的同时，还细细把玩北方冯玉祥和阎锡山发来的拥戴电。

由于南方国民党的内争，北伐战事基本停顿。10月份以来，只有何应钦在津浦线上勉强维持。因此，奉张主力大举入豫，与冯玉祥展开激战，冯部人员伤亡、物资消耗极大，颇感奉张的压力太大；而阎锡山9月底与奉张开战，目的是想抢在各方之前占领京津地区，未料偷鸡不成倒蚀一把米，奉军围攻山西正急。阎锡山一面派人到北京，卑词厚礼，请求停战，一面与冯玉祥协商，认为国民党内，除了蒋介石以外，无人驾驭得住目前纷扰不堪的局面。所以，二人联名电请国民党中央和国民政府起用蒋介石主持军政："玉祥等完全为革命军事工作起见，拟请我中央党部、国民政府，起用蒋中正同志主持军政，玉祥愿听指挥；俾得早奏肤功，完成革命，以慰全国民众之望，不胜待命之至。"冯阎又致电给蒋介石本人，电文中说："甚盼我兄克日出山，主持军政，俾得早日完成革命大业。倘能得如所请，弟等负弩前驱，愿听指挥。不惟弟等私愿得遂，大局实利赖之。"在阎、冯以个人名义发给蒋介石的电文中，措词恳切得多。冯电说："军事问题，乃目前生死关头，亟盼速有统一办法，并无余暇时间，可以稍延也……津浦何总指挥所部闻攻临淮、凤阳，得而复失……连兵数十万，战线四五千里，对于军令上不统一，势如一盘散沙，何以为战？故我所盼者，蒋公克日出山，诚以中枢军事，须有才望如蒋公者主持其间，则全局呼应，处处皆灵，而不致被敌人各个击破也。现敌人新得外国军械，竭力扩充军备，我等迟一日北伐，敌人则增一份兵力。为今之计，惟盼吾兄东山再起，主持一切，各方军事有统一办法；否则我革命军之战线，将逐次为敌军各个击破耳！全局败坏，谁负其责？紧急之时，似未可拘常势也。祈吾兄审查经权，以慰各方之望，毋任切祷"。阎电中说："公留党在，公去国危，个人之去留事小，党国之存亡事大，爰用春秋责贤之义，再挽浪中已失之舟"。

第七章 波谲云诡

冯阎拥戴电中,焦急之情跃然于字里行间。蒋介石看到了他们的诚意,因为他们急盼大军北上,以分奉张之力。他也看到奉张一旦击败阎、冯,除却侧背的牵制和威胁,必定挥师全力南扑。南方的李宗仁、李济深、汪精卫、胡汉民等巨头均已表示拥护蒋介石复职,四中全会预备会对此已作出了决议,但蒋介石却认为复职的最佳时机仍未到来。蒋介石不仅想复任国民革命军总司令,而且想登上权力的巅峰,一手控制党、政、军大权,实行独裁。但在此时的国民党内,汪精卫与胡汉民尚在,此时复职,只有成为军事领袖,政治上无论如何压不过汪、胡二人。现在,总司令的帽子已经递到了蒋介石的手上,就差一举手戴上他那颗光头了,汪精卫与胡汉民就像两只被挤干了的柿子,既无利用价值,又碍手碍脚。蒋介石打起了"中山舰事件"时驱汪排胡的算盘。

命运之神看中了蒋介石,给他创造了一个非常好的机会,而他是非常善于抓住和利用时机的。

12月11日,广州发生了共产党员张太雷、叶挺、恽代英、叶剑英、聂荣臻等人领导的武装起义。

尽管广州起义一爆发,张发奎就急忙从紧张的粤桂战线上火速回师,残酷镇压起义,反汪派仍然紧紧揪住不放,将此事与上月张、黄事变联系在一起,对汪精卫、张发奎等人大肆攻击。宁派中委12日在南园开会,讨论对付粤变之办法。李宗仁、吴稚晖痛陈汪精卫危害两粤,主张速由政府下令逮捕何香凝、甘乃光等,宣布汪精卫罪状。监察委员邓泽如致函中央执委会,请拿办粤变主谋汪精卫、陈公博、顾孟余、何香凝等人。李济深对东方社记者发表谈话说:广州事变不可轻视,汪精卫等与此事有关。李宗仁又说,汪精卫等人与此事件有关,故中央全体大会应拒绝汪等出席。

汪精卫则在上海跺脚咒骂共产党,一面招架反汪派的进攻。为了剖白自己确实不是共产党的同路人,他公布了致陈公博的调子很高的反共密电数件,13日又联合粤方中委联名发表宣言:"就昨、今两日关于广州事变之各种电报来看,张发奎正和共产党作殊死战,那些以勾结共产党诬张发奎并诬我们的是绝对不正确的……有些人似乎主张张发奎等如果是共产党固然要讨伐,不是也一样要讨伐,这无异于帮共产党来打张发奎,希望不至于有此事实。"

汪派尽管拼命挣扎,但无济于事,16日,黄绍竑等人在梧州誓师讨粤,

谁与争雄

通电说："真日（11）广州事件，实肇端于筱日（17）之变，而参与逆谋之中央委员陈公博等，实为主要负责之一，望一致讨伐。"同一天，国民政府下令查办与广州事变有关之汪精卫、陈公博、顾孟余、何香凝等粤方中委，命令说："汪等于事变后，或列席会议参与逆谋，或发表言论公然袒护，舆论哗然，嫌疑难释，特派邓泽如、古应芬迅速查办呈复。在查办时期，汪等居住所在，应责成当地军警注意监视。"

汪精卫因国民政府下了这么一道命令正气恼不堪，真的派军警进行监视，体面何存？忽闻江苏省党部、旅京粤人等各界请愿团代表数百人向国民政府请愿，认为查办令过轻，要求改为通缉，顿时惶恐不安了。

正在汪精卫如热锅上的蚂蚁时，蒋介石看望他来了。汪精卫认为抓住蒋介石，局势还有挽救的希望，而且11月17日事变，首先是蒋介石提出的。广州共产党暴动后，蒋介石电令张发奎戴罪立功自赎，听从李济深指挥，即率所部，会同陈铭枢等友军，于最短期间消灭共产党；又致电黄绍竑、陈济棠等人说："此番变故，足证向华（张发奎字）实非共党，望毅然捐弃小嫌，誓死共维大局，即与向华协同一致，速平共党。"

蒋介石说："我知道，他们说汪先生是共产党，是想借这个题目把汪先生赶下台，汪先生怎么可能是共产党呢？"

汪精卫听蒋介石这么一说，顿时激动起来："是啊，要我下台，何必找这么笨拙的题目呢？我等当初舍命追随总理，难道是为了如烟如云的职位吗？"

蒋介石皱紧眉头，为难地说："而今，把持权力的是李宗仁、白崇禧等年轻人，处理问题怎么能老成持重？更鲁莽的事还在后头，白崇禧正运动法国驻沪领事，甚至上海的黑势力，将有不利于汪先生的举动。"

汪精卫顿时懵了，因为日前法国巡捕房的一位警官告诉过他这个消息，看来，那帮少壮军人除了文斗，还想搞他们最擅长的武斗！

蒋介石注视着汪精卫虚弱的模样，估计他又要"病"了，索性再给吹上几口冷风："汪先生，作为共同奋斗多年的老同志，我对白崇禧搞暗杀这一手非常痛恨，但又没有办法。我不是被他们逼下台了么，现在我仍然两手空空。"

汪精卫听蒋介石如此说，明白自己拥蒋自救的招数失败了，不由得长叹一声。

第七章 波谲云诡

蒋介石假装诚恳地说:"汪先生暂时避开其锋芒是最好的,等局势澄清了,再回国主持工作。试想有谁能够取代得了汪先生在党内的地位呢?"

送走蒋介石,汪精卫心情沉重地坐在书桌前。看来非走不可了,但又不能无声无息,于是他挥毫如飞,很快写就《辞职宣言》,表达出了自己引退的悻悻然:"自南京委员会发生以来,兆铭奔走浔汉间,以开第四次中央全体会议,恢复中央执行、监察两个委员会,取消特别委员会与诸同志一致主张,求其现实。10月11日偕南方代表由浔赴汉,甫签订党务、政治、军事诸条件,而南方即对武汉用兵,为兆铭所不料。因此复有广州之行,以其贯彻诸同志所欲实现之主张……数月以来,兆铭以参加反特委运动之故,备受特委方面之仇视,始则惴惴于惟恐兆铭无共产之嫌疑,不惜百方以图污蔑;今则惴惴然惟恐无所借口,不惜另立名目,甚至重举宁汉分裂时代之议论文字以图扶已合之创痕。夫果救党主张能确实达到,则个人问题宜同敝屣,当兆铭在预备会议提议催促蒋总司令继续执行职权之际,故已附带声明,愿个人引去,以息纠纷矣。共祸发生之后,心锥发指,诚不能置身事外。今则以值其时,惟祸变初平,疮痍满目,不能与国人绸缪善后,共此艰危,所由引为深憾者耳。于此尚有一言者,清党固当务之急,而救党亦目前要图,第四次中央全体会议不可不开,中央执行、监察两委员会不可不恢复,特别委员会不可不取消,腐化之徒决不能因缘机会以延其残喘,惟诸同志勉之而已。"

2月16日深夜,汪精卫登上了一艘开赴马赛的法国货船。他怅然、郁愤地望着寒风中黑沉沉的中国大地,久久地想:中国如此辽阔,为何自己始终没有一块稳固的立足之地?他想看看蒋介石的新居,但没有找到,不过他可以想见那里的热闹和辉煌。蒋介石马上又要成为"蒋总司令"了。

尽管蒋介石下野后为复职施展尽了手段,但在大功告成之际,他却显得不慌不忙。

汪精卫走了,胡汉民还在,而且桂系仍未有心甘情愿地交权的迹象。

桂系发出通电称:四中全会必须到首都召开,在上海租界里开的预备会议,没有任何法律上的价值。目的在于否定有关特委会的决议。

四中全会要到南京去开,不大不小地将了蒋介石一军。这样一来,却把吴佩孚旧部的贺耀组变成了双方竞相拉拢的人物。

谁与争雄

贺耀祖任第四十军军长兼南京卫戍司令，正在津浦线上指挥北伐战事，坐镇南京的是与蒋介石矛盾很大的副司令周凤岐。桂系主力虽西征未归，但在南京也有部分部队。在这种情况下，蒋介石当然不敢到南京去。

贺耀组本对桂系把持特委会、扩张地盘、专横跋扈等行为深为不满，只不过见何应钦尚与桂系周旋，自己不敢轻举妄动。这时，他接到了与自己素不相能的日本士官学校同期同学、代白崇禧为参谋长但随蒋挂冠而去的朱绍良自上海的来信，约其赴沪商谈。他马上意识到这是与四中全会在南京召开相关。在桂蒋之间，他认为蒋介石才能成事，桂系上台这几个月的表现足以说明他们驾驭不住纷繁复杂的局势，遂下定了拥蒋抑桂的决心。他对津浦前线战事略作交代，即率自己的第四十军第二师回到南京，部署卫戍事宜，叫留在南京的桂系部队统统开赴汉口。桂系首领们对此不以为异，认为这是应有的一般措施，因为卫戍司令肯定要用自己的部队，料定贺耀祖不敢对自己怎么样。贺耀祖布置就绪后，轻车简从，悄然抵达上海，见了朱绍良、蒋介石，当即返宁，马上通电第二届中央委员，希望他们来南京开会，负责保障他们言论和行动的自由。于是，散处各地的中委纷纷到了南京。李、白察觉到当初贺耀祖回南京后军事部署的政治意义时，已为时晚矣，无可奈何。

西山派见大势已去，12月28日，特委会秘书长叶楚伧签发呈文，正式宣告中央特别委员会解散。张继、居正派为"驻日代表"赴日本，许崇智赴欧美"考察党务"，邹鲁、谢持、覃振等人也离开南京，回上海作了寓公。

在上海的胡汉民派，为了在四中全会上获得更多的席位，要求弹劾粤方中委。

蒋介石精明地驾驭着复杂的局势。他对各派均无好感，何时与何派亲近，要看形势的发展，他算盘一拨拉：对桂系，目前只能使它屈服，无力清除它；汪精卫走后的汪派已不能威胁自己；而胡汉民在党内的资历、威望均比自己高，这才是自己此时在政治上发展的最大障碍。如果顺着潮流将汪派排挤出中央，胡派在中央即取得举足轻重的地位，一旦胡派对四中全会进行抵制，会议就有因人数不足而流产的可能。绝不能让胡系拥有能左右局势的力量。

蒋介石已算定了对胡派的妙计。

1928年1月4日早上8点，蒋介石与国府主席谭延闿、杨树庄、何成浚、

第七章 波谲云诡

陈立夫等人乘火车自上海出发，傍晚到达南京。

蒋介石在众星捧月般的形势下进了南京，立即执行在上海确定的方针：拉住汪派，不对其赶尽杀绝。因为这样能凑够法定人数，召开四中全会即没有问题。还有一点，蒋介石深知汪、胡二人自"中山事件"后，即互相极端仇视，根本没有合作的可能，汪派到会，胡派就不会来，即使来了，两派必缠斗不休，有利于蒋介石从中操纵。因此，蒋介石采取了非常狡猾的手法：元月5日，他致电胡汉民、孙科："务请命驾，共支危局。"同时，却授意喽啰散布消息，说汪精卫为党国元老，此次出走法国是被胡汉民派所逼。其他各派见状，也趁机攻击胡汉民，以便在即将召开的四中全会上多分一杯羹。对汪派，蒋介石表面上并无偏私，同意中央监察委员会提出的停止汪精卫、陈公博、顾孟余、甘乃光四人出席第四次全体会议，交第三次全国代表大会处分的建议，却于6日派秘书长邵力子到上海迎接粤方委员何香凝、陈树人、王法勤、王乐平等人赴南京，准备参加四中全会。而何香凝等人在9日致电蒋介石，谓粤变是特别委员会所促成，今对主持特别委员会者不加弹劾，而对我等有所处置，岂能忍受？并声明在此问题未解决前，暂难赴宁莅会。蒋介石急忙复电进行解释，再派宋子文及汪精卫之至戚褚民谊赴上海促驾。

果然，胡汉民对蒋介石力袒汪派非常气愤，在元月6日写信给蒋介石，表示不到南京参加四中全会。同一天，孙科在上海发电给蒋介石，表示暂不赴宁，并对时局指手画脚，给蒋介石提出警告："日下时局之艰危，仿佛去年九月，而繁兴之异论，亦无异于彼时。先生究采何宗旨以解决国是，安危系于此矣。以科愚见，先生果欲拯党国于危难，则此次会议，当仍本忠实同志大团结之精神，集合党中全体领袖，以建造统一而有能力之中央政府，或幸各种葛藤能从此永断。若犹泥于法统之说，不顾事实，不言正谊，……亦终陷僵局而已……党事之能得良好解决，惟在征集众意，无所轩轾。苟任何人欲以党为工具，以成就其个人功业，结果无不言败者，此尤冀我中央诸同志之自觉，而无再贻党与个人以不幸收场也。"胡派另一要员伍朝枢几天前辞去国民政府外交部长，并在上海发表谈话："如果根据党章及正义来评论党务，即谓之亡党，那么如有重要党员提倡一说，大家随风而靡，作应声虫，方算作兴党吗？……我讲的话，可以当做被屈的特委会做以及辩护词，亦可以当做垂死的

谁与争雄

特委会作墓志铭。"随后,胡汉民、孙科、伍朝枢以赴亚、非、欧各国考察为名,从上海乘"威尔逊"号邮船启程。

元月7日,蒋介石正式复职。

党内各派别,保持完好的是桂系。桂系首脑们对蒋介石的复职悻悻的。白崇禧7日与其战将夏威、胡宗铎、陶钧联名致电欢迎蒋介石莅宁复职,却于9日发表谈话说:"北伐以来,介公遇我独厚,始终不忘其情。"并称:惟蒋对张、黄及粤有关诸委员,迄未表示明显态度,殊为遗憾。

第八章 表面的风光

1928年是国民党历史上何其风光的一年，但也是党内权力斗争尤其剧烈的一年。二期北伐实现了国家形式上的统一，而政治上的分赃不均，让人心更加分裂。

第一节 蒋介石联冯制桂，让何应钦栽跟头，程潜吃闷棍

蒋介石赶跑了汪精卫、胡汉民，他人一时无语。典型者如谭延闿。他素称药中甘草，见此形势，抱定甘当伴食宰相之宗旨。蒋介石遂成为国民党的当然领袖。为了进一步巩固权力，在蒋介石的操纵下1928年2月2日至7日召开的国民党第二届中央执监委员会第四次会议，通过了一系列决议。

尽管大批共产党人的头颅已经落地，国民党二届四中全会仍然完成了法律意义上的"清党"工作。2月3日的首次会议即作出决定：一、开除隶属共产党之中央执行委员谭平山、林伯渠、于树德、吴玉章、杨匏安、恽代英6人，候补中央执行委员毛泽东、许苏魂、夏曦、韩麟符、董必武、屈武、邓颖超7

谁与争雄

人党籍；二、开除隶属共产党之中央监察委员高语罕、候补中央监察委员江浩党籍。

由于蒋介石刚刚复职，根基尚未扎实，对拥有强大实力的桂系、冯系、晋系及李济深等无可奈何，同时，因过去人们反蒋时即攻击蒋专制独裁，遂故作大度，分权于地方。2月3日下午通过《政治委员会改组案》，决议中央政治会议及地方分会仍可存在，等候第三次全国代表大会决定。各分会应专理政治，不兼管党务。于广州、武汉、开封、太原四处设立分会，其政治指导区域分别是，广东、广西属广州分会，湖北、湖南属武汉分会，河南、陕西属开封分会，山西、绥远、察哈尔属太原分会。其余各省由中央政治会议直接指导。

为了排斥异己，将党权抓在自己手中，丁惟汾、陈果夫、蒋介石联名提出了《整理党务决议案》，规定各地各级党部一律暂行停止活动，听候中央派人组成党务指导委员会，办理党员重新登记和整理事宜。

2月6日通过了《中华民国国民政府组织法》，其中包括：一、国民政府组织条例，规定国民政府受国民党中央执行委员会之指导与监督，掌理全国政府。二、军事委员会组织大纲，规定军委会为最高军事机关，掌管全国陆海空军。三、总司令部组织大纲，规定：为国家暂时军令之统一，特任国民革命军总司令一人，凡属于国民革命军之陆海空军，均归其节制指挥。

2月7日，是会议的最后一天，主要是人事安排。会议决议：一、推举戴季陶、丁惟汾、于右任、谭延闿、蒋介石为中执会常委；二、推举谭延闿、蔡元培、张静江、李烈钧、于右任为国民政府委员会的常委，谭为国府主席；三、推选于右任、方振武等73人为军事委员会委员；四、指定于右任、白崇禧、李宗仁、李济深、何应钦、程潜、冯玉祥、杨树庄、蒋介石、阎锡山、谭延闿为军事委员会常委，蒋为军委会主席。

不久，蒋介石被推为组织部长、中央政治会议主席。

对于蒋介石来说，名正言顺地抓住权力是重要的，但更重要的是牢牢地控制他起家的本钱，已经变得很庞大了的黄埔系统军队。

2月7日晚，蒋介石登上专列，悄然驶往徐州。他以何应钦在上海，而徐州乃战略要地，一旦奉张军队反攻，军队无人指挥，后果将不堪设想为由，宣

第八章　表面的风光

布撤销何应钦第一路军总指挥职，调为总司令部参谋长。他还对何应钦作了一件发泄其怨恨的小事：撤销何应钦住宅的卫队。

知道蒋何关系内幕的人都明白，蒋介石对何应钦的旧恨新怨一齐迸发出来了：前者，桂系逼宫，就是何应钦不作左右袒使蒋介石脚底虚空而下野；近者，蒋介石复职已成大势所趋，冯玉祥、阎锡山及其他各方均发了拥戴电，但作为黄埔系首领的何应钦却迟迟未发，虽然在贵州同乡、国民党中执会秘书长兼交通部次长的李仲公的催促下于1927年12月20日发出了通电，但显属马后炮。

何应钦虽觉丢尽了脸面，但他深知蒋介石的流氓底子，什么狠毒的手段使不出来？觉得蒋介石存在一天，自己就没有把黄埔系拿过来的把握，斗他不过，遂表示同意就任参谋长，并请与自己关系非常密切，也很受蒋介石信任的李仲公从中转圜。

蒋介石在徐州对着李仲公大光其火："你去告诉何敬之，不要打错了主意，上次白键生逼我，如果他说一句话，我何至于下台。他要知道，而且必须知道，没有我蒋中正，决不会有何应钦。他怕白崇禧，难道就不怕我蒋中正吗？这次的拥戴电，他竟迟迟不发，是何居心？现在桂系向北方大肆宣传，说我已不能掌握黄埔军队，能掌握的只有何应钦，他这样做，是不是故意替桂系撑腰，塌我的台？叫我对北方怎样说话？所以，我就来试试看，我究竟能不能掌握黄埔军。"

李仲公见何应钦将要大祸临头，只好尽量说何应钦的坏话来冲消蒋介石的愤恨情绪，说他不懂政治，不认识革命环境，头脑简单，行动迟缓，并担保说："敬之不但没有异心，也不敢有异心。"

如何处置何应钦，的确很伤脑筋。从感情上说，尽管蒋介石与何应钦有一段共患难、同生死的历史，他仍恨不得像对王天培那样用一颗子弹将其报销掉，但冷静一想，此举确实痛快，却不明智：何应钦在黄埔系中的资望甚高，在将领中很有根基，加上桂系虎视眈眈，巴不得黄埔系内讧，杀之恐怕出大乱子，再则此时正是用人之际，果使将士寒心必不用命。因此，他对李仲公摆出大事化小，小事化无的姿态，实则是对何应钦采取了狠打之后轻拉的策略，但已下定决心，今后决不给何应钦带兵的实权。

谁与争雄

　　但是，黄埔军总得有人带呀，正如蒋介石所说，他又不能常在前方，选谁替代何应钦呢？

　　拉帮结派、提携同乡，是军阀根深蒂固的积习。现在黄埔系的大将刘峙、顾祝同，一个是江西人，一个是江苏人。蒋介石对两人的评价是虽然忠心耿耿，但都谨慎、胆小。

　　正因为二人一则能力平庸，迂缓迟钝，二则均不是浙江人，都不令人满意。蒋介石独到的眼光，投向了一个资历虽浅，但忠诚不二，又是浙江人，三则出身黄埔，还才华出众的青年将领。

　　蒋介石选中了陈诚。

　　陈诚，字辞修、浙江青田人，出身于农家。他1922年毕业于保定军校，与邓演达有一段师生之谊，次年随邓赴广州，进黄埔军校当教官。他有"三炮起家"的美称：第一次东征的棉湖战役中，教导第一团以1000余兵力，独挡2万多敌人，形势非常危急。在指挥所里督战的蒋介石与鲍罗廷赶到炮兵阵地，冲着陈诚吼道："娘希匹，你的几门山炮都哑了吗？你这个炮兵连长也不想想办法，把炮架起来打打看！"陈诚右臂已挂彩，但一咬牙上了炮台，亲自瞄准陈炯明的城堡指挥所拉火，连开三炮，发发炮弹都在敌人的大本营中开花。全连见连长打响了，个个精神抖擞，于是其他几门炮都吼叫起来。蒋介石从望远镜里看到蜂拥而至的敌军被炮火轰得四处奔逃，高兴地对鲍罗廷说："这个连长不错，打得准！"这既是国民革命的幸事，也是陈诚的幸事：原来，山炮先前打不响，是因为打的时间久了，撞针过热变软而打不响，休息一会儿，撞针冷却下来，在关键时刻发挥了作用。

　　蒋介石之所以赏识陈诚，还有一件事。有一次，陈诚与邓演达访友归营，天将黎明，不能再睡，便读起《三民主义》，适逢校长蒋介石巡视路过，发现他正襟危坐，聚精会神地恭读，问了他一些问题后，拍拍他的肩膀说："好，好。诗曰：'风雨如晦，鸡鸣不已'，你努力吧！"

　　蒋介石重用陈诚，还有一个因素是他了解陈诚与何应钦有着不可调和的矛盾。何、陈交恶于龙潭战役。是役，陈诚刚好胃病剧烈发作，得到何应钦的命令后，只好坐着轿子带领才接任师长半个月的第二十一师上前线。战后有人就向何应钦报告说，陈诚坐轿子上阵不成体统，何应钦即免陈诚师长之职。陈诚

第八章　表面的风光

非常不服气，认为自己抱病上阵，打了胜仗，不但无功，反而受过，发牢骚说："蒋介石的下野，也是被何应钦联络白崇禧的桂军逼走的。他们对于浙籍军人，是要排挤的。"

蒋介石在解除何应钦兵权的同时，任命陈诚为总司令部的中将警卫司令兼炮兵集团指挥，连何应钦的特务团和卫士大队都让陈诚收编。陈诚所辖计有三个警卫团、二个宪兵团、二个炮兵团，实力超过一个军，而且两个炮兵团是最现代化的部队。陈诚从1924年的上尉特别官佐升到中将警卫司令只用了四年。但蒋介石的重用和信任也是有分寸的，他不能让任何部属的实力强大到能取自己而代之，这也是北洋军阀的鼻祖袁世凯驾驭部下的手腕。蒋介石留用何应钦而没有把他往死里整，就是要让何应钦对他感恩戴德，死心塌地，从而对陈诚起一种牵制作用。

2月9日，蒋介石在徐州举行了第二次北伐誓师大会后，开始视察各部。他对刘峙第一军的官兵作了题为"恢复革命精神和纪律"的演讲，自己先设问：为什么北伐军连克十省，何以直鲁打不下来？自答：根本原因，是因各人到了南京，便发生争权夺利的思想。若这种情形不变更，各人不彻底觉悟，不决心奋斗到底，本党的命运，必蹈洪杨的覆辙，一到南京就垮台。在对顾祝同的第9军，作了"恢复领导重心向革命道路继续前进"的讲话。

刘峙、顾祝同非常清楚蒋介石演讲的目的，是重建以蒋为核心的集团。这也是他们的共同心愿，因为自蒋介石下台后，他们这些黄埔出身的高级将领都受到各方尤其是桂系的排斥和打击。他们彻底明白了蒋介石下台后于1927年9月发表的《告黄埔同学书》的真正目的：要想保住自己的地位，必须全力保护住蒋介石的领袖地位，要认识到他们的荣辱系于蒋介石一身。蒋介石在该文告中指出失败的原因是：全体同学意志不能统一，精神不能团结，不顾团体的重要，只逞个人的意志，同室操戈，自相残杀。

整顿好内部后，蒋介石于2月16日清晨从徐州出发，当天下午两点，专车抵达开封。他认为奉张还有很强的力量，其背后又有日本人的支持，要使北伐成功，光靠第一集团军是不够的，而且，必须联络冯玉祥和阎锡山，获得他们的拥戴才能使其总司令名副其实。

蒋、冯、阎三方开封会议开得很紧凑。阎锡山同意晋绥军改编为国民革命

谁与争雄

军第三集团军,冯玉祥同意所部为第二集团军。虽然冯玉祥在此问题上作了各种困难的表示,其结果却是他极力希望的。冯部拥有的地盘是豫、陕、甘三省,民穷财匮,难以养活其庞大的军队,尤其是河南,不但连年战乱,民生凋敝,经济破败,而且奉张南犯时首当其冲。只有继续北伐,消灭北洋军阀,冯部才能求得生存和发展。

统一编制的问题解决了以后,蒋介石慷慨地答应每月补助冯部军饷200万元。基于敌人的计划是以奉军力量集中京汉线,孙传芳的主力由济宁前进,打归德、开封,扫平河南,再攻山西,再打津浦线,蒋介石拟定了下一阶段共同北伐的战略部署:彰德、大名及山西方面先取守势,集中兵力解决山东。作战部队及任务为:一、山东方面,第一集团军之第一军团刘峙部,担任津浦线正面;第二军团陈调元部,作战于郯城、沂州迤东一带;第三军团贺耀组部,担任湖西方面作战,经丰、沛、单各县攻鱼台;第四军团方振武部,由归德、曹县、定陶攻金乡。第二集团军第一方面军孙良诚部,由菏泽攻钜野、嘉祥及郓城一带;骑兵第二军席液池部,由郓城以北绕汶上、宁阳截击奉军后方联络线。二、河北方面,第二集团军第二、第三、第八方面军孙连仲、韩复榘、刘骥部及骑兵第一军郑大章部。三、山西方面,第三集团军全部。3个月内会师北京。北伐的总方略为:以消灭奉鲁军阀,即肃清直鲁热察绥等省境内之反动军队为目的,第一、二、三集团军参战各部队,于4月×日(日期另电决定)开始攻击;作战的前期须进展至胶济路亘高唐—清河—南宫—石家庄之线,后期须进展至山海关—承德—多伦之线。

北伐军编组到此已完成:全军总司令蒋介石,参谋总长何应钦;第一集团军总司令蒋介石自兼,辖18个军,29万人;第二集团军总司令冯玉祥,辖25个军,31万人;第三集团军总司令阎锡山,辖11个军,15万人;海军总司令杨树庄,辖4个舰队。

蒋、冯在郑州视察期间,曾任冯玉祥的西北边防会办的马福祥提议二人义结金兰,以示同心同德、生死相共之义。这正中蒋、冯二人互相拉拢的下怀,于是,叫人摆好香案,两人互拜、交换兰谱之后,即成为兄弟,冯玉祥年长5岁,为兄。

第八章 表面的风光

蒋介石亲笔书写兰谱：

安危共仗，甘苦同尝，海枯石烂，生死不渝。

   敬   奉

                焕章如胞兄惠存
                十七年二月十八日

  谱弟蒋中正谨订

  籍贯：浙江奉化五岭

  年岁：四十二，生于丁亥年九月十五日

父讳：肇聪 母王氏

冯玉祥所书之谱格式与上谱相同：

结盟真义，是为主义，碎尸万段，在所不计。

   敬   奉

                介石如胞弟惠存
                十七年二月十八日

  谱兄冯玉祥谨订

  籍贯：安徽巢县竹河村

  年岁：四十七，生于壬午年九月二十六日

父讳：有茂 母谢氏

蒋介石和冯玉祥都笑得合不拢嘴，他们都觉得此行不虚，一家伙就把对方和他的几十万人马拉了过来。

兵马未动，粮草先行。大军云集将动，蒋介石从郑州南返后，与财政部长宋子文协商筹措粮饷。蒋介石致电上海总商会、县商会、闸北商会、银行公会、钱业公会说："中正受命于最短期间完成北伐，大宗饷源全在推行二五库券，望联合承销二五库券一千万元。无论如何为难，务希办到，以应急需。"

话虽说得这么急，但蒋介石的内心是不紧张的。公债的发行，几乎都是先以四五折或五折抵押给银行和大钱庄，然后上市——证券交易所。银钱业所缴的款子和财政部所实收的，最高的仅为六折，而还本是实足的，所以实际利率更大。银钱业很乐意承销公债，这比经营一般业务的利润高得多。但是，到公债发行多了，银钱业虽靠公债发了大财，但其资金大部分变成公债的时候，银钱业领袖们与掌握财政大权者之间的关系就起了变化：过去是财政部长靠银钱业领袖帮忙，否则借不到款；现在则银钱业的命脉操纵在财政部长手里，只要公债的本息一动摇，就有许多人要破产，因此，遇到财政困难，银钱业还得设法帮助财政部维持公债的市价。这就是宋子文的理财术，他根本不怕公债发行过多，也不怎么考虑如何还本付息。通过这一手，搜走了社会上的游动资金，一则充作战费，一则入其几家之私囊。随后，国民政府又发布《卷烟税国库券条例》，定额1600万元，以财政部卷烟税为担保，月息八厘。为了筹饷，甚至打起了工薪阶层的主意：国民政府明令京内外各行政机关在北伐期间实行减俸以充军费，规定：凡文职特任官俸给概照五成减支，简任六成，荐任七成，委任八成。

国民政府明令皖赣两省政府，每月筹解军米七万石，赣三皖四。

蒋介石在收拾行装时，将自己头上的几顶帽子暂交别人代理：谭延闿代中央政治会议主席，李济深代军委主席，陈果夫代组织部长。

为了进一步拉拢冯玉祥，蒋介石成立总司令部参谋团，以冯之大将张之江为主任，反正因人设事，无非多花几个钱。

李宗仁的一封电报引起了蒋介石的注意，电中说："本党革命方略，首在打倒军阀，欲使军不成阀，必须根本解决。为长治久安之计，惟有由中央先行颁布兵工政策奖励条例，一面组织兵工委员会，召集军事停止区域代表会议，限制各省兵额，确定兵饷预算；应归裁汰之军队，或筑路，或开垦，或经营各种生产工业，依照条例，优予待遇，使兵与民能相安，民与兵为一体，军政财政，绝对统一，事后强有力政府成立，建设计划自不难一一实现。"秘书长邵力子在按语中说，此电除致中央政治委员会外，还分致粤、桂、滇、黔四省，在社会上引起很大反响。

蒋介石暗骂：娘希匹，桂系又在搞什么名堂！哗众取宠，捞取政治资本，叫你裁军你干吗？不用查册子，他清楚地记得桂系手里有第七、十八、十九三个嫡系军，还收编了唐生智的四个军，实力比从广西出发时强了若干倍。

怎样才能遏制桂系呢？目前形势下来硬的绝对不行。外部不行找内部，直

第八章 表面的风光

到双管齐下，这是蒋介石一贯的手法。他忽地想到了主政湖南的程潜。程潜在湘军中很有号召力，在与桂系合作讨唐后分得了一杯羹。程潜的反蒋也是众所周知的。

蒋介石把李宗仁召到私宅，说北伐最担心的是日本袒护奉张，因此要厚集兵力，一鼓而下幽燕，使日本人没有机会。他提出了个非常诱人的设想：在两湖成立第四集团军。他见李宗仁怦然心动的神态，进一步说："今日的形势下，非如此措施不可。他们北方既有两个总司令，我们南方也应有两个总司令，方为公允。"他见李宗仁沉吟不语，就把话挑明："我一定升你为第四集军总司令，而且你可以继续担任武汉政治分会主席。"尽管这是李宗仁素所企盼的，但他说："我还是担任第一集团军下的总指挥冲锋陷阵吧！"蒋介石说："你需要考虑的是如何应付程潜。大家都在说，两湖要成立第四集团军，论实力，总司令该你当；论资历，该程潜当。如果任命你当总司令，程潜会心甘情愿吗？"李宗仁为之一动，他不能不考虑，程潜、谭延闿等湘籍实力人物对他的影响。

李宗仁得到蒋介石的暗中支持，急从南京赴汉口，然后发电给长沙的程潜，要他到汉口开会。蒙在鼓里的程潜欣然就道，刚到即被软禁于汉口总商会，这时他才想起谭延闿曾通过其亲信李明灏带来的亲笔手书："颂云吾兄勋鉴：明灏来宁，尽言湘中之事，余尽知矣。兄干国维乡，苦心孤诣，企念勋勤，钦佩不已。当今党内各方之形势，想兄自当了解，吾等军事实力，远不及蒋，党的势力，远不及汪，我等若同时反汪反蒋，恐徒以虚言招实祸。对唐之残部，不可为渊驱鱼，而要安榾收抚。联桂终不可待，切记！切记！第四集团军总指挥之权，余自当着力谋求。兄凡事不可急躁。古语云：'蠖屈终以求伸。'"

李宗仁等自然不理会程潜的后悔，以武汉政治分会的名义发出通电，罗列程潜之罪状：刚愎自用，素行暴戾，好乱成性，主湘形同割据。中央政治会议随即决议：免除程潜本兼各职，听候查办；任命第二军军长鲁涤平为湖南省主席，何健任湖南"清乡"督办。

鲁涤平之得任湖南省主席，除了他是谭延闿的心腹外，桂系的推荐也是重要原因。这次的结果蒋介石相当满意，桂系为自己火中取栗，搬掉了程潜，又安上了谭延闿的代理人，桂系如想控制湖南，必然要与谭缠斗；对于桂系来说，得到中央明令处分程潜，使李宗仁放心大胆地就任第四集团军总司令，而且继程主湘的鲁涤平的资历不能望程潜之项背，今后要搬动他就容易了，同时也摆平了谭延闿。桂蒋两家皆大欢喜，倒霉的是程潜：身囚汉口，其第六军由湘逃赣，由于蒋介石派人收编未遂，即宣布该军为叛军加以剿办，再加上内部将领的不团结，最后第六军全军覆没。

第二节　冯玉祥倾全力北伐京津，阎锡山却获得了接收京津大权

为了破坏国民党的北伐，日军野蛮地制造了济南惨案。5月3日至11日，中国死伤军民11000余人。而且蒋介石利用外交途径进行交涉时，日军却惨杀了外交特派员蔡公时，凌辱、软禁其外交部长黄郛。

日本猝然发动进攻时，蒋介石本人仓皇出逃。他主张对日态度要持重，采取了忍侮避让的方针。他下令避免与日军冲突，要求全体军人仰体中央意志，忍耐处置，所有故意漠视禁令者，一经察觉，定以军法从事。他在5月9日的日记中写道："如有一毫人心，其能忘此耻辱乎！何以雪之，在自强而已。有雪耻之志，而不能暂时容忍，是匹夫之勇也，必不能达成雪耻之任务；余今日且暂忍为人所不能忍者耳！"3天后又记道："据报何成浚晤见福田，福田态度仍甚强横，不可理喻，有必欲解散我第二、第三、第四各军团及对我三总指挥必欲处以严刑之要求云。是可忍，孰不可忍？攻破我之济南，在彼以为得意，不知中日两国怨仇因此深结于人民心中而不可拔，东亚和平之基础亦从此动摇。是日本军阀之祸国殃民，乃更基于中国之军阀矣！毒蛇猛兽豢养不除，必至反噬其主人，惜乎日本民众犹未能醒悟耳！大为中日两国民众之前途太息也。"这说明，蒋介石表面上退避三舍，息事宁人，但亲历之空前耻辱是刻骨铭心的，其内心世界的矛盾与斗争，是尖锐和激烈的。只不过，他复职上台后，把剪除北洋军阀势力，统一中国作为首要目标。他认为中国是弱国，国力军力经济各方面皆不如人。只有做好准备，方能有计划地进行抗日战争。

5月6日，在济南以西15公里之党家庄车站的一所回教礼堂里，接蒋介

第八章 表面的风光

石电专程从河南前线赶来的冯玉祥与蒋介石、黄郛、杨永泰、蒋作宾等开会讨论军事。蒋介石提出停止北伐,与奉张集团分治,等待形势变化的主张,但遭到多数与会者的反对,尤其是冯玉祥,他操着大嗓门说:"北伐至此,绝不能半途而废,致使功败垂成。如果不愿与日本人开仗,可以绕道济南北上。只要我们占领了京津,组成了统一有力之中央政府,日军就会自行撤退。"

蒋介石面显疲惫地对冯玉祥说:"我同意避开济南日军北进。大哥,我连续随军行动了这么久,身体实在支持不住了,想回南京去休息一段时间,打算把所有北伐战事指挥权交给你,请你统一指挥津浦、京汉、正太各线的战斗。"

蒋介石似乎脱口而出的一句话,把他在座的几个亲信几乎吓得跳起来:怎么,刚刚复职又要把权交给冯大个?!

实际上,这不是蒋介石因冯玉祥激烈反对停止北伐而赌气说的话,他是经过深思熟虑的。北伐军进入河北,尤其是京津一带后,与日本的矛盾将更加尖锐。为了避开自己与日本的直接冲突,应该把别人推上第一线。而且,张作霖扬言拥有百万大军,其主力为张学良、杨宇霆统率的第三、四方面军,布置在京汉线上,这要靠冯军为主力与之决战。冯玉祥获得空头的指挥权,将更充分地发挥作用。

冯玉祥一心想尽早打败张作霖,而且认为自己可以取得胜利,便爽快地答应下来。5月10日蒋介石同专程北上的党政要员谭延闿、吴稚晖、李烈钧等人在兖州召开了联席会议。蒋介石重提其停止北伐、划江而治的主张,又遭到多数人的反对,连遇事从不爱做主张的谭延闿也提出了反对意见,他认为奉张集团已无力作战,昨天张作霖下了停战撤兵令,重要物资已往东北启运,说明其斗志已丧。所以北伐军应绕开济南,渡河北进。他进一步指出:这是关系到南京政府能否生存下去的重大问题,奉张失败,列强就会抛弃军阀而支持南京政府,否则列强将因国民政府的无能而继续支持军阀,国民政府也将一蹶不振,半壁河山也难以保全。蒋介石最后同意继续北伐。会议决议:准蒋介石养病,北伐的指挥由冯玉祥负责。

京津地区成了一个红透了的桃子。

蒋介石很清楚,在进军京津这个问题上,自己的第一集团军由于济南事件,必须绕道鲁西渡过黄河,稽延了时间,已落在了也是志在必得的冯玉祥和

谁与争雄

阎锡山的后面。不能让他们轻轻松松地拿下富庶而战略地位十分重要的京津地区，必须给他们找点麻烦。蒋介石把新成立的第四集团军也推上了向京津地区进军的大竞赛中。

5月21日，蒋介石由徐州偕同宋美龄、宋子文、邵力子到郑州与冯玉祥、白崇禧会商。决定第二集团军沿津浦线北进，第三集团军在京绥线，第四集团军沿京汉线推进。同时，蒋介石还当面许诺，对冯玉祥除任命为总指挥外，还答应把刚收复的山东省划归冯系管辖。给白崇禧的好处是，今后第四集团军的粮饷与其他各军同等待遇。

郑州会议后，冯玉祥急忙赶赴道口，指挥作战；白崇禧转回汉口，与李宗仁协商，准备调集大军沿京汉线北上，加入北伐前线。

蒋介石把带到郑州的人马分成两拨：宋子文、邵力子返回南京，蒋介石与夫人宋美龄回徐州。专车上，宋美龄对蒋介石说："我看冯、白二人欣然受命的样子，说明他们是很听命于你的。"蒋介石望着窗外一闪即逝的景物，头也不回地说："他们肯听命于我，并不是出于像他们口头上说的是对我的拥戴，也不是满足于我给他们的那点东西，那点东西塞不满他们的牙缝。他们都想首先进入北京，然后据为己有。"宋美龄问："这帮人这么难对付？"蒋介石回头自信地说："我有办法。"

事实上，事态正朝着蒋介石所希望的方向发展，冯、阎、桂三系都拼命想在他人之前进入京津地区。桂系在这场角逐中，由于京汉线车少轨坏，运输困难，5月底白崇禧方率先头部队第十二军叶琪部抵达正定附近，显得势单力薄，遂采取了联阎借以立足华北的策略。

竞争在冯、阎两家之间激烈地展开，形成了与张作霖的战斗居次而相互间的争斗尤甚的形势。阎锡山将北京、天津地区视为领地，怕冯玉祥的手伸进来，向冯宣布彰德以北的军事冯部不必过问。冯玉祥是蒋介石所委任的北伐总指挥，眼见阎锡山如此蛮横跋扈，非常气愤，再加上冯、阎两家历史上的恩怨，冯玉祥咬牙切齿地向部将宣布：找机会和阎老西算账！机会很快就来了，第三集团军自平山出击后，为夺取保定，攻占京津，分左右两路会攻方顺桥。方顺桥是保定的门户，位于保定西南40里之平汉线上。防守该桥的是奉军第三、四方面军，两军激战8昼夜，晋军伤亡惨重。阎急电冯，请冯令其前锋韩

第八章　表面的风光

复榘部向前推进，以解晋军之危。冯很快即回了电：因事先关照过彰德以北的军事冯军不必过问，调整部署，集结军队需要时间。然后，冯给韩密令：向石家庄方向撤退。企图很明显，那就是暴露晋军右侧背。同时，冯又通令所部：不遵命令擅自退却者，枪决！不遵命令擅自前进者，亦枪决！但奉军军心已乱，再加上白崇禧的桂军沿着京汉线北段开了上去，奉军撤退了。冯见晋军熬过了危险，并向北追击前进，忙令韩复榘部疾速前进，抢占北京。

在北京、天津这两个遍布列强使领馆、租界和驻军的地区，斗争也在激烈地进行着，日本看到以英美为背景的国民党很快就将取代北洋军阀的统治，遂按照其既定方针，调兵遣将，准备出兵京津，仿照济南事件，实行直接干涉。日本的行动引起了西方国家的强烈不满，英、美宣布也将动用武力，美国甚至公开发表了要武力保护侨民的照会。日本虽然窝了一肚子火，但不敢轻举妄动，不得不软了下来，同意北伐军和平接收京津，并压迫张作霖退回到东北。

蒋介石自然清楚冯、阎间的争斗，为达其二桃三士的目的，非但不采取措施息事宁人，反而火上浇油，加深冯、阎之间的矛盾，以便控制。他电令各军：于击破当面之敌，进抵静海、胜芳、永清、固安、长辛店之线后停止待命。

5月30日，蒋介石到石家庄与阎锡山磋商下一步的行动计划。在谈及善后问题时，蒋介石提议把与会人数限定在最小范围，然后开门见山地问阎锡山："百川兄认为我军占领京津地区后该如何善后？"阎锡山自然不清楚蒋介石肚子里的打算，他自己却有一套坚决的计划。阎与日本人素有往来，又利用自己毕业于日本士官学校的关系，在积极进行军事行动的同时，密派谋士南桂馨潜赴天津，与日本人勾结。南到天津后，与天津日本驻屯军司令新井等人密商。日本迫切希望在张作霖退出华北后，找到新的代理人。新井向南桂馨担保说："阎军如果占领保定，日军保证北京、天津不用再放一枪，唾手可得。"南借助日本人的电台，与阎保持着紧密的联系。南并借助新井的支持，与从津浦线溃退到天津附近的张宗昌等部取得了联系，委任了各种名义的官员。

想到这些，阎锡山试探地眨着眼说："这得听从总司令的安排。"

蒋介石见他反过来投石问路，就不再绕圈子："百川兄是革命老前辈，素有威望，行事老成持重，希望百川兄拥护全国统一。"阎锡山马上表态："锡

谁与争雄

山愿在总司令领导下,为实现总理遗愿,完成国家统一,贡献绵薄之力。"蒋介石笑着点点头:"好,好,百川兄深明大义。京津地区乃中外混杂的特殊地区,非有你这样老成的人主持,恐引起外事纠纷,贻害国家。我已与中央诸公商议,将借重百川兄之干才,把接收京津地区的重担交给你。"

阎锡山一阵惊喜,欢悦之情溢于言表:"锡山当不负总司令及中央诸公厚望。"

6月2日,蒋介石的专车从石家庄开到了冯玉祥的指挥部所在地柳卫车站。

"大哥,我军光复北京、天津以后,军事如何善后?"蒋介石很谦虚地征求冯玉祥的意见:"京津地区政治由谁主持?请大哥不吝赐教。"

纵观北伐全过程,冯部起了主力军的作用,付出的代价也最大:冯部在豫东、豫北大战中,打垮了直鲁联军的主力,为后来的北伐奠定了基础;二期北伐之初,冯部在鲁西南激战中歼灭了精锐之师孙传芳之主力,有力地支援了蒋军,使其在津浦线上没有遇到顽强的对手,顺利执行了全盘战略计划。从当时形势而言,收束北方的政治、军事,冯玉祥也许是最合适的人选。但冯玉祥觉得这样的话不好由自己说出口,不妨先谦让一下,蒋介石夹袋中莫非还有比他冯玉祥更合适的人选?他说:"我主张由阎百川主持一切,并由阎任北京卫成总司令。"他以为蒋介石会说:"阎百川不行,还是大哥主持吧!"

不料,蒋介石早定下拉阎制冯的策略,因为冯的实力比阎大得多,如让冯控制京津,如虎添翼,今后无法控制。他等的就是冯玉祥的这句话,顺势说道:"大哥襟怀磊落,了无私心,我定向中央呈报,给予嘉奖。"

冯玉祥一听,顿感意外,但并未反驳,只说:"我冯玉祥是个真心实意的爱国之人,只要能够治理好国家,我甘为老牛。"蒋介石怕冯玉祥变卦,急忙堵住他的嘴:"大哥多次教训小弟,说北伐的目的,是打倒军阀,实行主义,而非争夺地盘。大哥此言,出自肺腑,光明正大,小弟铭记在心,深为敬佩。现在济南事件尚未解决,弟不宜身冲。十五年(1926年)大沽事件,各帝国主义国家对大哥又多不谅解。大哥秉性耿直,弟不愿大哥赴京津多事之区,以惹起外国麻烦。阎百川素与各国均无恶感,因此将直鲁、京津地区交与他接

第八章 表面的风光

收，责令他与各帝国主义相周旋。大哥党国柱石，忠于革命，决不会因区区地域小事而生芥蒂。"

冯玉祥听了蒋介石对自己充满爱护之情的讲话，别的话再也讲不出口。当天，他以直省军事收束在即，政务设施，亟待预筹，致电阎锡山，请其主持北京政事，先做个人情："迩来蒋总司令暨中枢诸公，每以北方政治设施垂询鄙见，经一一答复，一听我仲主持。此系夙怀，绝非客气，所有直隶省政府及京兆特别区政府主席人选，至希迅速推荐，以便早日决定，早日进行……万恳以党国为重，幸勿稍事谦抑。"

6月4日，国民政府特任阎锡山为京津卫戍总司令；阎锡山从石家庄到保定，正式宣布就任京津卫戍总司令职。

冯玉祥遭暗算，心中自然清楚，又闻张作霖出关时专车在皇姑屯被炸，遂命令韩复榘部急速北进抢占北京，企图造成占领北京的既成事实。5日，冯发出歌电，提出了六项建国主张：一、废除各集团军总司令、各方面军各军团总指挥名义，以军或师为军制最高单位，统一军政，由军事委员会统一管辖；二、组织裁兵委员会，厉行兵工政策；三、统一全国财权；四、废除不平等条约；五、统一意志，整顿党务；六、蠲除苛捐杂税，清乡剿匪，提供职业教育、振兴水利、举办工业，为民谋利。

蒋介石咧开嘴唇，阴沉地笑了。

国民政府根据阎锡山的推荐，正式委任阎锡山部张荫梧为北京警备司令，楚溪春为北京宪兵司令，王锡符为北京公安局长，南桂馨为天津市长，傅作义为天津警备司令，曾延毅为天津公安局长，袁庆增为天津宪兵司令，商震为河北省主席，赵戴文为察哈尔都统，徐永昌为绥远都统。这样，阎锡山获得了晋、察、冀、绥4个省区及北京、天津两大城市的管辖权。

各实力派中，冯玉祥部虽无一个富裕可靠的根据地，但部队人数多、战斗力强；阎锡山部人数少，战斗力弱，蒋介石在地盘分配上采取了非常明显的抑冯扶阎的策略，使阎取代了奉张统治北方。这种搞法，除了限制冯部势力的发展外，也暗含了在阎、冯之间制造矛盾的企图。为了不把事情做绝，蒋介石把北京市长一职给了冯玉祥的秘书何其巩，还给了冯一个小机构：北京崇文门统税局。此税收机构原为北京政府历任总统私人占据的肥缺，月收入约20万元。

谁与争雄

这对拥有军队 30 多万，加上从属部队共四五十万人之多的冯玉祥来说，无异于杯水车薪。蒋介石把较好的山东省给了冯玉祥，但收编了张宗昌的残部刘珍年，令其盘踞富庶的胶东，故意掣肘。

韩复榘得到冯玉祥抢先占领北京的命令后，率 2 万余人自彰德，经磁州、普州、祁县、安国、新城，兼程追击敌军于 6 月 6 日凌晨 3 时抵达固安，正午 12 时，其前锋抵达北京近郊的南苑。与此同时，阎锡山在其晋军攻占保定后，令商震、徐永昌、杨爱源等部沿铁路线正面向北京推进，又令张荫梧、孙楚两部，分别为左右纵队，倍道兼程，直驱北京。但阎军尚未抵达卢沟桥，韩复榘已到南苑。韩复榘选拔精兵 300 余人，乘汽车企图抢先进入北京，遭到以王士珍为首的地方维持会以蒋介石已指令第三集团军接收北京等地方为由而阻拦，这 300 余人只得撤回南苑。冯部韩复榘的第六军、刘汝明的第二军、冯治安的第二十三军、刘骥的第三十军屯在城外的南苑，悻悻地望着北京城。6 月 8 日，商震、张荫梧军开进北京。11 日，阎锡山、白崇禧联袂进京，在铁狮子胡同北洋政府旧址设立了卫戍司令部，随后，阎锡山遍访北洋政府遗老，拜会各国公使，举行记者招待会，宴请登报，封官进赏。

冯玉祥的喉咙里滚出一句话：我们死人，别人升官。

让你阎锡山高兴两天吧！

就在蒋介石为自己成功实施压抑冯玉祥，并离间冯、阎的计谋而得意时，实际上蒋、冯之间也从此种下祸根。一份急件打乱了蒋介石的舒畅心情：五国公使向国民政府提出强烈抗议，指责国民政府失信。原来，国民党军队未开进北京之前，各国公使请求奉军留一旅维持秩序，待移交后，担保该旅奉军和平退出北京，南京政府对此举也表示同意。但韩复榘正窝着一肚子气没地方发泄，等该旅退出北京时，将其阻截缴械。英、美、日、法、意五国公使急派代表至南苑面见韩复榘，要求放行，不但未得结果，反受到韩之无礼接待，遂找南京政府的麻烦。

蒋介石急电冯玉祥要求放人还枪。冯的复电即刻就到："韩总指挥接国府允许使团担保鲍旅安全之电令，已在该部缴械鲍旅武装之后，并非有意抗命；韩部既未奉到命令，自无坐视敌人携械退却、遗患他日之理；此次鲍旅事件，纯系使团祖敌行为，北京政府向受使团卵翼，仰承鼻息，颐指气使，无所不用其极，弟昔居北京，身经目击，每为痛心疾首，此次革命军进至京津，必须不亢不卑，力矫此弊。"

蒋介石把冯玉祥的电稿往桌上一摔：这不是给我难堪吗？实际上冯玉祥此举也是得机发泄一下对地盘分配的不满，故意给蒋介石出难题。

第三节　阎锡山最终竹篮打水，蒋介石再玩以退为进新花样

出人意料，1928年6月9日，各埠大报刊登了蒋介石给国民政府的辞职通电："中正本年二月复职之电，亦经剀切陈明，一俟北伐完成，即当正式辞职，以谢去年弃职引退之罪。息壤在彼，尤蒙昭鉴。为此沥陈缘由，恳予明令府准，将国民革命军总司令职解除，并准辞去军事委员会主席。所有各军，悉令复员，此后军权统归钧府军事委员会办理，以一事权，而专责成。"6月12日，蒋介石又宣布辞去中央政治会议主席的职务，随即，在其示意下，中央党部常委、中央训练部长丁惟汾、海军司令杨树庄、第一军军长刘峙等党政军大员纷纷提出辞呈。

果如蒋介石所料，在虽然胜券在握，但百事均未了结的节骨眼上，各实力派都不愿再出现去年蒋介石下野后，北洋军阀卷土重来的情形。冯玉祥、阎锡山、李宗仁、何应钦、白崇禧、李济深等人心里虽然都在猜测蒋介石此举的真正目的，却均连连发电挽留。国民政府委员会10日以军事收束需人而决议挽留蒋介石任总司令和军委主席；13日，国民党中央政治会议又讨论蒋介石函辞中政会主席职务事，一致决议恳切挽留。

尽管从中央到地方一片挽留的声音，但蒋介石的辞意似乎越来越坚决。14日，他向国民政府请假一日，随即偕夫人等由下关乘中山舰至镇江，再至扬州游览名胜，然后经上海转赴奉化溪口省亲。17日，他做出不胜恳请的姿态，宣布已打消辞意，对军事负责到底。

在畅游名胜和哀思双亲的同时，蒋介石与谋士反复磋商，如何才能把北伐的胜利果实，全国的军政大权抓到手里，让各实力派服服帖帖。

首先是对奉系东北的处理。李宗仁发了个电报，主张对奉用政治方法解

谁与争雄

决；国民政府派赴北京的代表周震麟报告说，日本意在夺取满蒙，对奉宜用和平解决："惟倭奴志在夺取满蒙，故在榆关阻奉后退，若我军再进，无异为日本作前驱，百公深虑及此，故极主张怀柔，纯和平解决。万望布告焕章、健生、德邻诸兄，务宜同此主张，隐消外侮，以保国疆。"和平对奉、消除与日本的战争危险，蒋介石极表赞同。

其次，如何对付北伐中实力迅速壮大的冯、阎、桂等派别。讨论的结果，决定从两方面着手：一是大树蒋介石的领袖地位，大肆宣扬蒋介石是孙中山的嫡传弟子，从政治上压倒对手，因此，推动国民党中央常委会决议，推举蒋介石赴北京祭告总理灵；又建议，在五次全会前将总理灵柩迁至南京安葬。二是高举裁兵以节省军费搞建设的旗帜。这是一着令对手很难招架的棋。当时的客观形势是兵多且滥，百姓不堪重负，国家财力更难承受。决定由财政部长宋子文在上海召开的全国经济会议上，提出《请政府克期裁兵从事建设案》，并要求政府通令各军停止招兵。提出此案的理由是：全国共有84个军，18个独立旅，21个独立团，年需经常军费5.46亿多元，临时费9660万元，东北、云南、四川等地方部队尚未计算在内，而岁入才4亿元，不实行裁军，就无法苏民生之困。蒋介石本人则提出了《军事善后案》《军事整理案》，并命人四处张贴"实行裁兵""和平建国""严防腐化"的标语。蒋介石发动的裁兵舆论获得了社会各界，特别是工商界的呼应，上海工商界还组织了"国民裁兵促成会"。

第三，分散、夺取阎锡山手中的权力和利益。阎锡山坐拥华北，本是牵制冯玉祥的权宜之计，如今大局已稳定，绝不能形成南北朝。

蒋介石销假视事后，于6月20日主持了国民党中央政治会议第154次会议，决议将直隶省改名为河北省，旧京兆区各县并入河北省；北京改名为北平；北平、天津为特别市。

上述决议的背后，暗藏着激烈的首都之争。冯、阎等北方实力派，主张建都北京，因为北京在其势力范围之内，便于控制中央政府，孤立蒋介石。北方的文人墨客连续发表文章，宣传他们主张迁都北京的理由：南京为六朝金粉地，又邻近上海，腐败委靡之气太重，是亡国之都；北京则是元、明、清以来中国的传统首都，凡在此建都的朝代，都很兴旺发达，建都北京理所当然。蒋介石自然明白北方派主张迁都北京的请君入瓮之意，想起孙中山1912年把总

第八章 表面的风光

统职位让给袁世凯时提出的条件之一就是以南京为首都,总统要在南京就职。江南文人大谈南京是中山先生生前指定的首都,总理的遗训不能违背,因此首都所在地不能变更!南方抬出孙中山,蒋介石手握中央大权,势又不能翻脸,冯、阎不得不偃旗息鼓。

接着,蒋介石采取叠床架屋、偷梁换柱的手法,让阎锡山的笑容凝固在脸上:国民党中央政治会议临时会议决定,任命李石曾、阎锡山、冯玉祥、张继、刘守中、王法勤、鹿钟麟、赵戴文、蒋作宾、白崇禧、马福祥、陈调元、李宗仁为北平临时政治分会委员,以李石曾为主席,给阎锡山安了个上司,戴上顶帽子。阎锡山接管北京后没几天,蒋介石就在他的脖子上套了锁链。阎锡山受命接管北平之后,原北京政府各部门因要员均随奉军逃跑,处于瘫痪状态,即电招山西人员到北平工作。不料未过多久,战地政务委员会的庞大队伍开到了北平,携带着公函和委任书,将山西人员赶出衙门,接收了各机关。阎锡山的日本士官学校同学何成浚接收了北平各军事机关,任北平行营主任兼北平公安局长。甚至各税务所均被"中央系"人马接收。阎锡山一生总算计人,这次被蒋介石弄了个竹篮打水一场空。无奈之中,他先以战地政务委员会已全部到达北平,电告国民政府:此后所有北平及直隶地方一切政务,均交由该会主持办理。后又提出申请,辞去京津卫戍司令职,称病住到了北海养心斋。

冯玉祥在6月23日致电军事委员会,告病假10日,赴河南辉县百泉村静养。

冯、阎都明白蒋介石的用心,静观其戏法如何唱下去。

冯玉祥和蒋介石打起了太极拳:蒋介石电邀冯玉祥、阎锡山、李宗仁到北平,一则祭奠总理,告慰总理在天之灵;二则召开善后会议。但冯玉祥复电说,他病得很重,不能参加。

蒋介石不用把脉即知道冯玉祥的病根,一面复电劝慰,一面派吴忠信到武汉,请李宗仁居中调处。

李宗仁担负起调和之责后,即成为时局的重心人物。

其实,冯在电蒋托病时,即令其驻汉代表李鸣钟向李宗仁解释,并刺探李宗仁对善后会议的态度和意见。李宗仁也看到了冯的消极抗令起因于地盘的分

谁与争雄

配不均，比较同情几乎一无所获的冯玉祥，对蒋介石有意制造和扩大冯阎间的矛盾深感不安和不满。他也认识到冯此举的严重后果：不只蒋介石的面子上极为难堪，而且中央政令全国行将统一之时，遭受如此阻力，国民政府的威信更是受损，弄不好还会爆发战争。因此，李宗仁一面致电谭延闿、蒋介石，陈述对时局的意见：对奉取和平手段；军队收束，只重国防，移军费进行建设；党外不咎既往，党内悉泯猜疑。但留下了一个不很引人注目的尾巴：俟各地建设初具规模再集权中央。一面派代表携其亲笔函，同李鸣钟一道前往河南，慰问冯玉祥的病状。信中说：民国成立以来，外有帝国主义侵凌，内有军阀的割据，北征南讨，扰攘经年，民苦已久。今赖将士用命，人民输浆，北伐既已完成，国家统一在望。倘善后会议遭受挫折，中央固有责难，人民也不会谅解，则吾人何以自处？深盼冯公顾全大局，忍辱负重，扶病北上，参加善后会议，则公私两利，实国家之幸。

冯玉祥提数十万雄兵，脚踏陕、甘、豫、鲁四省，见蒋介石如此厚阎薄己，心怀怨恨，在"鲍旅事件"上给了蒋小小的一击，今又对其善后会议不买账。后见李宗仁的亲笔信，转念一想，硬抗下去也不是办法，不如去看看蒋介石的葫芦里究竟装的是什么药，遂致电李宗仁说："黄、李两君莅临，并出手示，情谊拳拳，铭感肺腑；至分析时局，洞若观火，尤为钦佩。我兄如北上参加善后会议，弟当扶病奉陪末座。"

李宗仁急将此好消息电告南京。由于他较为圆满地缓解了矛盾，享受了风光，蒋介石舍近求远，取道武汉，亲约中人同往河南邀冯玉祥赴北平。

冯玉祥在郑州火车站迎接了蒋介石一行，随即设宴招待客人。李宗仁见冯在席上虽然频频咳嗽，但身躯结实，红光满面，无丝毫病容，遂问李济深："你看冯先生在害病吗？"李济深微笑着轻声回答："他在扮戏！"

宴后，蒋介石与冯玉祥进行了密谈。

蒋介石巧用如簧之舌，企图化解矛盾："我们中国古老的传统是对亲者严、疏者宽，我与大哥刚刚结拜，自然与别人不同，在处理一些问题时，反而多了一层顾虑，怕别人说我弟兄二人的闲话。比如在部队进驻京津地区和任命京津两市的官长时，让大哥吃了点亏。不过，这实际上是让大哥的大公无私受到人们的尊敬。"

第八章 表面的风光

"我们干革命,是为解除民众疾苦,实现国家的独立与富强,谁会计较一己之利的得失呢?"冯玉祥干脆地说。

"大哥的革命精神,小弟是非常佩服的。"蒋介石说:"而今,北伐大功已告完成,马上就要进入全国的建设时期,这就需要各方面力量的团结。所以,我认为应该要求各集团军总司令齐集首都,一则遇国家大事很快就可以碰头作出决定,二则显示了举国一致的团结,使列强不敢轻视我们,有利于废除不平等条约。这件事要大哥带个头,因为大哥不仅热心爱国爱民,而且高瞻远瞩,旁人是不及大哥的。只要大哥首先进京任了职,阎、李他们论理、论势都不能不来!统一的新中国的建成,谁有大哥的功劳大呢?"

冯玉祥虽对蒋介石满肚子的气,但对蒋的高帽也感到了些许快慰,便爽快地回答说:"好,我一定带这个头!"他没有看清,蒋介石在轻言细语中,不但给其他人,而且给他本人掘了个陷阱。

蒋介石见冯玉祥入其彀中,非常高兴,立即给冯表态:"大哥的第二集团军历年太辛苦了,那是全国没有统一,财政没有办法。以后军队都是国家的啦,大哥只要到中央,待遇绝对一律平等,第一集团军吃什么,第二集团军也吃什么。"

冯玉祥并没有被蒋介石的米汤灌糊涂,他仍要保持其独立性,拒绝了蒋介石同车去北平的邀请,在郑州火车站与蒋介石等人挥手而别后,一路上消消停停,徐徐北上。

冯玉祥到达保定后,发了个《时局通电》,提出了一整套"裁兵救国"的主张,实际上是既迎合社会舆论的需要,又对抵蒋介石阴谋的政治宣言。其主张主要有六条:一、统一军政,取消集团军总司令、各方面军各军团总指挥名义,以军或师为军制最高单位。二、组织裁兵委员会,规定裁兵条例应为"枪械不全者裁,老弱不堪者裁,纪律不佳者裁,训练不佳者裁",而不按比例裁。裁兵前严禁招兵及收编敌军残部补充实力。三、打破地方割据恶习,统一财权、政权,政治方面以党治国,不可以党员治国,经济方面确定预算,公开用途,平均支配。四、对外方针应不亢不卑,废除不平等条约,不可逆来顺受,一味退缩。五、整理党务,统一意志。六、今后地方设施应蠲除苛捐杂税,清乡剿匪,振兴水利,提倡职业教育。此电表明,冯玉祥以大公无私的高

225

姿态，在政治主张上别树一帜，与蒋介石等人展开了斗争。

第四节　总理灵前政要们多恭敬肃穆，讨论裁兵却各打小算盘

1928年7月3日上午7时，蒋介石一行到达北平。蒋夫妇在旧陆军部更衣后，驱车直驶郊外的香山碧云寺。

7月6日上午，蒋介石、冯玉祥、阎锡山、李宗仁及中央党部代表吴稚晖、各集团军总指挥、北平特别市市长、北平政治分会委员、工商学界代表数百人齐集碧云寺，在孙中山灵前举行北伐完成祭告典礼，由蒋介石主祭，冯玉祥、阎锡山、李宗仁襄祭，商震宣读国民党中央执行委员会和蒋介石的祭文。

"维中华民国十七年七月六日，国民革命军既奠北平，弟子蒋中正谨诣香山碧云寺，致祭我总理孙中山先生之灵曰：溯自我总理之溘逝，于今已三年矣，中正昔侍总理，亲承提命之殷殷，寄以非常之任。教诲拳拳，所以期望于中正者，原在造成革命之武力，铲除革命之障碍，以早脱人民于水火。"

读罢祭文，开棺盖，瞻仰孙中山遗容。

蒋介石第一个走上前去，扶棺痛哭，冯玉祥、阎锡山也频频以手拭泪，李宗仁肃立一旁，状至哀痛。哭了一些时候，冯上前劝蒋，但越劝蒋哭得越厉害。这时，后边有人轻声说："这才显示他是嫡系呢。"蒋介石虽在大哭，耳却灵敏，闻言止恸，盖棺散会。

众人对蒋介石极力做出孝子状的用心非常明了。人人无不有自己的心思。

总理灵前，人人均为革命之孝子贤孙；一离开总理那早已僵硬的躯体，为军队，为地盘，为升官，为发财，彼此又较上了劲。

祭奠大典结束后，举行国民党北平政治分会成立仪式，委员阎锡山、陈调元、马福祥、蒋作宾、鹿钟麟、白崇禧、刘守中宣誓就职，冯玉祥不就委员职，未到。

下午2时，阎锡山借外交大楼摆设盛大宴会，招待在北平的军政要人。他在操着山西五台话致词时，极力吹捧蒋总司令指挥有方，表示要团结合作，建设"党国"。

蒋介石发表演说：北伐告捷，诸同志欢聚一堂，无任欢慰。

蒋的话音刚落，冯玉祥噌地站起来，犹如在众人面前兀地耸立起一座山丘。他说：蒋总司令说今日乃大快乐，我认为不胜悲痛。我认为革命尚未成功，其证有三：第一，不平等条约尚未废除。列强把我们看得狗彘不若，今日当努力废除不平等条约，不达目的不止。最近如上海、汉口、沙基及济南惨案，更足以使我气愤填膺。誓当牺牲一切，成此未竟之功。第二，旧军阀之残党，尚未完全消灭。今后仍当努力打倒反动。第三，各军裁兵未见实行。民国十七年来之变乱，祸即在兵，故今日裁兵至为重要，以被裁之兵，使之从工。

冯玉祥以为自己的演讲定会使蒋介石不自在，没想到他却带头鼓起了掌。

当天晚上，善后会议以较为随便的座谈会的形式在碧云寺旁李石曾的住宅召开，在北平的军政要人均参加。

张继扛出孙中山的招牌，以《建国大纲》作依据，主张实行地方自治。他说："南京的中央政府主要任务是对外，而内部事务，政治、经济、教育以及治安问题，都由各集团军分区负责，各不侵犯。至于各个区域工作的好坏，由中央政府的监察院监督检查。"

除蒋介石外，冯、阎、李等人都认为分区自治正好让他们划地为王，纷纷表示赞同。蒋介石此时不便于和这么多人公然对立，也没有表示反对。地盘的划分是：第四集团军占有广西、湖南、湖北、汉口市；第二集团军拥有山东、河南、陕西、甘肃；第三集团军获得山西、河北、察哈尔、绥远、平津两市；广东、福建、浙江、安徽、江西、江苏、上海市属于第一集团军。但是，李宗仁觉得地盘太小，而且没有出海口。最恼火的是冯玉祥，他所有的豫陕甘三省地瘠民困，山东的济南、青岛在日本人手里，孙良诚的省政府只能设在泰安，而胶东又盘踞着蒋介石收编的刘珍年部；更重要的是没有出海口，严重限制了自己的发展。尽管如此，他们都隐忍不发，所以会议开得和风细雨、融融一堂。

打破这一祥和气氛的是蒋介石。他提出了编遣的问题："战事基本结束，今后进入建设时期。中国的经济状况不可能负担这样庞大的军事费用，今后必须精兵简政。各个集团军中质量较好的，应当分别编成若干个师，作为国防力量，其余老弱则应当大加淘汰，分别遣散，以节省国府的开支。至于具体措施，即各个集团军应当留若干个师，如何编制，可以从长计议，但是一般的标准应当先予商定。"

会场气氛骤然紧张。

蒋介石见与会实力派均屏住气不说话，接着说："何敬之发电陈述的裁兵方案大家都收到了吧？"

何应钦的方案分甲乙两案：甲案，各集团军及广东军队共缩编为40个师，每师一万五千人；乙案为60个师，第一期每师一万五千人，第二期每师减为一万人。

随即，蒋介石抛出了《军事整理案》，其实质和何应钦方案差不多，共有三个方面的内容：一、取消国民革命军总司令和各集团军、海军总司令职，由上述人员及参谋总长、次长合组成全军编遣委员会。二、择各集团军精锐者，编为五十至六十个师。三、全国军队统一编制，打破原编制，轮番易教；各集团军的军官，分批调入中央军校训练；全国设置几个大练兵场，各师编成后，分期调集训练。

蒋介石的企图是：通过整编、混编、调集训练、军官培训等手段，分化、融解各派之军事实力。

蒋介石又提出了一个主张：在中央政府机构改组的同时，举行编遣会议，请冯玉祥、阎锡山、李宗仁、白崇禧、李济深等到南京，立即开会，商讨方案。

李济深首先发言，不无针对性地说："缩减军队，减少军费开支，减轻百姓负担，我很赞成，但是，这要有个前提：公允。天下为公，没有一个反对的；天下为私，定遭人反对。把别人的军队裁掉留着自己的军队，这种不公平的做法，万万要不得。现在，北伐军中许多军队开不出饷，而有人却拿着巨款暗中去收编孙传芳、吴佩孚、张宗昌的反革命军队，这是顶不妥当的事！"

冯玉祥开了第二炮："此次裁兵，其原则应当是强壮者编、老弱者遣；有枪者编，无枪者遣；有训练者编，无训练者遣；有革命功绩者编，无革命功绩者遣。方针是：互相原谅，互相补助，大局安好，个人蒙福，切戒挑剔，切戒猜疑，不慌不忙，合而为一。"

蒋介石听了这如洪钟般的声音掉出的酸文正自不得劲，冯玉祥又正色道：

第八章 表面的风光

"总司令提出裁兵以为国人蒙福，吾等举双手赞成。但我觉得，裁汰的对象首先应该是总司令收编的吴、孙、张的20万部队。第二集团军已将所委的东路第一师、第二师、第三师、鲁东别动军、北直别动军、鲁南别动军，独立第二、第三、第四旅之司令、副司令、师长、旅长名义一律取消，各部分别缴械遣散。至于北伐有功的部队，等东北问题解决后，再编遣不迟。"

蒋介石说："此事极大，大家慢慢研究。百川兄的意见如何？"

"是该从长计议。"阎锡山说。

阎锡山在会上很少发言，而且对于蒋介石的意见唯唯诺诺，表现出一副十分恭顺的态度。这一方面是其多年来的一贯作风，他信奉"言多必失"这句话，沉默中可窥视到很多平时注意不到的东西；另一方面是因为他在此次地盘分配中，由山西而发展到冀、察、绥三省和平津两特别市，颇为踌躇满志，不像李、冯那样作不平之鸣。更主要的是，他在接收北平过程中已看到了蒋介石的阴险毒辣，觉得犯不着和李、冯等人一道与蒋对抗，为他人火中取栗。不如摸准各方矛盾加以利用，从而左右政局。

李宗仁12日对上海《时报》驻平记者谈军事政治裁兵等问题时说，现在事实上全国业已统一，无再用兵之必要，今后唯一要务就是裁兵。蒋、冯、阎总司令等与余会商结果，决举一致裁兵。不过裁兵一事，言之甚易，行之甚难。故各总司令于裁兵及善后研究最切。裁兵善后，无非化兵为工，如振兴实业，设立工厂，垦荒筑路开河。

这不是废话吗？蒋介石暗骂：裁兵这个大题目不敢公然反对，就想明修栈道，暗度陈仓，部队转而为工，如形势有变，工人拿起枪杆就成了军人？！尽管蒋介石反感李宗仁的讲话，但为了防止阎锡山、冯玉祥借机扩大地盘，发展势力，在下令肃清关内张宗昌、褚玉璞直鲁残军时，将所部不服北方水土和气候的白崇禧推上第一线，任命白为前敌总指挥兼滦河方面右路军总指挥。

从7月6日晚一直开到11日的香山善后会议，没有什么结果，大家同意先成立编遣委员会，再续议裁兵。

对奉问题，善后会议一致同意采取和平手段。张学良提出与国民政府谋和之磋商条件共七项：一、东三省通电服从国民政府，并改换旗帜；二、东

谁与争雄

三省改组委员制,并成立政治分会;三、张学良为政治分会主席;四、杨宇霆为奉天省政府主席;五、张作相为吉林省政府主席;六、万福麟为黑龙江省政府主席;七、所有兵权,暂由原人统率。在平要员均同意在此基础上进行协商。

北平善后会议期间,冯玉祥为追悼1926年南口战役时国民军阵亡将士,举行了隆重的追悼大会。蒋介石、李宗仁、白崇禧及阎锡山之代表和各界人士、各集团军官兵数万人参加了这一盛大的祭礼。冯玉祥声泪俱下地作了演讲,盛颂国民军将士在南口的悲壮战事,把抚恤烈士家属的难题交到了蒋介石面前。蒋介石演讲时不得不承认,当广东国民革命军北伐进兵之际,冯部国民军正与北洋军阀激战于南口:"赖诸烈士之牺牲,直军不能南下守鄂。北伐军遂长驱北上,冲破长岳……北伐成功,多赖南口死难烈士。"这样做,炫耀了冯系的赫赫战功,又无声地痛斥了当年伙同北洋军阀围攻国民军的阎锡山,也是对蒋介石地盘分配不公的指责。

虽说冯玉祥南口祭礼从精神上打击了阎锡山,但冯玉祥觉得,阎锡山对蒋介石肯定是不满意的:明说是放手让阎锡山接收平津,随后又像强盗一样地把很多实利拿了过去。所以,他在7月14日离开北平时,坚决邀请阎锡山做伴南返,用意非常明显:以冯、阎的团结来向蒋介石示威。但阎锡山这时不肯和蒋介石明着来,他向冯强调负有卫戍平、津的责任,必须稍作逗留,至多耽搁一天即行动身。

冯玉祥晃动着大个坐上专列南行。翌日,阎锡山果然也离开了北平。冯知阎非常圆滑,唯恐其中途变卦,沿途不断用电话进行联络,确知其专车向南开行了,才肯继续前进,不料,阎的专车开过石家庄进入河南境内不久,突又折回石家庄,随即溜回山西老家,借口侍奉父病,再也不肯挪动半步。

冯玉祥回到开封后,发了一封电报给国民政府,要求拨巨款抚恤第二集团军阵亡将士家属,并说所部已停止招募新兵,连日召集裁兵会议。随后,他与南返途经开封的李宗仁同车到达南京,拟出席二届五中全会。

蒋介石邀请几位巨头齐聚南京,目的在于削夺他们手里的兵权。兵权被夺,用什么来安身立命?冯玉祥鉴于蒋介石用裁兵这一打动民心的大题目来压他们,冥思苦想,终于找到了回敬过去的东西。他到南京一下车,即向国民政府递上一份发展经济、解决民生问题的建议书,并将其在社会上大量散发。建议书开篇即指出,根据总理的《建国大纲》第二条,"建设之首要在民生",故对于全国人民之衣食住行四大需要,政府当与人民协力,共谋农业之发展,以足民食;共谋纺织业之发展,以裕民衣;建筑大计划之各式房屋,以乐民居;修筑道路运河,以利民行。冯玉祥还特别强调:如果不能对人民的痛切需要,勉尽其最低限度之扶持,则失掉了国民革命的意义,是对总理的遗训不忠。建议书以贯彻孙中山的《建国大纲》为旗号,以关心人民疾苦为宗旨,提出了与蒋介石大唱反调的方案,又让蒋介石无从反驳。

冯玉祥虽然对蒋介石不满,但他到了南京,准备在二届五中全会上获取政治上的好处,以便增加资本,与群雄逐鹿。

第五节 冯想蒋冯配,蒋玩冯阎隙,编遣会议成了心力角斗场

蒋介石认为,目前各派将领拥兵自重、各霸一方的割据局面,正如历史上的藩镇割据。割据局面的出现,可以追溯到西周的分封诸侯,后来王室衰弱,失去对诸侯的控制力,于是出现了春秋、战国几百年的分裂。东汉地方豪强势力的发展导致东汉末年群雄并起,进而天下三分。唐睿宗为了加强边防而置藩镇,最后出现藩镇割据的局面;唐顺宗时,柳宗元等献策削藩,未能从根本上解决问题,导致五代十国的大分裂局面。宋太祖赵匡胤采取了杯酒释兵权的手段削夺了大将的兵权,又用叠床架屋的办法,将一个人干的事分给三个人干,互相牵制,而权力总归中央。近代史上出现了袁世凯死后直、奉、皖等系军阀征战不休的混乱局面。

蒋介石清醒地看到,自己在冯、阎、李等人的面前,威望远没有赵匡胤在其将领面前那么高,要想使他们痛快地交出兵权是办不到的。他与谋士们夙夜筹划,最后采纳了北洋官僚、政学系政客杨永泰献出的削藩策。其基本策略是:以经济方法瓦解第二集团军;以政治方法解决第三集团军,以军事手段解决第四集团军;以外交方法对付奉张。步骤为:首先调虎离山,取消各地政治分会,请各集团军首领到中央任高官,以夺其兵权,再离窝毁巢,遣散各实力

谁与争雄

派赖以安身立命的军队,由中央统一整编全国军队,由中央统一任命地方高级行政官员。

因此,蒋介石苦心孤诣地筹备五中全会,希望以党的决议形式,把北平香山会议未确定的裁兵计划落实下来,为建立全国统治扫除最大的障碍。

但是,政治风云变幻莫测。

张静江、吴稚晖、李石曾等人旧调重弹,提出汪派粤籍中委不应参加全会,吴稚晖在报上发表《以党纪劝陈公博》一文,反对陈公博出席会议。陈公博等人用"查究四中全会档案,并无不准汪、陈、顾、甘等人出席五中全会的决议"为由,驳斥张、吴等人攻击,而且全体粤籍中委留在上海,拒不赴宁出席会议。这一下,可把蒋介石急坏了。

蒋介石对粤籍中委并无好感,尤其是汪派干将陈公博。粤派中委平时内斗不已,一旦有事,又极具地域之见。四中全会上,汪精卫、陈公博、顾孟余、甘乃光四人被处分,其他粤方委员被安置在中央党部新设立的民众训练委员会的冷板凳上,陈公博、唐生智等人根据"国民党党务整理计划"连党籍都难以保留。于是陈公博、顾孟余、王乐平等人麇集上海,以法租界为据点,秘密策划反蒋活动,鼓噪改组国民党。陈公博发表了《国民革命的危机和我们的错误》一文,列举了国民党的若干组织弊病和施政失误,得出了这样的结论:"现在党内除充满了地方主义和个人主义之外,找不到三民主义、党纲、政策,中国国民党今日只有一条路,就是'党的改组'。"陈公博创办了《革命评论》,顾孟余创办了《前进》,两刊都抨击南京政府的专制腐败和堕落,主张"恢复十三年(1924年)改组精神"。面对着尖锐、深刻的揭露,蒋介石发表谈话,强调党员必须遵守党纪,所著的书、所出的刊物,必须站在党和主义的地位上讲话,不可越出轨道之外。

恨归恨,现在是要利用汪派中委的问题。如果他们滞留沪上而不到会,就不够法定人数,五中全会就要流产,蒋介石的全盘计划也就难以实现。8月4日,蒋介石亲到上海,会见粤派中委,进行解释、疏通,并发表谈话说:"国家之大患,在于国内之战争,中正当竭其心力,务使今后国内决不用兵;社会之大患,在于共产党煽动各阶级之互仇而敌视,中正当竭其心力,誓必遏制阶级之争斗;我党之大患,在于同志间之猜疑而离散,中正当竭其心力,祛其猜

第八章 表面的风光

疑，集其离散，务使归于团结一致，准是以进，生死不渝。"但他内心认为，就目前来说，共产党势力小，真正的威胁和挑战来自党内同志。粤籍中委赴宁了，国民党二届五中全会也就于8月8日在南京正式开幕。

但蒋介石对会议非常失望，削藩的第一步，取消各地政治分会即未能实现。冯玉祥和李济深搬出了两件法宝：一、四中全会已经作出决定，地方政治分会应当保留到三大召开之时，现在取消，违反四中全会决议；二、中央已决定，各地分区"剿共"，如果取消政治分会，就会削弱"剿共"力量。

令人奇怪的是阎锡山。他在南下时说自己胃痉挛，决不宜再走，北返山西时，致电南京中央监察委员会请假7天，8月4日，又电告自己的病非短期可痊愈，全会难列席，径往离太原40里的呼延村静养去了。与此同时，他通过报界声称："本集团裁兵案已有具体决定，刻正筹集巨款，准备实行。"其亲信赵丕廉在北平说：只要款足，在晋裁兵，决非难事，还正正经经地补充说："晋人性柔弱，视当兵为畏途也。"就在五中全会争吵不休时，养病的阎锡山突然在太原，"抱病"举行宣誓典礼，就任了太原政治分会主席。

蒋介石虽然对此气得牙齿痒痒，但面对着一群赳赳武夫，只有徒唤奈何。他在五中全会上的收获是利用汪派中委提出的反对以军治党、以军干政的口号，通过了在北平协商过的《军事整理案》，使其裁军计划列入了中央的决议。

五中全会推选蒋介石为国民政府主席，谭延闿为行政院长；任命冯玉祥为行政院副院长兼军政部长、阎锡山为内政部长、李宗仁为军事参议院院长，并要求3人长驻南京。阎锡山根本未到南京，冯玉祥、李宗仁会散后即离开了南京。蒋介石未得到主要的东西，称病住进了上海医院。随即李济深等人去浙江畅游莫干山。

冯玉祥返回河南后，忙于巡视各地军队和宣扬西北军的战功，为在即将到来的编遣会上提出自己的方案作舆论准备。蒋介石为了给阎、冯、李等人施加压力，布置第一集团军师以上军官在南京军委会开会，煞有其事地通过了"缩减第一集团军案"，决定缩编该集团军为10个师，师长为刘峙、顾祝同、熊式辉、朱培德、钱大钧、蒋鼎文、缪培南、陈焯、方振武、陈调元。冯玉祥为了表明第二集团军已经响应裁军，向国民政府报告：已下令将原第一至第八

谁与争雄

方面军名义一律取消；原第一、二、三、五、六、七、十三、十四、十八、三十各军编制一律取消；原总部及方面军直属之特种独立师及第三、十一、十六、十七、二十一、二十四、二十五、三十各独立师及骑兵第一师编制一律取消。以上各部共编成 12 个师，任命韩复榘、梁冠英、吉鸿昌、冯治安、石友三、童玉振、程希贤、张维玺、宋哲元、刘汝明、佟麟阁、孙连仲为第一至十二师师长。

不久，阎锡山宣布第三集团军已缩编，特任李培基、孙楚、徐永昌、杨效欧、李生达、王靖国、李服膺、赵承绶、关福安、张荫梧、傅作义为三集暂编第一至十二师师长，通令取消各军团总副指挥名义。

李宗仁在上海忙碌地会见各方面人士，其第四集团军总部在汉口也发表了本集团的裁兵计划。

表面看来，各军事实力派均已采取行动，裁减军事力量，实际上各首领天各一方，政局已陷入僵持状态。

正在蒋介石因其建立军事独裁统治的计划遇到无法克服的障碍而一筹莫展时，传来了一个坏消息，赴欧的胡汉民、孙科已回到香港。

蒋介石以为，胡、孙在他与地方实力派之间出现僵持局面时回国，一定不怀善意，据密报，胡汉民与汪精卫曾在巴黎会晤，对国内政局有所磋商。蒋介石惊恐地想到，如果胡、孙回国的目的是要乘他出现政治危机时，策动两广起兵反蒋，其他各派一旦响应，后果就不堪设想。他使出了惯用的伎俩，拉拢汪派，拆散汪胡同盟。随即作了一系列安排：派宋子文先到上海与陈公博联系，他又亲赴陈宅拜访，请陈找到唐生智的亲信刘兴，请刘兴前往河北，从白崇禧的手里把唐的旧部拉过来，以削弱两广的实力，并说如果抓住白便杀了他，答应活动经费由蒋负担。蒋又密令刘峙等人作好打仗的准备。

其实，蒋介石给自己制造了紧张空气。

胡汉民偕孙科由欧洲回国，8 月 28 日到达香港，陈济棠、陈铭枢等抵港。次日，胡在港对记者就时局问题发表讲话，主要有三项内容：一、中国应当彻底实施五权宪法。二、国民党内部要团结，不要动辄以抨击左派为名抨击他人。三、认为政治分会产生于军事时代，是所谓过渡办法，现今已入训政时代，自然无存续之必要。胡并声言不在广州停留，数日后即北行。

第八章 表面的风光

胡汉民不要说去广东发动军事行动，甚至那张惯于说刻薄话的嘴里也没吐出反蒋的言论来，使蒋介石大喜过望。

9月3日，胡汉民由港至沪，蒋介石特派张群为代表，前往码头迎接。当晚，蒋胡就改组政府事宜进行了密谈，决定由胡汉民任南京政府的立法院院长。

胡汉民顿时成为政界的中心人物。

很多人均对胡汉民的这一举动大惑不解，他的很多老朋友在港即力劝他不要与蒋合作，勿去南京。邓泽如在胡过港时，知其欲入南京，特制一竹笼，内装一小黄雀赠与胡，比拟胡入南京后的下场必会如此。

但胡汉民毫不理会。入京后，胡拟就了《国民政府组织法草案》及五权宪法草案，规定：在国民党中央政治会议领导下，组成国民政府，下设行政院、立法院、司法院、考试院、监察院，分别执行行政、立法、司法、考试、监察之权，五个院都直接对国民党中央负责。五院各设正、副院长，下设各部会。国民政府设主席一人，委员12至16人，兼任五院正副院长。由国府委员组成国民政府委员会，负责调解五院的关系。由国府主席担任国务会议主席。公布法律、发布命令，要经国务会议决定，由国府主席及五院长署名行之。国府主席的职权有三项：一代表国民政府接见外使，举行或参加国际典礼；二是兼任陆海空军总司令；三是主持国务会议。

胡汉民的用意，是不使权力集中在国府主席或行政院长手里，而使主席与各院长权力平等。但他强调国民党中央具有至高无上的权力，目的在于用党权来限制军权。由于他的资历和地位，进中央和国府的常委是不成问题的。这样他就可以凭借手中的党权和政权，培植自己的势力。

胡汉民的方案披上了孙中山思想的外衣。孙中山把孟德斯鸠的《论法的精神》理论和欧美资产阶级国家三权分立宪法的实践经验，及中国封建王朝的"科举制""监察御史制"糅合在一起，提出了政权建设的五权宪法理论，主张"政府有能，人民有权"。

其他派系看到，"胡案"对他们来说利多弊少，取消各地政治分会虽使他们失去了根拐杖，但方案也分散了蒋介石的权力，因此都愿意接受。

"胡案"恰似强力催化剂，使各派之间已结成的坚冰开始慢慢溶化。僵持

谁与争雄

的政局开始松动了。

胡汉民认为,在军阀林立的形势下,自己没有军事实力,要想达到政治目的,只有根据自己的优势,在党权上下工夫。唯有建立党的绝对权威,利用党这块招牌抬高自己的地位,进而控制政府和军队。自然,最大的障碍是蒋介石,但又不能和他硬来,遂利用孙中山的五权思想为武器。他用冠冕堂皇的话来掩盖自己的真实意图。他说他回国入京是因为:一、孙先生领导中国革命,已有四十余年之久,未能及身使四分五裂的中国归于统一。我们继承遗志,这次从广东打到长江,事非容易;而且,"人之好善,谁不如我?"我们在其(指蒋介石)叛迹未彰前,实在应该好好地辅佐他,希望他能始终革命。二、党内不能再起纷争。16年(1927年)国共之争,在党在国,都遭受莫大损失。现在大局方定,而北洋余孽尚未肃清,我们至少要先维持一个统一的局面设法推进今后的建设。他从中国历史上得出了武人只能得天下,不能治天下的结论,甚至天真地打起了主意,希望蒋介石像土耳其的凯末尔一样,在革命胜利后,把大权交给"伊斯默",自己则携娇妻沉溺于山水之间。中国的"伊斯默",自然是他胡汉民,他说:"我为了党,为了国,为了已死的孙先生,我愿意放弃一切帮助一个中国的凯末尔。"

胡汉民坐在石头城发痴,企图利用国民党的内部矛盾,采取先分权再逐步夺权的办法,在国民党中争雄。同在城里的蒋介石对其良苦用心洞若观火,但在动荡的形势下,他很清楚,单独执政是办不到的,所以他容忍了胡汉民。他认为"胡案"不仅不能限制他,反而会掩护他的独裁,因为其军权未被触动。他听陈立夫说,破获共产党在上海的一机关时,搜到一份文件,上面记载有去年8月初共产党在汉口开会时毛泽东的一句话:"须知,政权是从枪杆子里面出来的。"他眼前浮现出那个清瘦而高大的湖南汉子的模样,禁不住感叹道:"英雄所见略同啊!"

与胡派合作后,蒋介石轻敲汪派,针对改组国民党的喧嚣,他在上海对记者说:"时局绝无任何不安之处,外间谣传,系反动派挑拨离间之惯技,避免党内纠纷,惟有少发议论,多做实事,小册子愈多,促使青年思想不一,则党国危机益甚,去年粤变之责任,陈公博应负责引咎。"

蒋介石虽然看到各实力派首领都不愿到南京供职,进行着无声的抗拒,仍

第八章 表面的风光

在胡汉民的支持下，积极设法推行其削藩策。他委任何应钦为全国编遣会议筹备主任，准备开会。同时，他示意刘峙、顾祝同、钱大钧、蒋鼎文、曹万顺5名师长联衔通电，要求军需独立，各师军需直辖于中央军需机关，师以下军需直辖于师军需处。这是一着非常隐蔽的棋，因为各集团军所部已全部改编为师，这样一来，各师长就不能从其老长官那里吮吸到乳汁，从而渐渐对其老长官产生离心倾向，使其老长官最终驾驭不住自己的部属。为了使群雄就范，蒋介石准备了两手：一是叫宣传部颁发《整理军事宣传标语要点》，把整理军事宣传为解决中国面临的一切问题的唯一办法。这确实起了作用，全国舆论一致支持整理军事，以根除军阀割据，解民众久受兵燹之苦。二是视察、校阅第一集团军所属各师，向各派炫耀武力。

冯玉祥企图利用政治资本反过来壮大其军事实力，遂在众人之前到了南京，准备开编遣会议。蒋介石热情地与冯玉祥握手时，认为同时对各方下手是不现实的，决定施展手段，在各派之间进行挑拨、拉拢，实行以派制派，从中渔利。他对冯说："常言道：平、粤、沪、汉这四个地方拿在手中，全国就在掌中了。"

冯玉祥立刻辨出了其弦外之音，断定蒋介石是在挑拨、试探。因为广东在李济深手里，而李济深是广西人，向与李、白友善，从来就被认为是桂系；北平坐着桂系战将胡宗铎。冯玉祥是非常善于说话的："当全国的领袖需要肚子能装下全国的人，若要当全世界的领袖肚子里能装下全世界的人。只要你自己时时刻刻注意'得民心，得军心'六个字，又能着实做出来，无论他们占领哪里，无论他们拿了哪里，都是你的臂膀，都是你的兄弟，都是为你做事的，何必顾虑这些呢！"

蒋介石见话不投机，只好懒洋洋地请冯玉祥准备个方案，以便开会时提出。

李宗仁来南京后，蒋介石单独宴请他。蒋要李长期驻在南京，共襄训政建设盛举，同时也为阎、冯作个榜样。李宗仁迂回着说，他本人久驻南京是没有问题的，但因冯、阎治军向来亲自动手，参谋长形同虚设，强留他们长住南京，定会使其军中事务停顿，反不若让他们常去常来。关于裁兵问题，李宗仁说了几句似乎是示威的话：对军官任意裁汰，他们兵符在握，必然不肯就范。

谁与争雄

办法有一个：筹集巨款，使军官们能优游林泉或转务他业。

蒋介石与冯玉祥、李宗仁开了个谈话会。冯玉祥发言即指着蒋介石的痛处，使李宗仁放了心：他担心冯在南京驻的时间较长，蒋、冯合作来整治别人。所以李宗仁轻松地重申："编遣必须按公平的原则，否则定出乱子！"

躲在山西的阎锡山成为众人企盼的核心人物。蒋介石认为，如果争取到了阎的支持，冯、李最后就不得不屈服；冯、李则希望阎支持他们，共同与老蒋斗法。

12月12日，阎锡山终于乘新华轮自天津抵达南京，受到热烈欢迎：训练总监何应钦、中委邵力子、国府文官长古应芬、南京特别市长刘纪文等1000余人到下关码头迎接。

南京已形成了这样的气氛，似乎关于编遣问题的一切症结，只要阎锡山一到京就可迎刃而解。

阎锡山要的就是这个结果。

阎锡山的病倒和侍奉父病，均为其精心策划的表演。北伐结束后，阎的地盘迅速扩大，实力迅速增强，更是野心勃勃。在与小圈子的部属闲谈时，他臧否当今风流人物，大有天下之大，舍我其谁之概。他说："蒋介石虽然占据江南，但其内部很不稳固，如汪精卫、胡汉民等恨蒋的人多，李宗仁、白崇禧更是恨他。"谈到和蒋介石必然的斗争时，他非常自负地说："袁世凯是最厉害不过的，我都应付过去了，蒋介石不如袁世凯多了。蒋介石这人气量狭小，排除异己，遇事操之过急，终不能成大事。"谈到各派实力对比时，他得意地说："汉阳兵工厂只能制造轻武器，我们还能制造大炮等重武器。"

阎锡山当然明白蒋介石邀请各方诸侯到南京开编遣会议，是想借机裁掉别人的军队而壮大自己的实力。但各路诸侯能发展到今天，绝非任人宰割的羔羊，激烈斗争将是不可避免的。如何在这春秋战国似的形势中把握住机会，达到众家归一的目的，是阎在北伐后日夜盘算的问题。当他对蒋、冯、李等请其南下与会的电报采取拖字诀，总参议周玳问他是什么意思时，他说："到南京开编遣会议，我若顺着冯、李说话，必取怨于蒋，会也开不成，我却得罪了蒋；若顺着蒋说话，必招怨于冯、李。甚至两面都不讨好。等他们闹成分裂之局的时候我再去，那时双方都需要我，那就好了。"

第八章　表面的风光

阎锡山到了南京后,历史舞台的聚光灯照到了他身上。但是,事态的发展有违其初衷,不但没有两面讨到好,却很快被卷进了派系角逐的漩涡。

阎锡山到南京的当天晚上,即派周玳访晤李宗仁,摸摸编遣会议的底。因为方顺桥战役时桂系帮过晋系的忙,所以谈话较为投机。

李宗仁用略带责怪的口气问:"你们老总为什么才来?"

周玳心里明白,李宗仁之所以这样问,无非是借机寻个话头,难道他看不出晋方唱的是哪出戏?看来,不仅是阎锡山想摸李宗仁的底,李更想摸阎的底,索性大家都蒙着说:"他父亲病了,我们老总为人至孝,亲自侍奉汤药,操劳过度,所以他父亲刚刚好些,自己又病倒了。德公近来做了些什么?"

李宗仁哈哈大笑着说:"我们还能做出什么成绩?冯焕章倒是大做特做,他的口不大,肚子却很大,还想侵占我们的地盘呢!"

周玳大吃一惊:"不是说蒋介石要抢人的地盘么?"

李宗仁说:"你不信?焕章近来得意忘形。国府委他做行政院副院长兼军政部长,鹿钟麟的常务次长,都早已到了任。他现在第一步想捧蒋、拉蒋,消灭三、四集团军,将来有机会再把蒋推倒,他好独霸中国。他不想想蒋介石是个大流氓,在上海交易所里闯过多年,哪里像曹三爷(曹锟)一样容他摆布!"

"冯焕章真会有这种打算?"

"老蒋在前些时提出,全国一共编 50 个师,叫各集团军自己研究,自己编多少个师合适;在非正式会议上,冯焕章提出了他那个三有三无加齐全的标准。照他的看法,他的第二集团军几项标准样样俱全,应编的占多数,应遣的就占少数。当时何应钦就问:'那么你打算编多少?'焕章说:'多少还不敢说,在四个集团军里总该占第一位吧?'我听到这里,便留心观看老蒋的态度。蒋很不高兴的样子,哼了一声说:'那你就提个方案吧。'过了几天,开第二次非正式会议,焕章真提出了个方案,他倒多少有点客气,没敢占第一位,而是和蒋拉平了:主张第一、二集团军各编 12 个师,第三、四集团军各编 8 个师,杂牌军编 8 个师。老蒋看罢不置可否。以后又开过几次非正式会议,大家话不投机,离题越来越远,几乎成了僵局,这才盼你们老总前来打圆场呢。你们老总打算在南京就职么?"

"他在太原的时候,接到政府任命,委他为内政部长兼蒙藏委员长,曾经回了个电报,不能在南京就职,保荐赵戴文作内政部次长代理部务。他是不会离开山西的。"

"还是你们老总阅历深,见识远,不像冯焕章近视眼,不度德,不量力。你瞧着吧,不久他总会吃亏的。你们老总对他怎么样?我想,因为方顺桥那段故事,对他的印象不会太好吧?"

周玳听出了话中的挑拨之意,心想:如今这个形势,谁都放不下心啊!他说:"我们老总对冯这个人十分清楚,方顺桥的事他当然不会忘记。不过他看出老蒋召开编遣会议的目的是想各个击破,因此,对于冯焕章仍想拉他一把,免得唇亡齿寒。德公,你们为什么不搞个提案呢?"

李宗仁又哈哈大笑了:"和老蒋共事,就是画上个龙天表也等于零,所以我们根本不提。"

蒋介石也显得比较着急。阎锡山到南京的当天,蒋介石即宴请阎及其随员。随即,陪同阎畅游汤山,又以宋美龄的名义宴请。然后,蒋派何应钦为密使,深夜访阎。当然,谈话的中心是编遣会议。何恳切地对阎说:"蒋先生非常推崇阎先生,认为阎先生是可以与之商量国家大事的人。蒋先生希望阎先生提出个方案,在会上与冯先生的提案一并提出,供大家研究。"

阎锡山笑笑说:"敬之兄,不怕你笑话,此次南行,我是只带了耳朵来的,打算在大家作出决议后,回去着手施行。"

何应钦见阎锡山装聋作哑,只好把话挑明了:"阎先生过于谦虚了。蒋先生的意思是,希望在四个集团军的辖区之外,再加上个中央区,最好请阎先生在方案上一并提出。"

这样明显的偏蒋,定然引起其他人的不满,阎锡山回避道:"我可以准备个提案,但加上中央区这个问题由我提出,似乎不甚合适。如果蒋先生提出来,我一定赞成。"

阎锡山在各派间大耍两面派手法:他劝蒋不要操之过急,答应劝冯、李不要坚持己见;对冯、李说坚持反对恐把会议弄成僵局,还是徐图为良策。

阎锡山与心腹谋士反复研究,定出了个稍偏向蒋介石的方案:一、二集团军各编10个师;三、四集团各编8师;其他非正式队伍编6个到8个师;其余 6 至 8 个师由中央处理。

在各派或沉默不语,或拖拉纠缠的时候,蒋介石却授意其他人为编遣会议大打催胎针。何应钦在中央广播电台作了《国军编遣会议实施之意义》的讲演,在《中央日报》发表了《从编遣会议联想到新中国富强的几个途径》的文章。胡汉民在中央广播电台演讲《整理军队十大意义》,从"军队本身""地方治安""巩固边防""整理财政""国计民生""铲除军阀""打倒共产党""打倒帝国主义""完成真正的革命""促成建设"等十层意思,说明整理军队是目前第一件重要的事情,要大家身体力行,并且要促成全国人民一致拥护国民党的政策和国民政府的法令,将这件关系全体国民万年大计的大事,完全实现。

正当石头城上空乌云密布,各派紧张斗法时,北方有如春雷似的传来一大喜讯,暂时冲淡了元旦将临时的不祥空气,那就是东北经历种种磨难后,于12月29日宣布改旗易帜,服从国民政府领导。全国终于统一了。12月31日,国民政府特任张学良为东北边防军司令长官;同日,国民政府发表翟文选、张作相、常荫槐、汤玉麟分别为奉、吉、黑、热四省主席。

1929年元旦,似乎要为新年的到来增添又一层喜色,各派钩心斗角了数月之久的编遣会议终于正式启开了帷幕。

上午,国民党中执委、中监委,各集团军总司令、总指挥等60余人参加了会议。首先,全体与会者在孙中山像前作忠诚宣誓,誓词为:"敬谨至诚,宣誓于总理灵前:委员等遵奉总理遗教,实行裁兵就国。对于本党之一切决议,竭诚奉行,不敢存丝毫偏私、假借、欺饰、中辍之弊。如有违犯,愿受本党最严厉之处罚。谨誓。"

会上,何应钦将冯玉祥和阎锡山的提案宣读完毕后,进行讨论。

由于蒋介石事先做了工作,多数与会者赞成阎的提案。最后,蒋介石以仲裁者的面目表了态:"既是大家赞成阎总司令的提案,那么原则上就采用这个提案。"

冯玉祥亮开了大嗓门说:"咱们刚刚打完仗,军队还没有复员,似乎应该缓口气再进行编遣。"

蒋介石哼哼两声说:"对对,编遣并不是即刻就进行,不过我们应该先成立一个机构，尔后便于进行。"

阎锡山说："钧座对这个机构，一定成竹在胸。该成立个什么样的组织呢？"

蒋介石说："我的意见是成立一个编遣委员会，在会里先设一个经理组，管理财务。这个组非常重要，组长责任重大，将来编遣能否按计划实现，这是个关键。我打算请百川先生担任组长。"

蒋介石虽然看到了"阎案"是抬蒋压冯，于己有利，但未看出该案骨子里借机拆散蒋、冯合作关系的阴谋。但他基于纵横捭阖的策略，决不愿意阎锡山这个滑头坐享其成，随手就把阎推到了风口浪尖：在这样的形势下管钱，不得罪人才是怪事。

会后冯玉祥就病了，只派代表出席会议。当然，人人都很清楚，这病是心病。

蒋介石请冯玉祥提出编遣方案时，冯认为，按照他的三有三无加齐全的原则，第二集团军应该比别的集团军多编几个师，但他此次来南京，目的是想与蒋介石有进一步的结合，以便在国民政府中占一个重要的地位，同时在蒋的支持下保持自己的强大实力，以形成内外呼应之势，压倒他人。而如二集团军应编人数超过一集团军，必然得不到蒋的支持，而且会影响与蒋的合作关系，遂在提案时把一、二集团军拉平，压低三、四集团军及其他杂牌军，形成以蒋冯团结为中心，控制其他方面的局面。冯未能料想蒋在背后做了手脚，使自己的一切打算都落了空。

蒋介石不管冯玉祥，继续按计划行事。他在会议上引用日本明治维新撤藩的典故，目的是想用大道理劝诱台下的赳赳武夫交出兵权："日本对我实行侵略政策，我们每谈到日本便不胜愤慨，尤其济南惨案发生后，举国同仇，不知徒然愤慨是无济于事的。我们要问日本何以能侵略我？是因为日本维新之初，即能组织健全稳固的统一政府，努力完成现代式的国家缘故。要造成现代式的国家条件是什么？即是：一、统一；二、集中。德川幕府的末叶，以长川、萨摩、土佐、肥前诸藩为中坚，组织联合军，苦战恶斗的结果，幕军惨败，幕府遂倒。这与我们各集团军一致协力打倒积恶的北洋派颇为相同。讨幕大功告成，照日本历史的先例，长、萨二藩应代德川氏而兴；可是，长州藩士木户孝

第八章 表面的风光

允、藩主毛利敬亲、萨摩藩士大久保利通、藩主岛津忠义皆深明大义,毅然决然奉还大政,归命中央。幕府倒了,可是日本朝廷依然没有一兵一卒,各藩的藩将,对于藩主久存君臣名分,但维新诸杰到了此时,绝不畏难,百尺竿头,再进一步,主张化除藩兵,改编国军:第一,先限制各藩兵力;第二,设拱卫首都之亲兵;第三,化除藩界,混合改编;分设镇台,集中训练。国军的基础树立,反动势力镇压下去,全国统一才能名实相符,中央政府才能着手改良一切政治。此种惨淡经营的成绩,尤其值得我们模仿的。日本的军人,在60年前,已经是能打破封建制度的;中国的军人,反充满了封建思想。已往带兵的都是想扩私兵,拓地盘,有了一省的地盘,又想兼辖数省;有了数省的地盘,又想武力统一中国,把持中央;等到把持中央后,便扶植一人一派之势力,想用武力剪除异己——这是北洋军阀老祖宗袁世凯的先例,段祺瑞、吴佩孚等承受他的衣钵,所以每次政变之后,最重要的工作,就是忙于地盘分配,把中华民国当做私产分赃,这就是我国已往军人所走的路了。日本的长川、萨摩、土佐、肥前诸藩,于讨幕之后,功成不居,不再设幕府,反将他祖宗传来的封土奉还政府。他们也能勉求新知,善应潮流,简直与日本国家结成一片,共存共荣。我们该把日本削藩作一面镜子。"

尽管蒋介石在台上口吐莲花,台下云集的将星却藐藐然。

未料形势发生了变化:冯玉祥扶病开会了。李宗仁怕蒋冯勾结,在阎锡山面前提出方顺桥事件,又说冯是倒戈将军。阎自然不是傻瓜,不会被人利用,但他看到冯庞大的实力是自己直接的威胁,也想削弱冯之势力,四处说冯的坏话,冯日益陷于孤立。以蒋为委员长的国民党军编遣委员会这艘船终于又慢慢起航了,只是船行缓慢而且摇摇摆摆。

以冯玉祥为委员长的遣置审查委员会经过努力后,由冯报告了《国军编遣进行程序大纲》,其要为:将国民革命军总司令、各集团军总司令、海军总司令、各总指挥及其他高级战时编制,立予取消;取消之后,即设编遣区;全国现有各军队,除中央各直辖部队及海军各舰队,应由编遣委员会径行派员缩编外,其余应分为6个编遣区,第一、二、三、四编遣区专管编遣原隶第一、二、三、四集团军之部队,第五编遣区负责编遣原东三省之部队,第六编遣区负责编遣原川康滇黔之部队;缩编全国现有之陆军,步兵最多不能超过65个师、骑兵8个旅、炮兵16个团、工兵8个团（共计兵额约80万，空军海军另定。）；各编遣区及中央直辖部队编留部队，至多不得超过11个师；其编制应斟酌全国收入总额之比例，务缩减军费至总收入之百分之四十为止，暂定一年经常军费及预备费，为1.92亿元。

会议作出规定：从全国编遣委员会成立之日起，全国军队一切权力收归中央，各部在原地驻扎，听候点编。各级军官仍旧工作，静候委任，各集团军无权自行调动与任免军官。

编遣会议开了20多天，等会议通过了有利于蒋介石的决议，头领们至此恍然大悟，都中了蒋的圈套，谁也没得着好处。于是他们从互相攻击转为相互同情。李宗仁鼓动阎锡山，叫他提议休会。而阎早就坐不住了，担心他在南京时蒋派人去掏他的老窝，所以他在会上对蒋说："既然钧座说这个会是为编遣确定大政方针的，而今原则已确定下来，如果没有其他必须讨论的事项，可不可以暂时休会，因为现在离年关已经不远了。"

蒋介石见人心思散，只得同意了这个建议。

元月25日，编遣会议闭了幕。编遣委员会发表皇皇文告说："凡集团防区之观念、历史与形迹悉当泯出净尽，勿俾留遗。至经议定之军制军额军费各端，以及裁编、遣置、点验、检阅各种程序，尤当本总理知难行易之旨，渝之以勇毅，继之以忠贞，不偏私、不欺饰、不假借，誓守开会宣言，力谋实施，以求贯彻。"

但是深谙政情的人明白，表面上的一致并未能缓和各派之间的矛盾，应该说，经过几近一月的缠斗，矛盾更尖锐了。

如何安全地回到太原，是阎锡山费尽心机的一大问题。坐火车北返非常便捷，但要经过蒋介石和冯玉祥的防区，毫无安全可言。爱钱如命的阎破费包了两艘轮船，因为他南行时乘坐的新华轮在香港附近触礁沉没。两船同行，一船乘坐，一船随行，万一发生事故，另一船可以救援；如果有人行刺，可以使对方搞不清目标在哪只船上。此计划是他一手布置的，有些亲信都不知情。船到天津后，他马上召集傅作义、南桂馨等人，告诉他们要注意蒋介石派人来策反。换车到北平后，又召集张荫梧等人，对如何防范蒋在北平的探子何成浚作了安排，随后坐专车回到山西。下车伊始，他就摆出恭敬从命的样子，把第三

第八章　表面的风光

集团军总部的牌子摘掉，挂出了"第三集团军结束办事处"的招牌，他本人则回到故乡河边村。

冯玉祥秘密渡江前往浦口，乘事先预备的铁甲车返回原防。

李济深以葬母为由，离开南京，经上海回广州。

蒋介石找尚滞留南京的李宗仁探讨对付冯玉祥的办法。李宗仁提醒道："冯玉祥一个容易对付，但他手握数十万雄兵，搞得不好，就是一场大战。"蒋介石不再言语，心里却翻滚着若干念头。大家都很清楚，发端于地盘分配，现在围绕着裁军问题的蒋冯矛盾空前尖锐了。

第九章　蒋桂相争

蒋、桂交恶已久。桂军先下手为强，挑起湘变，却未料蒋早有筹谋，桂军不堪一击，土崩瓦解。

第一节　暗潮涌动，桂系开始较劲。
改组派尤让蒋介石头疼

冯玉祥在编遣会议上的表现和秘密出走，向世人表明蒋、冯矛盾已公开化。蒋介石最初的反应是拉拢李宗仁，先打冯玉祥。但当他冷静下来后，认为近交远攻是不行的。冯系数十万大军雄踞中原，速战速决的可能性不大；而野心勃勃的桂系正睁大着眼睛寻找下手的机会。一旦蒋系主力北上与冯玉祥处于鏖战之中，桂系一发动，南京定然不保。现在最直接的威胁来自桂系，何况，桂系去年（1927年）的逼宫，使人没齿不忘。桂系首领凭借实力，在一些重大问题上公开与蒋介石顶撞，联系到南京特委会期间，桂系非常活跃，说明了桂系随着其军事实力的增长，政治野心也逐渐膨胀。

桂系现在的战略态势较好：从岭南横贯长江，蜿蜒以迄燕蓟，犹如一条长蛇俯瞰着华东地区。头：北平的白崇禧；腰：武汉的李宗仁；尾：南宁的黄绍竑和广州的李济深。虽然如此，桂系的缺陷也是非常明显的：白崇禧坐镇北平，手握重兵，但不是桂系的基本部队；而且各部之间的联络比较困难，不说白远在北平和南方相隔甚远，即是武汉，也被湖南阻断了其与广西后方的联系。

蒋介石定下的策略是：远交近攻，联络冯玉祥，使其最好相助，至少要保持中立，消灭桂系实力。

桂系对蒋介石随时警惕和刻意防范。蒋介石密遣湖北人士为特使，以同乡之谊向第四集团军中鄂籍将领，如第十八军军长陶钧、第十九军军长胡宗铎等暗中游说，促其脱离桂系投向南京的怀抱。编遣会议期间，胡宗铎和何键自武汉至北平，在与白崇禧游西山时，何键报告了一个不祥的消息：蒋介石从江西运武器弹药装备鲁涤平的第二军。中央接济湖南械弹，尽可利用军舰溯长江、转湘水去长沙，值此承平时期，难道还有人敢拦路抢劫不成？何必偷偷摸摸，自江西陆路辗转运输呢？一旦两湖出问题，白崇禧在平津的地位就非常危险了。哪怕是湖南态度有变，在鄂部队归路被截，形势也相当不妙。胡宗铎提出先发制人。白崇禧经反复考虑后提出了两点：一、先发制人，师出无名，不易得国人的同情；二、武汉为四战之地，易攻难守，如果对蒋用兵，必须放弃湖北，将驻鄂部队完全集中湖南，紧靠两广后方，再沿用北伐军打孙传芳的策略，从湖南出江西，循浙赣铁路向上海进军，把蒋介石的经济基地先拿过来，以置他于死地。实际上，蒋介石自赣运弹药赴湘之目的有二：如果未被桂系察觉，则起到拉拢、壮大鲁涤平实力的作用，使其遮断武汉通往广西的孔道；如果被桂系发现了，则可激其愤怒，在全国渴望和平时先动刀兵，在政治上陷于孤立。

1929年元旦，蒋介石致电白崇禧："国军编遣会议已于今日在京开幕，盼莅京出席。中央编遣委员会成立后，一切盼兄运筹擘划。离平以后，所遗职务可交李鹤龄兄代理。"李宗仁已在南京，去了一旦有变，岂不被人一网打尽？白崇禧次日复电说："东代电奉悉，睽违日久，孺慕甚切，深愿乘此编遣会议开幕赴京面聆训示，现在作离平准备，俟布置完竣，即日南下。惟祺新弟丧，感伤过度，以致旧疾复发，医嘱静养。此次编遣会议，有钧座主持，群公赞助，必收奇效，成救国之盛举。承示令禧担任会中总务，仰兄不遗在远，铭感无既。窃虑责任重大，尤非病躯所能胜任也。谨先道谢，伏乞垂察。"

消灭异己必须拥有强大的军事实力，蒋介石用高官厚禄引诱部属跟随自己。他自北平返回南京途中，曾在蚌埠停留，召集驻津浦线的第一集团军中黄埔军校出身的部分军官训话。他询问大家，北伐完成后，军阀是否已经打倒了，然后发给每人一小方白纸，要求在上面回答。军官们不知校长的用意，均回答打倒了。他看后大不满意，说："你们认为军阀已经打倒了，其实不然。旧的军阀固然是打倒了，但是新的军阀却产生了。我们要完成国民革命，非将新军阀一齐打倒不可。只有将新军阀一齐打倒，你们才有出路，现在当连长的人，将来至少要当团长。"显然，"新军阀"不是指蒋介石本人。

尽管作了种种布置，蒋介石依然觉得，现在对桂系下手，时机还不成熟。党内矛盾重重，派系众多，必须利用暂时的和平时期，将最高党权抓到手，以便以中央的名义去镇压反对派。

国民党内的派系，有以陈公博为首领拥护汪精卫的改组派，有以孙科为首领，拥护胡汉民为领袖，认为国民党已经处在危机中必须再造一番的再造派；有老右派集团西山会议派。这些大的政治派别都有一共同点：反对蒋介石的独裁。但是各派之间为了在政治斗争中多分一杯羹，常常互相攻讦，这就为蒋介石利用各派之间的矛盾，实行拉拢、收买、分化、瓦解，以至各个击破的策略提供了条件。正因为各派之间及各派内部的矛盾、裂痕总是存在，使蒋往往有隙可乘，政治斗争的结果都是以蒋介石的胜利而告终。所以杨虎城曾说过：不仅我搞不过蒋介石，别的实力更大的派别也搞不过蒋介石，只有共产党才能对付蒋介石。

最使蒋介石头痛的是改组派。

以汪精卫为精神领袖，以陈公博负实际责任的改组派，和其他派别相比，有几个不同点，这些不同点决定了它比其他派别更有力量：首先，改组派有较为完善的组织机构。1928年冬，陈公博、顾孟余等二届中执监委召集认同改组主张的重要分子在上海集会，成立了"中国国民党改组同志会"，并成立了改组同志会总部。从中央到基层，组织分为四层级：中央设总部，各省市及海外设支部,支部下设分部,分部下设小组。中央总部成立后,立即吸引了很多国民党党员、干部及大量的青年知识分子。其地方组织的负责人,大多主要是蒋记国民党地方组织的负责人,甚至是主要负责人。改组派还办了一所"大陆大学",被一些年轻人称为"黄埔第二"。

其次,改组派有一整套蛊惑人心的理论。他们宣扬,在蒋介石的统治下,国民党已被军阀、官僚、政客、买办、劣绅、土豪所侵蚀、盘踞、盗窃、把持,孙总理之三民主义,已被他们所篡改,第一、第二次代表大会决定的纲领,已被他们所唾弃,中央已成为一切反动势力的大本营。国民党的招牌虽然还到处张挂着,实际上已经失去灵魂了。他们的主张除了在经济上、外交上攻击蒋介石外,影响最大的是政治方面的主张,主要是:一、党务问题,提出三条:1. 提高党的威权,实行党的专政;2. 实行党的民主化民众化;3. 严密党的组织,森严党的纪律。二、民众问题,改组派认为,民国十三年国民党改组的第一个精神,就是坚决地把党的基础放在民众身上,使党获得了民众的基础,成为真正民众的党。北伐以后,国民党不但没有给民众一点利益,没有解除民众一点痛苦,而且有的地方因为恐惧共产党而恐惧民众压迫民众摧残民众。指责蒋介石因为共产党的关系竟把农工都分给共产党了,好像农工是共产党专有的,国民革命是用不着农工的,好像国民党对于农工的态度,只有"压迫"这两个字。提出:1. 恢复民众组织;2. 重订运动纲领。

改组派的理论吸引了为数众多的小资产阶级知识分子。他们不赞成共产党的主张,害怕工农大众取得胜利,害怕流血牺牲,又对蒋介石政府的腐化堕落、专制独裁,对内残杀民众、对外屈膝妥协,日益感到失望和不满,处于激愤、徘徊之中,希望有一条中间道路可走。

在这种党内四分五裂的形势下,要想开成"三大"而且在会上实现自己的目标,必然要打一个非常激烈而且复杂的战役,蒋介石当然明白这一点。所幸,蒋介石下棋看五步,早在1928年10月底,就与胡汉民紧密配合,在国民党中常委会第179次会议上,通过了第三次全国代表大会代表名额及产生办法、党员登记法等决议案,规定:全国代表大会代表依第一次全国代表大会例,由省市选出全额之半,中央指定全额之半;未办完登记,未正式成立省市党部之省市之代表,由中央指定;海外各总支部及国内各特别党部,合用以上

谁与争雄

第一、第二两项办法；代表必须是从未有违反本党言论或行为者，从未违反党纪者，这样一来，蒋介石就获得了排斥异己的尚方宝剑：通过对国民党党员进行重新登记，恢复一些早已开除党籍的反动分子的党籍，以窃取代表资格；另一方面组织代表资格审查委员会，把反对派审查掉。

中央组织部部长陈果夫秉承蒋介石的旨意，在整理各地党部时，派去建立党部的工作人员大多是蒋派的人；在进行党员登记时，凡不是拥蒋的，便以"共产党嫌疑"不给登记；凡是拥蒋的，不问其是否有党籍或被开除党籍，一律授意他们到指定地点去登记。

蒋介石撰写了《本党最近的几个问题》一文发表，提出了"三大"选举中央执监委员时，要根据下列标准：一、必须对党义有真切的认识；二、必须在本党有相当的历史；三、必须有奋斗成绩。对汪精卫回国的问题，他说汪精卫"当然是下届中央委员选举时一个重要的候选人，我相信他自身有一个为党为国的主张，如果没有到于党于国有利的时候，无论如何要求，他是绝不回来的，即使回来，也不肯做人家的傀儡"。

国民党中常会179次决议一石激起千层浪，引起了大多数国民党员的强烈不满。改组派对此反对尤烈，因为这关系到他们在今后政治生活中生死存亡的问题：作为一个不直接掌握军队的政治派别，只能利用在国民党内的合法地位进行活动。汪派在二届四中、五中全会上几乎沦为"在野党"，如果"三大"再由蒋介石包办，恐怕不仅失去发言权，可能连党籍都保不住。于是，他们全力进攻，大造舆论，利用大量刊物，喊出了"要求党内民主""反对圈定指派代表""反对一手包办三全大会"等口号。在其影响和号召下，很多地方党部都作出反应，抗议蒋记中央践踏民主精神，要求中央收回成命，代表一律由党员自由选举产生。

蒋介石深知改组派的心态，曾派邵力子到上海见王法勤，保证让粤方委员禅连三届中委，条件是改组派维持缄默态度。但改组派拒绝了这次交易，因为这次妥协而开了先例，下次可能被老蒋一脚踢进太平洋，所以，他们继续斥责蒋介石指派、圈定代表实是软性和慢性亡党的一个方法。声称：连任中委仅是个人的利益，而维持国民党的法纪倒是我们的责任和义务，我们平心静气地观察整个党的前途，决意反对这个非法的三全大会。

第二节　激桂生变，蒋介石秩序井然地
磨砺着一把又一把尖刀

从1929年元月起，驻唐山的第四集团军李品仙的第五十一师、廖磊的第五十三师就领不到军费，白崇禧向北平行营主任何成濬催发，何推说南京的拨款还没有到。白估计是蒋介石在经费上卡他，但忍耐着。驻守湖北的桂系战将却跃跃欲试。胡宗铎因其在北伐中的赫赫战功，认为蒋介石的军队腐败不堪，难当千钧一击，从唐生智麾下倒戈过来的何键更是积极主战，因为他对湖南省主席的宝座早就垂涎三尺。

事实上，李宗仁和白崇禧对形势均缺乏正确判断，他们对蒋介石拿桂系开刀的决心估计过低，总认为蒋不至于冒天下之大不韪，而率先发动内战，最多耍一点小阴谋。所以他们未对战争作充分准备。但是，桂系中也有比较冷静的人，那就是另一首领黄绍竑。前者，李济深躲在广西梧州老家不出来参加编遣会议，黄却坚决主张他去，他认为桂系这几年发展太快，基础很不巩固，一旦有事，恐不堪使用；蒋介石的编遣有私心，但对于国家来说，也是正大的名义，事实上，随他们怎么搞，也不可能把二、三、四集团军完全编掉，大家都编一些，力量的比例也一样，而第四集团军发展太快，也必须借中央的大帽子进行编遣，才能更加巩固，更加有力，既获好名，又得实惠。现在他建议：把桂系主力控制在粤汉线上，必要时放弃武汉和北平，不急于同蒋介石开火，这样至少可控制广西和湖南，进可以战，退可以守，坐观时局的变化。但胡宗铎、陶钧，甚至白崇禧都认为：这是一个消极的战略设想。如果这样，由广州到武汉、北平的桂系局面就自己垮了。吃下肚的肥肉吐出来，很不划算。就力量对比来说，打蒋介石是很有把握的。

在汉桂系战将们密谋去掉接近蒋介石的湖南省主席兼第二军军长鲁涤平，防止蒋切断湖南这个交通孔道。两个消息传到了武汉：蒋介石正策划对长江上游布置军事；计划撤销各地的政治分会。何键又亲赴武汉，向胡宗铎、陶钧、夏威这三员桂系大将报告说：中央布置已定，对武汉用兵如箭在弦上。三人感到，如不争先一着，一旦武汉政治分会被解散，便无法对鲁涤平下手，在战略

谁与争雄

上就将陷入被动地位。2月13日，在没有请示李、白的情况下，胡宗铎、何健、叶琪三人秘密在岳州会晤，敲定了对鲁涤平下手的细节。19日，武汉政治分会改组湖南省政府，以鲁涤平"把持税收、剿匪不力、重征盐厘、有渎军纪，着免去省主席一职，由何键继任湖南省主席"。在政治上作出决议的同时，组织了一次极端机密的军事行动，叶琪、李明瑞将部队、辎重装上火车，杨言回广西整顿，沿粤汉线日夜不停地疾进，到长沙火车站悄然下车，对鲁涤平发动突然袭击。鲁只身逃走，并令所部退出长沙。

武汉政治分会在军事行动得手、占领长沙后，致电蒋介石、中央政治会议及国民政府各委员报告解决湘事、改组湖南省政府情形。

挚眷在京以示无他的李宗仁被蒙在鼓里，得电后来不及骂武汉方面的鲁莽，慌忙化装逃出上海。

蒋介石接电后，阴险地笑了：半年来的若干布置，今天终于派上了用场。如果武汉方面不急躁，还不好寻找兴师问罪的理由。因为二届五中全会曾有决议，各地政治分会不得以分会名义对外发表命令及任免省政府委员，编遣会议也有过命令，各地军队不得自由调动。

用武力断然解决桂系，是蒋介石坚定不移的方针，但是，目前形势也颇让人顾虑：一、自南京回豫的冯玉祥。冯系控制的地区，正位于蒋桂双方控制区域的北翼，任何一方与冯结合，即对另一方构成包围的态势。二、驻军华北的白崇禧挥师南下。三、广东粤军的声援。四、滇、黔两省的支持。

蒋介石经与亲信反复磋商，在积极调动部队部署作战的同时，对桂系采取了外部孤立、内部瓦解双管齐下的策略：派何成濬奔走于张学良、阎锡山之间，争取支持，以此牵制白崇禧，预防他挥师南下；派邵力子与马福祥游说冯玉祥，提防他与李宗仁串联勾结；派杨杰安抚滇、黔两省；派张群到四川，防止他们支持桂系，进而利用川黔滇三省的地方实力派极思扩张的心理，要四川出兵攻鄂、滇黔出兵攻桂。同时，鉴于白崇禧所部原为唐生智的基本部队，决定起用被桂系打败而做了寓公的唐生智，派其携巨款到北平夺回旧属；根据混进第四集团军总部的郑介民的密报，在鄂桂系部队中存在桂鄂籍将领之间苦乐不均、升迁不公等矛盾，存在着享受纸醉金迷生活的颓堕气氛，决定派人至武汉进行拉拢、收买、分化。

第九章　蒋桂相争

2月26日，蒋介石电令徐州刘峙、蚌埠顾祝同、兖州缪培南、庐州朱绍良、新蒲蒋鼎文、扬州方鼎英、芜湖曹万顺、寿州夏斗寅各师密作出师准备。3月2日，蒋介石编组了军队、制定了计划：第一军刘峙，集中潜山、太湖；第二军朱绍良集中英山及其以北地区；第三军朱培德，集中九江、南昌、高安一带，各军务于3月20日前完全到达，并做好进攻准备。

表面上，蒋介石对"湘变"表现出宽容的态度，其原因有三：军事部署尚未完竣，各军未做好战斗准备；游说各方尚未取得明显效果，内部瓦解桂系的行动也正在紧张进行；耗费了很大力气的"三大"尚未召开。所以，蒋介石一面授意国民党元老吴稚晖、蔡元培、张静江、李石曾等人出来调解，一面又电促冯玉祥、阎锡山、李宗仁、李济深等回京任职，并亲到上海与李宗仁、谭延闿会商鲁涤平免职事，后又写信给李宗仁说："武汉自兄来京后，领导无人，中央因鞭长莫及，几等于无，而兄之命令，亦不能有效……中央为防范计，且为威信计，皆不能不调度中央军队，作正当之护卫……决不愿轻启战端，只要于威信不失，则余事无不可作从长计议。"

随即，蒋介石下了一着常人看不出用意的棋：电请李济深彻查湘事。

李济深到上海，与李宗仁进行了长谈，目的只有一个：消弭战祸。尽管战将们跃跃欲试，李宗仁、白崇禧均深知对蒋作战无制胜把握，败则不堪设想。李宗仁非常清楚，"湘变"给处心积虑地企图消灭各地方实力派的蒋介石制造了一个绝好的机会，他除致电中央政治会议和国民政府自请处分外，还对美联社记者发表谈话说："余始终为拥护蒋主席完成统一之一人，此次处置鲁部，实出于拯救湘民安辑地方之至诚，毫无个人权力杂于其间。"同时，他致电蒋介石，谓杨腾辉暂驻浏阳"剿匪"，李明瑞旅已回鄂训练，实无一兵一卒留滞赣边，奸人造谣，盼持镇静。他又对中华社记者说："此次湘事完全是出于整理内部的苦衷，今后的处置亦决定服从中央，外间传闻鄂东派重兵威胁邻省，完全是毫无根据的谣言。中央要怎样处分武汉政治分会，兄弟及在湖北的将领绝无成见。即使解散分会亦无怨言。"为了争取舆论，以示公心，他致电南京，请辞国民政府委员职——蒋介石接此电后即派古应芬赴沪慰留，并电李勿萌退志。

白崇禧也努力避免战争。他致电蒋介石说："近日咯血，旧疾复发，元气大伤，非得长期静养，难望痊愈，请准辞去第四集团军前敌总指挥职务，回桂养病，图报党国，俟之异日。"又致电胡汉民等人说："请设法稳定大局，两湖必能听命中央。无论如何总宜顾全中央威信，使政局稳定，不与奸人以挑拨之隙。"

李济深与李宗仁磋商后，一起与蒋介石派来的调解使者、国民党的四大元老蔡元培、李石曾、吴稚晖、张静江在融园会谈。

蔡元培说："我们四人受命检查武汉政治分会事件，德邻同志有什么意见？"

李宗仁说："事变发生时，尽管我不在武汉，但也不能推卸责任，因此我应当自请处分。"

蔡元培说："好，如此便有转圜余地了。"

吴稚晖说："任潮同志望重一时，中央有意请任潮与我们共同负责调解此事。"

李济深尚未开口，李宗仁抢过话头说："任潮同志千万不可去南京，去了必被扣留无疑。四位老先生不知道此次武汉事迹的奥秘，这是中央处心积虑要消灭第四集团军所激成的。蒋先生想要造成党政军清一色的大计已定，断难挽回，现在既然夏、胡、陶等人违法乱纪，给他造成了这样一个冠冕堂皇的借口，他必然要将第四集团军消灭而后已。至于任潮同志，虽然他未在广西做过事，却一向被视为桂系首领，在编遣会议上又反对蒋先生的方案，必深遭蒋先生嫉恨。他如不去南京，而在上海充当调解人，以他在两广的实力和威望，蒋先生投鼠忌器，必不敢贸然对武汉用兵。他如轻易去南京而被拘押，蒋先生再以高官厚禄引诱粤籍将领陈铭枢、陈济棠等背叛任潮，如是则广西顿失粤援，武汉完全孤立，蒋先生所部四面合围，第四集团军必被全部缴械。所以，任潮如不入京，战事或者可免，如进京，则适足以促成内战，并危及其本身安全。牺牲了个人而结果适得其反，则个人即不应作无谓的牺牲。"

吴稚晖说："我们来沪之前，便曾和蒋先生谈到任潮入京后的安全问题。蒋先生表示，以他的人格担保，不致使任潮失去自由。"

"但是，如果任潮不入京，中央便一定要对武汉用兵。"张静江补充说："大家都知道，蒋先生的脾气是比较执拗的。"

李宗仁耐心地说:"中央如有诚意和平解决,则在上海谈判和去南京谈判,究竟有何区别?必要时,作为最高统治者,应有宽宏的胸襟,蒋先生自己未尝不可屈尊来沪。至于蒋先生以人格担保一层,像蒋先生这样的人,还有什么人格可言?你们又何必骗任潮去上当呢?"

吴稚晖激动地说:"只有任潮去南京,才能消弭兵祸。如蒋先生不顾人格,自食其言,我必当他的面,在墙上一头碰死!"

李宗仁哑然失笑:"稚老,慢说你没有自杀的勇气,纵使你自杀了,战争还是免不了的!"

这句话把吴稚晖激得暴跳如雷:"我们管不了!你们有的是枪杆,你们去打好了!"

一直未有机会说话的李济深见状表示妥协,同意与四老晋京。

第三节　表面虚怀若谷,　暗中心狠手辣,
　　　　蒋介石把二李骗得好苦

由于蒋介石尚未完全做好动兵的准备,还要继续麻痹对手,所以,他笑容满面地向李济深保证,决意以和平手段解决事件。3月13日,国民党中央政治会议作出了关于"湘变"的决议:"据蔡元培、李济深等报告:奉命查办武汉政治分会改组湘省府一案,遵即详查。认为该分会此次举动,诚属不合,应由该分会主席负责。但主席李宗仁因公留京,未及临时制止,曾自请处分在案。查李主席事先并未与闻,所请处分,自可无毋置议。查当日该分会议此案时,予议者为张知本、胡宗铎、张华辅三委员,应请处分等情。武汉政治分会委员张知本、胡宗铎、张华辅予免职,交由中央监察委员会议处"。

李宗仁一看,如此轻描淡写的处理,是蒋介石的本意吗?

由于内部矛盾的激化,实际上已无召开全国代表大会的基础,李宗仁躲在上海,拒绝了蒋介石所派代表请其回南京的诱劝;白崇禧自北平电请辞职;汪派中委公开反对召开由蒋介石一手包办的大会;冯玉祥不仅不到南京开会,反而致电蒋介石请辞军政部长职;保持中庸之道的于右任也躲在上海,谢绝了蒋

介石之请，不赴南京。

蒋介石不把反对派的喧嚣放在眼里。他说："全国代表大会实是不能再延期了，如果再延期，不独本党的基础将要动摇，本党的生命亦将要断绝。"

延期对国民党来说，并不重要，但对蒋介石来说，延期必定使其包办的"三大"流产。他操纵中常会作出决议，规定各地党部出席及列席"三大"代表的产生办法：甲，普通党部：一、选举者，南京、上海、广州、广东；二、选出加倍人数由中央圈定者，江苏、浙江、湖北、汉口、天津、山西、广西、甘肃；三、由中央指派者，哈尔滨、察哈尔、绥远、热河、黑龙江、吉林、辽宁、北平、陕西、河南、山东、安徽、湖南、江西、云南、贵州、河北、四川；四、由中央指派列席者，西康、西藏、外蒙古、新疆、青海、宁夏、内蒙古。乙，铁路及海员特别党部：一、选出加倍人数由中央圈定者，沪宁、沪杭甬、津浦；二、由中央指派出席者，平汉、粤汉北段、海员；三、中央指派列席者，平绥、平奉。结果，"三大"代表共406人，其中指派211人，圈定122人，计333人，占总数的81.2%，选举的73人，占183%。

3月15日，国民党第三次全国代表大会在南京丁家桥中央党部大礼堂开幕。

在蒋介石、胡汉民的唱和下，更主要的是各主要反对派均未与会，"三大"的宣言彻底抛弃了孙中山改组国民党的革命精神，公开指责其三大政策，背叛了一、二大的纲领；宣布开除"二大"中央执监委员中的共产党人的国民党党籍，从法律意义上完成了"清党"；对真诚执行三大政策的国民党人士分别予以开除或停止党籍的处分，如邓演达、徐谦等人；对西山会议派的主角林森、张继等恢复党籍。在中央执委选举中，蒋介石、胡汉民、谭延闿、孙科、戴季陶、于右任、陈果夫、叶楚伧等为常委。更重要的是大会通过了《奖慰蒋中正同志案》，宣扬蒋介石的功绩，把蒋介石称为全党的领袖。

国民党已成为蒋介石的御用工具了。

"三大"在蒋介石的控制下紧锣密鼓地进行的同时，套在桂系头上的缰绳逐渐收紧。

蒋介石得报，白崇禧带到北方去的李品仙、廖磊两支湘军主力，久戍燕蓟，情切南归，但白既想长驻河北，还想向西北发展。白反对裁兵，主张以实

第九章　蒋桂相争

边计划代替之，提出自率 10 万桂兵到新疆，为天下倡，并于 1928 年 12 月致电蒋介石，陈述理由八项，请中央注意西北边防：一、为扶持国内弱小民族，健全民国组织计；二、为国家繁荣计，民族生存久远计；三、为发展欧亚交通，实现总理计划计；四、为中国将来建军及工商业之根本计；五、为预防英俄隐患，绝未来共祸计；六、为消除国内战争计；七、为维持社会治安计；八、为殖边造产计。这就引起了部队的更大不满，如真的被带到西北，那可真是"可怜无定河边骨，犹是春闺梦里人"。湘军渴望早日回到鱼米之乡的湖南老家，又觉得在桂系手下混事不光彩。蒋介石眉头一皱，心生一计，广泛传播唐生智将要复职的消息，其目的是进一步动摇白崇禧的军心。不出所料，这股风一刮，蛰居在上海的唐生智坐不住了，派人向蒋介石表示竭诚拥护中央。而远在冀东的李品仙虽已就任第四集团军前敌总指挥，听到消息后，忙派亲信以赴南京会议为借口，到南京、上海活动，面见蒋介石表示，唐的旧部竭诚拥护中央，都要求唐生智重新指挥部队。何成浚急忙向蒋献计：既然如此，何不假戏真唱，给唐生智一个真出，让他到北方抓住部队，给白崇禧来个釜底抽薪，不就达到不战而屈人之兵的效果了吗？

蒋介石虽然对何成浚之计深以为然，但也有顾虑，因为他深知唐生智的为人，惟恐他一朝权在手，便把令来行，难于控制。想来想去，不得要领，遂请蒋百里来南京相商。蒋百里是蒋介石、唐生智等保定军校毕业生的老师，他和唐生智的关系犹好。

蒋介石对蒋百里说："百里先生，如今桂系的狼子野心悉数暴露在国人面前，可说是人神共愤。为了打垮桂系，我决定起用孟潇接掌唐山的驻军。孟潇不是被桂系打败的么？所以，桂系是我们的共同敌人。我意请百里先生前往北平，就近对孟潇和雪竹进行指导。"

蒋百里知道蒋介石对起用唐生智这着棋有些放心不下，想请自己做保人，哪里真想让自己去做指导北平行营主任何成浚这么大的官的实权人物！他想了想说："北平有何雪竹就够了。但是，为了便于指挥，可以这样：起用孟潇为第五路军总指挥，辖第八、第九两军；第九军军长由何雪竹兼任，而第五路军又归北平行营指挥。这样一来，何是唐的直接上司，唐又是何的直接上司。"

蒋介石对此连环计表示满意。

谁与争雄

粤局布置已达预期目的。蒋介石在极端秘密的情况下，成功地挖了李济深的墙脚，心里暗笑李济深还在凭借着他的第八路军，大摇大摆地进了南京。

1925年，李济深所部粤军改编为第四军时，其手下共有四员大将：第十师师长陈铭枢、第十一师师长陈济棠、第十二师师长张发奎、第十三师师长徐景唐。后来，张师扩为第四军，陈（铭枢）师扩为第十一军，其余两师编为第八路军。张发奎因与汪精卫合作，在粤桂战争失败后出逃香港。二陈是李济深多年部属，而且是李济深把他们从低级军官一级一级地提升至统兵大将。但是，他们在羽毛渐丰后，就觉得在李济深这棵大树的阴影下，很难再有大的发展，当外面用高官厚禄进行引诱的时候，就蠢蠢欲动。

陈铭枢以第十一军军长兼武汉卫戍司令，在宁汉对立时，因有拥蒋之嫌，被迫离汉至宁，蒋委之以总政治部副主任，蒋陈之间开始眉来眼去。李济深为了稳住陈铭枢，将自己兼任的广东省政府主席一职让与陈，但出乎意料的是，此举不但没能稳住陈，反而使蒋、陈靠得更紧，陈经常将李在广州的反蒋言行密告于蒋。蒋对陈的目的自然心里雪亮，也想借陈倒李，但如李倒后由陈兼掌广东军政大权，谁能担保他不会成为李济深第二？因此，蒋对粤局颇感为难。这时，胡汉民那条线上的国民政府文官长古应芬窥知蒋意，想趁此机会在广东培植自己的势力，遂与胡汉民一道力荐陈济棠取代李济深掌握广东的兵权，蒋正犹豫，与陈济棠关系密切的广东省财政厅长、蒋派在李济深幕内的暗探冯祝万也向蒋提出了相同的建议，蒋也认为让陈济棠掌握军权可与掌握政权的陈铭枢相互牵制，便于自己从中操纵，遂作出了让陈济棠执掌广东军权的决定。1928年12月，蒋介石派古应芬做代表参加李济深母亲逝世周年祭祀活动。古应芬找了个借口留在广州，而派代表赴李的老家广西梧州，自己和陈铭枢、陈济棠以及广东海军司令陈策3人秘密谋划扳倒李济深，形成"三陈倒李"。

一切策划就绪后，蒋介石电邀李济深赴南京当和事佬。蒋的目的是：把不说是桂系首领之一，起码是桂系朋友的李济深抬出来，以示蒋查办湘事的大公无私和不愿用兵的决心；虽已对粤军进行了分化、拉拢，但要拆散粤桂联盟，就要将李济深诱到南京，相机扣押，调解湘事则是要其进京的极好理由。而陈济棠也积极行动起来，准备推倒自己的老长官加恩人。为了骗李济深北上，陈济棠一面将自己所属的部队调到广东北端，以示为李北上作后盾；另一方面则极力怂恿李北上赴南京。为坚定李的信心，他还表示自己愿意陪同北上。李济深在蒋外拉陈内推的作用下，于3月中旬北上。

可叹李济深，仅隔一年即两次被骗北上，所不同者，前次被一狡猾的政客所骗，此次却为自己多年的部属所卖。

李济深入京后，蔡元培、何应钦到上海向李宗仁提出了四项和平解决的条件：一、取消武汉分会；二、提前取消第四集团军总司令部；三、各军退回原防，鲁涤平回湖南；四、改组鄂、湘两省政府。李宗仁同意了前两项，拒绝了后两项。

由于冯玉祥位置特殊和实力雄厚，谁都清楚，在蒋、桂之间，冯左袒左胜，右袒则右胜。蒋介石对冯玉祥优礼有加：一是对冯因病呈请辞职，准给假调理，未销假前军政部长职以鹿钟麟代理，并调鹿为军政部政务次长；一是派邵力子带着礼品去面见冯玉祥；一是亲电冯玉祥，请酌派重要官员前来赞襄一切。

第四节　冯玉祥手握重兵作壁上观，静待鹬蚌相争

冯玉祥在编遣会议后，窝着一肚子气离开南京回到河南，对军政稍作料理后，即轻车简从，到了豫北辉县的百泉村。该村泉水甚多，风景优雅。冯玉祥住下来后，每日游览、读书，似乎悠闲之至。

"湘变"发生后，冯玉祥那颗本就不平的心激烈地跳动起来：扩张势力和地盘的机会又来了。

中国不是有句古话叫"乱世出英雄"么？

桂系看到编遣会议上蒋介石拉阎制冯的手法激怒了冯玉祥，所以在与蒋介石剑拔弩张时，准备拉拢冯玉祥作后援。

温乔生带着李宗仁的亲电信，风尘仆仆地赶到百泉村，面见冯玉祥。会见是在极端秘密的情况下进行的，只有冯、温和邓哲熙3人。温说："德公深知焕公为国为民的热忱，对焕公敬佩不已。而今，上海滩走出来的蒋介石施展毒计，对第四集团军下毒手，实际这是先声，消灭了第四集团军后，蒋介石必然

挥军北上，进攻焕公的第二集团军，实行各个击破，以实现其削藩策。德公说，他对蒋介石在编遣会议上对焕公的打击是非常痛恨的。"

冯玉祥看完李宗仁的信，心想：在编遣会议上你干吗要支持阎案而反对冯案呢？大事临头才想起我冯焕章！他说："蒋介石是祸国殃民的新军阀，如果此次对你们用兵成功，开了个非常坏的头，随后他就可以任意下手。我一定打蒋介石，但事情很仓促，布置军队需要时间，希望德公、健生发动后能撑持两个星期，到时我一定响应。你回去告诉德公，我一定与他共同倒蒋。"

温乔生见冯玉祥毫不犹豫地表示与桂系并肩战斗，连连点头："得焕公虎助，倒蒋大业定然成功！"

温乔生怀揣着冯玉祥的保证刚走，蒋介石的代表邵力子就到了百泉村。

冯玉祥认定，蒋、桂之间，箭上弦刀出鞘，大战就在眉睫之间。他的态度不明朗，老蒋定然坐卧不宁，惟恐冯军抄出后路，端他的老窝，迟疑着不敢对桂系下手。于是，冯玉祥仍以久病之躯不堪用命和出国考察以备来日效力党国为由，婉拒蒋介石"扶病进京，一边养病，一边就近赞襄一切"之邀，使邵力子怏怏而返。

但是，没几天，邵力子追踪冯玉祥上了华山。他说："焕公，蒋主席此次派我来华山，是想请焕公对桂系的犯上作乱、目无法纪申之以正义，与蒋主席合作，剿灭逆贼。"

冯玉祥缓缓地说："国家刚刚统一，人民亟待休息，现在发动战争，置民众的痛苦于不顾，我是坚决反对的。再说，我对蒋桂双方情谊相等，殊不愿看到两家兵戎相见。我已经给李德邻和蒋主席去了电，请求他们坐下来，和平解决争端。"

邵力子不接冯的话茬，单刀直入地说："蒋主席知道，焕公对仅有的西北贫瘠几省不满意，特地吩咐我转告焕公，共同打败桂系后，湘、鄂两省的主席请焕公遴选干才担任。而且中央将从速解决济南问题，将鲁省地盘全部交到孙良诚手中。至于焕公，将另有借重，蒋主席的意思请焕公任行政院院长，主持政府的日常工作。"

冯玉祥对蒋介石所给的价码怦然心动：鱼米之乡的两湖地盘落到掌中，同河南连成一片，则老蒋盘踞的长江下游即在自己的威慑之中，一旦天下形势有

第九章 蒋桂相争

变，一彪军出徐州，下浦口，两湖大军则沿长江水陆并进，占领南京、上海直如探囊取物，天下即为冯系所有。另外，富庶的两湖也可以解除第二集团军因军费不足而遭受的愁苦。

冯玉祥心中正在筹划时，邵力子递上了一个小盒子，说："蒋主席深知第二集团军筹款困难，西北几省灾害连年，人民亟须赈济，特叫我带来两张支票，共100万元。另外，蒋主席将组织粮米运进西北，以解民众之急。"

冯玉祥终于发了话："天下百姓亟待休养生息之机，李、白竟敢冒天下之大不韪，妄动干戈，玉祥自然不容。论公论私，玉祥都不能使蒋先生独任其艰，当以30万大军相助。"

随即，冯玉祥致电蒋介石："闻湘案发生，中央对之一再宽容，冀其猛醒，可谓大度包含之极点。玉祥亦因国内不堪再有战事，期于保全中央威信之中，冀达息事宁人之意。乃彼既率不觉悟，中央不得已用兵。玉祥服从中央，始终一致，前经迭电声明，已有准备。至于出兵路线及作战方略，统祈主席指授机宜，庶免歧异。"

蒋介石惟恐冯玉祥耍滑头，为了把冯推到桂系的对立面，使其脱不开身，接冯电后马上在各大报上公布。这样，桂系很不高兴，责备冯出尔反尔。而且，冯军韩复榘部与桂军在豫鄂交界的武胜关发生了冲突，激战数小时，桂军被迫后撤。冯急忙派人赴武汉解释，此举是为麻痹蒋介石。

冯玉祥作了军事部署：东线，令孙良部向徐州靠近；西线，令石友三部进驻南阳，张维玺部屯兵紫荆关，韩复榘在武胜关枕戈以待。

这个让人摸不着头脑的部署，包藏着巨大的算计。冯玉祥认为，此次蒋桂战争，双方实力相差不远，一时断难决出胜负，总要观望个把月才见分晓。冯系出兵，既不明言帮桂，又不明言助蒋。他认为自古以来的兵争，南方人取胜者甚少，多是北方人取胜，等蒋桂两败俱伤时，他再来收拾残局横扫千军。或者，如蒋胜，即令韩复榘等人马不停蹄地直扑武汉，蒋军尚未到，武汉即已落入其手；如桂胜，则令孙良诚以迅雷不及掩耳之势，趁蒋军军心瓦解，攻徐州、过蚌埠、下浦口，抢在桂系之前拿下南京！冯玉祥拨拉算盘的响声尚余音绕梁，战局变化却使其目瞪口呆。

第五节 砍头、击腰、扫尾，蒋介石使桂系瞬间土崩瓦解

蒋介石组建了"讨逆军"，以何应钦为参谋总长，序列为：第一路军朱培德、第二路军刘峙、第三路军韩复榘、总预备队陈调元、海军舰队陈绍宽、航空大队张静愚、兵站俞飞鹏。作战命令为：一、讨逆军决以主力略取武汉，同时以一部攻击长岳路，期于两广逆军未到前歼灭武汉之敌；二、第一路限于3月29日前展开于武宁、宜丰、宜春之线，即以主力向岳州、蒲圻间进攻，一部向长沙威胁其退路，以二旅置于吉安、赣州，掩护军之侧背；三、第二路限4月3日前击破当面之敌，占领麻城、团风、黄冈之线，其主力即经黄陂及沿江前进，以一部渡江相机策应第一路军之作战。第一路军限4月5日以前到达武汉附近，与第三路相呼应，协力攻取武汉。四、第三路集中南阳、信阳附近，于4月2日以前分经襄阳、武胜关，限5日以前到达武汉附近，同第二路主力攻取武汉。五、第二、三路间作战地区为东阳岗、太平镇、祝家湾车站之线，线上属第二路。六、总预备队先以第六、第十两师限3月29日前集结九江、瑞昌附近待命。七、海军游弋于九江、汉口间，极力妨害敌人之行动，并援助第一军之作战及渡江。八、航空大队应先在九江、南昌设置航空站，以后推进至义宁、袁州、鄂城，袭击武汉及湘北一带敌军，并侦察其行动。

在"三大"行将结束时，好消息接连不断地送到了蒋介石的办公桌上。

刘峙等人电告，各部已到达指定位置。

桂系的头被迅速地砍了下来。白崇禧计划率部南下浦口，但部队已不听其指挥，且有人四处张贴反桂系标语。3月20日，唐生智由天津赴唐山，一手拿着蒋介石给的30万元巨款，一手拿着委任状，收集湘军旧部。李品仙、廖磊等通电声讨白崇禧："排斥异己，克扣军饷，野心所炽，直欲抹杀本军历年为革命奋斗之历史，而供彼个人争权攘利之工具，近更明目张胆，强令本军扰乱北方，响应武汉，袭攻徐海，进逼首都，元恶大憝，人得而诛。"一夜之间，驻守在北宁线上的两个军成了唐生智囊中之物，显赫一时的白崇禧顿时成了光杆司令。本来蒋介石命令唐生智将白解决掉，但在执行时，因廖磊是广

西人，白平时待之不薄，遂以此消息告之，并掩护白化装由塘沽上了英商太古公司轮船"女皇"号。蒋得信后，密令上海卫戍司令熊式辉，待"女皇"号抵达上海时，将白逮捕，如该轮拒绝搜查，则令海军将其击沉，国际交涉，以后再办。事为上海市长张定藩获悉，急告李宗仁，李请许崇智相救。许因"廖案"被蒋迫离军旅，再未掌军，对蒋有切齿之恨，遂慨然应诺，即往日本驻沪总领事馆，请有田总领事发电给自己在日本士官学校的同学好友、日本关东军司令官宇都宫设法相救。宇都宫接电后，立即通知天津日请公司派快艇追上"女皇"号，接走了白崇禧。

时机终于成熟了。

3月21日凌晨，蒋介石警卫团的一个连，包围了总参谋部，缴了李济深卫队的械，将其解往汤山俱乐部关押起来。

当天，蒋介石在"三大"上，对似乎已被人们遗忘的"湘变"发表了一篇火药味十分浓厚的演说："有人以为两湖事变系局部问题，余初亦以为然，今乃觉此种认识，殊为错误……地方军人，目无中央，骄恣成习，积而有此种重大犯法之举，公然违背中央之决议，破坏国家统一。中央对于地方，只有法令，无所谓条件；只有命令，不容调停。自湘变发生至今，叶琪等部尚在湘西追击谭部，置中央各守原防之命令于不顾。革命险象，至于此极，故必以全力维持中央威信，保障国家统一。"

3月26日，"三大"决议：开除李宗仁、李济深党籍。国民政府下令，将李宗仁、白崇禧、李济深撤职查办，并正式发表讨伐令：查此次武汉政治分会违法僭权，任免官吏，称兵构衅，袭击湖南。政府以和平为怀，力从宽大，除迭令擅自调动之军队，制止行动，撤回原防外，仅对地方负责人员，免职查办。原冀以主义相感化，促首逆诸人觉悟。乃据第十三师师长夏斗寅有电称，逆军于本日拂晓向英山前方部队进攻等语。是诸逆等之蓄意谋叛，逆迹昭彰。前据李品仙等号电称：白崇禧阴主武汉，蓄意破坏中央威信，强令该军撤退，袭击平津，占领徐海，进逼首都。近又查获李宗仁自沪致广州黄绍纮电称，醒南参谋长自京回沪，奉任公面谕，时机迫切，蒋某甘冒不韪，破坏统一，须调动大军，加以讨伐，以申正义。本人一时未能离京，已有手令交李副官长泽霖

谁与争雄

携回云云,希兄等急速计划动员至盼等语。该逆等竟敢主使部队,抗命称兵,分头发难,谋叛党国。李宗仁、李济深、白崇禧等着即免去本兼各职,听候查办。所有附逆军队,如有执迷不悟,仍行侵犯,仰前方各军,痛加讨伐,以遏乱萌,而彰法纪。

为了壮大声势,由蒋介石授意,陈调元、方振武、李品仙、岳维峻、徐源泉等杂牌军将领分别通电讨伐桂系。

李宗仁在上海与各方联络。他对冯玉祥和阎锡山的代表说:"希望冯、阎两位总司令不可助纣为虐,应出来调停,讲句公道话,因为此例一开,蒋介石必以同样方法,消灭其他部队,第二、三集团军势必遭受同样的命运,蒋介石为政不以德,一切以权诈武力为能事,则内战必无已时。内战不已,则外为日本帝国主义者造机会,内为共产党造机会,国家前途不堪设想。"但未得要领。忽闻3月21日"三大"上蒋介石作了火药味极浓的演说和"三大"授予蒋介石处理"湘变"的全权,才大梦初醒,始知蒋已决心用兵,战争无可避免,于是急电汉口安排军事,自己则秘密离开上海南下,打算自粤转汉,亲自坐镇。终因连日阴雨,飞机不能起飞,只得滞留广州,与粤军将领协商一切。

第八路军参谋长邓世增召开军事会议,决定中路以南雄、梅关为防御线,左翼以仁化、城口、汝城、桂车为防御线,右翼以连平、和平、翁源、兴宁、玉华为防御线,决心配合桂军,与蒋介石一搏。

武汉方面收到李宗仁"着委何健、叶琪、夏威、胡宗铎、陶钧为第一、二、三、四、五路司令,在黄陂至武穴之线布防待敌"的命令后,拟定了具体计划发表:一路守湘东,二路守武长路,三路守黄陂、祁家湾之线,四路守阳罗,五路守三、四两路中间地带;拟定三、四、五路全力迎击蒋军刘峙、顾祝同、夏斗寅诸部,以一、二路进攻江西。夏威因病不能到职,由李明瑞以副司令代理司令。他们对蒋军的进逼满不在乎,主将胡宗铎说:"我们的军队不是纸人纸马,我们在北伐时即获得'钢军'的称号。蒋介石敢冒天下之大不韪,悍然出兵消灭异己,这是他自取灭亡。我估计,到九江以后就没有战斗了!"

第四集团军全体将士发表讨蒋宣言,指责蒋介石把持中央、结党营私、宠用群小、排除异己,指派代表包办三全大会、钳制舆论、格杀无辜同志、滥发公债、搜括自肥、投降帝国主义、承认西原借款、滥增中枢军额、擅用裁兵经

第九章 蒋桂相争

费等。

正当武汉方面踌躇满志,准备一鼓而下南京,再以疾风扫落叶之势席卷全国的时候,粤军将领陈济棠、陈策、蒋光鼐、蔡廷锴联名通电:"中央因武汉政治分会破坏统一,违抗命令,不得已而用兵,仅为局部问题,爱党爱国者,应尽力避免战祸之延长扩大。吾粤系为中央统治下一省,军民当局之任务,首在保持本省之安宁秩序……李总长夙重和平,昭示部曲,此次在京受洼,其为部下者应体念其环境地位,使其志大白于天下,早得复自由。倘不以此之图,称兵恫吓,无异坐实李总长罪状……粤省军队,为党国所有,不能供一派一系之指挥驱使。粤省之财,皆粤人膏血,不能供一派一系之浪掷牺牲。其有不利我粤,而牵入战争漩涡者,皆粤人公敌……"事实上,李济深被扣后,广东将领群情激愤,但群龙无首,陈铭枢、陈济棠做了大量工作,无奈之中,大家只得听从其安排。陈济棠见状,就任了广东编遣区主任之职。不久,蒋介石任命陈济棠为第八路军总指挥,取代李济深统辖国民政府驻广东的海陆空军。广东此举,无异于公开反对桂系。如此,广西右臂已失。

但是,陶钧说:"不管它,等我们打败蒋介石,冲到南京、上海,然后一个右转弯,或者把他们压为齑粉,或者把他们赶下大海!"

胡宗铎说:"蒋介石不过是十里洋场上滚出来的一个小赤佬而已,无非是偶得时运,坐上了总司令的交椅。他打过什么仗?即使打也是败仗。他的得势,是未遇上真正的对手!"

形势的发展却出人意料。

开战仅两天,刘峙部已占领距武汉数十里之青山。

胡宗铎、陶钧尚未回过神来,更加振聋发聩的消息报上来:李明瑞不稳!

至此,他们才真正尝到了蒋介石的厉害。

蒋介石派出黄埔军校毕业的郑介民,用与李宗仁之弟李宗义莫斯科中山大学同学的牌子,打进了第四集团军总部,首先把李宗仁和各部队及各方面联络的密电码盗出,拍成照片;又陆续把李宗仁的兵力、驻地、装备、主官姓名表册抄出来,送给南京。这使蒋介石洞悉第四集团军的活动情况及其软弱致命之处,为南京方面制定谋略和作战计划提供了根据。

蒋介石更擅长、更厉害的一招是:用高官厚禄收买对方将领,使其反叛故

谁与争雄

主,从而瓦解对手。

最初,蒋介石计划收买桂系中的湖北籍将领胡宗铎、陶钧,派人向胡表示,只要胡脱离桂系,愿意以李宗仁的第四集团军总司令和武汉政治分会主席职务予胡,遭到胡的严词拒绝后,蒋不善罢甘休,四处寻找突破口。

桂系在武汉的部队,分成广西籍和湖北籍两部分,因为势力的发展,两部分之间的矛盾日益突出,几乎已成公开的秘密。

北伐结束后,白崇禧驻北平,黄绍竑守广西,李宗仁常在南京,武汉方面的军政大权,操于湖北籍的胡宗铎、陶钧二人之手。胡部扩张到五军之众,还有武汉警备旅、保安大队等;而广西籍的夏威仍然只有孤零零的一个军。昔日第七军中的"夏胡"一变而为"胡陶"。西征讨伐唐生智后,胡宗铎做了湖北清乡督办,湖北省主席张知本纯为傀儡,二人独揽湖北全省军政大权,一切税收皆由他们支配,渐渐把第七军视作"客军"了。湖北籍部队的经费月月发清,而第七军经常军饷无着,官兵困苦异常,而且鄂籍官佐利用职权,大做走私生意,营私舞弊,贪婪违法。胡宗铎天天一榻横陈、吞云吐雾,陶钧借清乡之名四处捞钱。第七军官兵见鄂籍官佐过着花天酒地的腐化生活,与自己形成鲜明对比,非常不满,该军将领李明瑞、李朝芳、尹承纲曾向军长夏威诉苦,要求向胡、陶算账。夏威刚娶了个年轻貌美的新欢,整天沉溺在灯红酒绿之中,对部属的要求不予支持,说:"这笔账不能算,要算也要等德公回来再说。"胡、陶日益骄奢淫逸,狂妄自大。"湘变"后,白崇禧估计爆发战争的可能性很大,急电胡、陶、夏立即放弃湖北,全军撤入湖南,紧靠广西后方,以期进退自如。但胡、陶力持不可,说不能灭自己威风,长他人志气。其实,他们是舍不得刚刚经营好的安乐窝。

郑介民报告,李明瑞不仅与胡宗铎等人不和,而且对李、白非常不满,因为从广西出师北伐时李明瑞即为旅长,现在,他仍是旅长,而陶钧却是当时的团长。当时有四个旅长,胡、夏升军长,另一旅长钟祖培因不满鄂籍官佐的升迁挂冠回乡,蒋介石了解情况后,当即派人赴汉拉拢李明瑞,再派杨永泰持其亲笔信赴香港,找因1927年桂系头目力主"清党"而独持异议、后辞去本兼各职去香港做寓公的俞作柏。杨永泰说:"蒋先生对兄甚为爱慕,兄若能助蒋先生倒桂成功,中央将委兄做广西省主席,所有省府委员,均由兄决定。"俞

第九章 蒋桂相争

听说大喜，即与杨永泰至南京见蒋，然后带着120万元巨款秘赴武汉，与李明瑞等多次会晤，定下了前线倒戈投蒋的大计。

李明瑞代夏威为第三纵队指挥官上了前线后，即把除其第四旅外的另外两个旅又两个团的部队拉到了孝感附近。

面对着骤变的形势，胡宗铎、陶钧惊慌失措，全军一枪不发地撤离了武汉。一幕僚向他们提出：一、此次一枪未发，实力尚存，约有六军之众。现在冯军进入鄂北和孝感，与蒋军发生了直接矛盾，不出三个月，蒋冯战争必定发生。蒋到那时当然只能专心对付冯军，把我们当做残余，设法善后而已。若趁此时以两军守沙市，两军守宜昌，两军入川，进驻夔万，援助以杨森为首的四川同盟军，解决刘湘、刘文辉部，再乘蒋冯战事发生的机会，转旌东征，恢复武汉，势如破竹。此为上策。二、将部队扫数渡江，进驻湘西，与广西联成一气，这只需得到何键的谅解，不必占据长沙，何如不同意，可将他解决。则湘、桂两省力量集中，以待大局之转变，反败为胜，此为中策。三、蒋介石的通电自夸说："兵不血刃而定武汉"，其得意忘形，可想而知。正好趁其不备，立脚未稳，即日反攻武汉，挽回颓势，但须与冯玉祥切实联系，情愿以武汉相让。打到武汉后，仍倾军东下，进取南京，与蒋军拼了，尚可死里求生。此为下策。

但是，此时胡宗铎、陶钧一改往日之骄狂，方寸大乱，信心全失，通电下野，将部队交给部属统率，坐着宋子文代为接洽的一艘日本军舰由沙市去了香港。

蒋介石乘着兵舰到武汉后，为了尽快结束战事，一面向逃到鄂西的桂军大施怀柔手段，封官许愿，大肆拉拢，一面因发现桂军有联络川军杨森，插手川局、盘踞鄂西而负隅顽抗的企图，急作布置。首先，致电四川省主席刘文辉，要求各将领遵照中央命令，共同肃清杨森，以期川局统一；然后对军事部署进行调整：暂调第一师第二旅胡宗南会同第六师方策负武汉卫戍责任；第十八师鲁涤平部开拔来汉担任卫戍勤务；第十一师曹万顺即日开武昌待命；朱绍良率第八、十三两师即日由现地向潜江、荆沙方面追击；张发奎率第十、四两师乘船上驶向沙市追击；海军第二舰队派浅水舰三艘溯江上驶，协同追击。同时根据攻心为上的原则，发出告桂系军队书，向桂军许下了既血腥又诱人的诺言：官佐如带兵归来，各赏洋5元；官兵如为徒手归来的一律收容；如能杀了你叛逆长官来归的，必得重赏官级。杀了你连排长，赏银100元官升一级；杀了团营长，赏银500元，升二级；杀了师长总指挥来归的，赏银5000元，升三级。为了证明开出的并非空头支票，总司令行营同时发表了李明瑞及追随李明瑞投蒋的其他一些将领明显高于原职的新任命。为了收买人心，蒋介石在告武汉民众书中声言，要把两湖建成全国训政的模范省，为此，今后施政方针，当兴利革弊，除暴安良，休养生息，务使士农工商，各乐其业，各安其居。这需广开言路，博采众议。"无论团体个人，均可据实直言，具函投于海陆空行营特设之纳言箱中。每日上午8时起，至下午5时止，中正当详加批阅，虚衷研究。如确有可采，当分别详报国民政府或移交省市政府，切实施行。"但蒋介石要求具函之人一定要注明姓名、籍贯、职业、现住址等详细情况，且不许故唱难行之高调。

蒋介石还煞有介事地发出通电，以"事先既有失察之处，事发无阻止之方"为由，说自己愿意下野出洋，以息内争："中正半生戎马，为党驰驱，今后甚愿得卸仔肩，出洋考察，以个人资格，追随同志之后，以完成总理未竟之遗志。"

蒋桂战争的又一得益者是鼓励武汉发动"湘变"，又派人与蒋介石联系的何键。在如何对待何键这个问题上，蒋介石也颇头痛。因武汉政治分会已经任命何键为湖南省主席。何与蒋素无渊源。而且身在敌营，若否定何的湘省主席之职，何必铁心附桂；若任命何，心中颇为不愿，省主席可是独霸一方的封疆大吏。思前想后，蒋介石还是提议，由中央政治会议作出决议，派何键暂行代理湘省主席，先把他从桂系营垒里拉出来再说。何键的态度跟着就变了：从支持桂系到骑墙。蒋介石见状索性再拉他一把，委任何键为讨逆军第4军军长，并拨该部给养70万元。何键从此铁了心追随蒋介石。1930年，他捕杀了毛泽东的妻子杨开慧。

蒋介石见李、白逃出罗网，回到广西老巢，电嘱国民政府文官长古应芬设法转达李、白出国考察，又令身陷囹圄的李济深致函二人，早日行赴海外。

聚首黄绍竑家乡容县的三巨头（李、黄、白）经过研究，提出四点善后意见，请陈济棠转达南京：一、立刻恢复李济深的自由；二、撤销对李宗仁、白崇禧、李济深的查办案；三、给李宗仁、白崇禧出洋考察名义及旅费；四、

第九章 蒋桂相争

广西部队的编遣，由黄绍竑全权处理。

不久，广东省主席陈铭枢转达了南京的四项指示：一、着黄绍竑将李宗仁、白崇禧拿解来京，听候查办；二、广西不准收容从武汉退回的部队；三、广西境内的部队缩编为一师一旅，剩余武器解缴中央；四、黄绍竑将以上三项办妥后，得任为两广编遣区副主任。

这四点桂系自然无法接受，李宗仁决定一拼，白崇禧提议先打广东，争取主动，但黄绍竑主张两广相安一时，保存广西仅存的实力，并着力发展，再作打算，理由为：鄂西残部被蒋收编了也会反蒋，粤中还有部分将领效忠李济深，北边形势发展剧烈，蒋冯矛盾正走向公开化，此次围攻广西各部中，没有蒋自己的部队，说明是留着准备对付冯玉祥的。但李宗仁不同意，他认为从政治上说，蒋冯矛盾是在发展，但冯如见广西不动，可能会偃旗息鼓，广西树大旗，应该对冯、阎都是一种鼓舞，全国大局就会好转，这反过来也会影响广西形势；从军事上说，广西正面临三面包围，必须趁其部署未实现，先发制人，击破一路。

蒋介石随即使出其对付反对派的惯用支俩，用部属取代首领，以收无本万利之效。国民政府下令解除黄绍竑广西省政府委员兼主席、广西各部队编遣特派员职务，以15军第1师师长伍廷飏兼任主席、以第3师师长吕焕炎为广西各部队编遣特派员。不久明令发表俞作柏为省主席，李明瑞为广西编遣分区特派员。

李宗仁通电组织"护党救国军"，自任南路总司令。通电后李即去香港，推进对外活动。黄绍竑、白崇禧则秘密集结军队，筹措军费，准备一战。针对何键第四路、陈济棠第八路从湖南、广东出兵，夹击广西的企图，黄、白决定，对湖南采取守势，用全力进攻广州，以军事上的胜利，转移政治上的颓势。攻粤部队兵分两路，第一路由黄绍竑指挥从梧州沿西江向三水攻广州；第二路由白崇禧指挥，经怀集、广宁、四会、三水攻广州。结果，军事进展不利，北方形势发生了不利于反蒋派的变化，黄、白决定回撤。但时不我待，何键乘虚深入广西，自汉口南下的李明瑞联合粤军溯江而上进入梧州。

黄、白见状无奈，决心退出省境，避居海外，经龙州出走安南（越南），辗转至香港。

煊赫一时的第四集团军，至此如冰消雪化，只残留斑斑水渍。

第十章　竹篮打水

蒋桂战争后，1929年的反蒋斗争可谓风起云涌。冯玉祥的信心满满，汪精卫和改组之后的护党同盟，唐生智的登高一呼，反蒋势力不可谓不强大，可到头来为何都是竹篮打水？

第一节　冯玉祥起兵反蒋信心满满，
##　　　　韩复榘一纸"养电"釜底抽薪

除了桂系，蒋桂战争中损失最大的是冯玉祥。蒋桂战争酝酿之时，冯玉祥对双方的拉拢都敷衍，同时军事上做好先于桂系抢占南京或先于蒋系抢占武汉的部署，并随军印刷了大量讨逆布告，却不印上所讨之逆之姓名，只印"贪赃枉法、横征暴敛、屠杀民众、迫害青年"之类的罪名，其用意很明显，谁败就在布告上填上谁的姓名。

但是，冯玉祥万没料到桂系失败得这么快，这么惨，脚踏两只船的做法使自己立即陷于被动。虽然如此，冯仍令韩复榘全力前进，企图以手长为大哥，抢先占领武汉。蒋介石见状连连电令韩复榘停止前进，整顿待命。

第十章 竹篮打水

冯玉祥急忙采取措施弥补蒋冯关系。他自华山通电各报馆,历数桂系罪状;电饬豫、陕、甘、青、宁各省政府一致服从中央,所有用人、行政、财政等悉听中央统一指挥。同时,派代表与尚滞留冯处的蒋方代表一起赴汉见蒋。

蒋介石对冯玉祥显属马后炮的行为嗤之以鼻,并对其脚踏两只船的行为非常不满。他对从前许诺给冯玉祥那些东西只字不提。

尽管冯玉祥有打的想法,但在部署未定之时是不能动的。所以,冯玉祥在华山通电辟谣,说明自湘事发生后,所部拥护中央及出师情形,并说:好事者造作种种谣言,以淆惑视听,不曰蒋阎联合倒冯,则曰冯李联合倒蒋,不曰冯阎联合倒蒋,即曰蒋李联合倒冯,无形之中遂造成一恐怖现象。切望邦人君子,万勿轻听谣言,任其挑拨,贻国家之戚于无穷也。现在第二集团军总部及开封政治分会早已取消,军权政权早已奉归中央,而军政部长一职亦经呈请开去,只愿为一党员,其又何所争乎?

冯玉祥没有搞清楚,这是蒋介石指使爪牙造谣生事。这也是蒋打击对手的惯用伎俩之一:让谣言像污水一样铺天盖地地给你泼过来,使你难以分辨,即使洗刷干净,身上也难免不留下冲鼻的臭味,不了解政情的国民更不明所以。这不,《时事新报》上面登载了一篇文章,说苏共中央于民国十八年(1929年)2月10日发出训令一件,其中对华部分称苏联将与冯玉祥合作,支援冯向天津、浦口发展,进攻蒋介石,向西发展进攻阎锡山,将中国之西北与苏联连成一片,由鲍罗廷为冯的顾问,苏联向冯提供一切军事援助。文章的结论是:冯是苏在华的代理人。冯玉祥看出了这篇文章的险恶用心:一是在国民党上下一片反共叫嚣声中,给冯玉祥硬扣了顶红帽子。这一着必定使很多人相信,因为冯部曾得到苏联的大量援助,冯本人又到莫斯科去待了几个月;二是挑拨冯与视山西、察哈尔、绥远地盘为禁脔的阎锡山的关系。

冯玉祥此时哪敢伸手要求蒋介石兑现其诺言,自华山东行到潼关即电告蒋介石,以"才力有限,不可相强"为由拒绝担任行政院长,并说"军政专责窃非玉祥之夙望,且恐将开干进者觊觎之心。"

至此,不仅政治人物看到了蒋冯矛盾不断激化,兵戎相见不可避免,一般老百姓也木然地说:"又要打仗了!"

蒋冯矛盾的一个突出方面是对山东的争夺。

谁与争雄

北伐战争中，冯系孙良诚鏖战山东战场，得任山东省主席。但山东残破不堪，没有多大价值。蒋桂战争前夕，蒋为拉冯讨桂，派外交部长王正廷与日本方面签订秘密协定，遂于1929年3月26日基本上解决了济南问题。蒋拟以日军撤离山东，请孙良诚接收济南作为拉冯的筹码。孙良诚调集几万军队，准备接防。

桂系失败后，蒋介石觉得把完整的山东双手奉送给居心叵测的冯玉祥，太冤了，遂以国民政府的名义，以接防准备尚未完备为由，要求日方缓撤山东军队，万不得已请先撤张店以西之日军，张店以东务须待中方准备完成再撤。同时，他本人在汉口分电军政部代部长鹿钟麟、参谋总长何应钦，称接收青济关系重大，国府自应负责办理，不宜分段落，应整个接防，以树对外信用。同天，山东省政府亦接到外交部电报谓接收须慎重，我军暂缓入城，静候详议。

孙良诚原本高高兴兴地准备接收青岛和济南，见蒋介石如此处置，虽然气得咬牙切齿，也只得命令已经出动的程心明、杨虎城两师开回泰安、莱芜原防。

冯玉祥对蒋介石此举的目的自然了如指掌，是在防他取得胶东地盘和海港。所以他致电南京，声明接收胶济及用人完全听从中央，本人绝无成见。字里行间，怨愤之情清晰可见。

蒋介石这边，在未做好准备时，也怕过早激怒冯玉祥，他作了妥协，由参谋本部公布根据蒋介石电示拟就的分段分期接防胶济的办法：济南以东至潍县以西地区着程心明、杨虎城两部接防，潍县及以东着刘珍年第四十五师接防，青岛及胶济铁路沿路车站由政府派宪兵驻扎，办理行车之稽查侦防事宜。

冯玉祥的回击是：孙良城称病辞职，然后率部离泰安赴开封，在京任职的鹿钟麟弃职出走。

蒋介石在武汉，一面指挥对桂系的善后，一面盘算着如何消灭实力雄厚的冯玉祥。打倒冯玉祥进占中原后，阎锡山再狡猾，手中只有那么点力量，一定抓得住他的尾巴。一旦关内澄清，关外张学良就更不是对手了。

蒋军总部制定了《国军对冯警备计划》及战斗序列。计划确定，为防编遣期内冯军发生异变起见，蒋军主力集结于豫西、鄂西及平汉、陇海沿线一带，俟其发动一举而歼灭之。为此，第一路第一军集中信阳、广水、花园间，

第十章 竹篮打水

第二军集中洛阳、郑州一带,第十军集中许昌、郾城间;第二路第三、四两军及第六师集中徐州、开封间;陈调元之总预备队暂在原地待命。同时,蒋介石下令将陕、甘大旱的赈粮,扣于徐州和保定,从经济上卡冯玉祥。

为了欺骗、争取舆论,蒋介石致电冯玉祥询问病状,并希望冯劝孙良诚回鲁;同时,授意邵力子劝鹿钟麟等回京视事,召见冯之代表刘治洲,谓与冯始终合作,望孙及二集团离京人士回任,嘱刘致电冯,请其勿听外间谣言,即来南京,相商国事。

蒋介石话虽说得好听,但争起来毫不手软,国民政府下令,派陈调元为接收胶济路特派员,并代理山东省政府主席,关于青岛、济南及胶济铁路一切接收事宜均着其办理,凡驻上述地区内各部队统归其指挥。

要战胜对手,一是削弱对方,一是壮大自己。蒋介石两手都抓,两手都硬,他没有闲坐着等果子成熟,也不贸然行动,而是利用一切条件促使时机到来。

首先,蒋介石利用大破桂系的威风,大抓党权,政治上再攀新高。国民党三届一中全会第三次会议推蒋介石为中央党部组织部部长,陈果夫为副部长代理部长,紧紧抓住了党内人事大权;原属西山会议派、后从该派分离出来成为蒋死党的叶楚伧为宣传部部长,掌握了喉舌;蒋介石的盟兄戴季陶为训练部部长,何应钦为副部长,掌握了干部的训练大权;年仅29岁的陈立夫为中央秘书长,居全党要津,掌握枢要。——陈立夫阅历丰富,学识渊博、历事练达,被蒋以子侄看待,1928年中组部成立调查科、蒋开始重视特务工作时,任陈为主任。陈主持了调查科的机构成立,确定了人事安排和业务活动方针,为蒋控制国民党和反共、镇压人民的反抗,立下了汗马功劳。

其次,借助孙中山的威望,树自己为国民党最高领袖。蒋介石把每星期一早晨,各级党部恭读总理遗嘱、检查工作的总理纪念周变成了自己对"乱臣逆子"训话的独角戏后,又定下规矩,事无巨细,只要能够把他与孙中山扯在一起的事,统统都要纪念。于是在首都南京"三多"泛滥成灾:纪念多、演说多、会议多。

另外,蒋介石还利用安葬孙中山的机会,增加个人的政治资本。这是表现自己是孙中山的孝子贤孙和忠实信徒的最好机会,所以,他非常重视这场迎榇

谁与争雄

奉安典礼。

孙中山病逝北京后，遗体暂置于西山碧云寺的金刚宝塔中。国民党取得全国统治权后，决定为孙中山举行隆重的安葬仪式。

孙中山生前热爱南京的山和水，他有一次站在钟山上，环顾四周，不无感慨地说："我将来去世，当向国民在这里乞求一块土地。"

为造中山陵，国民政府实际拨款近1000万元，工程本身也使当局煞费苦心。先请著名的阴阳先生择地，经反复斟酌，陵址选在明朝朱元璋孝陵所在的钟山麓，占地8万余平方米，再请著名建筑家吕彦直设计。全部建筑由牌坊、陵门、墓道、碑亭、祭堂和墓室组成。墓室高出陵园入口处70多米。墓道宽阔宏伟，共分为8个段落，计392级。陵墓选在紫金山之阳，依山造陵。奉安大殿的设计庄重雄伟：大殿有三门，正门首镌刻"民生"二字，左门刻"民族"，右门刻"民权"。祭堂内孙中山的大理石坐像居中，壁上刻着他手书的《建国大纲》。祭堂后面的圆形墓室中央，有孙中山的大理石卧像，他的遗体即准备安置在其卧像下。陵区周围原来就是一片风景区，造陵时又着力修葺美化，更显壮观。

为办好孙中山遗体南下安葬这件大事，国民党中央、国民党政府均开了专门会议，并成立了"孙总理迎榇奉安委员会"，任命何应钦任总指挥，谷正伦、刘纪文、姚琮担任行列指挥，孔祥熙担任事务指挥，赵戴文、席楚林担任典礼指挥，夏光宇担任陵墓事务指挥。

同时，蒋介石的爪牙大造舆论，鼓吹蒋介石的宽厚仁德、谦让和平，以便战争一起，即将发动战争的责任扣在对方头上。

4月24日，冯玉祥在开封召集所部师长以上干部会议。鉴于蒋冯大战在即，而何其巩代表冯赴太原联络阎锡山共同反蒋遭拒绝，总参谋长石敬亭建议采取缩回拳头战略：反蒋战事发生后，危险在于阎挝其背；两面受敌，为兵家所忌。冯也认为，当前部队的配置，一旦战事发生，则战线过长，可能被反复无常的阎抄后路，决定撤退鲁西、豫南部队，将主力集结于潼关一带，部队西撤时炸毁重要的桥梁隧道，以阻蒋介石进兵。副总参谋长秦德纯在会上提醒大家注意，陕西已大旱三年，大军云集，给养即成问题，但未被采纳。

第十章 竹篮打水

冯玉祥虽向蒋介石发难，要求兑现一、二集团军待遇一律之诺言。但因未做好军事部署，并鉴于桂系在广西一隅苦苦挣扎，也不愿先打第一枪，所以也采取措施缓和蒋冯矛盾，借以蒙骗蒋：先由韩复榘致电蒋介石，说明冯绝对拥蒋；然后冯自潼关亲自致电蒋，提议为便于直接联络，以免产生误会，请邵力子川住南京与河南，藉免流言。

蒋介石见冯系部队和各机关人员节节西撤，算定冯要对付他，但摸不清冯的招数，遂走闲着以观变化，先电韩复榘，称其部下在漳河、黄河两桥埋布炸药，驻兵武胜关，在该处敷设地雷，有拆卸武胜关以北、归德以西各桥梁之准备及扣车等情形，令韩彻查答复。他在给冯电中，对待遇及军饷问题作了辩护，并把外间攻击冯之言论归纳为三点：一、购买军械，积储粮秣，而谋割据西北，反抗中央；二、缩短防线，围攻燕晋，而谋勾结苏俄，另设政府；三、拒绝赴京，联络桂系，而谋进攻武汉，另创新局。最后投出了诱饵：吾人对症发药，惟有望兄供职中央，而不逗留于西北一隅，则万谣尽息，人心亦定。

冯玉祥自然不吃这一套，命军队继续西撤，并炸毁桥梁隧道。他任命韩复榘为郑州及信阳警备司令，孙良诚为开封及兰封警备司令；同时令各部尽快向南阳、洛阳一带集结。另外，命令驻平津各代表及在南京的主要人员相机避往安全地带，免遭毒手。

随着军队调度的渐次完成，冯玉祥的态度渐渐硬了起来：5月15日，冯电蒋，列举不能赴京理由六端，明确指出之所以不赴南京，主要是恐为李济深第二，指责蒋介石排斥异己，穷兵黩武，并表示蒋于奉安后拟通电辞职，则愿追随骥尾，携手同去。

次日，预兆着暴风雨将临的沉闷终于被打破了，冯军将领刘郁芬、宋哲元、孙良诚、韩复榘等通电，指责蒋介石卖国、指派"三大"代表及用人不当等，促其下野，并宣称拥护冯玉祥为"护党救国军"西北军总司令，统率50万大军与蒋周旋。

两天后，冯玉祥在华阴召开了第二次师以上干部会议。他首先分析了形势：蒋介石下定了决心把中华民国变成蒋家天下，所以不择手段地搞垮别人。现在，他已打垮了桂系，正准备乘其威风，消灭我们第二集团军。接着，他列举了蒋介石的罪行。最后，他宣布了战略方针："我们用兵，如与人搏斗，伸

谁与争雄

直两臂，则无法用力，所以我们把拳头缩回来，再打出去。我们在潼关集结，站稳脚跟后，再与老蒋搏斗。另外，还有阎锡山的问题。南口战役时，我们吃了他抄后路的亏。这次我们要先压迫他表明态度，联他一道反蒋，如不从命，就先打山西、将晋陕连成一片，再打老蒋。"

冯玉祥的话音刚落，韩复榘就起立发言反对西撤，因他是河南省主席，不愿放弃高位，到西北穷地方仰人鼻息。他说："我们不放弃河南，蒋介石是不敢来打的，他那些少爷兵不是我们大刀片子的对手。数十万大军未战即丢弃数省地盘，这是示人以弱。再说西北太穷，今年又歉收，老百姓还没吃的，去这么些队伍，恐养不活。阎锡山老奸巨猾，很难合作。望冯先生慎重考虑。"

其实，在座的很多将领都认为韩复榘说得对。西北各省大旱，赤地千里，数百万灾民无衣无食，土匪遍地，这个仗怎么打？但他们都慑于冯的威风，不敢把意见说出来。

冯玉祥没等韩复榘把话说完，便厉声斥责道："你小孩子家懂什么！西北再穷，也饿不死你！"

韩复榘虽当众受辱，仍犟着脖子说："西北之苦，体验已够，陕西大旱已三年，人民饿死几十万，而无人救赈，大军数十万集中陕西，放弃了山东、河南，何以为生？"

冯见韩如此嘴硬，竟当众顶撞，跳过去就给韩两耳光，然后把桌子一拍，大声喝道："就这么定了！"

冯玉祥在怒气未消时，获悉杨虎城离冯归蒋，满不在乎地把大手一挥："由他去吧！"根本没注意这件事的重要性。

杨虎城自西安解围后加入西北军，因其才能和实力均引人注目，不但冯玉祥用心笼络他，蒋介石也派人对他进行拉拢，希望获得这员虎将。缩短防线时，冯令其随孙良诚部向河南撤退，但三个原因使他没有听命：一、大多数中下级干部不愿随冯军撤退，怕冯像对付别的杂牌军一样，把他们吃掉。二、胶东地方绅商的挽留。胶东地区尚有不少匪军残余，张宗昌残部又在不断活动，他们听到冯军撤退的消息，立即活跃起来，说某天来接防。地方绅商惶惶不可终日，一面谒杨呼吁，一面电冯、蒋挽留。三、就在这种混乱局面中，陈调元部已由徐州北进至滕县地区。要西撤就得打仗，而冯的指示是："战端绝

第十章 竹篮打水

不要自我而启。"杨虎城的犹豫不决未能瞒过蒋介石,他眼疾手快地抓住了这个机会,叫何应钦发电给杨虎城:"胶东匪氛未靖,地方治安可虑,该部立即驻防原地,维持秩序,所有部队经费番号中央当负责解决,希来京面谈。"杨虎城左思右想,到了南京,蒋介石给了他一个新编第14师的番号。

如果说杨虎城的事冯玉祥可以不予重视的话,韩复榘"养电(5月22日)"投蒋,率部自甘棠东进的消息,则使冯痛不欲生。

对冯玉祥,韩复榘的感情是复杂的。

首先,是感激之情。从1910年韩投入清军第24镇40协80标第3营当新兵,就在营长冯玉祥的统率下。冯在北洋军中以骁勇善战和长于练兵名盛一时,深为直、皖各派系所重视,因此贪缘时会,扶摇直上,由营长而至称雄一方、统兵数十万之诸侯。韩凭其勇猛与智谋,随着冯系集团的不断扩大,而由冯亲手从文书而排、连、营长地提升成为冯直接指挥下的独立战斗单位的长官。可以说,韩是吮吸着冯的奶头长大的。

其次是惧怕之情。韩怕冯,除了冯是老长官,冯带兵又实行封建家长制外,还有两个原因:一是1926年西北军南口失败后,韩与石(友三)降晋这段故事,担心冯在心底里惦记着这件事,二是韩有烟酒嗜好,最近又弄了个唱戏的美女纪甘青作二太太,这一切都是冯不允许的。

最后是怨恨之情。这除了冯在生活上严格要求,不尊重自己一手带起来的将领外,最主要的就是冯未能满足韩的权力欲和勃勃野心。国民革命军占有河南后,韩想当该省主席,但冯自兼,由民政厅长邓哲熙代拆代行;拿下山东后,韩食指再动,结果派了孙良诚;攻下河北,韩以为作战首功,稳拿省主席或北京卫戍司令,他是河北人,服务桑梓,正可光宗耀祖。谁知河北及京津地区划为第三集团军防区,冯只勉强争得了北平市长一席,而南京规定只限于文官担任,此职落到了冯的秘书何其巩手中。

韩复榘几度失意,闹情绪了。他觉得冯偏心。北伐中,韩从出兵之日起算,不足两月即在各军之前到达北京,被誉为"飞将军",但冯对孙良诚一味表扬、提拔(称其为常胜将军,所部为铁军)。1928年12月,冯为了安抚韩,把河南省主席给了他。韩接掌河南后,起初还算满意,盼望已久的高位终于到手了,但烦恼接踵而至:一是河南经奉军蹂躏和战乱,经济濒于破产,仅过境

谁与争雄

兵差支应就不易应付；二是顶头上司、"恩相"冯玉祥驻节河南，很多事情不能由自己做主，稍不如意，冯动辄叫着其名字加以训斥，丝毫不留情面。韩曾发牢骚说："我虽当了一省主席，但和我在16旅当新兵一样，甚至还不如。"三是河南省政府各厅长均为冯之旧人，韩对他们无可奈何。四是冯借机把韩之第20师师长职开了缺，由素与韩不洽的石敬亭接替，石把该师团以上主官都换成了自己的亲信。

蒋桂战争期间，韩复榘准备全力扑向武汉时，被蒋介石制止，随即蒋邀韩在汉口见面。当韩抵达汉口时，蒋介石、宋美龄、宋子文及国民政府在汉的文武大员均到车站迎接。车站内外，彩旗飘扬，站内悬挂着横幅大标语："欢迎常胜将军韩总指挥莅汉！"蒋介石握着他的手，左一个"向方兄"，右一个"向方兄"，并设家宴接待韩夫妇，仅由宋子文、宋美龄兄妹作陪。席间，三人频频为韩夫妇斟酒、夹菜。蒋对韩的战功嘉奖备至，连声称赞他："向方兄战功卓著，堪称常胜将军。"并把韩喻为刘备帐下的赵子龙，顺表仰慕之意、盼其来归之情。就在韩受宠若惊、激动得说不出话来时，蒋递一张金额为100万元的支票给他。临别辞行时，蒋将一个极为精致的楠木盒子赠送给韩。盒子上刻着"总理遗教"四个隶字，上款是"向方将军存念"，下款是"蒋中正敬赠"。蒋对韩说："这是总理遗教，希望向方兄用心研读，效忠党国。"一介武夫的韩自然无此雅兴，将那个木盒子转送给自己的姻亲、河南省政府交际处长刘熙众。刘带回家，发现盒内的《三民主义》《建国大纲》两书中中各夹了一张"中国银行"的存款支票，每张200万银元，共400万银元。刘呆了半晌，急将两书装好，原封不动地送还给韩。

韩复榘的变化冯玉祥根本不知道，蒋冯矛盾日趋尖锐，形势骤然紧张后，韩派人秘赴南京，报告了豫省军队驻防情形，声明服从中央。

华阴会议上韩复榘受辱后，驱车回陕州。陕州，位于豫陕交界的灵官和渑池之间，古称甘棠，为陇海铁路中之大站，第二十师就驻在这里。韩到陕州，重新掌握了二十师，经过一番布置，于5月22日发电拥蒋叛冯。虽然韩在通电中列上了石友三、刘镇华、马鸿逵、庞炳勋等人的名字，但真正有把握的只有长期搭档的石友三。

蒋介石正不知如何吃掉冯大个，心中充满疑虑与紧张时，得到了韩复榘等人的通电,喜出望外,当天即致电韩称:"吾兄服从中央,拥护统一,精诚毅力,实是中流砥柱而挽狂澜,不愧为革命党人模范,增我革命历史光荣,不胜感慰。"电中还令驻豫、陕、甘等省军队统归韩指挥,并委任石友三为讨逆军第13路军总指挥,立即送现款500万元,以作特饷。随即,蒋任命韩为河南省主席,石友三为安徽省主席。

现在,蒋介石增强了讨伐冯玉祥的勇气和信心。5月23日,国民党中央第14次常务会议决议将冯玉祥开除党籍,革除中央委员、政治会议委员、国民政府委员各职。次日,国民政府下令查办冯玉祥:"冯玉祥背叛党国,逆迹已著,无可再予宽容,冯玉祥立即褫去本兼各职,着京内外文武机关一体协缉拿办,以安党国而彰法纪。"

何应钦、刘峙、朱绍良、张发奎、贺国光、顾祝同、鲁涤平等60余个将领自武汉发出通电,请蒋讨冯。

为了在第二集团军中引起更大的混乱,蒋介石发表了告第二集团军将士文:"今冯玉祥已甘为叛党之军阀……诸将士不甘以人格资冯氏去贩卖,幸速图之,不欲以性命供冯氏之孤注,更宜早图之。愿诸将士凛然于公私之界,顺逆之辨,反正效顺……中央必倚众将士为干城。"

同时,蒋介石致电第二集团军官兵说明不发薪饷原委,挑拨离间:"冯氏此举以激怒诸将士,使之背弃中央者,无非谓中央故存轸域,坐视第二集团军之困苦窘迫而不稍加体恤,不知自北伐以来,鲁、豫、陕、甘各省之税款,平汉、陇海等路之收入,中央悉任冯氏取求;且每月由中央协拨50万元。讨逆军兴以后,尤特加补助,计4月份所拨达150万元,而本(5)月铣(16)日中央尚在沪拨付50万元。以中央今日财政之支出,实已竭尽能力。……据报:曾由武汉取得100万元。冯果稍有减除士兵痛苦之心,何至从不发饷。……诚不知其有无心肝也!"

韩复榘等人的"养电"到时,冯玉祥正在华阴总部对幕僚说:"上次南口退却时,因张之江、鹿钟麟意见不合,以至全军瓦解,这次由我主持,就不会发生这类事了。"晴天惊雷似的"养电"到后,他面色苍白,神情颓丧,半晌才说:"这样一来,整个讨蒋计划就完了。"言毕即唏嘘呜咽,竟至泪下。他对韩再度倒戈、叛他而去痛心疾首。对这一事件的发生,他缺乏深入的分析。

他的西撤计划仅仅考虑到缩短战线有利于集中力量的一面，根本没有注意到部队内部特别是高级将领的思想状况。严格地说，冯和他的将领们是一群大大小小的军阀，只有向外进攻打出地盘，才能改善部队的经济生活，缓解因高级将领要求裂土封疆而产生的矛盾。越往后退，经济生活越艰苦；地盘越小，内部矛盾就越尖锐。

冯玉祥见韩复榘"养电"中有马鸿逵之名，马已率兵东走郑州，并沿途炸毁桥梁，而郑州是冯军军需供应中心，为了保住大批军火、粮秣，屡电马鸿逵，温婉劝慰，望其归返。蒋介石闻讯后，即派钱大钧、贺耀组、邵力子等前往郑州宣慰，给马带去100万元的重赏，并在南京召见马。实际上，蒋早就对马进行了拉拢，而且韩复榘发出叛冯通电之前，已与他进行过密商。冯玉祥在一切补救措施均告失败后，失去了与蒋对阵的信心。为了使蒋介石失去进攻西北军的借口，以保存实力，然后设法拉阎锡山共同反蒋，冯在27日通电下野。这一招的确收到了一些效果，蒋介石的武力进攻暂时停止了。

乌云翻滚，雷声隆隆的蒋冯战争以这样的方式结束，不特出乎全国之料，也出乎蒋、冯二人之所料。

第二节　阎锡山赚了老虎进笼，
以此要挟蒋介石

阎锡山自忖尚无力单独对付蒋介石，采取了在拥蒋派和反蒋派之间骑墙的策略，消耗他人实力，以收渔人之利。蒋、冯矛盾中，他既媚蒋压冯，又拉冯抗蒋。媚蒋压冯，是想借蒋之力把西北军挤出豫、陕，他好称王北中国；拉冯抗蒋，是为了在蒋面前抬高身价，阻止蒋进攻晋系。阎在蒋、冯之间的细微空间里，极尽翻手为云、覆手为雨之能事。蒋介石呢，为了达到各个击破的目的，计划紧紧拉住阎，先把冯赶下舞台，最后收拾晋系。冯玉祥在困难的处境中确定了一个原则：为了立足，必须联合晋方。

1929年5月23日，阎锡山忽然致电冯玉祥，劝冯解除兵权，还之中央，自己愿陪其同游异国，并表示"愿负疏解之责，如蒙赞许，弟当急电中央停发命令。"接下来的几天，阎接连电冯，请冯赴晋，一同出洋。

第十章 竹篮打水

蒋介石接到阎锡山调停的电报后，复电说：冯玉祥如能答允出洋，"无论其道出晋、沪，我二人皆可以保障其安全，即弟亦愿随其出国，以全吾三人之始终。"

一时间，神州大地上，三个最有实力的人物，都宣称要下野出洋，似乎都对民国大业失去了兴趣。

阎锡山跑回五台原籍，带上家眷到了运城，派参谋长朱绶光、高参贾景德赴潼关促冯玉祥的大驾。同时，为了向冯显示其爱护之心，致电何成浚，要求停止对西北用兵："西北苦旱，大兵进据恐贻人民无穷之忧，弟拟邀焕兄出洋，意在避免战争，以保持中央视民如伤之德意，果能如约，则和平统一可以立见，否则弟拥护中央，不落人后，一切惟中央之命是从。"

阎锡山的目的是什么？冯玉祥心存极大疑虑，所以他致电阎说：出洋本兄素志，惟中央已下通缉令，深恐国境未出，刑网已触，故对同道赴津乘轮游日恐难从命。兄之出国拟取道西伯利亚，然后赴德，请勿烦迎候。

阎锡山此举，也把蒋介石蒙住了。如果阎真的下野与冯到国外同作逍遥游，则无异于晋军与西北军联合。这不但使其各个击破的策略无法实现，而且冯阎两家联合起来，从北往南压，将很难承受，因为蒋方相对而言力量弱小，内部又并非铁板一块，何况桂系尚在一边，伺机而动。因此，蒋介石认为必须拆散冯、阎联盟，千方百计把冯玉祥这只西北虎赶出国去。

为了不使冯玉祥对中央要其出洋的决心存有幻想，蒋介石积极部署对冯军事，武汉方面各部已集中豫南，向平汉线集结，各部渐次向襄阳、樊城移动，驻浦口之罗霖部向汉口开拔，毛炳文、徐源泉、方振武向河南进击。同时，国民党中宣部副部长刘芦隐以对报社记者谈话的方式宣布：中央对冯绝非内争，乃政府处理叛将，中央讨冯为既定政策，当然无变更之理，冯最近有下野通电，并非真诚，不过为缓兵之计。

国民党中央政治会议第183次会议决议，北平特别市市长何其巩辞职照准，以张荫梧继任。把市长职务让给晋系的北平警备司令来当，无疑，是蒋介石抛给阎锡山的一块肥肉。

蒋介石派何成浚、唐生智赴太原，转交其促阎锡山用兵函。但阎的态度是：时局仍应和平解决，原则为以冯之去留为转移，去则罢兵，不去即讨伐。

蒋无奈，只好表示，只要冯愿意出洋，中央不失威信，可不事苛求，其军队本系国家之军队，自无不可设法安插，否则为保持威信计，不能不按照原定计划积极讨伐。

阎锡山立即致电冯玉祥说："前奉介公微（5日）复电，系望公先实践出游之约，后以人格保障支（4日）电所请各项之实行。细绎尊电系望介公先行停止军事行动，酌发欠饷恤赏，俾便旦夕首途。所差只在一间。弟意我二人因决定携手出洋，敝处始有目前陈请各项之电，似须先践约出洋，始为不失顺序。介公信人，既以人格保障，必能如电实行。倘非然者，弟当负完全责任，必使对得起我兄而后已，兄意如何？切盼示复。弭战祸，全始终，端在我兄最后之一诺也。"

冯玉祥这边，接待了阎锡山的使者李书诚。

李书诚与阎锡山是日本士官学校同学，1905年参与组织同盟会，参加武昌起义，任民军战时总司令部参谋长；冯玉祥北京政变后，入阁任陆军部长。他对冯玉祥分析了国内形势，认为目前蒋介石在打败桂系之后，气焰正盛，应避其锋芒，此时反蒋，时机不成熟，显得孤掌难鸣。他指出冯在军事上威望高，但在政治上没有威信，出国后，与国外政治家联络，提高政治见解，对国内发表些政治言论，借此提高政治声望。西北军虽有韩、石叛变，但对部队的掌握没有问题，将部队交属下将领统率，可以保存实力。他断言，在蒋的独裁统治下，必然矛盾四起，不出半年，反蒋烽火必然再起，那时冯再返回国内，重掌军队，登高振臂一呼，各反蒋势力必定群起响应，倒蒋绝非难事。

冯玉祥虽对阎锡山的奸诈趋利已有看法，但他相信阎对目前形势有清醒的判断，李宗仁倒了，冯玉祥再倒，最后一个阻碍蒋介石实现关内统一的就是他阎锡山。所以他最后同意赴晋。

在太原，唐生智、何成浚与阎锡山商定了对冯问题的善后办法：一、冯须于最短期内实行出洋，沿途保障安全；二、各路军队暂在原驻防地停止军事行动，听候解决；三、冯部欠饷由中央尽先筹拨，惟冯部须听中央编遣。

蒋介石的目的就是要冯玉祥下野出洋，丢掉两根拐杖：军队与地盘。所以他继续施行其硬的一手，命令阎锡山、唐生智、方振武、刘峙照讨逆作战第一期作战计划及副表切实施行。该项计划规定，以河北、山西（主要为第三集团军）为北路军主力；以唐生智之第五路军和方振武之第六路军为东路军，在粤、鄂各军为南路军；为达平定西北之目的，先以主力于豫省东、南两方面取包围态势，压迫逆敌至郑州以西地区，北路军主力乘机由晋南出清化、济原、陕州各道渡河与陇海线各军协取虎牢、洛阳等处，务在潼关以东地区将敌包围而歼灭之。计划还确定，以第三集团军步兵两师、骑兵三师编为北路挺进军，由包头进取宁夏；以四川之邓锡侯、田颂尧两部编为南路挺进军，由汉中威胁西安，断敌归路。

接到阎锡山告知冯玉祥之夫人、女儿已抵运城，冯本人也将抵运城的电报后，蒋介石邀请胡汉民、谭延闿等人进行了研究，命军政部筹300万元作为其出洋旅费，所欠冯部军费，请阎锡山先行垫付。

蒋介石深知，费尽九牛二虎之力把冯玉祥从陕西老窝挪动几步，使其渡河到了山西，并非万事大吉，因为阎锡山仍反复声明要随冯出洋，仍存在冯阎联合的危险，遂增加了拉阎的价码：国民政府特派阎锡山为西北宣慰使兼办军事善后事宜。但明令公布后，阎对之不置可否，反而以更强硬的态度向蒋提出：一定要与冯同时出洋，如果中央不批准，则坚决辞去国府委员的职务。

蒋介石潜思苦想，最后带上夫人和吴稚晖、孔祥熙、陈布雷、周佛海等人离南京北上，约阎锡山在北平见面。他屈尊北上是为了彻底破坏冯阎联合的可能性。

阎锡山不理蒋介石的约请电。冯玉祥离运城赴太原，阎到介休相迎，当晚两人彻夜长谈，次日两人一道到太原。冯住进晋祠后，两人联名发出了出洋通电。同时，阎致电国民政府请辞本兼各职，俾便与冯出洋，并说所部军队已饬听候中央按照编遣会议编遣，晋、冀、察、绥四省主席及各委员拟请一并由中央遴选妥员早日接替。

阎电一出，太原顿成全国注意的中心，各方挽留电如雪片般飞至。国民政府谭延闿、胡汉民等五院长电阎劝勿出洋。东北张学良、张作相等人，上海市长张群、山东省主席陈调元、湖北省主席方本仁、中央军校党部等亦致电挽留，国民党中常委谭延闿、胡汉民、戴季陶、于右任、孙科等在电报中说："值此训政开始，方案初定，诸待实施之时，务祈权衡轻重，停止远游，牺牲但阎锡山对所有这一切置若罔闻，派朱绶光偕蒋介石之代表熊式辉赴平谒蒋，请求出洋，并命天津警备司令傅作义代定赴日船位50个备用，又电蒋陈述："冯在革命历史上不乏劳绩，此次自觉出洋，请予以相当名义。"要求撤销对冯之处分，恢复官职，以便同行赴平。

阎与蒋在北平见面后，阎仍一个劲地要求出洋，但蒋介石除了力劝以外未作进一步的表示，这回轮到阎摸不着头脑了，为了挽留阎出洋而远赴北平，蒋的口袋里定然装着好东西。但蒋稳着不出牌，原本顺理成章的事顿起波折，因为阎本无出洋之打算，叫嚷出洋只是企图抬高身价，如果与蒋谈不拢怎么办？

7月2日，阎锡山称病住进了德国医院，谢客养病。

这点雕虫小技自然瞒不过蒋介石。何成浚献上一计，观阎在平之行动，实为挟冯自重，逼我方出大价钱，其本人并无出洋之意，我们不如明令取消对冯的通缉令，诱逼冯单独出洋，孤立阎百川。

随即国民政府明令发表："前因豫鲁撤兵，行为越轨，政府为申纲纪，不得不加以制裁。近据调查情形，冯玉祥养病华山，深自怨艾，遵令解除兵柄，愿即出洋游历，政府追念前劳，允宜曲示宽大。"但冯、阎两方对此均无反应。

蒋介石终于一咬牙，下了决心，派方本仁连夜到德国医院探望阎，两人作了密谈。

次日早晨，阎锡山病愈出院回其私宅，对记者说：待蒋回京后，本人即将返并，督率办理第二、三集团军之编遣事宜，大抵三个月可办完，届时再偕冯玉祥出洋，随后发电对其不出洋考察作了解释，文中说：牺牲前约，自古所难，然使不裨于国家，无背于信义，山非拘泥，亦不必争此小节。一有歧义则动摇随之，此际虽欲力践前约，亦不可得。

冯玉祥听了阎锡山对其未克即行出洋苦衷的解释后，终于看清了阎阴毒的手段，请冯入晋，根本不是为相偕出洋，而是作为对付老蒋的一个手段，好比把一只老虎关在笼子里，对蒋暗示，你不满足我的要求，我就把它放出来！太原盛传阎在北平得到了全国陆海空军副总司令的头衔。冯玉祥明白，阎将他卖了个好价钱。

冯玉祥虽不知蒋阎勾结的具体内容，但料定自己中计了，真是噬脐莫及！

不过,他断定,阎锡山终有一天是会被蒋介石逼上造反道路的。

第三节　汪精卫搞反蒋大拼盘,
群雄各怀小九九

改组派掀起的反对国民党"三大"的狂澜使蒋介石非常恼火。他认为,在政治上能威胁其独裁统治的,只有改组派。所以,他在不顾一切地召开的"三大"上,给改组派以沉重打击,决议永远开除陈公博、甘乃光党籍,开除顾孟余党籍三年,给汪精卫书面警告;修改党章,规定"党员不得有小组织""不得于党外攻击党员及党部"、党内问题"一经决议,即须绝对服从"等。会后,三届中央委员会下达了"整饬党纪通令",明令各级党部立即制止党员之"出轨言论"。不久,蒋又以中央党部的名义,发了个"检举改组派通令",说改组派"发亡国之言论,争夺政权,罪大恶极,应严加取缔,以遏乱萌",要求各地"严密检举该反动派之行动言论,随时呈报,以凭核办"。

改组派眼见蒋介石手握大刀一路追杀过来,颇有一部分人认为要想斗倒老蒋太过困难。但是国内政治风云变幻,使其趁势迅速发动了一系列声势浩大的反蒋运动。改组派深感政治反蒋的软弱无力,遂在上海总部增设了军事委员会,提出"护党救国"的口号,开始从事军事反蒋。由于它没有掌握基本的军事力量,只得采取拉拢、策动地方实力派军事倒蒋的策略。而从1929年初起,蒋介石通过编遣会议,开始处心积虑地削弱、消灭地方实力派。各派为了维护自身的利益,不惜以武力相抗。但他们在反蒋时,每每被蒋以中央的大帽子压迫,颇觉自己虽然拥有军事力量,但因在政治上缺乏号召力而处于劣势,很自然就想到了蒋介石的政治对手、有较高声望的汪精卫。于是,地方实力派和改组派实现了合作,互为表里,相互依托。冯玉祥、阎锡山、张发奎、唐生智、何键等都在改组派总部派驻有代表,并提供其所需的大部分经费。

1929年5月,改组派联合各派和各色反蒋小组织,共100多个团体,在沪成立了"中国国民党护党革命大同盟",并在改组派的《护党》期刊创刊号上发表了成立宣言。

宣言列举了蒋介石自"中山舰事件"到"三大"期间步步践踏党权、加强个人专制的罪恶历史,指出:"蒋介石自篡中枢以后,外交则以献媚帝国主义为能事,吏治则亲戚故旧、贪官污吏、土豪劣绅尽据要津,财政则滥发公债、贩运烟土,苛捐杂税,有增无减,军队则假编遣会议之名义扩充军备。凡此诸端,已比之北洋军阀专政时代,其腐败黑暗程度有过之而无不及。"宣言宣布否认"三大"以后的南京政府,敦请第二届中央执监委员自动集合,重组中央党部,组织护党政府,以继续政治中国之职责,声言要在最短时间内另行召开合法的新"三大",为此,宣言指出:"本大同盟为恢复党权,故要铲除叛徒蒋中正一切势力,因此决定组织护党革命军,直捣南京政府,肃清反动势力。"宣言喊出了"欢迎汪精卫、宋庆龄及一切革命领袖归国护党;打倒盗窃党权、政权的蒋介石,打倒新军阀领袖蒋介石,要救党只有先打倒蒋介石,蒋介石是屠杀民众的刽子手"等口号。

改组派也不忘披上遮羞布,以掩盖其争权夺利的实质,在宣言中许下诺言:"护党革命军所过,即废止苛捐杂税,实行二五减租,保障工农团体,恢复民众运动,禁绝鸦片赌博,人民有言论集会出版之自由,释放一切政治犯等,以解除民间痛苦。"

同盟成立了军事组,推动各地方实力派进行军事反蒋,以配合其政治上对蒋介石的口诛笔伐。

汪精卫的招牌公开打出来了,庞大的反蒋同盟也组建起来,但是,各地方实力派虽然都表示愿意武装反蒋,却均患得患失,不愿打头阵,他们提出,张发奎是汪精卫的嫡系部队,须请张率先起兵,然后各方才可以放心响应。

张发奎部在共产党广州起义后,被赶出了广州,后来投奔蒋介石。在蒋桂战争中,该部作战积极,张被任命为第二追击纵队司令官,追击桂系残部。战争结束后,所部改编为第四师,驻扎在鄂西的宜昌。不久,冯玉祥宣布反蒋,改组派干将陈公博即要求张发奎起兵,进占武汉,与冯军互为犄角。但张认为武汉易攻难守,所部不过2万余人,而且与冯军相距甚远,面对蒋军寡不敌众,因此,他告诉陈公博,此事万不可行。鉴于汪精卫远居欧洲,无从号召指挥,对官兵精神影响颇大,他要求陈转请汪回国,表示安危与共的反蒋决心,以策励士气。

促使张发奎下破釜沉舟决心的是蒋介石。

蒋介石早就注意到张发奎在鄂西收容了桂军残部，势力日益膨胀，为此深感不安。9月8日，蒋电张，令其第四师由湖北宜昌移防陇海路上的山东德州点编，原防由新一师曹万顺接替。两天后，蒋又电张："准备二次或三次运完可也。先由汉运新一师来荆接宜防，好以原船运第四师东下，先头部队务于哿（20）日前到达浦口为要。"刘峙奉蒋令也电张要其速调陇海路。

张发奎接到蒋介石电令后，立即召集所部团以上军官会议，一致认为此系蒋之阴谋，企图在转移途中，或汉口或浦口将该部缴械遣散。但不听电令，即授蒋以口实，现在蒋正随意派兵讨逆，定会被他扣上叛逆的帽子而大加讨伐。

在走投无路、时机急迫不容稍待的情况下，张发奎电刘峙称："曹师接防部队尚未到，职师第一批部队准17日晨开船，余俟曹师船到即行。"翌日，张出其不意地将前来接防的曹万顺师全部解除武装，然后发表通电，提出护党三项主张：一、三全大会违法乱纪，应立即解散，再行依法召集；二、根本铲除腐蚀国民党的腐化分子、恶势力；三、敦请汪精卫回国主持大计。

通电一发，第四师旋即南下，取道湘西，前往广西，会合刚刚血战过的桂军。

蒋介石发布国民政府令：陆军第四师师长张发奎未奉命令，擅自调动，着即免职，听候查办。任命黄镇球为陆军第四师师长。又电令刘峙率第六师讨伐张发奎，四川刘文辉、贵州李仲公部开往湖南阻止张部南下回粤。同时，蒋又致电张，称自己绝无消灭第四师之意，劝其幡然觉悟，不再受改组派之愚弄，并说："改组派日以挑拨离间为事，汪先生决无回国与彼等合作之可能，若汪先生应彼等之请而回国，中正亦决无与汪先生合作之可能。"

张发奎起兵以后，改组派大受鼓舞，积极为之呐喊助威。汪精卫回到香港，与陈公博、顾孟余等12人联名发表《中国国民党第二届中央执监委员会最近对时局宣言》，罗列了蒋介石任用私人、贪赃枉法、滥借外债、横征暴敛、非法没收、滥捕滥杀、秘密缔结卖国条约、托名训政而厉行专制、借编遣扩充私人武力、包办三全大会等十大罪状，宣布否认"三大"以后蒋氏中央及国民政府之一切命令决议案，要以第二届中央执行委员会行使职权，改组政府，并筹备另行召集"三大"，最后发出号召："我武装同志……同仇敌忾，早具决心，露布到日，迅提义师，扫除叛逆。"

谁与争雄

声势已造得轰轰烈烈，但是，张发奎在湖南与堵截他的何键部边打边走时，心中老是嘀咕，广西的情况怎样了？到广西能站得住脚吗？能不能实现与广西的俞作柏、李明瑞会师，一同进取广东，在广州另立政府，拥汪精卫出山，同蒋介石唱对台戏的目的？张发奎的担心是有道理的。广西局势的确瞬息万变，让人目眩。

1927年张黄广州事变后，张发奎即以广州政治分会的名义，任命因与桂系不合而在香港作寓公的俞作柏为广西省主席，要他回桂反对黄绍竑，未果。

1929年俞作柏投蒋搞垮了桂系后，得任广西省主席，李明瑞为广西编遣特派员，率部进入广西，将在桂桂军悉数收编，后奉命将所有在桂军队编成三师一旅，由李明端、杨腾辉、吕焕炎和杨志分任师长和旅长。蒋介石用俞作柏帮他镇守广西，拦拒外逃的李宗仁、黄绍竑、白崇禧，但俞虽反对李、黄、白，却是拥汪派，在改组派总部驻有代表。俞在带兵赴广西经上海时，曾在改组派总部与张发奎、唐生智会商过反蒋计划，相约取桂后大家反蒋。在返桂途中，两个改组派重要分子一直陪伴在侧，到广州时，二人建议乘机占领广东，将拥蒋的陈济棠赶走，俞没有答应；到广西，他们又劝他宣告独立，俞也拒绝了，他不赞成在立足未稳的情况下，轻举妄动，而打算先在广西整顿军队，巩固政权，待实力充足后再行反蒋。

张发奎起兵后，立即派人赴香港见陈公博，要求筹款接济，并希望俞作柏为张部提供驻兵地点。改组派派人星夜赶到南宁，许以80万元的军饷，要求俞揭橥而起，与张发奎一同攻粤。

俞作柏考虑他同李明瑞回到广西接管军政才三个月，一切尚未部署就绪，仓猝起事，恐给人以可乘之机，一直踟蹰未决。但是，汪精卫以张发奎师行在途，不容稍有失误，逼俞立即表态。同时，蒋介石明令俞到南京听训。因为俞就任省主席后，起用许多进步人士，并请共产党中央派了邓小平、张云逸等到南宁指导工作。蒋介石闻风而动，派吴铁城入桂调查，同时电俞去南京述职。在这种情况下，俞作柏无奈，遂通电宣布讨蒋，广西独立，并在南宁就任护党救国军南路总司令，李明瑞就任副总司令，并声明欢迎张发奎军返桂。

实际上，正如俞作柏所言，此时反蒋，时机尚不成熟。张发奎在湖南进展艰难，掌广西兵权的李明瑞仅拥有第十五、五十七两师，其余被编遣的部队都是控制不了的：吕焕炎、梁朝玑二人均出身于保定军校，资格较老，不甘心隶属于李明瑞之下，同时，因俞、李初返广西，而广西军政费用素极困难，满足不了他们的军费要求也是必然之事，也导致其不满。

蒋介石看准了俞、李的重大缺陷，即刻下手。他致电李明瑞，劝其勿依附俞作柏。同时，他派人给吕焕炎送去了第八路军副总指挥的官职和现金200万元，接着再加上广西省主席的帽子。吕遂为蒋所收买，宣布拥蒋反李，并接应粤军香翰屏部及陈策的西江舰队进入广西的东大门梧州。吕又以师长的头衔和30万元现金收买了李明瑞手下最亲信和有实力的旅长黄权。接着，第五十七师师长杨腾辉通电拥护中央。

蒋介石以迅雷不及掩耳之势完成了这一系列动作后，即由国民党中常委会决议：陈公博、王法勤、柏文蔚、白云梯、朱霁青、王乐平、顾孟余、陈树人、潘云超、郭春涛等勾结军阀余孽，阴谋破坏编遣，颠覆党国，交国民政府明令缉拿，其有党籍者送中央监察委员会分别议处。

然后，由国民政府明令公布，免广西省政府委员兼主席俞作柏职，任命吕焕炎为广西省政府主席兼讨逆军第八路副总指挥，杨腾辉为第四编遣分区办事处主任委员，黄权为第十五师师长，原任李明瑞免本兼各职，听候查办。

无奈，俞作柏、李明瑞率张云逸的教导总队和俞作豫部离开南宁，分赴百色、龙州。后来，李明瑞与邓小平、张云逸发动了百色起义，成立了红七军，李任军长。俞作柏转道到香港。

吕焕炎主桂后，企图稳住阵脚，另创一局面，殊不知，由于其声望不足以服众，特别是杨腾辉、梁朝玑两个整编师长对其非常不满，梁朝玑甚至坚决主张派代表欢迎李、黄、白重返广西。

广西内变，使坐镇香港指挥反蒋运动的汪精卫非常着急。张发奎是自己手里最重要、最靠得住的一支军事力量，如果吕焕炎堵截张发奎那就糟糕了，因吕焕炎、杨腾辉等人均为李宗仁的老部下，汪左思右想，决定和特委会期间死斗过一番的桂系言归于好。于是，汪派有恩于桂系的前上海市长张定璠与李、黄、白取得联系，敦促他们回广西，指挥桂军与张发奎部合作，实现两广广州组府的计划。

当时，李宗仁、白崇禧在越南的海防，黄绍竑在香港。黄经张定番介绍，

谁与争雄

与陈公博见了面,谈了具体的设想。黄深感以往的失败,政治上缺乏依靠是一重大原因,被蒋介石挟着国民党中央和国民政府这两块招牌,压得抬不起头来。汪精卫在国民党中是块金字招牌,参加汪组织的反蒋大同盟,实为东山再起的大好时机,遂爽快地答应实现汪李合作。然后,黄一面通知李、白,一面与汪精卫本人见了面,两人对饮了一瓶百年白兰地,以示改组派与桂系言归于好。而就在前不久,李宗仁在香港遇上汪精卫,汪对这个曾经炙手可热,而今空手无本钱的落魄英雄态度非常冷淡。谁能料到,没过几天,双方即走向了合作。

黄绍竑迅速回到家乡广西容县,联络旧部。之前几天,张发奎率部经湘西到达广西的龙胜县城,即与吕焕炎、杨腾辉两部取得了联络。

11月11日,李宗仁宣布,遵照国民党第二届中央执监委员联席会议命令,在南宁成立护党救国军第八路军总司令部,李宗仁任总司令兼中央命令传达所所长,黄绍竑任副总司令兼广西省政府主席,白崇禧任前敌总指挥。

经过一番联络,各地方实力派均有反蒋表示后,11月17日,汪精卫以"上海中国国民党第二届中央执监委员会"的名义委任张发奎为护党救国军第三路,唐生智为第四路,石友三为第五路,胡宗铎为第六路,何健为第七路,李宗仁为第八路总司令,李宗仁兼中央命令传达所所长,第一、第二两路总司令留给冯玉祥和阎锡山。

尽管反蒋军事斗争规模浩大,俨然有气吞河岳之势,但由于参加反蒋各方的动机不同,利益不同,步调不一致,形成此伏彼起的局面。

11月24日,黄绍竑与张发奎在石桥会面。黄告诉张,他同李、白商量的结果,认为广西局面转变还未满一月,军队需要整顿,请张军在广西休息一个时期,候桂军准备就绪,再一同会师东下。但张发奎以为对粤应乘其不备,一举东下,占领广州,如果等对方部署完成,必难获胜。他甚至暗示,如广西不能协助,他准备采取单独行动。黄不忍听其失败,遂勉强同意:"既然向华这么大的决心,我们也没有说的,大家共同奋斗吧!"

而此时,北方蒋冯战争的炮声已渐渐沉寂。

黄、张经过四小时会商,决定:一、李宗仁以传达所长名义,统一指挥第三、第八两路部队作战;二、李宗仁为便于和汪精卫、张发奎联系起见,任用汪派中委陈树人的胞侄陈翰誉为第八路军总司令部参谋长；三、第三路军经怀集、广宁到清远，第八路军经德庆、肇庆、四会到清远，12月6日两军在清远会合。

张桂联军东下途中，忽然听见石友三在浦口轰击南京的隆隆炮声和唐生智于河南发出的掷地有声的反蒋通电，倍感鼓舞。

张桂军起初进展甚为顺利，但在粤方的反攻下，很快便败退回广西。

一方面，粤方蒋光鼐、香翰屏、李杨敬各师作坚固防守，蒋介石派朱绍良第六路军的谭道源、陈继承、毛炳文三师援粤。另外，蒋介石又令何键第四路军由湖南进攻广西，并以何应钦为广州行营主任负责统一指挥。

另一方面，张发奎部千里跋涉，部队较为疲劳；而第八路军系桂系崩溃后重新编组的部队，士气低落，战斗力不强。

第四节　阎锡山出尔反尔，蒋介石将计就计，冯玉祥背后挨刀

虽然冯玉祥断定阎锡山和蒋介石不可能长期携手合作，但这样的局面必须尽快打破，必须拆散阎蒋联盟。怎么办呢？自己的生死均在阎的掌握之中，他若不放，要想逃出山西是非常难的。——阎在冯住的房前、房后、房顶上都布置了武装把守，并在村外围上铁丝网，通向外界的公路也挖有壕沟。冯与李书城密议后，使出了反间计，密下手谕，令陕西省主席宋哲元代理西北军总司令，要他绕开阎，直接同南京政府接通关系，向南京靠拢。

西北军数十万人自鲁豫收缩后，困守陕甘，但陕甘因连年干旱，赤地千里，人民皆饥寒交迫，自然无力养活庞大的军队，所以西北军粮饷无着，穷困万状。冯玉祥的指令到后，全军颇为兴慰，宋哲元派参谋长陈琢如到南京，求见蒋介石，表示西北军愿意接受中央指挥，要求接济粮饷。

蒋介石对此高兴非常，为了笼络西北军将领，他任命李鸣钟为编遣委员会遣置部主任，刘骥副之；把已被撤职查办的军政部次长、代理部务的鹿钟麟，卫生部长薛笃弼，外交部次长唐悦良等人请回南京，亲自召见、宴请。

蒋介石同西北军的关系从对抗转为合作后，认为西北军已向他屈服，瓦解

冯系已不需要借助阎锡山。再则，蒋也觉得阎要价太高，简直贪得无厌：阎电国民政府，请拨士兵编遣费290万元，官佐编遣费300万元，欠饷400万元。蒋想以其人之道还治其人之身，电邀阎出席编遣实施会议，伺机加以扣留。但阎岂不知个中奥秘，怎会自投罗网？遂以病后体弱，而且正办编遣，电蒋辞谢。一计不成，又生一计，蒋派何成浚赴太原促阎就任西北司令长官，以示阎对中央的服从和拥戴。

在如此有利的形势下，蒋介石决定继续推行其削藩策，铲平山头。

8月1日，编遣实施会议在南京开幕。会议的所有文件都是按照蒋介石的授意事先拟好的，没有讨论的余地，只许举手通过。闭会时，发表了《国军编遣实施会议宣言》，规定：各地方应当保留的军队数量一律压缩至7至9个师，只要求平均，不问素质。这样，虽然各编遣区都少编了2至4个师，但全国应编成的军队总数却由50个师增加到了68个师，其中奥秘就是蒋介石用增加编遣区的办法，进一步削弱了地方实力派的兵力，大大增加了其中央军的实力。宣言声称：能否实施此次会议之决议案，是革命与反革命之所攸分，真革命与假革命之所攸分。

这样，摆在地方实力派面前的出路就只有一条了，那就是交出军队，皈依蒋记中央。否则，扣上一顶反革命的帽子，用武力解决。

阎锡山在太原就任了西北边防司令长官，南京的饷械不断运到，心中正自得意，忽闻西北军与蒋介石眉来眼去，信使往返，搞得挺热乎，不禁大吃一惊，如此一来，扣住冯玉祥不就成了一张无用的牌吗？谋士赵戴文认为，蒋介石一贯的手段是以甲制乙，以乙制甲，此番与西北军的联络，目的是图谋山西，建议阎迅速拆散蒋冯关系。阎也认为，只有蒋冯始终敌对，他才能保持超然的态度，以便坐收渔人之利。

而在这时，何成浚带着大批随员由北平到了太原，其来意非常明显，监督第三集团军的编遣。

8月6日，阎锡山投石问路，致电国民政府请辞山西省主席职，如蒋允其辞职，说明自己在蒋的心目中，已无价值；如蒋挽留，说明蒋对自己尚怀畏惧。10日，国民政府令，山西省政府委员兼主席阎锡山准辞本兼各职，遗职以商震继任，徐永昌继商震任河北省政府委员兼主席。同一天，蒋介石晚宴鹿

第十章　竹篮打水

钟麟、李鸣钟、马福祥等西北军人。

阎锡山采取负荆请罪的方式以求得冯玉祥的谅解。冯使反间计的目的就是为拆散针对冯系的蒋阎联盟，他的目标是最终打倒蒋介石，为此必须联合阎锡山，所以他同意共同反蒋的提议。两人商定，讨蒋军事先由西北军发动，然后晋军起而响应。但当冯提出返回西安，亲提雄师冲出潼关时，阎却拒绝了，说这次反蒋不但冯不能出面，连他自己也不出面，大家都在幕后指挥，理由是一则有大的回旋余地，一则使蒋介石抓不住头脑，没有直接攻击的目标。冯无奈，只得同意。阎却阴沉地笑了，冯反蒋对他有利无弊，胜则可以分享果实，败则因冯实力削弱，便于他施展手段加以控制。

虽然将领们表示拥蒋，但庞大的西北军还存在，这好比是深埋进了土壤的草根，"野火烧不尽，春风吹又生"，蒋介石深表忧虑。所以，他一面对西北军将领大施怀柔术，以期拢之入自己腋下，一面派贺耀组为点验大员率100余人的庞大点验团进驻西安，准备对第二集团军厉行点验。

代行总司令职权的宋哲元和协助其工作的甘肃省主席刘郁芬忙得团团转，因为他们已接到冯玉祥从山西发来的电令，正积极布置军队，准备起事，所以一面对贺耀组的点验工作虚与委蛇，以"将调赴西安点验"为名故意拖延，一面要将反蒋军事部署在点验大员们面前掩盖得无丝无缝。

贺耀组蹲在西安，岂不知宋哲元、刘郁芬等人的真意，急电蒋介石请示机宜。蒋即电宋、刘赴南京协议，企图调虎离山。西北军方面已闻弦歌而知其雅意，回答蒋说："宋万难远离，由贺陪刘赴京。"

刘郁芬到南京即对记者说：此来系报告西北编遣情形，并请示一切。西北部队已遵令开始点验编遣。又说过去与中央的关系，纯属误会，全系路远，致为谣言所乘，今后常来常往，谣言自无从发生。并表示，只知服从中央而不知其他。似乎为了加厚中央与西北之间的善意，何成浚告诉记者说：二集团军编遣已经商定，由刘郁芬、石敬亭负责进行。编遣后西北军政各权概交中央，由中央月协款200万元，与他军一视同仁。

北方天空忽然乌云翻滚。

为了掩人耳目，宋哲元于10月9日致电阎锡山、冯玉祥，列数蒋介石之罪状，声言他们为蒋氏所迫，不得已而起兵反之。次日，阎、冯装模作样地回

谁与争雄

电说：应从长计议，以求政治趋入正轨。仍望先行切实编遣，冀达诸同志救国之初衷，国事当由国人解决也。

10月10日，宋哲元、石敬亭、孙良诚等27名将领自西安发出反蒋通电，推戴阎锡山、冯玉祥为国民军总司令、副总司令，宣称："蒋氏不去，中国必亡。哲元服膺三民主义，矢志革命，誓不与独夫共存，谨率40万武装同志，即日出发。"通电并列举蒋之六大罪状：一、包办三全大会，党成一人之党；二、自蒋氏主中枢，政以贿成；三、财政不公开，黑暗贪污；四、消灭革命武力，以恣行其帝王专政之淫威；五、假编遣为名，行武力吞并之实；六、利用外交问题（中东路问题），转移国人目标。

鹿钟麟、刘骥等再次逃亡。

誓师以后，冯部所有军队共编为八路，宋哲元为总司令，仍用国民革命军的名义，其序列为：总司令宋哲元，副总司令兼前敌总指挥孙良诚，总参谋长秦德纯，兵站总监闻承烈。第一路总指挥石敬亭，辖三个军；第二路总指挥孙良诚，辖两军一师；第三路总指挥刘郁芬，辖一个军；第四路总指挥宋哲元兼，辖三个军；第五路总指挥刘汝明，辖一个军；第六路总指挥庞炳勋，辖两个军；第七路总指挥张维玺，辖两个军；第八路总指挥孙连仲，辖三个军。

西北军兵分三路向河南进攻：孙良诚部沿陇海路出潼关东进，伸展至巩县、登封一带；孙连仲、刘汝明部出紫荆关，进袭南阳；张维玺部从汉中、兴安出老河口。大军分途出发时，随处散发宣言：本军出师目的，专在打倒蒋介石一人。凡属袍泽，自要站在一道战线，均认为战友，荣辱均等，国事由国人公决，天下为公，绝无畛域之分。

大军移动后，宋哲元及其总部到了潼关，后方事务由石敬亭等驻西安负责办理。因宋虽系代总司令，但其实力远不如孙良诚，而且孙又素受冯玉祥宠爱，不愿居于宋之下，所以孙虽为前敌总指挥，宋却不敢以总司令自居，亦亲赴前线督战。

蒋介石得到西北军的反蒋通电，大呼上当！10月11日，国民政府连发两道命令，一为讨伐西北军将领，声称："宋哲元、石敬亭等破坏编遣，背叛中央，称兵作乱，逆迹昭著……着即免职，缉拿惩办，各部队或甘心附逆，或被助盲从，着各路讨逆军指挥分别剿办绥抚，以遏乱萌。"另一令为缉拿鹿钟麟、刘骥。令称："署理军政部长鹿钟麟、抚恤委员会委员长兼编遣委员会遣置部副主任刘骥，图谋不轨，离职潜逃，均予免去本兼各职，着京内外各机关一体缉拿。"

同时，蒋介石派定对冯作战的各路军指挥官及其任务：第一路军总指挥方鼎英，于叶县、舞阳、西平、郾城一带向西进攻；刘峙为第二路军总指挥，集中于广水、花园、樊城、襄阳、老河口一带，相机北进；唐生智为第五路总指挥，在郑州以西、孝义、登封、巩县一带，迎战由潼关东出之敌军；杨虎城为南阳守备司令，阻击由陕西商州向河南淅川、内乡进发的敌军刘汝明、张维玺部；川军杨森调至荆、沙地区待命，刘湘出鄂西，邓锡侯、田颂尧分攻陕甘。并任命石友三为津浦路警备司令，马鸿逵为陇海路警备司令，夏斗寅为平汉路警备司令。

蒋介石做好军事部署后，对西北军发动政治攻势，除以讨逆之名义使自己师出有名外，还将西北军此次行动和正在东北与张学良激战的苏联扯在一起。

西北军此次讨蒋，本来装着一肚子第一次倒蒋不战而败的窝囊气，一冲出潼关即奋勇厮杀，大有"直捣黄龙府"的气势，但形势的发展却让人扼腕叹息。

蒋介石许昌行营连电告捷。11月17日电："登封之敌，铁日（16日）经我一、二师及刘春荣师、万选才师围城猛攻，敌军不支，即子夜12时弃城西遁，我万师已进城。"19日电："我军自本月删日开始总攻击以来，节节胜利，筱克登封、临汝镇，巧晨占领偃师……逆军精锐丧失殆尽，现我先头部队已占领洛阳东南各关。"

反蒋战事开始后，宋哲元每天将战况电告住在山西五台县建安村的冯玉祥。冯的计划是：厚积兵力，先占郑州，俟刘春荣、徐源泉等响应后，即可进攻武汉；如有可能，则由津浦线直捣南京。但是，战局不久即发生重大转折，西北军狼狈地向西逃窜。

西北军倒蒋失利了，冯玉祥不得不吞下谋划疏漏的苦果。原以为在蒋介石厉行编遣、压迫削弱各派的形势下，西北军揭竿而起，定会应者如云，但寄予厚望的徐源泉、刘春荣等人不但未作响应，反而通电讨冯，加入蒋军方面作战。在改组派撮合下有所联络的唐生智,更是担任了蒋军的前敌总指挥,率部与西北军死战。西北军陷入孤军奋战中。同时西北军内部又出了问题,主要将领之间积有深刻的矛盾,尤其是宋哲元和孙良诚的矛盾。在战斗中,孙良诚一部分军队被蒋军包围了,撤不下来。孙眉头一皱,心生一计,派人佯与蒋军接洽投诚,并表示愿压迫宋哲元投降,打算借机撤下被围部队,又趁势诱敌深入,然后聚而歼之,但事前未与宋哲元商议,宋得知情报,以为孙真的要投降,还要赚自己,遂下令部队全部退到潼关一带。官兵闻命,以为前方失利,仓皇撤退,全军顿时混乱不堪。孙部官兵,本拟与蒋军决一死战,以挽回败局,听说宋部撤退,顿觉力单,丧失斗志。蒋军乘机进击,使西北军损失惨重。

让冯玉祥痛心疾首的是阎锡山的叛卖。

西北军骤然翻脸,蒋介石的第一感是拉住阎锡山,认为这是解决北方时局的关键所在。西北军双十通电的次日,国民政府即明令军政部政务次长、曾为晋军参谋长的朱绶光代理军政部长。同日早晨,阎锡山离建安村急返太原,而何成浚、刘镇华奉蒋介石令由北平赴太原访晤阎锡山。12日晚,蒋介石召集赵戴文、朱绶光谈话,询问对西北态度,答称阎素以服从中央、努力和平为职志。为了进一步摸清阎之态度,国民政府五院院长联名致电阎,谓宋哲元、石敬亭等背叛中央,破坏编遣,国府已明令讨伐,请其就近负责解决。阎在蒋的拉拢下态度发生了根本的变化,他在10月15日电复五院长,表示对宋哲元等举动,当尽力制止。赵戴文同日在中央广播电台报告阎对时局之主张,宣称:宋哲元、石敬亭凭借武力抗拒编遣,和平完全被其破坏。阎愿献身党国,唯政府之命是从。并谓今晨接阎电,昨日起已派卫队旅杜春沂旅长监视冯玉祥行动。见阎如此表态,蒋介石为绝后患,再出价钱,特任阎为中华民国陆海空军副总司令,拨款680万元作为协饷。阎投桃报李,公开发表声明主张以政治手段解决时局,并劝冯玉祥令西北军各部停战,目的在于动摇冯部军心。接到何应钦送来的委任状后,阎于11月5日在太原通电正式就任海陆空军副总司令职,随即命令关福安、杨效欧两师作渡河准备,以便配合蒋军行动。

冯玉祥闻知阎锡山不但在西北军起事后未作响应,反而背信弃义,接受蒋介石的拉拢,转而拆西北军的台,甚至摆出要打的阵势,导致西北军失败,愤而绝食。

但阎锡山对冯玉祥的绝食，未作理睬，以一双投机商的眼睛，紧紧盯着风云变幻的中原大地。他正和唐生智做生意。

第五节 唐生智坐失良机，阎锡山突然变脸，蒋介石借刀杀人

唐生智铁定了心，待时机成熟，即高举反蒋大旗，统率各路反蒋诸侯，直捣南京，活捉蒋介石。

蒋桂战争时，蒋介石行了起用唐生智这一着险棋，也时刻提防着唐生智趁机发展实力，玩借鸡生蛋、借船出海的把戏。让蒋尤为不放心的是唐与汪精卫关系密切，且唐曾为东征讨蒋总司令，遂内调唐代李宗仁为军事参议院院长，虽未解除其第五路军总指挥的兼职，但面谕唐，想把他留在京内翊赞中枢。唐对此装聋作哑，急问计于蒋百里，蒋百里明了蒋介石此举的用意，只好劝唐遵命，免生祸端。

蒋冯大战爆发后，蒋介石想请蒋百里代唐生智担任第五路军总指挥，并举行盛大仪式欢迎蒋百里到南京。蒋百里不愿以师道之尊夺门人之席，提出两个理由回绝受命：首先，第五路军中的第八军与唐有悠久的历史关系，如果临阵易帅，必影响其士气；其次，以浙江人而领湘军，即使面上将领不反对，必将引起广泛怀疑。他进而提出让唐回军中，担保唐不会与冯玉祥合作，劝蒋介石对唐用之勿疑。蒋介石考虑再三，此时除利用唐部外，也无可调之兵，同时，也可以在作战中，使摆在第一线的唐军与冯军拼消耗，最后同意了蒋百里的意见。10月13日，蒋介石邀唐生智到南京汤山共度周末，戴季陶作陪。蒋以"真诚合作"相抚慰，唐则表示"军人以服从为天职，领袖有命，谁敢不从"。三天后唐生智离南京赴郑州，蒋介石夫妇亲自送行。

唐生智屈居于蒋介石之下，心中不甘。投蒋无非是借蒋之力收复旧部，以图东山再起。他一出南京，犹如虎离牢笼，龙腾泽国，心中暗想，要把握时机，在烽烟四起、诸侯离乱的形势下，迅速壮大。

唐生智本与韩复榘、石友三、马鸿逵等人多次密谋反蒋，所以他一到郑

州，便向四方派出代表。阎锡山的代表接踵到了郑州，说冯部桀骜不驯，必须先给重创，然后才能使其就范。前者，唐生智见冯玉祥被囚山西，西北军群龙无首，遂派代表到西安，游说宋哲元拥戴他为领袖，共同反蒋。宋哲元认为，这是癞蛤蟆想吃天鹅肉的不自量力之举，断然拒绝。唐生智对阎锡山代表的说法深以为然，遂决心出兵讨宋。冯军师出潼关，唐部则拼死抵抗，唐并受蒋传令嘉奖。本来大家约定一起反蒋，冯的代表天天到改组派总部质问，搞得陈公博既着急又摸不着头脑：这是怎么回事，自家人打了起来！连电催问，唐却一言不发。其实，这是阎得报唐垂涎群龙无首的西北军，怕战斗力很强的西北军落入唐手，在倒蒋后又多了个争夺天下的强硬对手而施展的诡计，使西北军与唐结下深仇，再无和好之可能。阎断定，此次蒋介石出的价钱比上次在北平的还要高，即使今后真要与冯联合反蒋，也要趁现在之时机大力削弱冯的实力，使其在今后的反蒋阵营中，只能居于配角。

唐生智的代表袁士权到太原后，向阎锡山吐露了唐对蒋的不满，诸如根本不补给饷弹，唐身居河南，但豫省主席却是韩复榘，使唐军寄人篱下。阎本极善于骗人，反复猜测，这个唐孟箫是真反蒋还是假反蒋？现在他正替蒋卖力地进攻冯玉祥，蒋介石甚至要他指挥在豫部队，而何成浚、何应钦现在又轮流坐镇郑州，对唐进行监视。阎眼珠一转，开始拨拉算盘，唐的基本部队虽只有万把人，但他如果把河南境内的杂牌军调动起来，力量不小。为了摸透唐的态度，阎派其亲信、专跑对外联络的赵丕廉随同袁士权去见唐。赵回来后，证实了唐的反蒋决心，并认为利用唐的力量反蒋，要比利用其他地方势力有利。阎认为赵说得有理，首肯了唐提出的接济其军费60万元、粮食枪弹若干的要求。阎唐之间遂达成了协议，俟准备就绪后，由唐通电，以阎为总司令，唐为副总司令兼前敌总指挥，共同讨蒋，逼蒋下野。

为了促使唐生智起兵反蒋，张发奎写信给他说："革命不尚空谈，奋斗乃能实现……因利乘便，义帜高张，一发而有武汉，再战而定金陵。"

韩复榘、石友三、马鸿逵等人在投蒋后，虽然蒋介石对他们始终客客气气、亲亲热热，他们却都有寄人篱下的感觉，尤其愤恨所谓嫡系将领对他们的鄙视，又见蒋消灭异己的狠毒手段，随时提心吊胆，唯恐哪一天厄运落在自己的头上。再者，他们在战场上多年滚打跌爬，历经政海风云，练就了耳聪目锐

第十章 竹篮打水

的本领，眼见群枭并起、英雄逐鹿，谁胜谁负很难预料的复杂形势，为求生存和发展，除了相互间的联络、庇护外，还像章鱼一样，向四面八方伸出触角，向各军事实力派、政治实力派派出代表，窥探风向。

唐生智还给宋哲元、夏斗寅、何健、刘文辉、杨虎城等送去了委任状。杨虎城接到一方面军总指挥的委任状后，说："唐孟潇太看不起人了！我革命的时候，他还是北洋军阀的小喽啰。造蒋介石的反有什么不可以呢？但至少应当事前和我商量商量！我跟蒋是杂牌，跟他合作，也是杂牌。他们双方都视我为杂牌，没有什么选择！"

唐生智作好布置后，坐等时机成熟，未料马鸿逵向蒋介石告了密。事先，唐特意征求了他的意见，因为他是陇海路警备司令，驻在徐州。徐州是津浦、陇海两条铁路大动脉的交叉处，是控制山东、河南、安徽、江苏四省的咽喉所在，是兵家必争之地。而马则信誓旦旦地保证，要一心一意反蒋。实际上，以唐为核心的反蒋同盟是靠不住的。隐然的盟主阎锡山是个精明的投机商人，唐本人的基本实力不大，何键人称"变色龙"，典型的有奶便是娘，刘文辉远在四川，韩复榘、石友三非常油滑，都是靠不住的。

蒋介石自然不会坐视，他要趁乌云尚未聚敛而成雷雨天气前即将之驱散。他首先盯上了颇有实力的石友三。

蒋介石满足了石友三获得地盘成为封疆大吏的欲望。石率部队沿津浦路南开至蚌埠，本人赴安庆就任安徽省政府主席时，蒋从汉口乘军舰抵安庆出席了石之宣誓典礼。唐生智恐其被蒋拉拢，致电石，告诉他，蒋口蜜腹剑，手段毒辣，切不可动摇反蒋初志。蒋介石刚从安庆回到南京，即电石友三进京。石怀着"老蒋是否对我们的谋划有所察觉"的疑虑，到了南京。蒋提出要求：将第十三路之第二十四师抽调援粤，第三十七师留在皖省。石一听，蒋不仅要他在尚未坐热皖省主席位置的情况下挪窝，还要把他手里的两个师拆散开来，心里就发了毛，部队一被拆开，顿成不系之舟，顷刻就有被吃掉的危险，一旦被吃，他这个讨逆军第十三路军总指挥顶个屁用。他隐约看到了蒋向他伸出来的黑手，脑瓜一转，以攻为守："总司令，汉章愿意率全部人马赴粤！"蒋一听，轻拍沙发扶手："好极了！汉章兄为党国分忧的举动，我当呈请国民政府进行嘉奖。你到粤省后，我把陈真如调中央，由你接他的省主席好了。"石满以为既然蒋起分散其部队之心,定然不会同意其全部人马赴粤的要求,殊不知蒋不仅满口答应,而且以广东地盘相许,对蒋的用心就更吃不透了。

石友三满腹狐疑,到蚌埠后对亲信说:"蒋介石指示我们马上由蚌埠开浦口,从浦口分乘木船到上海,再从上海乘船赴广东。"

驻在石部的唐生智代表袁士权说:"这正是蒋介石的阴险之处!调石总指挥赴粤,定为拆散石总指挥与唐总指挥等人的联系,再在赴粤途中将第十三路军消灭。从浦口乘木船去上海,船只小,每只只装那么点人,距离拉得长长的,一旦有事,互相间怎么照应?再则,十三路军都是北方人,岂不是曹孟德陷在赤壁?"

石友三将此事电商于唐生智,唐很快回了电:将计就计,乘机树起反蒋的旗帜,约定12月2日起兵,可在浦口首先行动,河南、湖北之事由他安排。山东高桂滋也表示愿意合作反蒋,不必担忧山东方面的军事压迫。

12月1日,唐生智依约发表由唐生智、宋哲元、孙连仲、徐源泉、杨杰等74名将领的联名通电,文中说:"当此之时,唯有立息内争,同心御侮,有违斯旨,仍存自私者,即为全国公敌,誓当立予铲除。至于内政如何改良,应听国人解决。"当晚,到达浦口的石友三召开紧急会议,决定立即起兵反蒋。然后,石友三命令部队把数十门大炮排列在长江北岸,向南京城猛轰,又乘城内混乱,派便衣队潜入城中骚扰。南京城内鬼哭神嚎,乱成一团。天明,石友三发表一篇哀国哀民的皇皇通电后,既不渡江攻击南京,也不据守长江,而是纵兵在浦口大掠,扣了许多火车头和车皮,一溜烟退回蚌埠,靠紧韩复榘、马鸿逵。3日,石在滁州通电就"护党救国军"第五路军总司令职,宣称:"谨率10万健卒,直取南京,还我国都,务望国内各同志各友军,共起力图,永奠党国。"

12月3日,唐生智在郑州发出拥汪联张的通电:"汪精卫先生为总理最忠实之信徒,革命30年久而弥坚,高风亮节,薄海同钦,应请继续领导军民,完成革命,张发奎的第四军有光荣之历史,在国有特殊之勋劳,生智敢代表全军将士,大声执言,敢有摧残第四军者,是为革命军人之公敌。"同时,韩复榘、孙殿英、朱哲元、孙良诚等人发出响应石、唐的通电。汪精卫电令西北军将士:"韩、石既动,望飞速进攻,莫令蒋得以各个击破。"

北方的护党救国运动至此进入高潮。在反蒋声浪的猛烈冲击下,南京政府

第十章 竹篮打水

大有岌岌可危之势。

唐生智发出反蒋通电后,按兵不动,一等各杂牌军将领的呼应,因他认为杂牌将领们对蒋都心怀不满,只要他登高振臂一呼,定会应者如云,再说事先大家对反蒋事宜作过磋商;二等阎锡山的动静。所以,他拒绝了所部第51师师长龚浩的建议:"总指挥今已反蒋,当速战速决,不宜拖延,应速南下与何云樵会合,占据湘省,以作根据。"又对驻防鄂西的夏斗寅的密电置之不理:汉口各机关纷纷东逃,城内空虚,正好用兵。请唐迅速南下攻占武汉,己愿为接应。蒋百里得知唐反蒋,急忙密电唐,指出东不如西,西北军内部已经瓦解,如继续西进,西安唾手可得,如进兵南京,必与蒋介石进行一场生死搏斗,这是军事冒险,殊非智者所取,而且杂牌军将领油滑异常,不会都听指挥。但唐此时沉溺于其计划之中,根本听不进不同意见。

蒋介石并未像唐生智一样,坐失戎机。

面对着雪片似飞来的讨伐檄文,蒋介石邀集胡汉民、谭延闿、赵戴文、戴季陶、孙科、朱培德、陈果夫、宋子文等20余人讨论时局,最后决定,争取阎锡山、张学良,讨伐叛逆;军事行动中,重点打击唐部,拉拢韩、石等人。

随即,南京以高屋建瓴之势,从政治上向反叛者发起猛攻,国民党政府以唐生智背叛党国、附逆有据,明令褫去其本兼各职,着京内外各文武机关一体严缉拿办。国民党中央常务委员会令称:中央截获唐逆之证据,深知此次之反叛,实与汪兆铭及其卵翼之改组派多所勾结,故除令各军分途进击外,特将汪兆铭及其附从者陈公博、顾孟余等永远开除党籍,以杜绝乱源。同时,中常会又以许崇智、邹鲁、居正、谢持"阴谋危害党国"为名,交国府通缉。

蒋介石除拉拢影响时局的张学良、阎锡山,使其表态服从中央外,更抓住唐生智按兵不动而引起原本打算起而响应的杂牌军意存观望犹豫之机,派出大批代表,分赴各地,对这些将领进行安抚劝慰。这一招很快奏效:杨杰、王均、徐源泉、王金钰、刘春荣、魏益三等通电称,唐生智忽于支(4)日起盘踞郑州,对各部友军作军事行动,且扬言回师武汉,并冒杨杰等名义通电附逆。除派队在潼关严密扼守外,决率所部集中洛阳,即日向逆部进攻。应请中央明令缉拿唐生智,并冀一致声讨叛逆。陆海空军总司令部随即委杨杰为洛阳行营主任,王金钰为第九军军长,徐源泉为第十军军长,对其他人也作了相应安排,韩复榘、孙殿英等人也发电表明了态度。石友三从浦口北退后，在蚌埠自组了安徽省政府，未几，即发出通电，声称拥护中央，铲除改组派，反对唐生智，并派代表持其亲笔函赴南京向蒋介石请罪。蒋介石得石函电后，即令青岛市长、西北军老将马福祥到蚌埠，劝石服从中央，并说蒋已允不究以往，而且还将借重。

蒋介石从外部孤立、压迫唐生智的同时，还对唐部进行攻心战。他发表告第五十一、五十三两师将士书，谓唐生智引两师将士，"入叛逆邪途，务望辨明顺逆，诛除叛逆，效顺中央。"代唐生智为第五路军总指挥，兼汉口行营主任的何成浚对记者说："唐部枪支不满二万，比较国军仅二十五分一。"同时，亲电唐生智，劝其力释兵权，下野出洋。又电唐生智手下的刘兴、龚浩两师长："望两兄切劝孟潇急流勇退，藉图自全。倘孟潇兄不肯见信，亦请两兄各行其是，以免随孟潇作无益之牺牲。"

各路讨逆军向唐生智压过去，原驻鄂西的夏斗寅部开进河南信阳，准备攻击唐军。给唐生智致命一击的是杨虎城。蒋介石令杨由南阳攻击唐生智右侧背时，杨认为，此役要竟全功，须以迅猛的动作，攻占唐军屯有大量粮秣械弹的大本营驻马店，从根本上动摇唐部军心。蒋批准这个建议后，杨率因西路部队被大雪所阻而手里仅有的三个团，果断、勇猛地直插驻马店，并于1930年元旦攻入驻马店。果然，唐军在冰天雪地之中，粮草被服被毁，军心大乱，顿成崩溃之势。唐见再不能支持，致电阎锡山，请准只身出洋，所部交刘兴负责，听候编遣，然后化装潜逃，经开封至天津，隐于租界内。

此次反蒋活动，阎锡山暗中为盟主，但当唐生智揭竿而起，心急火燎地盼着他作为主帅行动的时候，其大纛却迟迟不树起来。

唐生智对阎锡山大骂不已，阎锡山也对唐生智恼羞成怒，因为唐、阎决定倒蒋时，协议拥戴阎为盟主、为领袖，而唐在其通电中，宣布拥戴汪精卫为领袖！钱商出身的阎锡山一盘算，反蒋本就冒着风险，而你却牵着我的鼻子去充当倒蒋捧汪的打手，这不是费大力却不得二文的亏本买卖吗？遂急令将运送给唐生智的粮食、饷款和械弹扣住不发。

蒋介石一看，北方大实力派只有张学良和阎锡山尚未公开站在反蒋阵营一边。此时张学良正因"中东路事件"而全力应付苏联——这是蒋介石在大局极不稳定的情况下采取的非常措施。中东路是沙俄时代由中俄双方共同修建的贯通东三省与俄国西伯利亚铁路相连的铁路,管理大权一直操在苏方手中,而苏联在管理该铁路的问题上,确有老沙皇遗风。蒋介石唆使张学良不顾各方面条件尚不具备,于1929年初开始接管中东路的一些重要机构,5月派军警搜查苏驻哈尔滨领事馆,逮捕了30多人;7月10日,派军驱逐苏驻哈总领事和东铁苏方高级官员出境。7月18日,苏方宣布与国民党政府断交;8月上旬,中苏边境爆发大规模军事冲突。东北军连遭惨败,不得不停战求和;12月22日中苏双方签订《伯力会议议定书》,明确恢复战前的中东路原状。蒋介石之所以要张学良轻率地挑起中东路事件,其目的有三:一是欲左右东北当局接受并推行其反苏反共的方针政策;二是蒋广泛制造了冯与苏俄勾结的舆论,东北地区的中苏冲突,正是混淆国内视听,捞取政治资本的良机;三是使张学良在东北脱不开身而无暇顾及关内事务,反蒋阵营无法拉拢他。

解决北方时局的关键仍是阎锡山。蒋介石派阎的五台同乡好友、监察院长赵戴文回晋劝阎反唐。同时,蒋也深知,阎是个不见兔子不撒鹰的角色,空言无利,解决不了问题,遂开出价钱,由北平卫戍司令部宣布,第三编遣区奉中央命令,原定兵额不敷,仍添设晋、冀、察、绥四保安司令,每司令设一师,计四师。

12月8日,阎锡山致电蒋介石,表示拥护中央讨伐叛逆:"钧座对军事上必有把握,锡山唯命是从,并请祥示方针,俾有遵循。"蒋本对阎、唐之间的勾搭有所察觉,见阎主动请缨,将"讨蒋"罪过推到唐生智身上,声称唐是借其名义造反,于是大喜,复电慰勉有加,并命阎为讨唐军总司令,统一指挥河南境内的各路大军,讨伐唐生智。蒋阴阴地笑了,不是都想造我的反么,就让你们先互相厮战吧!

阎锡山得到蒋介石的任命后,得意非凡。此次讨唐,既决然成功,又可获得蒋的信任,还可以夺取河南地盘。这样一来,西北、中原均是其势力范围,几成中国的半个皇帝,再起而与蒋争夺统治全国的权力,必成水流百川归大海之势。他令孙楚、杨爱源从河北、山西向南推进;令驻河南境内的王金钰、韩复榘、石友三等,围攻郑州;令夏斗寅、蒋鼎文从鄂西进抵河南,令徐源泉从鄂北攻入河南。

阎锡山安排了后方事宜,尤嘱对冯玉祥严加看管,然后身着军礼服、佩带

谁与争雄

指挥刀,于1930年元旦,由太原乘火车至石家庄。因阎此次对河南地盘志在必得,同时也为了向蒋介石显示一下山西的实力,拿出了自己的主力部队,共计7个军7万人马。先期到达郑州的是孙楚和孙长胜的两个军,阎任命孙楚为郑州警备司令,杨耀芳军位于郑州至黄河铁桥间;石家庄至黄河铁桥,部署有张会诏、冯鹏翥、徐鹏云、孟兴富四个军。阎的前敌指挥所设在郑州,其行营办公处处长梁航标先到郑州,决定阎下榻在陇海铁路局花园。

一列专车隆隆驶出石家庄车站,那是当年慈禧太后所乘的龙车,车厢里端坐着的是去河南的阎锡山。

第十一章 同树异枝

反蒋斗争潮起潮落，阎锡山难免兔死狐悲。轮到他竖起反蒋大旗，殊不料各种反蒋势力犹如同树异枝，都想自开花自结果。

第一节 老狐狸魂惊河南，智激徐永昌，
终于定下倒蒋大计

河南省主席韩复榘见阎锡山摆着如此阵势前来郑州，当即拉下了脸，唐生智已垮了台，你阎老西还带着这么多兵来河南干什么？莫不是冲着我这个省主席的宝座？想玩乌鸦强占凤凰窝的把戏？

韩复榘在投蒋之初，本想将石友三、马鸿逵两部死死地拉在一起，结成一个实力雄厚的军事集团，企图开创一个小局面，但蒋介石对其意图看得非常清楚，采取了分而治之的办法，任石为第十三路军总指挥，移防安徽，马为第十五路军总指挥，调至山东。军饷问题上，军政部对韩部拟取点名发饷的办法，以防其暗中扩充，而韩却坚决要求统一领取，自行分配。在军政设施和用人问题上，韩独断专行，引起蒋的极大不满。同时，鉴于大局的动荡复杂，他也不

谁与争雄

愿在一棵树上吊死，遂与各派多方联络：以刘熙众为驻北平办事处处长，联系山西方面；还让柴春霖去东北，田文忠联系山东陈调元，靳文溪到河北与商震联系。

唐、石反蒋后，韩复榘命刘熙众赴太原，对阎锡山作进一步的拉拢，表示对阎拥戴的诚意。晋方告诉韩，蒋介石为人奸诈，把持中央，排斥异己，只有北方人团结在一起，共同维持华北局面，今后方有办法。韩即提出由阎出面主持华北大局，并提出，现在河南境内，均为杂牌部队，将领们都受蒋介石的歧视，心情非常苦闷，希望有一天能扬眉吐气，请阎亲来一趟河南。阎表示非常高兴，他一直垂涎着河南地盘，见韩愿唯其马首是瞻，为表示对韩的好感，拨给韩手提机关枪500挺，军饷40万元。他决定亲至郑州，以领袖资格将河南各杂牌军收拢，再赶跑韩，强占河南。

阎锡山快到郑州时，郑州到了几位来头很大的客人，一个是蒋介石的代表何成浚，另两位是西北军代总司令鹿钟麟的代表李炘、闻成烈。

韩复榘见阎锡山来者不善，决定寻机扣阎。凭借敏锐的嗅觉，他断定蒋阎之间虽然表面看来很热乎，实际上矛盾重重，谁都想整垮谁，遂把自己的打算透露给何成浚，以作试探。何急电蒋请示机宜，蒋即复电同意此行动。在蒋心中，阎是真正的对手，李宗仁、唐生智、冯玉祥均已遭致命打击，唯有阎像游蛇一样，回旋于各派势力之间，其实力得到了保存和发展，地盘越来越大。更重要的是，冯玉祥、唐生智反蒋的背后，都非常明显地有他阎锡山的黑手。

韩复榘以抓阎锡山报答冯玉祥的旧日恩情为词，将计划告诉了西北军旧袍泽的李炘、闻承烈二人。他并致电西安鹿钟麟：榘等认为不打倒阎锡山，国家就不会太平。决定扣阎，挽回冯先生自由。鹿立即回电：我弟如出兵打阎，兄愿听弟指挥。随即，他与闻、李大致协商了联合攻阎的计划。

阎锡山虽然手提雄兵，乘着花车威风凛凛地奔向中州大地，但这头老狐狸随时伸长着鼻子机敏地嗅着，防人暗算。一到郑州，除了布置严密的警戒外，还向其参议张象乾面授机宜，要他常驻郑州电报电话局，任务是检查往来电报，暗中偷听电话。

阎锡山到郑州的当晚，执行扣阎任务的韩部师长刘春荣即向他告了密。阎即支走了陇海花园的服务人员，马上电令驻在郑州附近的第九军军长冯鹏翥，

第十一章 同树异枝

将早已准备好的一个火车头、一节车厢及一个连的队伍立即开到郑州,同时命令第六军军长杨耀芳守好铁桥,并控制黄河南岸所有民船,另派部队进驻郑州以西的黑石关,以防不测。然后,阎化装成商人,乘着冯鹏翥开来的火车星夜离开郑州。而他原来乘坐的"龙车",仍然静静地停在郑州车站,处在何成浚、韩复榘派来的便衣特务的严密监视之下。

韩复榘正连声叫可惜,阎锡山来了电报:弟接太原来电,潼关关师不稳,太原人心浮动,弟须即返太原坐镇。不辞而别,后会有期。

蒋介石得知阎锡山脱逃北遁,料其此去定然衔恨已极,随即采取防范措施:委任石友三为河南清乡司令,移驻亳州,归韩复榘指挥;任命王金钰为安徽省主席,马鸿逵为皖南总指挥。同时,将嫡系部队纷纷北调,集中徐州、蚌埠。

阎锡山失魂落魄地北逃途中,读到了蒋介石1930年元旦以全胜者的姿态发表的《以气节廉耻为立国之本》的文章。文章大骂反对派,指斥他们"以投机取巧为智,以叛乱反复为勇,气节坠地,廉耻尽丧",宣称自己以顺讨逆,制裁反侧勘定内乱,如摧枯拉朽般地平定了改组派所封的护党救国军。透过这篇杀气腾腾的文章,联想到此次郑州遇险,阎看到了蒋已经向自己伸出来的黑手。

刚刚回到太原,坏消息又来了。山西电台侦听到了鹿钟麟与韩复榘、石友三联络的电报,西北军准备联合其他地方势力进攻山西。果真如此,加上心狠手辣的蒋介石又落井下石,那还了得!之前,各方代表已齐集太原进行反蒋活动,并一致对阎表示拥护,如对蒋态度再首鼠两端,自己就会陷于十分不利的地步。

为了不引人注意,阎锡山要周玳电召河北省主席徐永昌和察哈尔主席杨爱源赴太原。徐、杨到达太原的当天晚上10时,阎召集徐、杨、孙(楚)、周(玳)4人秘密开会。阎说:"现在的形势,你们也很清楚,蒋介石在搞垮了李宗仁、冯玉祥后,黑手已伸向我们。此次我去河南督师,差点不能回来,说明老蒋不仅要动手,而且不择手段。蒋介石先利用我们打仗,然后再收拾我们,北伐成功后,他曾答应,将平津全部税收作为平津卫戍区军政各费的开支,可是没几天，宋子文到北平，要划分国家税和地方税，划就划吧，于是我把平津税收机关的晋方人员全部撤出，宋子文答应平津卫戍部队的饷项由财政部拨发，可是实行了一个月就停止了，为革命嘛，也不计较这么多了。我想不发饷给咱们，咱们北伐时由山西省银行垫付的3000万元军费总该归还吧，可蒋介石说中央没钱，这也算吧，于是咱提出发行3000万的公债，否则叫咱们吃什么，可蒋介石又不准！"阎一拍桌子："我很后悔北伐时垫此巨款，这件事咱们做错了！他不敢用兵来打咱们，只有从经济上来困死咱们。"他见在座各将领都保持谦恭的沉默，继续说："咱们与蒋介石终会有一战，现在倒蒋的时机成熟了。蒋介石的日子非常不好过，从国共斗争来说，南方几乎每一省都有共产党的根据地，朱毛红军据说已发展到10万人，这是钻进铁扇公主肚子里的孙悟空。反蒋的国民党实力派仍然存在，尚有很大的力量。李、黄、白还在，西北军虽龟缩潼关以西，但力量还很大。再加上改组派继续反蒋，进行了频繁的活动，利用南京政府的堕落到处做宣传，给蒋记中央造成了很大的威胁。从经济上说，宋子文搞的那套政策现在倒是可以弄到几个钱，但迟早要出大问题。"阎分析完这一切后，继续给将领们打气："现在咱们晋军的力量日渐增强，而蒋军在多次战争中已经遭到了很大的削弱，其手中的杂牌军的向背是很难预料的，而且各方代表会集太原，打败蒋介石是有把握的。你看呢，次辰？"

徐永昌字次辰，虽是山西崞县人，却是客军。他毕业于陆军大学，后入国民革命军系统，代孙岳为第三军军长（当时冯玉祥是第一军军长）。国民军联军失败后率部入山西投阎锡山，因他颇有头脑，阎较为器重他，对他比对自己的嫡系将领客气，他的言行对晋军的影响也很大。

徐永昌回太原即到周玳家探虚实。他冷静地发表自己的意见：仗是不能打了。对国家来说，刚刚打完仗，不应再打了，对总司令来说，也不能打仗。第一，不打仗，人们都来捧他，他是爷爷，如果打起仗来，一定都要向他要钱要物，而咱们总司令的吝啬劲是出了名的，哪能满足那些滑头、骗子的欲望，不满足，就会恨他，他就成孙子了。第二，冯玉祥这人，语言外表极力装作好人，内心却十分狡诈，手段更为毒辣。他惯用痛哭流涕来迷惑人心，可是一旦有了利害上的冲突，不管亲疏，都会遭到他的暗算。冯玉祥在河南做督军时，因河南是吴佩孚的老窝，冯吴矛盾十分尖锐，甚至弄到吴考虑要除掉冯的地

第十一章 同树异枝

步,冯跑到曹锟那里,跪在地上哭诉,曹吴本是一家人,但曹说:"那你到我的身后去吧。"遂任冯为陆军检阅使,驻兵北京南苑,军饷也直接到陆军部领。冯却以发动北京政变,囚禁曹锟相报。民国十五年(1926年)雁北战役后,冯在五原誓师时,我曾劝国民二军的弓富魁等人不要再跟他走,他们不听,结果被冯缴了械,我因深知其为人,又看到他对孙岳推崇备至,断定他不怀好意,因此我带的国民三军就没有跟他走,也就没有上他的当。况且冯的野心很大,在背地里常骂咱总司令是"窝囊废";再者,总司令还软禁了他好几个月,他哪有不恨的道理。至于他的部下,更是恨咱们老总恨得不得了,鹿钟麟就常说要先倒阎后倒蒋。现在和冯一同打蒋,哪能可靠?在作战的紧要关头,说不定冯又出什么新花样,咱们倒蒋不成,反而吃了大亏。至于李、黄、白,相隔太远,他们是不是能打到武汉,颇成问题。韩复榘、石友三多行不义,再过两三年,社会上就没有这两人的声音了。唐生智毫无实力,刘文辉的川军最擅长的就是窝里斗,从来就没有出来过;刘珍年、白宝山等都是骗钱的,更是靠不住的。如果打起来,这个重担子就要由咱们担起来,你看这个仗怎么打?

徐永昌阐述了反对开战的理由后,阎锡山沉默了几分钟,说:"次辰,你说的也对,但是蒋介石把我们逼得没有办法呀!"

徐永昌说:"咱们可以另想不打仗而可以解决问题的办法。"

阎锡山说:"只有我出洋。"

徐永昌说:"你走了我们怎么办?"

阎锡山说:"这容易,你们可先对付蒋介石,如他实在逼得你们没有办法,你们可投降了他。"

徐永昌一听,脸色一变说:"总司令,你要这样说,你说打,咱就打吧,把我的话取消。"

阎锡山刚刚统一内部的意见,1930年1月16日,吴铁城到了太原,奉蒋命请阎补行副总司令就职仪式。

阎锡山看到,这不仅是个手续问题,而是蒋介石要其表示服从中央的一种形式。在现在的形势下,如再表现出顺从,灰了海内人望,将来自己反蒋,和者定寡,阎遂不再沉默,借机发表了反对蒋介石的演说,指责蒋独裁、黩武,造成党的分裂、国的分裂,提出了"党人治党,国人治国"的口号,说:"惟党国是以党为主体,个人中心武力是党国之障碍,必须一切交还于党,再行编遣。"

南京城里的蒋介石立即致电阎锡山:"使中正果有背叛党国之罪状,党国当予以最严厉的惩罚。又或中正违反党纪,淆乱国是……及别设枢密院、元帅府,以解决国事之怪论,则亦无所逃于众议之责备……然军队必须始终服从中央,竭诚拥护中央。要戡乱定变,铲除封建势力,制止反动行为,以实现国家和平统一。"

五院长发表《告全国人民书》,对全国军人提出了三项劝告:一、须视军队为国家之武力,不应视为私产;二、不能牺牲国家之生存而求个人之幸免;三、须不存利用别人之心,而亦不可为别人所利用。电文中说:如果挑拨离间,幸灾乐祸,使别人互相冲突,而其在别人冲突之中,欲求一时之苟存,未有不随同国家之沦亡覆溃者。凡反抗党国以破坏和平之政策者,未有不趋于崩溃。文中矛头所指显而易见,长期以来,阎锡山躲在幕后煽风点火,浑水摸鱼,反复无常的行为,人们也是洞若观火。

阎锡山向从来就是有奶便是娘的小军阀们派出了使者,利用其对蒋介石歧视、甚至蓄意消灭非嫡系部队的做法而产生的愤恨情绪,拉拢他们共同反蒋。而在这个时候,嗅觉灵敏的政治派别和地方实力派觉察到了蒋阎之间的裂痕越来越大,为了推波助澜,以便在大动荡中渔利,纷纷派代表奔赴太原:改组派的王法勤、顾孟余、白云梯、王懋功等,西山会议派的邹鲁、谢持、覃振等;冯玉祥的代表李书城、邓哲熙等;李宗仁的代表潘宜之;张学良的代表葛光庭;刘镇华的代表楚经纬,韩复榘的代表刘熙众;石友三的代表聂相溪;孙殿英的代表袁华选;樊钟秀的代表邓鸿业;刘文辉的代表胡晨三;任应岐的代表刘觉民;井秀岳的代表袁鸿吉;另外,万选才、刘茂恩、陈调元、金树仁、刘桂荣等人亦派有代表。这般三山五岳的英雄豪杰们的代表住满了太原的两个高级旅馆"山西大饭店"和"正太饭店"。

阎锡山频繁地找各方代表谈话,周玳劝阻他说仗是不能打的,因为各方都自私自利,薛笃弼谈反蒋的真正目的是救冯玉祥回陕西,而冯玉祥是极不可靠的。阎说:蒋介石几次要收拾冯,冯对蒋恨极了,现在要是和我共同打蒋,这是他求之不得的,他一定会竭尽全力。并且他好贪眼前的小利,只要我们能在物质上满足他的欲望,他哪能再生半途捣乱之心。他固然很狡猾,打完蒋之后,可能会捣乱;但他是个老粗,没有远见,我自有办法对付他。

第二节 蒋介石直揭阎锡山老底,阎锡山明知被日本人玩弄,却无可奈何

中国人打仗,自古以来即讲究师出有名,名正则言顺则气壮。工于心计的阎锡山在兵戎相见前,利用海内普遍厌战的心理,揭露蒋介石动辄诉诸武力解决党内派别纠纷的行为,把挑起战争的责任完全扣在蒋介石头上,发起了一场历时20多天的电报战。

1930年2月10日,阎锡山发出"蒸电",抨击蒋介石武力统一的论调,指出若继续动武,则事与愿违,"党内之纠纷愈烈,军人之恐慌愈甚,挑拨离间的机会亦愈多……民间之疾苦日增",主张蒋礼让为国,要蒋和他同时下野出洋,以弭争端。

蒋介石通过对时局发表重要谈话的途径,替自己辩解:"礼让固为美德,但不能以礼让为名,轻弃党国之重任,丧失革命之地位,更不可以礼让为名,实为奖乱!"接着振振有词地表白自己:"是非曲直天下后世自有公论,任何污蔑,任何威示,均不足动摇余革命之决心也。"然后,在12日复阎"蒸电"时发起反攻:"此时国难正亟,非我辈自鸣高蹈之时。……惟对于借藉武力,谋危党国者,舍以武力制裁之外,更有何术以实现和平统一之目的?即兄前有毅然出师以消灭改组派为己任,固亦此意也。"

阎轻摇笔杆,13日回电驳斥蒋介石:"惟思治国之道,重在止乱不重在戡乱。……不能止乱而一味戡乱,乱终无戡了之一日。"并连连诘问道:"今日所开除、通缉的党员,何者非尽力国民革命分子?今日所讨伐作战之军队,何者非尽力国民革命之军人?"

阎气势汹汹的舆论攻击,使蒋介石颇觉难以应付,请出了行政院长谭延闿、立法院长胡汉民、司法院长王宠惠。3人给阎电中,搬出了党纪国法:"盖国有纲维,党有纪律,个人进退绝无自由,而先生未得党国之许可,遽欲

挟介公以俱去，硁硁之愚，窃谓未可。"

阎锡山拿准蒋介石除非被打倒，否则绝不放弃权力的心理，建议自己与蒋介石"在野负责或组织元帅府、机枢元老院"，大唱高调，显示自己一心为国，决不计较个人私利。同时，摆出一副弱者的姿态，目的是想让人们理解他的谋国苦心，暴露蒋介石的蛮横态度："如必以此罪锡山，无须劳师动众，一纸命令，锡山无不服从。"

其他反蒋派见蒋阎矛盾日益激化，纷纷通电痛詈蒋介石，火上浇油。局处广西、手脚难以伸展的李宗仁更希望北方战火早起，使蒋放松对广西的压迫和束缚，发了通电要蒋"引咎下野，以谢国人"，为了坚定阎锡山的反蒋决心，还与广西其他将领推举阎为全国陆海空军总司令，以示自己对其拥戴之诚。

阎锡山见北唱南和，反蒋声浪日益高涨，心虽得意，但较清醒，认为要打倒蒋介石所把持的中央党部和国民政府，必须抬出一块同样过硬的金字招牌。2月23日，阎以45人的名义，发了一封通电，提出"党的主权在全体党员，无论如何主张，若取决于党员，何者亦可，若纯以武力决胜负，非特不当，实亦不必，锡山等拟以请由我全体党员投票取决多数，三届续统可，二届复统亦可，产生四届亦无不可，否则各行其是，乱不能止，何以置党国于磐石之安耶？夫以党治国，必能有整个的党，始能有整个的国，党既破碎，国必不能不破碎，今欲求统一的国，必须先建整个的党，此为党国之理，丝毫不易者也。"

谁可以担当起使破碎的党复归统一之大任？舍汪精卫其谁！汪虽在去年发动了一系列以失败而告终的护党救国斗争而蛰居香港，仍不失为一只灵敏的逐嗅苍蝇，为了自己再起逐鹿的野心，巴不得北方政治局势电闪雷鸣。次日，汪精卫即电阎锡山，极力赞成全党投票的主张，但汪怕反蒋之火尚未烧旺，阎反蒋之决心尚未坚定，在电文中提醒道："望公洞察蒋之为人，久已不知有党，观其复公各电，足证好乱怙权，悍然不顾，最近且在上海买凶刺杀王乐平同志等，其摧残异己，阴狠险恶，无所不用其极。如和平无望，则以武力制裁，实为最后不得已之手段。"就在24日，蒋介石致电阎锡山，公然宣称："三届中央是三全大会选举产生之合法中央，反对三全中央，即为党国叛逆。"阎锡山对蒋介石这种公然扣帽子的行为根本不买账，当日即回电指出，国民党之三全大会代表共406人中仅有73人系选举产生，其他都是指派圈定的，斥蒋道：

第十一章 同树异枝

"国民党之三全大会,乃钧座之三全大会。编遣讨伐,无异于钧座一人之命令也。"蒋在事实面前,的确找不到好的说辞,事隔一天,才很勉强地回电反驳,称阎别有用心,厚诬自己,最后郑重地告诫道:"结束无益之辩论,停止不祥之举动,悬崖勒马,维持和平。"阎在出发前往建安村见冯玉祥之前,复电:"既然彼此见解不同,只好各行其是。"他又给胡汉民等院长发电:"既不见谅,尚何多言!"

阎蒋间的电波往返告了一个段落,但沪、宁两地的报纸上却大登攻击阎锡山的文章,直揭阎之老底。文章指出,武昌辛亥首义后不久,南北议和,袁世凯极力打击各省的革命派。阎为取得袁的信任,请定襄县自幼出入宫廷、并和袁拜过把的黄崇仁到北京向袁疏通,表达拥护诚意。在尚未联系上的空当里,袁借口山西起义后,阎出走而省垣负责无人,使太原一度陷入混乱状态,因此不承认山西是起义省份,用以打击阎。孙中山为此力争,与袁通电达23次之多,并坚决地表示:"如不承认山西为起义省份,即使南北议和破裂,也在所不惜。"阎因此于1912年3月得任山西都督,孙中山不知个中底细,8月亲到太原,以鼓励山西革命人士。之后,为取得袁的信任,阎除贿赂袁之亲信、总统府秘书长梁士诒外,甚至买通了袁的女仆,密察袁的意旨。如有所需,无不奉命唯谨,还把自己的父亲阎书堂送到北京长住,作为人质。在山西内部,阎对同盟会的老同志采取敌视态度,坐视袁的爪牙铲除同盟会的势力,乐得借袁之手排除异己,为自己统治山西扫清障碍。事实上,阎把辛亥革命当成了自己飞黄腾达的东风。1915年,袁准备称帝,遭到全国人民的唾骂和革命党人的反对,而阎却争先请愿,带头劝进,除自己不断发拥戴电外,还指使山西总商会、山西蔚丰、厚和各处票号,假借名义分电请愿,要求早废共和,而立君主。文章为充分暴露阎叛变革命投靠袁世凯的丑态,照录了阎呈请袁改共和为君主及与此有关的三个电文:1915年8月25日致筹安会电,1915年9月1日呈袁世凯电,1915年9月16日致参议院电。他在呈袁世凯电中说:"大总统钧鉴:窃维军国主义,自欧战剧烈,益为列强趋势所注重,而军国主义必借帝国主义以推行,共和政体,绝不适于生存,此持国家主义者之公论。锡山前密呈实行军国主义,已邀睿鉴。近自筹安会讨论君主体问题,全国一致,极表赞同,公民请愿,望治甚殷。诚以中国之情,决不宜沿用共和制度,非采取德

谁与争雄

日两国君主立宪法，不足以立国而救亡。如徒慕共和虚名，既无美法国民之程度，将不免墨葡纷争之惨剧，虚名已不可得，实祸且将立至。当辛亥革命之初，尝以共和为新旧递嬗时代之权宜手续，四年以来，默察国情，征诸经验，乃确信共和之不足以安中国。幸赖我大总统威名远播，内乱削平，邻交敦睦，外人詟服，乃得维持治安，以至于今。如渡河中流，已脱惊涛骇浪之险，而尚未诞登彼岸。今日改定君主国体，正全国人民希望诞登彼岸之机会，其关系中国前途治安更巨且大。我大总统为四万万人所托命，以大有为之才，乘大有为之势，毅然以救国救民自任，无所用其谦让。且近闻有人建议，阻挡反对筹安会之讨论，或且以复辟之说相抵制，不知改定君主，乃内审国情，外察国势，生于全国人心爱戴之至诚。非君主不足以救中国，非天纵英辟，为全国军人所推戴，非大有为之君主，不足以救中国，此系国家主义所驱迫，不能参以君臣旧说之空谈。故君主问题与复辟之说，绝不相容。且前清因休于革命，举天下以让之民国。民国成立，于前清已断绝关系，今民国以鉴于列强趋势，国民请愿，由民主而移之君主，天与人归，各当其时，于前清更毫无关系，尚复何言。如因一二浮议，破坏君主立宪政体，徒使怀挟私见之庸臣，及幸灾乐祸之乱党，自幸其得计，而违拂民意，陷于危亡，谁复肯为国家出力。惟有恳乞我大总统力予主持，早定国是，不拘于迂儒旧说之谬，致扰国家长治久安之计。锡山忝列军人，苟利于国，艰险不避，誓当竭忠报国，以仰副我大总统救民之意，谨冒昧以请，伏乞鉴纳，不胜惶恐迫切之至。同武将军、暂理山西军务阎锡山谨密呈江印。"

阎锡山积极酝酿反蒋期间，国民政府监察院院长赵戴文拿着蒋介石的亲笔信从南京到太原，责备阎锡山说："介公率军北伐，业已成功，统一了中国，威信已孚，他是政府，你是他的部属，你要带头打他，这不是造反吗？"他给阎分析了形势："介公正在治理国家大事，全国人民都很厌战，希望过太平日子，你这样做，就不怕挨天下人的骂？再者，我在南京一年多，深知他的内部对他信仰很深，已经成了铁桶子，军队力量也很强大。你以为联合的人不少，可这不是乌合之众吗？这些人见利则争，见害则避，打起仗来，哪能靠得住？你要打他，不是自取灭亡吗？你看，来太原劝你的这些人，多半是些流氓政客和失意军人，你怎能听他们的鬼话呢？"

第十一章　同树异枝

阎锡山听了赵戴文的话后,耸然动容,反蒋决心发生了动摇,马上在《山西日报》上发表了"我听了赵次陇的话,才大彻大悟"的谈话,其本意是想向蒋方澄清,却在摩拳擦掌的晋军将领中引起了不安,他们对阎如此举动惊疑莫定,认为一定是赵的一番话把阎说变了心。

谈话发表后阎锡山似乎对此又有懊悔,他敷衍前来问讯的周玳说:"这是缓兵之计,是应付省党部的。省党部见报,必然告诉蒋,这就会稳住他的心,不再作积极的准备。"

徐永昌对周玳说:"赵次陇实在误了阎老总的大事,这回分明是蒋介石以造反的罪名打动了赵的腐儒之心,阎居然上了蒋的当,决心发生了动摇,我很着急。阎、蒋既已决裂,势成骑虎,如果叫蒋给吓回去,也太窝囊了,无论对内对外,他的威信都要一落千丈。况且蒋介石早已抱定要消灭阎、冯、李等各大实力派,以实现其独裁政治的野心,我们若是这样软下来,蒋必得寸进尺,各个击破,后果就不堪设想了。我看现在打起来,纵然失败了,还可以退守山西;如果在双方打得精疲力竭时,讲和也容易。况且我们不一定失败。"

这时,张学良致电阎锡山说:"联衔发电事不必急行,电稿有应商酌处,俟彼此酌定再行如何?"

原来,阎锡山认为,真正与蒋介石摊牌后,完全要靠军事才能解决问题,但军事不是要硬打,关外的风向好不好,关系成败很大。他认为,张是东北的少年派,同老派有矛盾,而子承父统的威力还相当大,仍然是东北的主要力量。张由于受日本的控制而头痛,力求继父志而向关内发展,这个年轻人并不容易抓住。他要向关内发展,首先即是华北,提出关外各省和关内黄河沿岸各省统一合作的问题,总是可以引起兴趣的。东北华北统一合作,并不反对南京政府,而是反对蒋介石排除异己、制造独裁的做法。反对蒋介石,也不要费东北的兵力,只要东北采取主张公道的态度,站在阎冯一边说话,也就解决了一大半的问题,他抓住张的办法是,要求张与阎冯共同发表一个通电。他认为,张可能同意共发通电,甚至可能参加打蒋,则山西既无后顾之忧,又增加一股强大的生力军。

其实,张学良对纷争双方均无好感,但他也想趁机扩大地盘,见阎锡山提出东北华北联合,略有心动。正沉吟着准备发出阎送到东北的电报时,忽接阎要其缓发通电的电报，顿觉阎在搞鬼，即使不是针对东北的，也说明这人当断不断。秘书长王树翰又向他指出：阎要通电先由关外发出是其狡计，目的是要东北由附骥者变为主动者。他虽然气愤异常，但因中原风云变幻不定，鹿死谁手尚难预料，也不愿把事情做绝，遂一面要求阎缓发通电，一面派王树翰赴太原察看动静，并向阎表示自己息事宁人的主张，也表示与阎的联系未中断。随即，张学良3月1日发出"东电"，两边不得罪。

同时，驻太原各方面的代表针对阎锡山在与赵戴文谈话后反蒋态度的摇摆不定，纷纷给他上说词："赵次老是个十足的书生，蒋介石表面上对他恭维备至，连走路都予以照顾，出门口和上下台阶，蒋必亲自扶持，赵次老受宠若惊，就迷糊了。他不晓得这是蒋惯于使用的虚伪手段，所以他对蒋也就忠心耿耿了。蒋介石的内部情况，决不是铁桶子。除了少数嫡系外，都是同床异梦。至于那些杂牌军队，更不会为他卖死命，千万不要犹豫。"

阎锡山性好沉思，每晨早起，在其花园慢步独思，时而微笑，时而一手攀着树枝，一手撑腰，冥思苦想。漫步几圈后，才到办公室。他不像有的大人物，只管自己高谈阔论，他在别人谈话时，仔细倾听，感兴趣的东西就拿到自己的头脑里制造成自己的东西。

阎锡山又决心反蒋了，决定马上发通电，下动员令，但现在又不便再请张学良在通电上署名，于是他又深悔赵戴文贻误了联合张学良的大事，懊丧地说："唉，次陇早也不来，晚也不来，偏偏这时来，太不利了，太不利了！"

虽然如此，阎锡山仍然认为张学良绝非意气用事的草包。为了静心研究一下对日本、对张学良的策略，他邀毕业于日本帝大农科、与日本华北驻屯军特务机关长土肥原的关系非常密切的外交秘书陈觉生，到了河边村。

日本正因阻止东北易帜不成，颇对东北与日本的关系问题焦虑。阎锡山一联系，日本就趁机提出华北大合作的意见，说日本是愿意中国保存北方势力的，关外各省和关内黄河沿岸各省联合起来，可以成为与南方相抗的力量。日本甚至提了在华北搞"北洋派大同盟运动"，表示日本不但愿在东北方面帮忙，而且假使可能，主张将北方在野的、还有潜在力量的人物，例如段祺瑞、吴佩孚等都请出来。

阎锡山说："日本对中国究竟打什么主意？既鼓励我们反蒋，又一手勾结蒋介石，勾蒋是倒阎，勾阎是倒蒋。它自己的两手自起对消作用，这真奇妙。"

陈觉生说："张学良不肯签发3人联名通电时，有人说他变卦是因为日本不让他这么做，日本同蒋是有联系的，其实不然。日本为自己的利益，不能不站在老总这方面。日本同情蒋介石，只是他反俄反共的态度，但反俄反共不仅是日本的主张，也是英美各国的主张。英美包围蒋的力量大于日本，这又是日本所怕的。更可怕的是英美借蒋挟中央政府的力量，把势力扩张到华北和日本冲突，甚至排挤日本在东北的既得利益，因而蒋拉拢小张是为日本所忌的，我们必须懂得日本与英美在中国的斗争。"

"站在中央当权者的地位，谁都要求统一。日本既支持蒋，联系蒋，又反对他求统一，不许他的力量伸到华北来，那么，日本和蒋又怎么合得拢呢？"阎锡山问。

陈觉生答道："日本懂得这个矛盾的，但日本事实上只能采取这个办法，对蒋，在你保全日本在华利益的前提下，绝对支持你；对英美，日俄为邻，保全满蒙以对俄，是日本的责任，日本负担着国际共同利益的责任，请你们不要干涉，同时要保全满蒙就要保全华北，也请你们不要干涉。英美并不反对日本的意见，可是他们还是埋头包围蒋，暗中排挤日本。日本所怕就在这里，遂极力扶植阎、冯、张，树立北方的中心力量，以对抗以英美实力为背景的南方势力的北上，日本两只手自相矛盾，也可说是其最佳选择，因为这样做对日本无不利，一则鹬蚌相争，渔人得利；二则虽然得不到大利，谁胜便向谁要功，对失败的还可以讲旧交，耍把戏。一句话，只对日本有利。"

阎锡山沉默着，内心有一种无奈：这不是明摆着被日本人玩弄吗？他一生都在利用别人，而现在清楚自己被人利用，却无可奈何。

第三节 从对手到盟友，冯玉祥饮恨联阎倒蒋。
排兵布阵，蒋介石备足枪弹与银弹

阎锡山估算了敌我双方的实力，认为胜算在握，决心对蒋用兵。对冯玉祥的西北军，仍想用老办法，拿住冯玉祥，胁迫西北军。但是，形势发展迫使他很快就改变了这个策略。

谁与争雄

西北军在上海、天津租界都设有无线电台。阎锡山的行营办公处设了一个电务组，专门截收、翻译外电。电务组截译了西北军的几份电报，天津台致上海台说："阎言万不可信。此间已电告瑞（鹿钟麟字瑞伯）等万勿再受其愚。阎若反蒋，必在危害我军之后，总座往事，可为痛哭。"鹿钟麟电天津台："此间行动，与向方、汉章商有办法，韩、石会攻平津，我军相机进袭太原。"阎又闻西北军正积极地与蒋进行联络，鹿表示愿依编遣方案，陕、甘、宁、青四省实行缩编，请发西北善后公债2400万元，然后派代表熊斌、何其巩到上海同蒋方代表熊式辉谈条件。熊式辉提出：一、西北军编为10个师，军饷由中央关发；二、鹿钟麟任与张学良相等之职务；三、西北军通电反冯。熊、何表示：西北军官既就中央新职，反冯通电似可不必发。

如果事态就这么发展下去，西北军与蒋介石联络成熟，不但以反蒋领袖之身份在倒蒋后一统山河的野心无法实现，一旦西北军真的兵锋北指，攻击山西，那就不得了啦！阎锡山在3月3日发出宣布下野的"江电"后，6日即截获蒋介石的"鱼电"：委韩复榘为讨逆军前敌总指挥，石友三为平汉方面军总指挥，马鸿逵为津浦方面军总指挥兼第十五路总指挥，顾祝同副之并兼第十六路军总指挥；陈调元为第一总预备队总指挥，王均副之，王金钰为第二总预备队总指挥，并命各部克日向平津进攻。

再狡猾的狐狸都有上当的时候。阎锡山根本没有料到蒋冯联络是冯玉祥的反间计。

鹿钟麟在宋哲元发动反蒋战争时，弃职由宁北上，秘密住在天津租界，再乘唐生智讨蒋，而阎锡山又背约前往河南讨唐的混乱局面，化装到建安村，见了冯玉祥。冯写了一道手谕给鹿，以鹿代理总司令，免去宋哲元的总司令职，要其回陕整顿部队，积蓄力量，伺机而动。随后，冯用米汤在一部《三国演义》里写了封密信派人带给鹿、宋二人，嘱托四要项：一、重振西北军，准备再次东进；二、招抚韩复榘、石友三等西北军叛将，以增强兵力；三、派人与蒋介石联络，摆出秘密联蒋的姿态，并故意要阎锡山侦知，使阎产生蒋冯联合的错觉；四、公开致电阎，要求放冯回陕，共同反蒋。鹿遵令行事，立即大张旗鼓地提出了"拥护中央，开发西北"的口号，并致电阎，要求恢复冯的自由。此时，正值蒋阎矛盾日益尖锐化，蒋方已派人向西北军表示，希望合力倒阎，鹿趁机密派代表赴南京见何应钦，举行秘密谈判。冯方代表说："蒋是我们的敌人，阎是我们历史上的仇人，敌可化为友，仇则不共戴天！"何表示："只要西北军一经表明打阎的态度，马上可以获得中央的接济。"冯方表示愿意接受编遣，"如能给一批军火，并愿开往山西讨阎"。同时，鹿又派人赴河南与韩复榘、石友三联系，韩、石也表示坚决反阎，并商定：韩、石由津浦路会攻平、津，鹿带西北军出潼关过黄河，直捣太原。

阎锡山接到冯部高级将领联名请其从速送冯回陕，否则师行在即可南可北的电文，又截译了鹿钟麟联蒋、联韩石的电报，深惧山西地盘不保。同时，他也考虑到，自己与冯玉祥、唐生智密议倒蒋，虽然都变了卦，但蒋定已尽知底细，这笔账迟早是要算的，不如抢先一步，实行联冯倒蒋，如再迁延不决，大祸就在眼前。为了立即搁住鹿钟麟联蒋倒阎的计划，阎认为只有让冯玉祥回到西北军去。阎锡山痛哭流涕地在傅公祠向冯玉祥赔罪，信誓旦旦地表示此次决心与西北军共同反蒋，并郑重地保证："大哥回去之后，倘若带兵打我的话，我决不还击一弹，并以太原相让。从今以后，晋军吃什么、穿什么、用什么，大哥的军队也一样待遇，决不歧视。"

冯玉祥达到了联阎倒蒋、脱身回陕的目的，自然表示对往事决无芥蒂，彼此一心一德，共同倒蒋。

阎、冯二人敲定双方联合倒蒋后，对讨蒋联军的组织系统和作战方略作了概略的研究，初步确定：一、阎锡山任中华民国陆海空军总司令，冯玉祥、李宗仁任副总司令，刘骥为总参谋长；二、桂军为第一方面军，由李宗仁统带，师出湖南，进攻武汉；三、西北军为第二方面军，由冯玉祥统率，担任河南境内陇海、平汉两路作战任务，分向徐州、武汉进攻；四、晋军为第三方面军，由阎锡山统率，担任山东境内津浦、胶济两路作战任务，与第二方面军会攻徐州，然后沿津浦路南进，直捣南京；五、石友三为第四方面军，以主力进攻济宁、兖州，以一部协同第三方面军会攻济南；六、内定张学良为陆海空副总司令（并拟定东北军为第五方面军），积极争取共同倒蒋；七、内定刘文辉为第六方面军，何键为第七方面军。

之后，冯玉祥带着50万元现款、200挺花筒手提机枪、2000袋面粉和阎锡山"西北军的军需我一定及时供应"的诺言，由晋方宪兵开道，秘密离开太原，直奔陕西而去。

冯玉祥离开太原后，留刘骥（字菊村）为常住代表，与阎锡山联络，刘使用的密电本称为"菊密"。冯走后没几天，刘给冯电，内有"讨蒋电稿，业经拟就，专人送上，阅后由潼关太原两地同时拍发"等语句，阎之行营办公处长梁汝舟亲笔把"太原两地"四字抹去，改成"有线无线"，使其变为"由潼关有线无线同时拍发"。这样做的目的是使讨蒋通电首先由潼关拍发。这说明，阎虽送冯回陕，且冯夫人李德全及其女儿实际上作为人质仍留在太原，阎对冯还是放心不下，深恐冯玩去年宋哲元兴兵后他对西北军玩的那一手戏法，时时提防冯变卦。

蒋介石恐怕正在做联冯反阎的美梦——这也是其联甲制乙、联乙制甲的惯伎。他可能已下令平汉、津浦两路北进。而冯玉祥一到潼关，一声令下，精锐的西北军就会如江河决堤般轰然而出，沿着陇海路，直冲河南，把蒋军截为两段。正因为冯秘到陕西军中有这么大的作用，而自从去年阎表示倾心拥蒋以后，蒋把特务公开地或秘密地派来太原，山西省党部等机关都安插了南京派来的人，所以阎对冯离晋竭力做得十分机密。送冯走的，只有几个人，不要说一般军政人员，连赵戴文都不让他知道。冯走后的几天中，阎放烟幕，天天发布新闻，说他怎样去访冯，彼此晤谈甚欢，或者说，冯于某日接见了某某代表，一切都说得煞有其事。南京方面信以为真，以为蒋冯联合对阎已成定局，每天由中央社发表太原电，不说冯在太原如何受监视，就说冯的旧部如何对阎愤慨，继续挑拨阎冯关系。

冯玉祥3月10日回到潼关。将领们见到被软禁了几个月的老总回到军中，感慨万端，但最初的激动过后，却又生出一种忐忑不安的心情，因为他们这位婆婆严厉得几乎不近情理。

次日，冯玉祥召集师长以上将领开会。他在会上宣布联阎反蒋的理由和决心："蒋介石是全中国人的敌人，他采用种种阴险毒辣的手段，想消灭非其嫡系的所有军队，以达到其专制独裁的目的，建立蒋家王朝。"接着，他列举了蒋介石近年来的种种倒行逆施行为，同时大手一挥宣布道："咱们目前的任务，是联系阎共同倒蒋，这个计划不容更改。的确，我此次入晋，伯川先是非礼待我，然而目下我们已团结起来，一心反蒋，伯川与我之间不愉快之事，不

第十一章 同树异枝

得再提。"

将领们都沉默着。

过了一会，鹿钟麟说："目前我们西北军处境，从战略上看，应当是联蒋伐阎，而不应当是联阎反蒋，因阎狡诈阴险，不可与其合作共事，只有首先把阎打垮，夺取山西地盘，咱们才能巩固西北根据地。而且山西地形险要，进可攻，退可守。总之夺取山西后才能立于不败之地。"

老将鹿钟麟一开口，其他人的嘴巴也解了冻。冯玉祥的爱将孙良诚说："我赞成瑞伯的主张。阎锡山像条游蛇，咱们屡次上他的当、吃他的亏。去年双十节起兵被他卖了不说，冯先生还被他软禁了几个月，如不把阎打倒，不仅西北军难以发展，也难解心头之恨！再说，南口之役时，阎几乎抄了咱们的老窝！"

鹿钟麟又说："还有一件难办的事。咱们刚刚奉先生的命令把联合韩复榘、石友三共同攻阎的事宜接洽就绪，如果马上就转到联阎，别人怎么看？我觉得这有朝秦暮楚之嫌，难以为人。"

冯玉祥浓眉一挑说："你们不清楚当前中国的形势，看问题不能从大处着眼。现在，打垮蒋介石，是最重要的任务，只要能把蒋介石打垮，对付阎老西易如反掌。而要讨伐蒋，就必须联合阎，否则阎从山西出兵，咱们受到腰击，或腹背受敌，反蒋战争必败无疑。从反蒋实力看，阎部也是除咱们以外北方最大的实力派，也很值得与其联合。"

鹿钟麟提出："我军可控制在郑州、开封及其西南地区，坐观蒋、阎鹬蚌之争。"

冯玉祥回答道："联阎既成事实，就要共同倒蒋。倒蒋之后，再回头收拾数次整我们的阎老西。"

将领们出于对冯玉祥的惧怕，又沉默了。

冯玉祥见众将虽不出言反对，但也不表示赞同，最后一分耐性悄然溜走，把桌子一拍，吼道："你们不愿干，我冯玉祥一人一只手枪也要和蒋介石打到底！"

话说到这个份上，谁还敢说什么，准备打吧！

会后，孙良诚悄悄对鹿钟麟说："我看先生一点觉悟也没有，我们这几年

谁与争雄

一直受阎锡山的害，为什么要和他一起干？孙殿英、刘镇华靠不住，阎更靠不住，我们自己的实力不够，再说西北境内的土匪也没有全平。在这种情况下，根本不宜发动战争。我们当前的任务，除了伐阎以外，应该保境息民，养精蓄锐，以便今后倒蒋。"

鹿钟麟虽深以为然，但见冯的决心已下，断难挽回。事实上，他的幕僚曾和他讨论过这个问题，并提出建议，坚持联蒋打阎，除去肘腋之患。如果与阎合作，即使打胜，也过不了长江。只要蒋退到江南凭险固守，我们和阎锡山之间就会发生问题。到那时候，我们又将处于腹背受敌的不利地位。如果打败，就更不堪设想，甚至想求得退踞关中的局面亦不可能。

冯玉祥有他自己的想法。他坚持联阎讨蒋的目的在于迅速推翻蒋介石的统治，夺取国民党中央的统治权。他只计算在这次倒蒋中，军事上，是二、三、四3个集团军联合对付蒋介石的一个集团军，此外，很多地方实力派也有向义的表示，兵力对比占了很大优势；政治上，汪精卫已表示和他们友好合作，西山会议派也在对蒋介石呐喊鼓噪。他没有全面地设想战争前途的多种可能性，更没有想到，即使能把蒋军打垮，推翻蒋的统治，夺取中央政权之后，天下为谁所有？如果又出现群雄争霸的局面，又将如何？但他铁定了心，在回复甘肃省主席孙连仲请求以一部分兵力控制西北局面时说："胜则到江南组织政府，败则不惜同归于尽。"

其实，冯部一些将领对冯、阎二人有比较恰当的评价：冯只会打仗，对政治完全外行，是个地地道道的军人；阎只是个钱铺老板，只会算小账，野心与其能力不相符。由此得出结论：冯阎联合纵然在军事上取得胜利，政治上也没有多大出路。

同时，西北军的战斗序列、进军方略确定下来：张维玺为第一路，出紫荆关；孙良诚为第二路，庞炳勋为第三路，沿陇海线出郑州；宋哲元为第四路，孙连仲为第五路，分别由陕、甘、宁、青陆续向河南进发；万选才为第六路，沿陇海线向开封、归德前进；郑大章的骑兵集团，进入豫东、皖北，配合步兵作战，刘郁芬代陕西省主席，并为后方总司令，负责陕、甘、宁、青各省一切事宜。

就在冯玉祥积极筹划将其26万余人马浩浩荡荡地开出来，与蒋介石作一

第十一章 同树异枝

次你死我活的搏杀时,南京方面为了探测其回陕后的动向,由吴稚晖给冯发了一电。吴劝冯摒弃干戈,以艰苦卓绝之精神,努力建设,如此做法,将来成功必不在禹下,并在电文的最后,对冯进行讥讽、笑骂:"甘愿充当阎锡山之傀儡,成全了阎锡山这一个十九年不倒翁。汝虽然从阎那里逃了出来,但也是虚悬爱民之志,徒老垂白之头,干戈中心不能有所解决。"冯以诸葛亮骂王朗的笔调回击道:"南京吴稚晖先生:顷接先生之电,回环读之,不觉哑然失笑,假如玉祥不自度量,复先生一电,文曰:'革命数十年之老少年吴稚晖先生,不言党了,不言革命了,亦不言真理是非了。苍髯老贼,皓首匹夫,变节为一人之老狗,立志不问民众之痛苦,如此行为,死后有何面目见先总理于地下乎?'岂不好看乎?请先生谅之,冯玉祥寒。"冯以辛辣的言词于嬉笑怒骂之中,表露了与蒋绝无合作的决心。

3月14日,为壮大反蒋声势,以鹿钟麟领衔,联系原二、三、四各集团军和其他一些军事实力派的将领共57人,向全国发出反蒋通电。

3月17日,冯玉祥在陕县向西北军下达动员令。当天,张维玺、刘汝明部即由紫荆关东进,庞炳勋、万选才部沿陇海线向郑州进发。

同时,在北平,反蒋方接收了蒋方在平的通讯、党部、党报、企事业机关。阎、冯二人并派员往访各国公使、代办,就组织北平政府事宜征询各国之意见。

阎锡山在太原成立第三方面军总部,委徐永昌为前敌总指挥,张荫梧为津浦路前敌总司令,孙楚为平汉线前敌总司令,傅作义为预备队总指挥。阎并分别委任傅作义、孙楚、杨效欧、冯鹏翥为第十二、十三、十四、十五各路总指挥,还晓谕晋军将士:雪能守不能攻之耻。

阎之秘书长贾景德抵北平,组织军政部。

4月1日,阎锡山在北平就任中华民国陆海空军总司令职,冯玉祥、李宗仁通电,分别在潼关、桂平就陆海空军副总司令职,通电拟得气势磅礴,名正言顺。

蒋介石见阎锡山采取先发制人的手段,与之针锋相对地进行了电报战,虽对阎掷地有声的抨击感到难以招架,但也将阎浑水摸鱼、处心积虑地要同蒋介

谁与争雄

石逐鹿中原的野心揭发得淋漓尽致，弄得阎身上满是脏水。当然，蒋介石非常清楚，文字游戏是搞不垮对手的。

3月1日，蒋介石在南京召开了国民党三届三中全会，决议开除利用其名望大搞反蒋活动的汪精卫的党籍，目的是使反蒋派失去名正言顺的政治领袖。对阎锡山，通过了如下决议："阎锡山受党国重任，乃于最近联合武人，倡为谬说，违反党纪，谣惑人心，且有调遣军队、破坏交通情事，应即设法制裁。本会特派李石曾、张继、赵戴文切实查明真相，是否仅系言论悖谬，抑更有弄兵谋叛行为，并令赵戴文先行查明，克日呈报。"

对原第二、三、四集团军，蒋介石的计划是远交近攻，各个击破。李（宗仁）、黄（绍竑）、白（崇禧）逃避海外，其广西残余势力危如悬卵，桂系暂不足虑；蒋准备抓住冯被囚于山西的机会，拉拢阎锡山，彻底铲平西北的山头，再返身面对阎，所以他先给阎若干好处。但蒋阎矛盾迅速激化。尽管阎发了通电说："同焕章即行出洋，以明初志。"并派员赴日本筹备住所。而派回山西的赵戴文又致电三中全会主席团："津浦交通未复，驻鲁部队将其桥拆毁，冯鹏翥部已攻曹州两点，不过是军队换防。此间军队调防，纯系维持治安，绝不出河北一步。"蒋介石清醒得很，蒋阎矛盾并不是这么简单地解决得了的，遂制定对晋军作战方略：首先击退黄河两岸晋军，后肃清河北、平津。为了从经济上卡住阎的脖子，三中全会第二次会议通过撤销整理晋省金融公债案。

尽管蒋介石高声宣布，由于阎锡山骗冯玉祥向中央捣乱，政府最后将不得已而用兵，消灭反对势力，政府的力量可以消灭一切反动派，但其内心也不得不承认形势是严峻的。南线，李、黄、白秘返广西后又树起了反蒋的大旗，与陈济棠、朱绍良部对峙。蒋给广东送去了大批枪械，并电粤军，限10日内解决桂局，但仍未能促使战局发生重大变化。北线，洛阳、郑州、开封相继落入敌手，各反蒋派别麇集北平、太原，阎、冯派人与北平各国外交人员进行联络，以期各国承认其即将组建的政权。

战争不可避免。为了完备讨伐阎锡山的法律手续，国民党中央常务委员会根据中央监察委员会的来函，决议开除阎之党籍，国务会议决议免除阎本兼各职，并予通缉。

第十一章 同树异枝

蒋介石站在军用地图前久久端详。阎锡山在太原，冯玉祥在潼关，李宗仁在南宁，地图上的无数支箭头指向中原腹地。汪精卫在香港眼看着纷乱的政局指手画脚。汪精卫玩政治根本不是对手；李宗仁力量已失，造不出什么声势来了；所虑者，手握50余万精兵的阎、冯！不过，反蒋阵营并非无懈可击，正如蒋介石4月5日发表的《为讨伐阎冯两逆告将士书》中论述的，反蒋联军的最大问题是：收容越广，团结越弛，必以小团体的利害为利害，根本不会顾及大局。

蒋介石收拾起人来心狠手毒，怪招迭出，其驾驭人才的手段也相当高明。

4月8日晚，蒋介石的专车抵达徐州，当晚韩复榘即求见，向他提出："阎逆从河北向山东推进，沿津浦路南下，复榘愿率部北上讨伐！"韩目前所在的位置，正可抵抗西北军沿陇海路向徐州的进军，而韩却要求北调。蒋眼珠一转，明白了韩的用意：不愿与冯玉祥作战。其原因估计是：一、深知西北军是久经战斗之师，恐所部难敌；二、生怕本部中那些西北军的老班底，见冯军至而叛归冯军，动摇军心。在本次向东转移集结过程中，该部骑兵第一师即投向冯玉祥，造成了不小的混乱。蒋吸取了石友三复叛的教训，对韩本有戒心，韩既有避开冯军而专对晋军的要求，也合蒋意，因韩是一员悍将，所部战斗力强，以之挡入鲁晋军，亦颇适宜。只是一时不知对韩具体怎么安排，因为像韩这种级别的将领调入某地，一般应给其省主席之职。

恰好山东省主席陈调元估量了形势，认为仅凭自己的实力难以担负山东战场的作战任务，省主席之职难保，不如做个顺水人情，既成全了韩复榘，又解决了蒋介石的难题，从而进一步得到蒋的信任，因此他主动请蒋将韩调入山东。蒋即对韩说："我决定将贵部调至鲁西，由向方兄担任冀鲁豫剿匪总指挥，今后关于山东方面的军政事务，还望向方兄多多指教。陈调元、刘珍年等部统归你指挥。"韩见蒋将山东省主席之职当面许给了他，自然充满了感激与兴奋，但他转念一想，据传刘珍年已同阎锡山有勾结，而陈调元更是北洋军阀时代即为老资格的人物，根本不容易指挥，于是又面露难色。蒋一眼就看出了韩所难何事，随手取出腰间的德国造手枪递给韩说："向方兄，这枪是我素所珍藏者，今天我将他送给你，如有不听指挥者，即可军法从事！"韩见蒋不但给了他尚方宝剑，而且还特许他先斩后奏，坚决地表示："复榘纵脑肝涂地，亦在所不惜！"蒋随即抛出一根缰绳："我派蒋伯诚到你那里作联络官，你需要什么，有什么需要我解决，通过他转报给我，我一定马上给你解决。"韩也明白，蒋伯诚实为监军。

在4月9日的徐州军事会议上，蒋介石向与会将领指出："阎、冯联军虽然规模很大，号称拥有兵力六七十万，但附和者多为鸡鸣狗盗之徒。就是阎、冯二人的联盟，也属封建利害的联合，迟早是走不到一块的。冯玉祥是石头，是茅厕里又臭又硬的石头，阎锡山是钱袋，你们看，石头和钱袋能合作吗？"

接着，参谋总长朱培德宣布了战斗序列及作战方略：第一军团，总指挥韩复榘，下辖陈调元第二十六军、马鸿逵第十五路军、刘珍年第二十一师。韩率本部人马担任津浦路正面作战，在禹城设防，防止晋军南下；陈调元、马鸿逵两部在济宁、曹县一带布防，阻止石友三部东进，刘珍年部在胶东，维护胶济线的安全。

第二军团，总指挥刘峙，下辖3个步兵师和3个教导师，并配属相当一部分铁甲车、飞机、大炮。上述均为蒋介石的嫡系精锐部队。另外，王均第三军、叶开鑫第八军、卫立煌第四十五师、张砺生骑二师也归第二军团指挥。军团的任务是：主力出鲁西南、豫东，沿陇海路两侧向西直趋归德；王均布防皖北，阻止孙殿英部南下；叶开鑫部在淮阳、太康、鹿邑一带与孙殿英部作战，卫立煌、张砺生部，警备皖北、徐州及浦口之线，担负后方的安全保障。

第三军团，总指挥何成浚，下辖徐源泉第十军、萧之楚第四十四师、杨虎城第七军、王金钰第九军、郝梦龄第五十四师、范石生第五十一师。在确定该军团总指挥时，蒋介石很费了一番脑筋。编入该军团的部队，都是驻在河南、湖北的杂牌军。这些部队的共同特点是装备差、待遇低，但是，各部官兵大都是经过多次军阀混战的炮火，打过许多恶仗，有一定的作战经验，都对蒋介石对其另眼相看牢骚满腹，心存怨恨。此等情形，蒋介石非常清楚，同时在他眼里，杂牌部队成事不足，却败事有余，应付不好即会倒戈相向，影响战场形势。他除了用金钱名禄拉拢他们以外，还给他们物色了一个合适的驾驭者，这就是被人称作军人政客的何成浚。

最后，蒋介石精神抖擞地总结道："逆军的确人数众多，有50至60万人，来势汹汹，但均为乌合之众。我军初期能够使用于战场上的兵力，与逆军大体相当，今后，我们还会大规模地对各部进行兵器的补充，这点请各位放心。另外，我们还将迅速抽调大量生力军进行增援。逆军的作战计划大体是这样：冯玉祥率冯军及晋军一部，担任河南境内陇海、平汉两线作战，分向徐州、武汉进攻；阎锡山亲率晋军主力，担任山东境内津浦、胶济两线作战，与冯部会攻徐州，沿津浦路直趋南京；石友三率部，攻津浦线上的济宁、兖州，以一部协同晋军会攻济南。从整体上看，西北军的战斗力强于晋军，因此，我决定采取先攻坚、后攻瑕的方案，即在陇海线上采取主攻，平汉线采取协攻，津浦线采取守势。"

打仗即要钱。除了战斗本身要消耗掉的械弹、器材、油料、被服、粮秣等物资外，蒋介石深知，没有哪个实力派内部是铁板一块，都可以从中进行分化、收买工作，这种买卖也需要大量的钱。他根据历年来的经历，得出一个结论：任何军队都挡不住枪弹和银弹的攻击。尽管反蒋联军的鹿钟麟等将领发出通电警告上海财团，要其拒绝为蒋介石发行公债及借款，否则，即为"助逆"，但蒋介石对上海财界根本不担心。他把宋子文请到官邸，彻夜筹划军费，最后决定先发行三种公债：民国十九年（1930年）交通部电政公债，总额1000万元；民国十九年卷烟税库券总额2400万元；建设公债3000万元。

第四节　秋收未到，改组派西山派争抢果实，大战在即，阎锡山冯玉祥各怀心事

改组派一无政权，二无军队，只能因人成事，进行政治、军事的投机。军事的投机是为了政治的需要，而政治的需要更助长了军事冒险。另外，因为它作为政治派别依附于地方实力派，只得将自己的那一套不合时宜的主张一轱辘收起来。

虽然改组派因接连不断的反蒋失败而备受折磨，其实日益激烈的反蒋活动使蒋介石觉得这些活动威胁到他的统治而深感不安，他对改组派采取了一系列严厉镇压的措施。首先，组织力量从理论上批驳改组派。蒋派总结了改组派的三大罪恶：一、假借国民党的名义，另组派别，破坏党的统一，分化革命势力。二、因袭共党理论，分化阶级，鼓吹斗争，诱惑青年，欺骗民众。三、师

谁与争雄

法共党故伎，挑拨离间，煽惑反动军人叛变，蓄谋篡窃。虽然蒋派费了很大的力气，但要斗赢改组派这帮从来就擅长于摇笔鼓舌的文人政客，可说是难上加难，其对改组派的理论驳斥多系造谣中伤、人身攻击，自然没有说服力。恼怒之下，蒋介石使出看家本领，对改组派来硬的，动刀子，其具体步骤为三部曲：查封刊物、破坏组织、暗杀干部。割掉对方喉舌的同时，蒋介石采取更加有力的手段，取缔改组派的活动，捣毁其组织系统，使其陷于瘫痪之中。对改组派成员，蒋介石采取了软硬兼施的手段，一面用封官许愿来拉拢收买一些投机分子，要他们检举、揭发同伙，一面在全国各地进行大搜捕。为达釜底抽薪之效，蒋介石对改组派的上层领袖给以开除党籍和明令通缉的处分。真正使改组派闻风丧胆、感觉到蒋介石悄然伸过来的那双黑手的森森寒意的，是蒋介石于1930年2月18日晚派人刺杀了坐镇改组派上海总部的王乐平。经过蒋介石的残酷镇压，改组派的基层活动几乎全部停止，各组织陷于瘫痪。此后主要是一些上层人物的活动了。

蒋阎矛盾激化后，沪、宁、港一带的改组派分子纷纷北上，以天津租界为据点，开始紧锣密鼓地对阎锡山等进行策动工作，企图抓住这一机会，联合各派新军阀，掀起一场更大规模的反蒋斗争。1930年1月下旬，陈公博、王法勤分别从香港、上海出发，绕道日本，北上天津。3月5日，改组派的"国民党各省市党部海外总支部联合办事处"迁往北平。作为反蒋政治主帅的汪精卫，则坐镇香港，以"中国国民党第二届中央执监委员联席会议"的名义策应、指挥。蒋阎电报战起后，汪精卫迫不及待地介入纷争，连电痛斥蒋，并迭电阎，希望他坚持正义，不避劳怨。

汪精卫、阎锡山的反蒋论调在全国产生了强烈共振，各地拥汪阎讨蒋贼通电四起：高桂滋在山东诸城通电拥阎讨蒋，国民党南洋同志团、鹿钟麟等57名将领、国民党山西省各县市党部联合办事处、国民党天津市各区分部联合办事处、国民党江苏省各县市党部联合办事处及石友三、万选才、任应岐等发拥阎讨蒋通电。

3月16日，汪精卫致电冯玉祥说："一息尚存，必追随诸同志之后，誓除蒋贼。"20日，汪又发出通电，敦促阎、冯、李等"徇诸武装同志之请，克日就总司令诸职，俾军事统一，壮袍泽之气，寒奸慝之胆。"

第十一章 同树异枝

阎、汪之间越来越近，蒋介石急派密使见阎锡山说："只要不和汪精卫交好，他愿让位于阎，并赠银元1200万元。"阎对此条件嗤之以鼻，你蒋介石会不打自倒，放弃费尽心机弄到手的权力吗？但这一点给了他启示：在蒋介石的心目中，唯有汪精卫才是门当户对的政敌，自己虽然早年参加同盟会、铁血丈夫团，但在国民党中被视为山西土皇帝，不具备领袖全党的威望，要和蒋介石决一雌雄，非推出汪精卫这样正统的党魁与其对抗不可。于是阎向汪伸出了橄榄枝：电邀汪精卫北上，共商讨蒋大计。

但，汪精卫认为他本人亲自北上的时机尚未到来，遂派陈公博、王法勤二人北上访晤阎锡山。陈、王到北平，见阎尚未最后拿定反蒋主意，恐为冯玉祥第二，万一善变的阎把他们作为礼物送给蒋，那就糟了，所以不敢贸然入晋，返回天津。陈公博分析，阎有四点顾虑：第一，冯玉祥虽然屡次表示服从阎锡山的指挥，但不大靠得住。而其部将也不易指挥，这样随便发动，会不会上当？第二，表示服从的还有石友三、孙殿英等人，石曾反过冯玉祥最近又反过蒋介石，而孙殿英是著名的盗掘清陵的英雄，这班三山五岳的豪杰驾驭起来殊非容易。第三，北方若出兵南下，最容易从侧面威胁的是东北的张学良，东北的交涉办不好，怎能在中原争霸？第四，阎锡山不稳的消息传出后，南京曾托许多人调停，其中起重大作用的是赵戴文。及至南京开除阎之党籍，阎放冯回陕，政局进一步明朗，南北定然动刀兵，陈公博喜出望外，认为阎领衔反蒋已成不可逆转之势，决定再赴北平，经石家庄入晋。

阎锡山会见陈公博时仍然虚心地问这问那，陈却直截了当地说："要干就要快，因为缓了，军事上难占上风，政治上容易灰了海内的热望。"事后，陈对阎的评价是：优于考虑，缓于判断。但是陈、阎最终还是达成了共识：另设最高党政机关，由阎主政、汪主党。汪接到消息后，即电促阎从速组织政府，称：讨蒋军事，得公主持，武装同志得所秉承，指挥若定。惟军事进行之时，政府也宜同时组织，庶对内对外，足资号召。望公毅然主持，使国民政府克日成立，并望担任国府主席，领袖群伦，完成大业。阎虽想组织国民政府，却不知从何着手。

国民党内部派系林立，矛盾百出。麇集在太原以反对蒋记"三大"为宗旨的有西山会议派、改组派、"三大"之前国民党的部分中央执监委员，由谁

谁与争雄

出面组织国民党中央，再由新中央产生一个新的国民政府，论理论势，都应该由此次反蒋主帅阎锡山出面主持，但权势欲很强的阎却不敢承诺，他显得非常诚恳地说：我自问实在没有能力管得太多。中国太大，意见太杂。我这点薄力，山西还管不好，何敢妄想做别的事情。多年以来，我对大局无任何成见去反对任何一方，只求别人不勉强我跟着去反对别人。但是往往事与愿违，狂风暴雨总不免袭击到这深山里来。即使这样，我们不过想挡住风雨而已。党的事、国家大局的事都没有必要落在我的头上。但他对亲信又是另一番说法：孙中山的党，他生前就箍不拢，我姓阎的何敢插手？站在旁边或许可以说几句话。国民党的事只要大家搞出办法来，我决定跟着走。他的主张是：各派相互公平协商去做，越扩大越好，最好凡是不站在蒋那边的都来。既然阎锡山不愿出头组织新中央，早就跃跃欲试的改组派和西山会议派都想把这一历史重担挑在自己肩上。于是，两派在太原即发生了非常激烈的争吵。

改组派主张，先由第二届中央委员会产生一个扩大的临时机构，再由党的临时机构产生临时政府，然后，重开国民党"三大"，再开国民会议，颁布约法，遵守孙中山的遗嘱，实行训政。但是，西山会议派坚决反对，他们认为如果以二届中央为基础就否认了他们的合法性，因为在二大时，他们因反对国共合作而被开除党，此时他们连党籍都没有，怎好参加以二届中央名义召开的扩大会议？邹鲁、谢持竭力反对，提出以一届中央委员为基础产生临时机构。但是，一届中央委员除西山会议派的几个人外，其他派系的人很少，凑不够法定人数，自知难以行通，于是西山派又提出如以二届中央的名义，只能以西山派"沪二届"为党统，由沪、粤两个中央联合召集。

改组派素来将西山会议派视为一个非法的反动派别，对其深恶痛绝。他们激烈反对西山派的主张，认为西山会议派的二届中央是非法的，如果搞什么合并召集，就是自坏党统，徒授蒋介石口实，更谈不上以"沪二届"为正统的问题，而且不能说服改组派的各省市和海外组织。改组派中，以陈公博最重党统，反对西山派最坚决。他说：解决党是只有两条大路，一条大路是维持党统，一条大路是重新干过。要谈统，则不能不确任十五年以来领导全国革命的工作；若以非常手段重新干过，则须认定一个中心领袖、最高干部（暗指汪精卫），由他放手组织。又说，"沪二届"不根本否认，党的问题，不但目前

第十一章 同树异枝

不能解决，就是永远也得不到解决。

西山派对陈公博寸步不让。邹鲁通过分析北伐以后国民党的历史，指出国民党党统早已破碎，主张为事实计，非团结整个之党，不足救党；而欲团结整个之党，只有就一届，或沪粤两个二届，或合各方各届之执监委员，组织一种委员会，以执行党之职务，最为合适。在争论得最激烈时，邹鲁冷静地向陈公博指出：粤二届执监委员已无行使职权之合法性，因为按照粤二届大会章程，他们的任期只有一年，如因事延长，最多不得超过一年，合共二年，即失效力。今已逾三年，你能再行使职权吗？

陈公博无奈，只好请示汪精卫。汪复电说：对邹、谢，最好不谈党统，说老实话，大家联合起来，取得政权，则号召力大。汪同时还致电北平改组派办事处，指示道：宜牺牲成见，勿以一二人之私影响党的前途。接到汪电后，陈公博决定让步，提出由国民党一、二、三届中央委员组成扩大会议。西山派则坚持"沪二届"中委也必须参加。陈公博坚决反对，认为扩大会议是要置蒋介石的"三大"为非法，现在不仅第三届中委可以加入，连环龙路的非法中央党部也要加入，那不是我们也违法了吗？以违法讨伐违法，名不正则言不顺，言不顺则事不成，我们又何以自白于天下？

改组派与西山派势如水火，在太原的谈判陷于破裂。陈公博、王法勤负气离晋赴平，双方人员在北平报纸上互相攻讦，甚至谩骂。北平警备司令楚溪春、警察局局长王锡符，曾为此事招待各报记者，要求各报对党务问题慎重登载。

扩大会议的难产，急坏了作为催生婆的阎锡山和冯玉祥。他们深感在总司令部建立之后，有必要尽快成立国民党中央机构，因为这次反蒋，不止是军事上的斗争，还必须在党政方面摆出堂堂正正的阵容，在声势和号召力方面压倒蒋介石。为了及早召开扩大会议，成立北平政府，阎、冯在频繁地调动、部署军队的同时，一方面于4月20日电促汪精卫从速北上主党，另一方面又恭请国民党元老、孙中山的老友覃振出面调解。覃素称反蒋，住在北平，对国民党的其他派别如改组派、西山会议派等方面皆不反对。

而与此同时，在太原，由各方代表组成的军事代表团中，有人见党务纠纷不已，提出先立政府，后决党务的建议，其办法是：先在北平建立军政党代表

谁与争雄

联席委员会筹备处,然后召集会议产生政府,但阎锡山不同意,他主张缓组政府,理由是:应该依秩序进行,政生于党,党务未决,政无由产生。

实际上,在"统""届"争斗中,汪派提出集合一、二、三届于一炉,组织扩大会议,等于承认了蒋记三届中央的合法性,这不仅在理论上自相矛盾,而且在党统上反使反蒋派失去自主的立场,沪二届与粤二届的矛盾仍然存在。但当时的客观形势是:西山派的沪二届是非法的,改组派的粤二届,人数也不多,阎、冯及其部属,第三届才参加中委,一、二届都与他们不相干,而他们又是今日反蒋阵营中的主角,想要他们统率数十万雄兵,而听命于所谓"中委"的几个光杆政客,也不足服人。

覃振认真研究了各派的主张后,挖空心思,提出一个折中方案,不采取合一、二、三届为一炉的做法,而由一、二、三届革命分子参加,成立中央党部委员会,日后一切党政大计均取决于党部委员会,在领导分工上,由阎主政,冯主军,汪主党。这个方案并无特别新鲜的内容,但避开了刺眼的沪二届、粤二届等字眼。该主张电告汪精卫,汪复电表示同意。

5月初,各派以覃振方案为基础,在天津重开谈判。此时,反蒋已如离弦之箭,阎、冯不断从中调停,最后,各方达成了妥协,不言法统,只言反蒋。并作出了两项决议:绝对否认蒋记"三大",另开国民党"三大";召开国民会议,制定约法。5日,会议电告汪精卫并请他草拟扩大会议宣言。6日,汪复电同意。汪挥如椽巨笔,连夜起草,7日宣言全文电达天津。宣言荦荦大端共4200余言,通篇打着孙中山的旗号,大谈三民主义;抨击蒋介石的独裁统治,鼓吹深植民主政治,重弹反共旧调,诋毁阶级斗争的学说。最后斥指蒋介石为"总理之叛徒,本党之罪人,全国人民之公敌",号召反蒋派"同心戮力,去此元凶"。

至此,反蒋派经过数月的明争暗斗,所冀望成立的扩大会议总算闪露出一丝亮光。

虽然反蒋派悬着的心放松了下来,但都很清楚,打嘴巴仗解决不了问题,军事斗争的结果才能一锤定音。

1930年4月1日,冯玉祥发出就职通电,赓即任命鹿钟麟为前敌总司令,

第十一章 同树异枝

进驻郑州，部署前方军事。随即各路大军陆续东下。先是在3月下旬，韩复榘率部东撤，西北军即兵不血刃地占领了洛阳、郑州等重要城市，万选才部乘势东进，旋即占领开封、归德，万即接任河南省主席。到4月中旬，冯军第一、二、三各路分别进至平汉路以西之淅川、内乡、叶县一带及陇海路西段之洛阳、郑州一带。晋军孙楚、杨效欧、关福安各部及大部炮兵，由徐永昌、杨爱源统带，经郑州转住豫东兰封一带。原驻冀南、豫东及皖北的石友三、刘春荣、刘茂恩、孙殿英等部也逐步展开。津浦线的晋军，由傅作义任总指挥，进驻德州，直逼济南。第三方面军石家庄前敌指挥部已组织就绪。

根据事前约定，由汪精卫主党，阎锡山主政，冯玉祥主军，所以阎除了造访太原近郊的傅公祠、太原城中的山西大饭店，会见西山派的邹鲁、谢持和改组派的陈公博、王法勤，劝说两派对党务问题化除成见，协商合作外，大部分时间是花在筹钱这个让人不愉快的差事上。而双方已在进行经济战：南京国民政府令商民一律拒绝阎锡山所发行之纸币、债券，阎、冯则通电警告津沪粤银行团，禁销南京新债券。4月16日，北平摊派库券20万元，限3日内到总商会换领库券。但这对反蒋联军中无数双伸向阎锡山的粗大的手来说，直接无法分配。10天后，太原总部发行战时通用票，总额600万元，并作好发行修路公债2000万元之准备。同时，决定增收棉纱、棉花、麦粉、火柴、肥皂等物二分五厘制造税。为了统一管理四省二市之财政，阎设立了晋冀察绥财政处。阎更为大胆的一着棋是接收天津海关，截留天津关税。

反蒋斗争的胜利根本上取决于阎、冯的联合。

为了进一步协商倒蒋的具体计划，阎锡山偕徐永昌、杨爱源等离并南下，与冯玉祥会晤于郑州。

阎锡山始终忧虑着东北，他说："我最担心的是张学良，小张的一句话就可以决定战局的发展。"

冯玉祥说："我在4月初即去电给他，促他通电就任副司令之职，他复电说'如此足使中国破裂'，加以拒绝。但我想，小张目前取观望态度对我们来说，也不是坏事。我们的力量打倒蒋介石已经足够了，并不需要加上他。所望者，在于小张不帮蒋，让我们无后顾之忧，放手和蒋介石打一场。"他见阎沉默不语，又说："小张能够继承父业，统治东四省，而且从他与各方游刃有余的周旋来看，绝非等闲之人。在目前我们与蒋介石全力一拼的情况下，他最高明的是袖手旁观。他绝不会公然附蒋，难道他不怕我们么？所以，我认为要想稳住小张，最好的办法就是在战场上不断取得胜利，一路向南打过去，打得老蒋没有还手之力。"

阎说："小张不表态，心里总觉不踏实，总是担心战局发展不利。"

冯对东北话已说尽，他换个角度说："蒋介石也怕张学良倒向我们这一边，所以大家的担心是相等的。蒋的日子也不好过，不要说他手里的军队不很稳，其战斗力在北伐时也让我们看了个清楚。在其后方，共产党已经闹得他的肚子阵阵发痛。你知道，共产党的那帮人个个都有铁一般的信仰，有非常的能力。"接着，他以惊人的记忆力，给阎讲道："3月25日，《大公报》发表了题为《朱毛之祸》的社论说：'连日港电，朱毛竟陷南康、窜大庾，粤边震动。当此全国视线注意政局之时，朱毛问题更是无人顾及。实则性质重大，愈演愈甚。'这可以想见，朱毛的红军已是一支不小的力量，他们绝非一见官军即溃逃而散的乌合之众，他们有明确的政治纲领，有满腔热情。这样的人，不是蒋介石轻易对付得了的。"

阎锡山对共产党没有这种看法，但他说："倒蒋的决心已下，倒蒋的部署已定，没有什么说的，仗是一定要打。"

接着，两人详细地检讨了局势，认为反蒋的形势有利、时机成熟：李、白已准备就绪，即将开始行动；张学良虽未表示同意就任反蒋方面的职务，便允暗中为弹药之助；汪精卫已表示合作，共举大事；各友军均愿戮力同心，反蒋到底。

在随即举行的军事会议上，阎、冯对整个作战方略作了进一步研究和具体部署，决定：以徐州、武汉为第一期作战目标，分由陇海、津浦、平汉三线进攻。津浦线由第三方面军担任，以徐州为目标采取攻势；陇海、平汉两线，因第二方面军由西北东调，集中需时，暂采取攻势防御；陇海线以第三方面军为主力，孙殿英、万选才、刘茂恩、刘春荣等部及石友三之一部统归徐永昌指挥；平汉线以第二方面军为主力，由樊钟秀部配合作战。平汉线以东、陇海线以南的三角地带，设防于兰封、杞县、扶沟、许昌之线。以第二方面军第四、第五两路军约10万兵力为机动预备队，控制在通许、尉氏、郑州、洛阳等地，

第十一章 同树异枝

以策应各方。蒋军主力如由津浦线进攻，这支预备队即长驱蚌埠，断其后路；蒋军主力如由平汉线进攻，该部即转向武胜关，亦断其后路。会上，阎锡山还宣布了一个决定：加委鹿钟麟为二、三方面军前敌总司令，徐永昌为副总司令，以便统一指挥陇海线方面的作战。

会后，一幕僚对冯玉祥说："看情形，晋军意在包打徐州，长驱南下，抢先占领南京，借以树立阎的威信，便于将来压倒我们。"

冯说："那好极了，就怕他们包不了，那时再看我们的。"

阎锡山北返时，拉着冯玉祥的手非常诚恳地说："大哥这里有什么困难，请随时吩咐，不要客气，我一定竭力办理。二、三方面军是一家人，我希望做到有苦共尝，有福同享。"

第十二章　中原逐鹿

1930年，阎锡山纠集冯玉祥、李宗仁、汪精卫，以及改组派、西山派等反蒋势力，掀起了民国史上国民党内最强波的反蒋浪潮。密幕里阴招冷箭，战场上血雨腥风。

第一节　冯、阎算人反遭人算，
何应钦上演空城计

1930年，刚进5月，反蒋的军事部署已大致就绪：第二方面军张维玺部3个军已到许昌附近，许昌以南樊钟秀部向敌运动，第二、三、四、五路等精锐部队各有四五万人，均到达郑州东、西地区；第四方面军石友三在新旧考城集结；郑大章骑兵集团向豫东、皖北推进；万选才部正向柳河以东推进；刘春荣部已向兰封以北、石友三部右翼集结；孙殿英部在亳州附近。津浦线方面，傅作义指挥的第三方面军第四路各军已完成部署，进窥山东。陇海线方面，第三方面军第一路在兰封陇海铁路及其迤北地区接刘春荣右翼，第三路接第一路右翼，在陇海线以南地区集结，并派一个师在兰封、民权间经红庙村及其南北地

第十二章 中原逐鹿

区占领阵地,构筑工事,担任集中掩护。

但是,陇海方面的部署让人担心。整个战场的形势是:陇海线位居全局的中央,津浦、平汉是其左右两翼,这方面的得失胜负,将决定整个战局的发展。蒋介石集中基干精锐部队十多万人于徐州附近,而晋方指挥的万选才、刘茂恩两部素质较差、战斗力较弱,刘茂恩的态度如何还不是很能确定,陇海正面战斗关系最大,万在战列部队之前,刘在战列部队之中,一遇强敌,不溃则乱,蒋军若跟踪猛击,可能影响全局。

冯玉祥的计划却耐人寻味,他说:"陇海方面孙殿英部素质也不好,拟将石友三、万选才、孙殿英三部用于晋军之前,分三路,石为左路,万为中路,孙为右路,向徐州方面搜索进攻。倘万、孙两部战斗不利,刘茂恩发生异变,蒋军乘胜猛攻时,令孙部向亳州,万部向太康附近撤退,石部撤至吴庄琉璃河之线原阵地,避开正面,引敌深入,同时令孙良诚、吉鸿昌及庞炳勋部向敌左翼,石友三部向敌右翼包击,正面的晋军尽力进攻,与两翼友军相协,击碎蒋军,乘胜猛攻徐州,以策应津浦线晋军进展,进捣南京。"

郑州会议确定的方略受到了尖锐的批评。批评者认为:将徐州和武汉并列起来,未掌握住战略的重心在徐州。徐州是蒋军的老巢、南京的锁钥和蒋军的咽喉。现在蒋以其精锐的第二军团约10万人集结于徐州附近,还在继续增加,而武汉方面是何成浚的第三军团,多系杂牌部队。由此可知孰重孰轻,不能并列。二、三方面军的精锐兵力比蒋军占优势,能够将他击破。因此,作战方针应指向徐州一点,集结优势兵力于陇海线,一举攻占徐州,直捣南京,则全局震动,影响各方,胜算在握。如有两个作战目标,分由津浦、陇海、平汉三路进攻,这就失掉了战略重心。陇海线既是战略主要方面,则应以二、三方面军主力,明确在这方面规定主动的战略部署。机动预备队或驱蚌埠,或向武胜关,这不是跟着老蒋走吗?既失战机,又是被动。现在蒋军正在徐州调集精锐,准备进攻陇海线,我军应抓住徐州这个战略重心,由陇海线先发制敌,争取主动,一举破敌。否则旷日持久,经济力量不及对方,吃的打的补给不足,联军作战怨言横生,易生二心,危险殊甚。此外,孙殿英、万选才等都是名利之徒,一向不好驾驭,他们会听指挥吗?

按照分工,阎锡山自己指挥津浦线,冯玉祥指挥平汉线,徐永昌与鹿钟麟

谁与争雄

共同指挥陇海线。

5月9日，前线开始接触。11日，蒋介石下达总攻击令。至此，酝酿近4个月的中原大战全面爆发。

果然，激战一开始，万选才、孙殿英两部即感不支，节节后退，孙部退往亳州，万部退至归德附近。蒋军以顾祝同、陈继承、陈诚等师乘胜进攻，蒋介石亲赴马牧集督战，围攻归德。以归德为中心的豫东一带，东通徐海，北指济洛，西接郑沭，南达宿亳，战略地位非常重要。激战一展开，蒋介石制定了很高明的计划：他估计此时平汉线无冯军主力，命令原置该线的3个主力师，由第九师师长蒋鼎文率领，在周口地区集中后，伪装成没有战斗力的新编杂牌军，在不引起阎、冯注意的情况下，隐蔽地向陇海线的开封、兰封间深入，先吃掉敌方先头部队，然后再与主力一道同敌军后续部队决战。但蒋鼎文胆小，怕孤军深入而被消灭，便向蒋介石托词，转而经杞县、睢县，向民权方向推进。等到蒋鼎文部到达杞县以东时，敌军已撤出归德地区，退入民权、兰封间的杞县和内黄阵地。

正当反蒋联军紧张地调整部署时，刘茂恩叛变，扣捕万选才，重创晋军，致其西溃。

刘镇华的镇嵩军被冯玉祥击溃后，刘本人寓居天津，残部由其弟刘茂恩率领退到河南，后被编为第二集团军第八方面军。北伐中，该部缩编为第一军和第四军，但第一军军长万选才和第四军军长刘茂恩不断闹矛盾。后来，万归冯，刘归阎。中原纷争起后，阎、冯为了争取这部分力量，把豫省主席之职给了万，而实际上阎与刘镇华有旧，论关系和实力，河南省主席应该给刘茂恩，但阎以为万是个老粗，实力又小，容易摆布，刘茂恩实力大，心眼多，如再让他当省主席，恐成尾大不掉之势。

万选才撤退途中经过宁陵刘茂恩防区时，早与蒋介石有所联络的刘茂恩想拉他一同投蒋，刘说："正因为阎锡山给你做省主席，就该揍他。你想想，阎、冯手下，文武人才有的是，为什么要派孙殿英为安徽省主席，石友三为山东省主席，你为河南省主席？这是对你三个不信任，怕你们在后方捣乱，故以高官来笼络你们，使你们在前方与中央拼命对消实力，以减弱他的敌人的力

第十二章 中原逐鹿

量,若中央败退,你的军队就得向前推进,你要相信,这个主席位置不会给你了;如你被中央军打败,他会说你作战不力,或擅自后退而解除你的武装,绳之以法,这个主席随之就丢掉了。倘你被中央消灭,他更是乐得解除后顾之忧,这时主席还是你的吗?"万选才虽透露他与石友三、孙殿英3人早有密约,只要阎、冯对付3人中的任何一个,大家就一致对付他们,但他贪恋高官厚禄,不肯投蒋。刘茂恩遂扣捕了万选才,重创晋军,致其西溃。

蒋介石因这一战役颇为得手,命令所属在3个月之内,一定要消灭反蒋军队的主力,结束陇海战事。为了乘胜追击,不使敌人有喘息之机,蒋从徐州坐着专车,赶到归德。他决定对孙殿英、刘春荣、石友三等部只取监视态度,集中刘峙、顾祝同、陈继承、张治中、冯铁裴等嫡系部队向陇海线正面的晋军猛击,兵锋直指徐永昌的指挥部所在地兰封。

徐永昌一面向冯玉祥请援,一面迅速调整部署,各军的位置是:晋军居中,在铁路正面,其左翼为刘春荣部,再左为石友三部;右翼为孙良诚部,再右为庞炳勋部。联军发挥了预设阵地的作用,使蒋军屡攻不下,伤亡甚众。

联军开始全线反攻。

冯玉祥派吉鸿昌协同孙良诚予当面的蒋军精锐陈诚部以重创,当孙、吉攻击前进时,前敌总司令鹿钟麟要求晋军积极配合,徐永昌说:"我们的军队你还不知道吗,叫他们守住一个地方,倒是有些办法;要是叫他们一往直前进攻,那就不能和西北军相比了。"他拒绝了鹿的请求。

与此同时,郑大章的骑兵集团出现于永城、夏邑一带,予蒋军后方以极大威胁,牵制了蒋军不少兵力。因为蒋军空军经常出动飞机轰炸、扫射,虽未给联军造成重大损失,却使人十分沮丧。为了解除空中威胁,5月31日晚,郑大章的骑兵急驰80余里,奇袭归德机场,烧毁飞机12架,俘虏飞行员和地勤人员50余名,安然而返。由于阎锡山没有遵照协议供应冯军无线电通讯器材,使冯军侦察、通讯不能很好配合作战需要,郑大章失掉了一个绝好的机会:蒋介石就在机场附近的朱集车站,其专车上只有200多名卫士,车站上又没有其他军队。因为当时正准备移动,火车头离开了列车,急得侍卫长王世和大呼小叫:"火车头呢!"

经过激战,联军各部均取得不小的进展,对蒋军右翼包击的石友三、刘春

谁与争雄

荣两部与陈调元部激战,挫败陈部;正面的晋军也举行了反攻,当面的蒋军向民权方向撤退。

蒋军已全线动摇。

恰在这时,平汉线方面传来不利消息:何成浚督师猛攻,樊钟秀在许昌被炸死,冯军遭到较大损失。

冯玉祥见状,急赴平汉线指挥,坐镇许昌,并调孙连仲支援平汉方面。陇海线失去了统一指挥,晋军和冯军庞炳勋部动作迟缓,宋哲元部未全力参战,配合不够,攻击迟滞,未能予蒋军以致命打击,致蒋介石得以急调援军,将全军撤至定陶、曹县、民权、河阳集之线,加强工事,坚固据守,双方形成对峙之势。

冯玉祥派邓宝珊接任第八方面军总司令,并通报部队,由南而北的桂张军已占领长沙,正向武汉前进中,以安军心。阎锡山亦派骑兵司令赵承绶进攻周口。8月10日拂晓,张维玺、田金凯、任应岐等部反攻徐源泉、王金钰等师,高树勋、葛运隆两师自许昌南进向漯河进攻,刘桂棠部亦在西华、周口之间与岳维峻部激战。两军激战两昼夜,蒋军纷纷向漯河以南溃退。

就在蒋军仓皇南撤慌乱至极,深恐西北军穷追猛打时,冯玉祥将从陇海线调过来的孙连仲部又调回陇海线,并令张维玺所率各部停止向南追击,两军相持于漯河之线,并行色匆匆地奔赴陇海战场。

冯玉祥的决定使平汉线的将领们大惑不解,他们主张乘胜直追,径取信阳,将蒋军逐到武胜关以南。他们认为:第一,内线作战,力求各个击破。而乘胜追击,正是各个击破的好时机,并且不需要很大的兵力;第二,将战线向南推进,声势上既可发生重大影响,也可使敌人在平汉、陇海两线上转用兵力困难;第三,对平汉线的杂牌军可起分化作用,使其转向我方。冯玉祥得知这些意见后,对将领们作了说明:蒋军主力不在豫南而在豫东,如攻取信阳,其事虽易,但战线拉得太长,兵力过于分散,一旦蒋军主力从豫东进攻,势必陷于首尾不能相顾的危险境地。且豫南之敌遭此挫败,短时期内绝不敢北犯,正宜抽出大部分兵力,使用在豫东方面,以便再一次给蒋军主力以歼灭性的打击。现在我们要在东路布置一个口袋大战。至于平汉方面,因桂军已退出长沙,纵然我军打到武汉,对桂军也起不了支援作用,对整个战局也不会发生重

第十二章 中原逐鹿

大影响,反而有可能使我军陷于被动。还是集结兵力,针对敌人的主力,痛痛快快地打它一仗,才是解决战局的上策。

平汉线将领们对重豫东、轻豫南的策略仍认为是个大失策,嗟叹之余,对湖南战事的发展感到很纳闷:桂军不是已占领长沙、岳阳,兵锋直指武汉了吗?怎么又回撤了呢?

中原烽火起,桂系可谓峰回路转,柳暗花明,可望结束与粤军的对峙僵局。

1930年4月1日,桂平,李宗仁挂出了"中华民国陆军第一方面军总司令部"的牌子,改编桂张军为第一方面军,总司令为李宗仁、副司令为黄绍竑,总参谋长白崇禧,下辖三路,以张发奎、白崇禧、黄绍竑为指挥官,全军共3万人。与北方商定的战略部署是:一方面军沿粤汉线北上,与沿平汉线南下的二方面军南北对进,夹击湖北蒋军,会师武汉,控制长江中上游。

在黄练圩军事会议上,考虑到桂张军兵力太小,不能前后兼顾,决定放弃广西,倾巢出湘,进取武汉,与阎、冯会师中原。全军分三路入湘:第一路取道柳州、桂林,出全州,直向永州、衡阳前进;第二路出平乐,经永明、道州,亦向永州、衡阳集中;第三路布防于迁江一带,掩护各军集中,俟各军入湘,才随后跟进。广西后方则酌留保安团队,维持治安。

因善变的何键暗中助桂,桂张军未经认真作战,就得以在零陵会齐,向衡阳进发。6月5日,桂张军进入长沙,然后兵分两路向湖北推进:一路是第十五军第四十三师,向平江及湖北通城进展,先头部队进入通城地界的九狮山;一路是第四、七军等部向岳州进展,先头部队进入羊楼司。

就在这时,阎、冯拍电报给李宗仁、张发奎,大意说:本军与蒋军激战数月,行将获得胜利,武汉乃本军给养之地,如贵军先到,请向下游发展,共同会师南京,驱逐蒋介石。这不是北方怕一方面军先占武汉,赖着不走,而首先表示要武汉地盘吗?李宗仁等非常不满阎、冯的私心自用。肚里盘算:纵使马上攻下武汉,也要让给北方,牺牲自己的兵力替别人打天下,太不划算;如硬赖在武汉,又恐与阎、冯破脸。正在主帅李宗仁举棋不定之时,突出韶关的蔡廷锴、蒋光鼐、李杨敬三个战斗力很强的师经蒋介石一再电催,占领了衡阳。

谁与争雄

桂张军顿被腰斩,首尾不能相顾!李宗仁与白崇禧、张发奎不禁面面相觑:黄绍竑在搞什么名堂?按计划该部早就该占领衡阳了!

在部队推进中,以第四军为前锋,其余部队按第七军、第八军的顺序前进。黄绍竑率教一师、教二师及警卫团断后。推进表中说明:先头部队到达桂林、全州,断后部队应到达迁江、柳州之线;先锋入衡阳,断后应到桂林;先锋占长沙,断后应入衡阳;先锋入湖北,断后应入长沙,以资紧密相连。但因黄绍竑在右江与中国工农红军第七军李明瑞、张云逸、邓小平部作战,未能参加黄练圩会议,完全不了解放弃广西、破釜沉舟进军湖北的积极意义,而且还突起私心,他说:"李、白不要广西,留给我好了。"所以他率教一师、教二师缓缓而行,衡阳被粤军占领时,其前锋才到湘桂边境的零陵。

李宗仁的面前只有两途可循:不顾一切直取武汉;回师会攻衡阳,克复后再继续前进。有人建议,不可失去会师中原的有利时机,应挥戈北指,而令黄绍竑在熊飞岭附近,牵制粤军。但李宗仁没有采纳,他认为辎重给养都滞留于湘桂边界,无给养则攻势难持久。

武汉正面的对手是何应钦。过去,李宗仁、白崇禧等人根本瞧不起他,认为他谨小慎微,成不了大事,但这次却被自己眼中的吴下阿蒙收拾了。

桂张军入湘后,蒋介石任命何应钦为湘鄂粤赣军总指挥,统一指挥4省各军,稳固华中、华南战局。蒋给何的权力很大,但给的兵力却太小,素称骁勇善战的数万敌军猛扑而来,形势非常紧张。何应钦在一间两丈多宽的办公室里,长时间蹲在地下满铺着的军用地图上劳神苦思,用各种颜色的铅笔,在地图上画来画去。最后下令:长沙败退的何键部不得撤往武汉,而转向湘西集结,绕道袭取长沙;抽调武汉守备部队两个师,占领贺胜桥、汀泗桥;严令蒋光鼐等部急速前进,断敌后路。

何应钦的部署,使李、白大感困惑,因为他们深知何的谨慎个性,如果不是武汉防备严密,为什么不让何键退集武汉以增强力量?这也使远在徐州的蒋介石手心里捏了一把汗:这不是抄袭诸葛亮"空城计"的旧文章吗?

何应钦此着堪称妙计:一、使敌军不能尾随溃败的湘军,乘胜长追,免遭引刃自杀之险。因为此时武汉的兵力早就抽调一空,而溃败的军队,非有很大的兵力援助,是万万不能作战的。二、迷惑敌人,争取时间调遣军队。他认为李、白熟悉他就像他熟悉李、白一样，李、白定会疑虑他置数万敌军不顾，势必另有相当准备，而不敢轻易深入。三、湘军一经移至侧面，摆脱桂张军的追击，稍加整顿，便可乘机规复长沙，由失败逃窜变为伺机进取，使李、白感受威胁，不得不分兵一部，以资防守，由主动变为被动。

6月中旬，桂张军放弃长沙，全线南撤。随后，在衡阳附近，桂张军与粤军蔡廷锴、蒋光鼐两师大战一场，遭到惨重失败，至此，与阎、冯会师中原的计划成了泡影。

蒋介石决意痛打落水狗，不容桂系苟延残喘，派湘军继续跟踪追击，指向桂林；龙云的滇军进入广西左、右江地区；粤军余汉谋部开到宾阳，攻占昆仑关，与滇军形成合击南宁之势，企图三面夹攻，彻底解决桂系。

第二节 乌合怎能成事：阎锡山用石友三， 冯玉祥用孙殿英的悲剧

豫东拉锯战中，很能体现蒋、阎、冯三系军队的特点：蒋军轻重机枪多，平均每连有9挺轻机枪，每步兵营有重机枪6挺，弹药充足，射击技术较好。阎军手榴弹多，是山西兵工厂制造的，被称为"又干又脆，一炸粉碎"，其投弹技术也好；其次是迫击炮多，亦为山西自造。冯军大刀多，差不多每人一把，手枪队、手枪营、手枪旅等这类特种部队每人都是3大件：手枪、马枪、大刀，其刀术和夜战技术特别强，摸爬技术亦好，无声无息，过往交通壕如履平地，搭人梯上高墙动作熟练利索，往往连摸几个据点而敌方尚在睡梦中。

蒋介石心烦意乱。大战竟月，死亡不说，伤员太多，大后方的江苏镇江、常州、无锡、苏州、通州、扬州6县医院均住满了伤员，再也无法接纳，而陇海、津浦、平汉三线战斗进展不利，伤亡惨重，伤员不断送下来。

由于蒋介石先攻坚后攻瑕的方针，而西北军的战斗力很强，蒋军中不仅杂牌部队，就是嫡系精锐部队都对其产生了恐惧心理，士气大为低落，只愿固守阵地，不敢再做出击的尝试。蒋介石清楚，这样拖下去，首先垮的可能是自己，遂写信给顾祝同、蒋鼎文、陈诚等，加以鼓励和刺激："我军始终诱敌来攻，而不反攻一次，不惟逆焰日张，而且为革命军人之羞也。观近日各将士恐

谁与争雄

怖之心,忧兵力不足之念,使中正为之悲愤,何我革命军人之精神竟至不振如此耶?"

后方不但无兵可调,即使搜罗到一小部分兵力,也因道远路阻,难解燃眉之急,而前方将领抱头缩成一团。蒋介石无奈之中定下了缓兵之计。在他的授意下,国民党元老于右任、李石曾等人发起了和平运动。他们致电汪精卫,提议召开国民党临时全国代表大会,解决二、三届的纠纷。此时,正值反蒋联军捷报频传之时,汪在蒋欲倒之际,自不愿答应合作。李石曾急赴沈阳,促请张学良出任调停人。张欣然受命,两电阎、冯,表示愿执调停之劳,主张将郑州、开封一带划作缓冲地带,撤退前线各军,立即停战;公开政见,委诸国民共同研究,以备中央采用。阎、冯对此均作了冠冕堂皇的答复,但未作任何具体承诺,一则因此时反蒋军事正处于有利的形势,一则认为建议有袒蒋的味道,"中央"无非是蒋介石个人而已。

为了打破僵局,蒋介石决定:用奇兵胜之!以刘峙、蒋鼎文、陈诚各部及教导师3万余人,并配备大部炮兵,由杞县、太康间攻入,经通许、陈留奇袭开封,夺取整个战局的主动权。这一计划基于这样的估计:冯玉祥控制的机动部队已悉数调上了前线,后方空虚。

冯玉祥侦知蒋介石打算用精兵强袭开封的计划后,决定将计就计,布置一个口袋阵。为达一举歼敌之目的,冯密令徐永昌密切协同,其密令的要旨为:一、敌军拟以刘峙、蒋鼎文、陈诚及教导师等部急速进入杞县、太康间,经通许、陈留,奇袭开封。二、孙良诚、吉鸿昌、庞炳勋等部撤至高贤集、龙曲集一带,引敌深入,从正面截击。三、孙连仲、张自忠等部向高贤集蒋军左侧背兜击。四、陇海正面第三方面军以必要的兵力向侵入之敌右侧背堵击。五、各部协调歼灭侵入之敌。

但是天不亡蒋。北伐时期,蒋介石亲自接见了无线电专业的留学生郑方珩,派他到冯玉祥军中,冯一直用之不疑,时任冯部无线电管理处监督,他将冯之计划密电告诉蒋介石。蒋接到密电,立即下令调整部署:已出发强袭开封的部队立即回撤,并派教导第二师张治中负责掩护;给孙传芳旧部,约3万人而且相当有战斗力的第四十七师上官云相部100万元,限其3日夜由平汉线到柳河车站南10余里的青乡集;令平汉线积极反攻,借以分散冯军兵力。蒋并

第十二章 中原逐鹿

亲赴柳河车站南部督战，以振士气。

由于蒋介石及时调整部署，张治中部的拼死掩护，加上反蒋联军各部配合不密切，使蒋军仓皇中一部经太康向周口溃退，一部经睢县向归德以西溃退，反蒋联军未能大量歼敌，仅截获汽车100余辆和一些辎重。由于反蒋联军战斗序列混乱，未能组织乘胜进攻，蒋军在陇海方面又得以据守民权、内黄集、宁陵以北归德以西各要点，陇海线又成对峙之势。

作为统领反蒋联军的主帅，阎锡山缺乏魄力、胸怀和远见卓识，其搭档冯玉祥表面虽服从领导，但另有抱负，因此，反蒋阵营一开始即蕴藏着巨大而深刻的危机。

在酝酿反蒋时，阎锡山惟恐人手太少，但那些英雄好汉聚集在其麾下时，他又缺乏驾驭之手段与魄力，使那些人反而成了不小的包袱。归徐永昌指挥的刘春荣部，一万七八千人，因未能满足其要求，遂取巧观望，而蒋军亦悉其内心，对之只取监视，移主力部队他用。晋方则不然，既不能不用其当敌，亦不能不于其侧别置部队，以防其自由引去时，迅即代之。

最能说明阎锡山性格的，是他对石友三的拉拢与使用。

石友三在浦口炮轰南京后，虽得蒋介石之宽恕，但他明白蒋心里绝不肯如口中所说轻饶他，遂率部离开安徽，到河南新乡一带，与韩复榘靠在一起。阎锡山举起反蒋的帅字旗后，他派代表赴太原联系。阎看到石的实力相当雄厚，并且认为石在新乡，正当要冲，若联系不好，将来讨蒋时就是个大障碍，于是派一位很有分量的亲信、五台同乡赵丕廉为代表前往拉拢。赵是同盟会会员，曾起兵响应辛亥革命，1926年秋奉阎命秘赴武汉，后任国民政府内政部次长、国民党第三届中央执行委员会候补委员。临行前，阎交代说："石友三这个人见钱眼开，他若开口要款，你可斟酌答应。"赵到新乡，就反蒋之事与石友三一拍即合，许石80万元的援助。赵得石痛快的承诺后，急忙高高兴兴地返晋向阎报告。阎初时高兴得眯着双眼，但当说到要80万元时，脸即一沉，很不高兴地面对周玳说："咱们的代表到外边就当起皇帝了。"说完马上转脸斥责赵说："你先回去休息罢。"却说石见又有巨款可进，非常高兴，孰料赵返晋后便杳无音信，很是气恼。阎这边，听了周玳的劝解"石友三这种人，成事不足，败事有余，应该好好联络"，深恐本就被称为"善变将军"的石有变，

谁与争雄

又派人去新乡对石进行安抚。阎石之间的这些周折被韩复榘知道后，他急忙派人对石说："你已与蒋决裂，不能再和阎翻脸。此次冯阎与蒋之争，双方都实力雄厚，胜负难料，为将来之计，我们两人各投一方，以便将来彼此好有照应。你炮轰南京，为蒋所恨，当留阎方，我留蒋方。你应马上派代表见阎商量打蒋的事。"石深以为然，急派代表赴太原，言明附阎之意。阎热情接待了石代表，并答应给石50万元的开拔费，委石为第四方面军总司令，刘春荣亦归石指挥，还答应石为山东省主席。

阎锡山任石友三为山东省主席后，又觉得大好的一个山东，不能交给一个反复无常的家伙，就秘派傅成怀到济南一带暗中拉拢当地的青洪帮，准备将来和石捣乱，使他这个省主席当不成；又派卢丰年拉拢河南卫辉、怀庆一带的青洪帮，在石部后方破坏其收税和拉壮丁的活动。晋军进入山东后，每占领一个县就委派一个县长和税局局长，直接侵犯了石的职权和利益。打下济南后，石派人代理省主席，发现令不出泉城。这一切使石非常不满。但目前的情况，势必依附阎，所以石暂时隐忍不发。后来，各方代表或聚太原，或在石家庄，或聚北京（北方外交处5月3日通知驻华外交使团，北平自即日起改称北京）筹备组织政府。石希望得到军政部长的职位，派其驻京代表、油滑的政客萧振瀛力促此事。但阎不同意。周玳劝说："正在打仗的时候，应当满足他的要求；如不要他，打完仗再说。"阎仍不同意，并说："石友三反复无常，贪得无厌，又是一个粗人，如果把军政部长给了他，也太把政府开玩笑了，别人还怎么干呢？"萧把这个消息传回来后，石勃然大怒。关于给养问题，最初即商定由阎补给，但战事一拉开，阎的补给不但不充分而且不及时，经常有吃的没打的，或者有打的没吃，气得不知石骂了多少回娘。7月，萧从北京来电，说根据种种迹象判断，东北张学良将有附蒋之举。此时石正因军中一无粮饷二缺弹药而烦躁不安，颇感进退失据。他想阎既在用人之际尚如此待人，将来事成，绝不会有好果子给他这种孤魂野鬼吃。再说，阎这样的人又怎么能成事呢？身边的几个东北同乡皆力劝石背阎：既然不能投蒋，干脆投东北的张学良算了。石一算，这样做既保存了实力，又为以后的发展找到了一棵大树，遂立即命令草拟电报签发出去。而此时，蒋介石正无可奈何地看着各路的失败，感到大势已去，再难挽回，已下令后方辎重先行后撤，准备全线总退却。电讯机构截译石

第十二章 中原逐鹿

致张之电文："阎狡猾无信，排斥友军，万难与共大事，愿率部北上，听从我公指挥，共同打阎。"蒋马上召集将领开会，他说："我们原计划向后收缩阵地，但是，逆军并未乘胜出击猛攻，说明他们的力量已消耗枯竭。现在，截获了石友三致张学良的电报，石要倒阎的戈，这说明逆军内部发生了重大分化；津浦线上，傅作义屯兵曲阜，张荫梧迟滞于高密。这是讨逆战事的一个很大的转机，各位同志回部队严厉督战，务必坚守现有阵地，苦撑待变。"

阎锡山因其吝啬而误事，远不止这些。年初阎由郑州仓皇北逃后，把拉拢杂牌军的任务，交给孙楚办理。孙深知阎的心思，不敢出大价钱收编杂牌军，因此难以成事，有的即使已接受收编的番号，又反悔投蒋了。如魏益三，在军部门口已挂出了阎委的第三十军的牌子，但接受阎发的给养后发现，不但均系小米，而且全部发了霉，官兵非常泄气，第三天便把牌子取了下来，第四天即离开郑州南行投蒋去了。继而王金钰部（孙传芳旧部）、徐源泉部（张宗昌旧部），均沿平汉路徒步南开。这三支部队五六万人，作战经验丰富，战斗力很强，后来均成为平汉线蒋军进攻冯军的主力。

反蒋联军另一首领冯玉祥也作了类似的文章。平汉线方面反蒋的部署，以樊钟秀在许昌、临颍一带，张维玺在襄城、堰城之间。而反蒋军始终不能进抵郾城近郊，最大原因是樊部不肯再由许、临前进，冯亦因始终对樊不信任，不愿张部出樊部之前，战事发展不顺，非兵力不大，多一樊钟秀尔！既不肯出其前，又不愿留他在后，友军与友军对峙，造成平汉线中央军尽数东调，陇海、平线两线都成胶着之势。

冯玉祥因不信任他人而导致的另一战略失败是丢弃亳州，影响了整个战局的发展。

亳州位于安徽西北的涡河上游，古为商都。亳州不仅是地灵人杰之所，更为兵家必争之战略要地，位于豫、皖、苏3省的边区，处在津浦、陇海两条铁路的三角形底边，向东，进窥津浦线；北出，可切断陇海线。

陇海激战一开始，孙殿英即退据亳州，到蒋军攻下归德后，孙部与晋军防地被隔开。因亳州在敌军之左后侧，战略地位重要，冯玉祥又无力救援他，遂密令他持灰色和缓的态度，相机应对，期建奇功。而孙在战幕尚未拉开时，即派人到徐州向蒋介石输诚，暗通款曲，提出，只要答应让他任安徽省主席，他就听从指挥。蒋欣然应诺,送了新的任命给孙,孙遂在亳州骑墙,企图因利乘便,或左或右。但蒋对孙迟迟没有行动的举动本就心存疑虑,又截获了孙给鹿钟麟的呼天抢地的求援电,如亳州不稳,始终如芒刺在背,便派王均率5万人马前去攻取。孙自知处在蒋军后方,如蒋大军攻击,定如泰山压卵,他请蒋派刚任命的河南省主席、名士张钫到亳州一谈,同蒋虚与周旋,缓敌待援。实际上,孙的脑海里一直盘旋着"战、守、降、走"四个字:战则力量薄弱,不能奏功;守则援军距离尚远,恐难持久;降则顾虑很多,虞贻后患。去则被围甚严,且无处可走;他深知蒋之为人,他掘慈禧墓时,弄到一个翡翠西瓜、一双珍珠鞋,宋美龄听说后,许诺其新兵器装备及一个混成旅,但东西到手后什么也不给。

孙殿英被蒋军遮断后,阎、冯对他都失去了信心,认为他肯定要投降,不料他却在亳州站稳脚跟不动,拖住了很大一部分蒋军。徐永昌向冯建议,用十几个师的兵力以解亳州之围为名,直出蚌埠。冯却认为这太冒险:"如果你一定要去,可一面去蚌埠,一面留部队向陇海路前进,反正陇海路正面是你负责。"这使徐永昌作了难:归他指挥的军队共有30余万,但在任何地方如何使用皆可者,只有约15万晋军,如他去蚌埠,就不能在陇海路正面指挥,或者说,他不放心别人指挥;他要指挥陇海路,则谁也不肯冒险去蚌埠,最后只得作罢。

后经孙殿英一再请援,和历时两个月的考验,冯玉祥知其铁心反蒋,遂派孙连仲驰援,第一步,先解亳州之围;第二步,二孙由亳州长驱东进,直取蚌埠、宿县,截断蒋军后路,并令鹿钟麟进驻太康,指挥这一方面的战事。

就在孙殿英弹尽粮绝,决心投降时,孙连仲带着4个师,昼伏夜行,到了亳州,于7月14日解了亳州城西、南两面之围,当晚与孙殿英会了师。为彻底解围,两个商定:夜半进攻,孙殿英由城里杀出,孙连仲由城外进攻。结果,孙殿英待至拂晓,而城外毫无声息,急派人哨探,带回的消息使孙殿英惊愕半响:孙连仲部已向西撤退,城外已无冯军踪影。孙殿英立即驱车追到鹿邑,赶上了孙连仲叫着其字质问道:"仿鲁,你何故来去飘忽?为什么撤退也不让我知道一点消息?"孙连仲沉默片刻,拿出冯玉祥的电报给孙殿英看:"速退太康、杞县之线,万勿通知殿英。切切。"孙殿英对眼前的事摸不着头

第十二章 中原逐鹿

脑：本因援兵久唤不至弹尽粮绝而决心投降，援兵却不期而至；现在亳州之围半解，援兵却又倏然而去。再投蒋已不可能，蒋反攻又独力难支。片刻间，孙殿英已打定主意，恳求孙连仲在鹿邑候他一天，他决心放弃梦想中的安徽省主席，舍去亳州地盘，以保全实力。

冯玉祥接到孙连仲的报告，心里大呼上了老蒋的当。原来，张钫被孙殿英放出亳州后，蒋介石便令多方传出消息，说张钫出亳，孙殿英业已投降，并故意使阎、冯知之。冯果然中了这个离间计，恐怕孙连仲吃亏，才发了要其迅速西退的电令。冯追悔之余，电令孙连仲再度东进亳州，与孙殿英会合，再执行东出攻占蚌埠、宿县的原定计划。但孙殿英认为该部被困过久，再三恳请予以休整的时间。孙连仲已有数不完的难处：所部自甘肃徒步东下，数月以来长途行军和辗转作战，士兵过于疲劳，损失亦很大，而且亳州距津浦线较远，深入敌后，弹药和粮秣补给都困难。冯玉祥也无法充分接济其粮弹和饷项，只好打消原议，命令二孙撤至柘城、太康一带。此举受到幕僚们背后猛烈批评："这次亳州解围是一误再误：孙殿英由皖北撤往豫东，为蒋军解除了后顾之忧，因而使蒋能抽出一定的兵力转用于其他方面，这是一误；奇袭蚌、宿，在战略上是动摇敌人津、陇两路的重要步骤，但又中途变计，这是再误。"

阎锡山甚至连自己的亲信将领都疑神疑鬼，不敢放开使用。

沿着津浦路南下的晋军编为第四路，步骑炮兵共约7万，傅作义为总指挥。此路战事开始时由阎锡山亲自指挥。进入山东境内以后，因各方代表正酝酿召开扩大会议，准备组织政府，阎即离开晏城行营回石家庄，津浦线战事便以行营主任傅作义代替指挥。

就在傅作义进展顺利的时候，北平警备司令张荫梧忽然给阎锡山一个密电说："张学良和张群、吴铁城、方本仁等在北戴河开会时，傅作义秘密参加了这个会议，请注意。"阎即派张荫梧为第二路总指挥，率王靖国、李服膺两军和两个炮兵团开上津浦线，并成立二、四路联合军，以张为总指挥，而且责成张分配发往前方的给养、弹药等。左右不知内情，都不赞成阎的做法，因为大家都知道傅、张两人素来水火，这样做显然意在对傅进行监视，而傅本人难免泄气，将影响战局。周玳即说："那方面原有行营主任指挥作战，现又派张荫梧为二、四路联军总指挥，究竟谁指挥谁呢？这不是添麻烦吗？"阎说："我有多年的经验,你不要管,就下命令吧。"果然,随后傅说张不发给养弹药无法打仗,张则说傅不听指挥。由于两人互相攻讦,战事迟滞不前。阎本拟亲上前线坐镇,又被后方事务缠住手脚,遂派参谋处长辜仁发带上其银质私章前往代为指挥。但辜拿着阎的令箭也无法指挥,阎又要周玳上前,恰在这时晋军拿下了济南,周玳遂建议:张、傅二人既已水火,不能协同作战,莫如把两人分开;况且韩复榘已向胶济路方向东撤,我军如南下进攻,颇有后顾之忧,不如令傅率领重兵南攻,令张率本部东进,把韩逐下海去。阎深以为然。实际上,阎由于对自己手下大将的不信任,导致战事发展不顺利,而且部署上惊人的短视:分兵齐出,不分主次。韩复榘在蒋方不过是孤魂野鬼的杂牌部队,可南可北,如果拉他不过来,最好使其中立,万一非打不可,则应迅速、坚决地打;而韩东撤闪开津浦路正面,正表明他不愿意替蒋方跟晋方死拼,何况韩仍和阎有所联系,因此,不应把韩往绝路上逼,而应以少数兵力监视韩,集中主力向南猛攻,鲁南蒋军只有马鸿逵等力量较弱的部队,如此,则可以达到与陇海线会攻徐州的目的。山东这边,就是把韩赶下海去,对战局的影响也不是决定性的。

  阎锡山由于其钱商的吝啬本性,和抵制冯玉祥而有利于战后夺取全国统治权的考虑,在补给上拖冯的后腿,甚至卡冯的脖子,造成阎冯间的深刻矛盾,从战略上影响了反蒋军事的发展。

  7月底,蒋介石重新评估了形势:晋军主力集中在津浦线,西北军主力集中在陇海线,其后方征调已空。桂系主力已在湘境覆没。平汉线与鄂北两方面的西北军亦无力反攻,湘、鄂、赣3省的红军已令何应钦总制3省"剿匪"事宜,后方已无顾虑。此后只需在津浦、陇海两线任破其一,即可摧枯拉朽地打垮敌人。蒋修订了战略计划,决定一反前策,先攻瑕,再攻坚,拖垮西北军,打垮晋军,在陇海线采取防御性的持久战,津浦线采取攻势,首先打垮晋军,再次第移师进攻陇海线和平汉线。

  津浦线上蒋军的大反攻一开始,阎锡山即对周玳说:"子梁,我总有些担心傅宜生他们顶不住老蒋的此次进攻。目前的最好办法是从陇海方面结束对峙局面,发动攻势,以分散老蒋进攻津浦的兵力。冯焕章现在兰封以西的罗王车站。你带部分钱物去见他,请他乘陇海线蒋军阵线因抽调兵力而空虚之际,发动攻势，策应津浦线。"

周玳带来了50万元现款和大批面粉、弹药，到了罗王车站。冯玉祥的幕僚悄悄议论说："阎就是会急时抱佛脚，早些送来这些东西，孙连仲不就打到蚌埠了吗，津浦线哪里会有今天的情况呢？"冯本人则在戒备森严的铁甲车里接见了周玳。周将阎之亲笔信交给冯："阎总司令侦知蒋介石调十九路军北上增援的消息，感到十分焦急，极想乘十九路军未到前速战速决，将蒋军击溃。若是这样相互对峙，旷日持久，殊非良策。现在敌人后方异常空虚，请抽调6至10个团的有力部队，组成大纵队，以孙殿英部为前导，向徐州大迂回，抄袭蒋军后路，陇海、津浦两线之敌必然发生动摇。此举若得成功，纵然不能活捉蒋介石，也可平分天下，划江而治。"但冯先是顾左右而言他，后避而不见。

周玳无奈北返，徐永昌一改儒雅之态，着急地说："今后没有好戏唱了。请你回去赶紧在黄河铁桥上铺好木板，并多架设浮桥吧！"并找曾任西北军作战主任的张樾亭再去劝冯玉祥。阎锡山得报，非常着急，急请汪精卫一行。

正着急间，冯玉祥的密令到了徐永昌手里，其要旨为：蒋介石由陇海线抽调大部精锐增援津浦线作战，联军拟趁此以全力速歼当面之敌，进略徐州。冯之所以决定要打，是因为他明白现在不是与阎锡山吵架的时候，两人已绑在了同一辆战车上，如不同心协力，必将失败。他分析了局势，认为主战场仍在陇海线，二为津浦，三是平汉。徐州是陇、津两线枢纽，如攻下徐州，则津、陇两线联成一气，乘胜南下，影响所及，平汉线的"杂牌军"必将发生重大变化，那时，最低限度，大江以北将无蒋军立足之地。因此，冯对即将发动的8月攻势下了最大决心，除在平汉线控制一定的兵力以外，将所有兵力集中到陇海线，以期一鼓而下徐州，取得决定性的胜利。总攻兵分七路：陇海线以南，以西北军为主分成三路，左翼孙良诚、吉鸿昌进出睢县，向宁陵以北地区进攻；中路孙连仲由太康进攻归德；右翼孙殿英由柘城进攻马牧集。并令铁路正面的晋军、铁路以北的刘春荣及鲁西的石友三部同时出击。郑大章的骑兵深入敌后，展开活动。宋哲元部为总预备队。

孰料，陇海的总攻刚一开始，津浦线上的晋军已遭惨败。虽然冯玉祥亲临前线，冯军亦英勇奋战，但由于连日大雨不停，远离后方，给养极其困难，攻势无法保持。而且，就在这种严峻的形势下，联军仍互不协调，甚至扯后腿。

谁与争雄

担任陇海线正面作战的徐永昌部，配备的兵力为3个军和10多个炮兵团，但在冯下达总攻击令后，他们不仅未能与冯军主力相配合，反而暗暗撤退，致使冯军在大雨滂沱、遍地泽国之中付出重大代价也无法取胜。这样一来，蒋军在陇海线稳住阵脚，晋军在津浦线就抵敌不住，8月15日丢掉了济南。互不协调和互相扯皮的结果，导致反蒋联军失去了打败蒋军的最后一线希望。

蒋介石则与阎、冯不同，早年混迹上海交易所做投机生意的经历告诉他，机会往往伴随着冒险，而舍不得投资，患得患失，就不会取得大的成功，赚不了大钱。所以蒋介石紧盯一个目标：打败敌人。为此，他不仅对嫡系部队，对杂牌部队也一样，尽最大力气满足他们的要求。他认为，打败了对手，什么都有；而如失败，就什么都不是自己的了。

蒋介石驾驭群雄的，无非是三大法宝：甘辞、厚禄、高官。这不仅仅是说，蒋介石拥有实力最雄厚的江浙财阀的支持，拥有国民党中央和国民政府的招牌，而且他懂得如何最大限度地运用它们，而不是把它们死死地攥在手心里。

蒋介石曾说过，只要有人喜欢金钱和权利，他就有办法。浦津线上，由于蒋军主力集中陇海线，只能用韩复榘为主力拒挡晋军。为使韩听命硬战，蒋先给其第一军团总指挥之职，划大量杂牌军归其指挥，对其要求给以最大限度地满足，并亲自到韩军中，要其参谋长到军政部任次长，以示器重与笼络。平汉线上更主要靠杂牌军，蒋介石除给他们选了一位能满足他们嫖赌的总指挥外，还大封其官：徐源泉为第十六路军总指挥，萧之楚为第十军副军长，上官云相、郝梦龄分任第九军正副军长，杨虎城为第十七路军总指挥。同时，为了拉拢张学良，蒋介石将一顶比一顶大的乌纱帽，一把比一把大的钞票送往东北。

要得马儿跑，又要马儿不吃草，这是不可能的。道理简单，阎锡山却不懂，但蒋介石吃透了其中的精髓。当桂系部队尚在湖南激战时，蒋介石即送去钱物，与陈济棠谈妥，调蒋光鼐、蔡廷锴两师北援津浦线。打败桂系后，蒋、蔡两师刚刚在长沙休息了一天，蒋介石即急电催其北上。接电后的当天午夜，两部即兼程向长沙疾进。到达长沙后，两部坐火车至武昌，再乘轮船东下浦口，部队进入浦口火车站时，后勤部已备好饭菜，火车亦升火待发。

第三节 张学良挥师入关，扩大会议和"四九"政府顿成昙花一现

1929年至1930年间，汪精卫以反对蒋介石个人独裁为号召，先后发表《怎样扶植民主势力》《怎样树立民主政治》《论约法》等一系列文章，大讲恢复民主、反对专制独裁。由于蒋介石政权日益不得人心，当时一部分知识分子，特别是一部分反对个人独裁的国民党员，把汪视为主张民主政治、反对个人独裁的首领。阎锡山、冯玉祥发动反蒋之时，汪已回香港，一面支持南方张发奎、李宗仁等的反蒋军事行动，一面与北方联络，以促成南北反蒋势力的大联合。

尽管阎、冯连电致汪，称讨蒋军事布置就绪，望速北来领导一切，并派出专使赴港迎接，但汪却沉吟着，迟迟不肯北上。汪认为，北方只是笼统地表示请他北上反蒋，并没有说出请他到北平后的具体办法，也没有表示支持他关于国民党党统的主张。

而改组派内部，对汪北上看法不一，中下层骨干多数反对，认为阎、冯与蒋同是军阀，汪不应作此军事投机，侥幸而胜不过是以暴易暴，万一失败则不可收拾。陈公博持这种意见。汪本人及顾孟余等认为政治是现实的，蒋不倒则一切无从谈起，故倾向于北上。所以3月间，汪即派陈公博、王法勤北上，先与各方接洽，察看虚实。汪虽然力主得便北上，但认为时机尚未成熟。一则因为北方党统问题仍在进行着激烈的争吵，如果此时北上，势必卷进这一漩涡，这就会使自己作为某一派别的首领，而不是全党的领袖。其二则是因为北方各派与其感情不深，联系不紧，而南方的张发奎本人素与汪交厚，他企图利用张发奎的胜利，开府广州，建立基地。因此，他虽表示要北上，却对北上的时间未作具体承诺。

1930年5月，改组派与西山派已达成妥协，不料，汪精卫自食前言，6月1日在香港发出东电，提出：统观今日事势，宜即开中央党部扩大会议，以中央党部确立党的重心，以扩大会议集中党的人才。该电站在貌似公允的立场，批评改组派"倡为西山同志不宜参加党务之说，期期以为不可"，但又重弹党

谁与争雄

统老调,坚持认为粤二届中央是国民党正统。接着又撰写《中央党部扩大会议之必要》一文,重申:如果牺牲二届,以迁就西山派,则民国十五年以来,二届所有决议,以及一切行动,皆归于无效,不但不合理,而且是何等不可能的事实。至于以团结同志的动机,与西山派冰释前嫌,以期一致努力,则我认为合理。显然,汪既想联合西山派以壮大反蒋声势,又想以改组派为中心。随即,设在北平的"中国国民党各省市党部海外总支部联合办事处"及各地改组派组织,纷纷通电"誓死拥护",并警告西山派:"如有故意阻挠,阴谋破坏者,誓与周旋。"西山派自不示弱,邹鲁、谢持发表歌电,痛斥汪执著于党统是"强人之就我,欲借以取得支配一切之大权",告诫汪要"彻底觉悟,泯去派别之私,不执一成之见,以谋团结整个的党",并归纳道:持、鲁此次与粤二届代表协商,经时两月有余,而舌敝唇焦,所以争革命意义者实少,而所以争旧账及面子者太多,总而言之,不外"党统"二字。

就在南方飘来一片乌云给即将召开的扩大会议蒙上一层阴影之时,反蒋军事取得很大进展。在节节胜利的形势下,北方要求组府的呼声一浪高过一浪。6月18日,阎锡山致电汪精卫,表示党务问题,听从汪的主张,"望速北上,一切问题,立即解决"。

但汪精卫仍迟迟不肯北上,托词是"适患肺炎",实际上他把希望寄托在南边。不过,就在6月18日,桂军被迫放弃长沙南逃,从此一蹶不振。汪看到广州开府无望,只好把希望寄托于北平。再说他又得到消息:北方有人主张撤开党务,先立政府。如此则其控制扩大会议进而与蒋介石争夺党权的企望会落空。于是,汪在阎、冯再次电催其北上主持大计时,表示不日北上,并对党务问题作了让步,同意一、二、三届中委并容纳西山派,共同召开扩大会议。至于由谁召集会议也作了折中:粤二届发表提议召开扩大会议的宣言,沪二届发表赞成宣言,"粤、沪"二字省去,双方都用"二届中央执行委员会"的名义。

本来汪精卫在港已准备动身北上,然而改组派与西山派围绕扩大会议宣言的署名问题又起风波。原拟在联合宣言上由26人署名,其中改组派13人,西山派11人,再加阎、冯2人。改组派提出西山派应减为8人,西山派当然反对。关于署名的名义,陈公博坚持冠以"中国国民党第二届中央执行委员会

第十二章 中原逐鹿

扩大会议"的名称，西山派又坚决反对。各方坚持己见，甚至提出分别起草宣言，单独发表。后经阎疏通，双方达成协议，仍然以原拟宣言发表，以便及早召开扩大会议。至于署名顺序，各方都争列名在先，经过协商，党头汪精卫列第一，盟主阎锡山居第二，其他以年龄长幼依次排列。

至此，喧嚷数月的党统之争终归沉寂。而人们又怕夜长梦多，不待汪精卫北上，匆匆地于7月13日下午2时在中南海召开了扩大会议的成立会议。

7月15日，汪精卫偕同陈璧君、顾孟余等人循着当年孙中山北上的路线，由香港乘船赴日本长崎，再转赴天津至北平，其用意在于标榜自己是孙中山的忠实继承人，借以抬高身价；同时，走这条路较为安全。汪心里非常清楚，要取得扩大会议中的领袖地位，必须谋求阎、冯的支持，所以他对《大公报》记者说：对于政治与党务之主张，与阎、冯趋于一致；关于即将成立的政府，他希望阎任国府主席，自己则专心于党务，对政府处于赞助地位。

8月7日，陇海线上反蒋联军总攻蒋军的炮声一响，汪精卫敲响了扩大会议的开场锣鼓。这一天，"扩大会议"在北平中南海怀仁堂召开。会议正式通过了汪起草的扩大会议宣言，该宣言罗列了扩大会议所谓解决党政问题的七项基本条件：一、筹备召集"国民会议"，以各种职业团体为构成分子。二、按照《建国大纲》制定基本大法，确定政府机关之组织及人民公私权利之保障，由"国民会议"公决。三、民众运动、民众组织，应按《建国大纲》由地方自治做起。四、各级党部对于政府及政治，立于指导监督地位，不直接干涉事务。五、不以党部代替民意机关。六、贯彻以党治国、即以党义治国的原则，集中人才，以收群策群力之效。七、关于中央与地方的关系，按照《建国大纲》采取均权制度，不偏于中央集权或地方分权。这七大主张不但迎合资产阶级、小资产阶级、知识分子要求政治民主的愿望，而且具有强烈的针对性，它们都是孙中山生前所极力倡导的，同时又正是蒋介石借训政和党务之名所恣意践踏的。它们均击中蒋介石的要害，具有较强的煽动性，是反蒋的有力政治武器。

扩大会议选举汪精卫、赵戴文、许崇智、王法勤、谢持、柏文蔚、茅祖权七人为常委，汪精卫、顾孟余、覃振分任组织部、宣传部及民众训练委员会秘书主任。

9月1日，扩大会议通过政府组织大纲，推定阎锡山、唐绍仪、汪精卫、

谁与争雄

冯玉祥、张学良、李宗仁、谢持为国民政府委员，阎为主席。阎为了挽救颓势，增强号召力，决定不待国府组成而先行就任国府主席，时间选定在民国十九年九月九日九时九分，恰好符合帝王"九五之尊"的说法，又取了"久久"的谐音。但是，由于疏忽，就职典礼未能在9时9分开始，略有偏差，只有"四九"。

阎锡山宣誓就职的当天，即匆匆坐上火车出发，到津浦前线督战。10天后，东北军前锋进抵北平。

中原大战的炮声一响，张学良面前就摆着3条路：倒蒋、拥蒋、中立。他很清楚，选择前两条道路是要冒风险的。中原逐鹿，虽然各方自吹自擂，均宣称胜券在握，但据各种情报来分析，双方力量对比相对平衡，反蒋方面人数稍多，蒋方武器装备较优，鹿死谁手尚难料定，贸然参加进去，一旦押错了宝，后果不堪设想。再说，他从心里不愿参加任何一方，他对阎、蒋都没有好感。他自与阎锡山联名通电反蒋事件后，对其行动反复无常深为不满，受过现代教育的他岂愿与缩在山西的土皇帝共事，更不愿为阎夺取全国的最高统治权而火中取栗；拥蒋呢，除了首先要承担战事外，他也看到了蒋搞垮李宗仁、冯玉祥的阴险毒辣的手段，而自己在1929年下半年的中东路事件中，上了蒋介石的大当，吃了大亏，因此，对蒋有强烈的戒备、畏惧心理。

所以，从一开始张学良决定采取中立政策。

但是，树欲静而风不止，大战的双方都极力想把东北卷进这一漩涡中。

由于战争初期反蒋阵营军事上占优势，他们对张学良的策略是能拉过来最好，否则使其中立也行。所以北方对张的拉拢不十分下力气，只给一个副总司令的空衔。津浦战事发生转折，晋军丢掉济南后，阎锡山才加大拉拢张学良的力度，派薛笃弼、贾景德代表冯、阎赴北戴河谒张学良，而又因阎的吝啬，给两人的旅费分别为1000元、500元，根本无法应酬，更无法展开活动。到9月初阎组织北京政府时，先推张学良为国民政府委员，东北方面的顾维钧、汤尔和、罗文干为部长；9月6日表示愿以察、绥、平、津永久相让；8日表示愿以政府半数部长相让。

与阎、冯相比，蒋介石一开始即对东北摆出志在必得的架势，所以给东北方面的礼物就厚重而且具体得多。4月中旬，南京任命东北方面的胡若愚为卫生部政务次长、王家桢为外交部常任次长；6月任命张学良为陆海空副总司令。蒋派张群将特任状及印信送到沈阳；7月上旬，任命于学忠、王树常分别为平津卫戍司令和河北省主席；7月21日，吴铁城奉蒋密令赴北戴河，要求张学良就副司令职，以所有北方地盘为条件；8月以后，蒋连电催张出兵，答应给出兵费500万元，9月拨给张1000万元用以整理奉票及偿付铁路外债，并答应东北军入关后，驻平津部队的薪饷由中央负担。蒋细心到张夫人于凤至主办之辽西水灾赈济会在沈阳成立时，电汇20万元至沈。蒋对东北慷慨地封官许愿，任张为副司令后，他陆续答应"北方诸事托付汉卿全权处理"，"黄河北岸军事，皆交汉卿全权处理"，东北要员，除于学忠、王树常外，朱启钤任北平市长、臧启芳任天津市长、张学铭任天津市公安局长；董英斌接收察哈尔；平津中央直属各机关，均由张先行派人接收，俟时局稍定，再行荐员由中央委任，平绥、平汉、正太、沧石等铁路局长，亦由东北军派人接替，然后荐员由中央委任，内政、参谋两部部长亦如此。顾维均、汤尔和、罗文干等，均可由东北保荐，中央任用。立法院发表冯兆异为立法委员。

蒋介石派到东北缠住张学良的特使吴铁城的表演，可说与北方代表因囊中羞涩而显得小气的做法相比，形成巨大反差。吴本是著名政客，深谙宦海沉浮之道。他受命之后，自知仅凭三寸不烂之舌是无济于事的，在花钱方面得到宋子文的允诺后，他才成行。他本是麻将桌子上的高手，便把打麻将、推牌九作为联络和收买东北军政官员的一种手段。他与顾维均、汤尔和相赌，输赢常在数千元之间，他常是赢家，而他赢的钱除留500元作为酒席开支、赏钱之外，其余则全数退还，输了则掏腰包。有次他举行宴会招待东北要员，共开十几桌，饭后打麻将，他在每张桌子的四个抽屉里各放2万元，给他们作赌资。他还在沈阳兵工厂定购步枪5万支，日本三八式步枪每支25元，东北军开价为日本的一倍以上，而且他还续购了5万支。

为了拉住东北，蒋介石通过英法等西方列强的驻华使节，对张学良施加影响：8月27日，南京派来以亲法和善阴谋著称的李石曾赴北戴河，访晤法国驻华公使；英国驻华公使蓝普森于8月26日访张学良，次日又邀张赴其别墅打网球，停泊在北戴河的英国军舰也宴请张学良。

蒋介石因其性格和早年经历的底色，对东北也采取了隐暗、阴险的一手。

谁与争雄

于学忠任临绥驻军司令，率部警备山海关、绥中一带，蒋首先利用日本士官学校毕业的干部参谋长陈贯群，两次转信给于学忠，表示拉拢；继又派一参议以赴东北为由途经山海关，带给于亲笔信，希望于能举兵向西，表示于愿在华北得到什么地位均可应允。于将蒋信转给张学良。蒋一计不成，再生一计，派何成浚勾结临绥驻军司令部所属的第三十二旅旅长马廷福，许给马300万元，并已将100万元汇到沈阳中国银行，要马叛张西向。

张学良的地位是非常重要的，正如阎锡山所说，小张一句话即可决定战争的胜负：从北方反蒋，则政治上、军事上对蒋打击尤大，倒蒋更易；从蒋袭阎、冯之背，则东北军一进平津，扩大会议便失其凭依。但他除对双方均无好感外，顾虑尚多：外有日本虎视，对苏联外交因中东路事件而显得非常紧张；内则父丧未久，地位尚未完全巩固，不敢贸然行动。所以，他找出种种借口，敷衍各方代表。

在吴铁城等人的不断催促下，张学良迫不得已，曾口头表示：如蒋军能将济南攻下，东北即可出兵。到8月底，形势已由相持过渡到蒋军大举反攻，蒋军不但攻下济南，而且掌握了津浦、陇海、平汉三条战线的主动权。张学良考虑，中原大战蒋介石已稳操胜券，即使东北方面不参加进去，战争也会以蒋方的胜利而结束。如东北方面拖到蒋军东线打到平津，西线攻进晋陕再表明态度，一则失去价值，二则据蒋介石素来之个性，定会借口"中央讨逆"时东北态度暧昧而收拾他，所以他认为，东北方面表明拥蒋态度的时机已到。这说明，张学良的入关，绝非蒋介石用高官厚禄收买的结果，而是他驾驭形势，因利乘便。

9月10日上午9时，沈阳北陵别墅。

张学良在东北高级军政会议上说："东北地处边陲，日本窥视已久，如欲抵御外侮，必须国内统一。……阎、冯二氏的为人，一向反复无常，从前北洋系统的覆灭，二人应负其责。目前阎、冯合作，事如有成，二人亦须决裂。且以国民革命军系统而言，阎、冯本为国民党的一部分。至于扩大会议，西山派本诋汪、陈赤化，改组派亦骂邹、谢为叛徒，暂时的结合，将来仍须水火。蒋介石系一善使阴谋的野心家，在他的阴谋里，本想以军事解决西北，以政治解决西南，以外交解决东北。他对我们，亦无特殊的关系。从马廷福的事变，更可看出他的不顾友谊和不择手段。不过目前国事日非，如非国内统一，更不足

第十二章 中原逐鹿

以对外。我们为整个大局计，必须从速实现全国统一，早停内战。最近阎、冯的军队已退至黄河北岸，蒋军业已攻下济南，我方似应实践出兵关内的诺言。"会后，张学良发布进军关内的动员令，先行编组两个军，于学忠率第一军，王树常率第二军，并确定了"一枪不放"的进军办法：他认为阎、冯这些人的势力有如百年古树，根扎得很深，要想把他们连根拔起，恐怕南京方面也无此能耐，不如给自己留条后路。

9月18日，张学良发出拥护中央、呼吁和平的巧电，进兵关内。

8月攻势受挫后，冯玉祥也明白整个战争已发生了重大转折，西北军再也没有力量组织大规模的进攻了，今后只能在争取坚固设防、挫败对方进攻的情况下，徐图东山再起。但蒋介石不容他稍作喘息：蒋军于陇海、平汉两翼猛行包围，于平汉线采取积极攻势，一路从铁路之东取开封，截兰封、杞县联军之退路，一路从铁路之西抄洛阳，断潼关、陕县、郑州、开封之间的交通。陇海各蒋军分右翼、中央、左翼三军及预备军团，以蒋鼎文、顾祝同、朱绍良、陈调元分任指挥。平汉路蒋军共编6个纵队，分为左右两翼，以刘峙、何成浚分任指挥。平、陇两路，遥相呼应，并力进展。

鉴于战局的变化，冯玉祥决定：宋哲元率两师兵力撤退到洛阳一带，以保持通往陕西的归路；缩短平汉、陇海两路防线，以便集结兵力作最后一搏。张学良的通电发出后，冯玉祥依然希望阎锡山抽调有力部队到河南，继续作战。他认为，东北军虽入关，但自己的实力尚存，只要阎能坚持到底，仍有扭转局势的可能。于是他一面要邓哲熙请汪精卫力持镇静，一面派张允荣前去见阎，陈述继续打下去的理由。正因为他幻想用这种办法挽回军事上的颓势，所以对于退保西北的问题，没有采取安全可靠的措施，宋哲元的两师兵力不足以保证郑州到潼关这段交通线的安全。

阎锡山就没有冯玉祥这么死心眼。早在9月12日，他抵平原、禹城一带视察，看见晋军士气荡然，当即下令："能守则守，不能守则退。"14日，他在石家庄下密令：德州张荫梧除留一部做警备外，迅速将主力集结于大名、石家庄、兰封；孙楚将主力集结于新乡以西。所以他在接见张允荣时连连说："不好办，不好办，仗是不能打了！"被问及对局势的看法时，亦不表示意见，

谁与争雄

只说:"退到山西再说罢。"随即乱以他语。冯得知阎的态度,再想把军队转移到陇海路西段时,杨虎城已于9月17日攻克洛阳附近的龙门,西撤已不可能,便只有退回豫北一途了。

10月8日,阎、冯、汪三大巨头在石家庄正太饭店召开了紧急会议。汪一开始即提出:一不做,二不休,最后退到大西北,继续硬干到底。冯表示赞成:把所有军队,先集结黄河北岸,做好坚固工事,蒋如再打,和他硬干,如果不打,就乘隙渡河南进。阎再战之心早已荡然,加上其密电处截获了刘骥给冯部所发命令,"晋南富庶之区,粮饷不缺,陇海路撤下来的军队应兼程开入晋南。"这不是鸦占鹊巢之把戏吗?所以阎说:"我不同意这样做。这是国事之争,我们军事上虽已失败,但在政治上,蒋介石既承认错误,也就是我们取得了胜利。况且,中国是整个的,如果弄成华南、华北两个中国,我们就成了历史的罪人。"汪、冯虽然非常惊诧这个失败了也是胜利的理论,但无可奈何。

反蒋联军已起重大变化:庞炳勋、孙殿英等部均自由行动;石友三通电表示拥护张学良的主张,并率部由鲁西开往豫北,将漳河大桥破坏;第八方面军将领软禁其总司令邓宝珊,通电投蒋。

冯玉祥最初不听劝告,将西北军倾巢出动,败势已定时又不及时退守后方根据地,结果输得精光。

当宋哲元由洛阳率残部退到潼关时,冯玉祥曾电令宋和刘郁芬坚守待援。刘原系甘肃省主席,宋离陕赴豫时,冯调刘代理陕政。此时刘见宋回潼关,怕他仍回西安主持省政,乃急电旧属孙连仲回陕,暗中约定他主陕、孙主甘,遂不采取措施协助宋守潼关。而蒋为迅速取得胜利,对西北军采取政治攻心的策略,并派曾为冯智囊的张钫携重金对西北军将领进行收买、拉拢、分化、瓦解,向各将领大发委任状。冯闻宋得蒋记第二十路军总指挥之委任状,急电宋:"闻吾弟处也有不稳之说。"宋难过得哭了:"强敌当前,刘既见拒,冯又起疑,真使我进退两难。只有披发入山,以谢团体。"遂乘夜率高级幕僚数名和手枪队300余人潜行渡河到山西。杨虎城毫不费力地占领潼关。刘郁芬既失潼关屏障,又无守城准备,只得放弃西安向山西逃跑,途中被杨虎城缴械。至此,西北军后方基地彻底丧失。

西北军将领除了少数退到晋南外,绝大多数不是投降,即被缴械。鹿钟麟

第十二章 中原逐鹿

潜回天津。庞大而战斗力强的西北军瓦解了。究其原因，除冯玉祥战略战术的错误、将领们不愿再回西北吃苦外，陈公博的分析挺有道理：冯对部属很不尊重，高级军官都可能被打军棍和罚跪，哪怕你年纪多老，都得出早操。传说冯冬天穿上大兵的衣服，里面充着狐皮；请客好用粗米白菜，客走之后大嚼鱼翅。但早在武汉时期，陈即发现，每次冯的代表到武汉，无不大嫖大赌，其参谋长每夜在华商总会俱乐部，打500元一底的麻将。陈即断定冯终究要失败，因为桎梏人的性灵太厉害，部属只有作伪应之，相率而为伪，迟早必崩溃。

11月4日，阎、冯联衔发出"支电"，声明即日下野释权归田。冯因丢掉了地盘和军队，显得非常狼狈，先隐居晋祠，后又被迫离晋，因无处可走，又秘密潜回晋境。

汪精卫率扩大会议参与者至太原后，连夜赶完《约法草案》，并以扩大会议的名义发表，然后于11月1日，偕陈璧君、陈公博等人，改装易服，星夜潜离太原，经大同、北平至天津，在天津发表一篇宣言，声明"愿做在野派"，向蒋介石讨饶。1931年元旦，汪发表声明，宣布解散改组派，随即离津经日本长崎转赴香港隐居。

阎锡山本拟退回山西偃旗息鼓，躲过灾难，但蒋介石恨透了这头老狐狸，他在10月3日发给国民政府请求大赦政治犯的"江电"中说："所有政治与军事上之犯罪，概予赦免，取消通缉，恢复自由，并仍得享受一般平民应有权利。惟有一二人罪孽深重。如陈炯明谋叛总理，甚至称兵戕害，迄今尚无忏悔之表示；阎锡山阴险毒辣，姑不计其在筹安会与督军团时之罪恶，即其加入革命以后二年来，种种叛变，皆由其发纵指使，实为居心乱国之罪魁。均不应在赦免之列。"蒋见西北军土崩瓦解，冯玉祥无声无息，知其根基已坏，不可能东山再起，而阎缩回山西，实力尚存，因此必须撵阎出洋，行离窝毁巢之计，遂派飞机两次轰炸太原，并指出："庆父不死，鲁难未已，阎逆不离晋，善后难谈判。"阎见顶不住南京的压力，只得化装成一商号掌柜，由李汝骧一人伴驾经大同，坐上京绥线的普通旅客列车，提心吊胆，于11月30日晚11时许，安抵天津。张学良在南京，得蒋严缉阎令后，连发三道耐人寻味的命令：一、令陆军：检查列车，查获后格杀勿论。二、令宪兵查获后押解来部。三、令铁路警察：严加保护。这三道命令可使日后张拿着其中的一条去见蒋介石或阎锡山。

第十三章 权力之巅

趟过1930年的惊涛骇浪,蒋介石企望名正言顺地当总统。孰料蒋胡之争、宁粤对峙,差点让他阴沟里翻了船。

第一节 中原大战大获全胜,蒋介石心高气傲,不小心踩响了一颗威力巨大的地雷

中原大战残局未收,蒋介石对善后问题摆出宽大的姿态,华北方面全权委托给张学良,河南方面采取政治、和平解决的办法,以希在彻底击败阎、冯的基础上,迅速从北方脱身。他想尽快办好两件事:班师江南"剿灭"红军,召开"国民会议",制定约法。但是,两件事都办得很不顺手,1931年元旦,"剿共"的龙冈战役惨败,前敌总指挥张辉瓒被俘。推行的政治计划遭到胡汉民的坚决抗争,难以实施。所以,蒋一边把北方的杂牌部队南调,让他们去和红军拼命,一边打起精神,和胡汉民战斗。

蒋介石热衷于召开"国民会议"、制定约法的目的昭然若揭:名正言顺地当总统。人们敢怒而不敢言,但胡汉民公开站了出来。这是因为他是国民党的

元老，孙中山的同辈助手，蒋介石的资历远不能和他相比；同时，他背后有元老派及广东财团、军阀势力的支持。两年来，他在中央和国民政府中掌握了很大一部分权力，安排了不少人马。太子派孙科一向与他合作。而且，他是立法院长，又熟悉孙中山的著作，在立法问题上展开论战，正是其长处。

其实，蒋胡间的矛盾并非始于今日，而是1928年10月胡回国实现蒋胡合作后就开始了。其根本原因就是蒋介石要独裁，不许他人分权。

胡为了约束蒋，在国民政府上面设立一个太上政府，名叫"国民党中央执行委员会政治会议"，要求"政治会议"在决定训政大计、指导政策上，对中央执行委员会负责；国民政府在实施训政方案上，对"政治会议"负责，而"政治会议"由胡主持。胡强烈主张军队党化，以党治军，曾说："军队若不党化，可以成为军阀。土耳其的军事力量，在革命初期是不甚强大的，但他却无割据的毛病，而完全是整个党的精神结晶起来的。那时各军所需，已经统一到陆军部，后来更统一到财政部，由财政部送交国会，经过国会审查核定，然后成为法案。国会所讨论的法案，又是预先由党决定的。"但蒋却以枪杆子为后盾，积极同胡争权。面对着重大事件中央党部和国民政府议决后仍要征求蒋介石的意见方能实施的情形，胡挖苦道："其实什么机关都可以不要，只存一个陆海空军总司令部，便可以了，既简捷，又经济，这样一实行，对于减少目前的财政恐慌，大概不无小补。"连一向圆滑、被人称为"文甘草"而自嘲为"伴食宰相"的谭延闿也看不过去："既然党部的决议还不能作准，又何必提出来？"

蒋胡之争，除了权力之争外，还有个性差异、政治手腕的运用。

胡汉民早年留学日本，较多地接受了西方资产阶级的政治思想，向往资产阶级的"自由""平等"制度，由此而萌发了民权思想，其核心就是建立一套资产阶级的民主政治制度。蒋介石早年也留学日本，但他接受的是日本军国主义的军事教育，是日本武士道的崇拜者。而其本人出身封建家庭，悉心研究的是《四书》《五经》以及王阳明、曾国藩、李鸿章等人的著作，尤其对王、曾著述百读不厌，其封建专制思想根深蒂固。政治角逐中，两人因为手腕应用的不同，使合作常有龃龉。蒋为达目的，不惜使用任何手段，脱不了上海滩厮混过的底色，"打""拉""买""分"运用自如。他坚信"官能役鬼，钱能通神"。胡对此不以为然，称之为"拉拢凑合的卑劣手段"。

蒋桂战争爆发后，蒋为了全力对付桂系，积极拉拢冯玉祥，抱了一大堆乌纱帽给冯，遭到胡的反对。蒋冯之间发生军事对抗后，蒋为对付冯，便给阎陆海空军副总司令，庞大的乌纱帽满天飞，胡更是不满。中原大战起，蒋把副总司令的官衔又给了张学良。公布决定之前，蒋料必遭胡反对，曾与戴季陶、吴稚晖找到胡说："现在要与张汉卿合作，非这样办不可。"胡激烈地驳斥道："在一个政府的立场，不应该用这种拉拢凑合的卑劣手段……合作并不在分配官职，国家名器也不应这么滥给人，而且既然是一个中央政府，在'中央'的名义下，对于国内任何个人都谈不到什么'合作'。"蒋挖苦道："胡先生看功名权利之事不是很平淡的吗？何以对于几个国府委员和部长之类，竟这么隆重起来？"胡说："把功名权利看得很平淡，这是我对于我自己；把国府委员和部长之类看得隆重，这是我对国家的名器。"气得蒋要辞职，而胡则说："我只问道理对不对，政府像不像政府，其余的我都不管。"

蒋介石要求召开"国民会议"，制定约法的"江电"发出后，点燃了蒋胡之间蕴藏已久的矛盾的导火线。

胡汉民以五院制的政府组织法，已经从蒋那里分到一部分权力，并想利用五院制扩大其权力。如蒋成至高无上的总统，独揽党政军一切大权，无异于完全罩住了胡。胡反对制定约法是依据国民党"三大"的决议。"三大"曾决定：确定总理遗教《三民主义》《五权宪法》《建国大纲》《建国方略》《自治开始实行法》为训政时期中华民国的最高根本法。政府权力与其组织之纲要，及行使政权之办法，皆须以总理遗教为依归。孙中山在其《建国大纲》中，提出了"建国三期论"：军政、训政、宪政。军政时期，以积极武力，扫除一切障碍，而奠定国民基础；训政时期，以文明法理督率国民，建设地方自治；宪政时期，俟地方自治完成之后，乃由国民选举代表，组织宪政委员会，创制宪法。宪法颁布之日，即为革命成功之时。胡据此指出，此时的中国，处于训政时期，不具备召开"国民大会"的条件，只能召开"国民会议"。"国民大会"是全国最高权力机关，有选举、罢免、创制、复议四权，及修改宪法与法律、制裁失职官吏的权力；"国民会议"则无权制定法律、选举总统、制定约法。

第十三章 权力之巅

在国民党三届四中全会上，胡汉民致开幕词时即大肆攻击蒋介石。他指责蒋不专心军事而把眼光盯在党务上，批评蒋为了揽权而兼职过多。更为大胆的是，他斥指蒋搞特务组织，唯其意志行事，致使南京政府的会议只能以"四不"了之：会而不议、议而不决、决而不行、行而不动。蒋自然要组织反击，结果四中全会开了6天，吵了6天架。

尽管遇到极大困难，蒋介石还是决心将总统梦做到底。他不敢与胡汉民正面论战，暗中指使爪牙加紧活动，企图造成既成事实，但遇到极大阻力。这使他认为要想当总统，必须搬掉胡汉民这个巨大障碍。他指责胡：身为立法院长，竟敢独持异议，不顾有训政时期约法，曲解总理遗教；不顾党和国民全体公意，徒逞个人私见，引起有约法与无约法之争论纠纷，从而重贻"党国"无穷之祸患；越职失言，淆惑人心，其目的是欲以立法院总揽大权；一贯不听孙先生的话，总理在日，常言彼之主张，十分之九迁就于胡；反对政府，反对政府主席；党务方面专横跋扈，政治方面误国误民；经济上贪污受贿；反对约法、破坏训政、阻挠法制；勾结西山派，运动军队图谋不轨。

2月28日晚，蒋介石邀胡汉民到总司令部，作最后之争取。但他不但没有说服胡，反被胡犀利的话锋逼得狼狈不堪，遂拂袖而去，命卫兵将胡羁押起来，押至汤山软禁。胡被迫按蒋的意思写了一份辞职报告：因身体衰弱，所有党部政府职务，概行辞去。在发表这份报告时，吴稚晖擅自加上"况国民会议开会在即，尤不胜繁剧"等内容。

蒋介石扣留、监禁胡汉民后，下令禁止各报登载此项消息，对宁、沪电报电话严密检查。但是，毕竟胡汉民这么大个人物去总司令部赴宴时突然失去了踪迹，怎么向全国交代？转念一想，改变做法。3月1日，各报纷纷发表消息，云胡因与蒋意见不一，争论不已，气愤之下提出辞职，今避居汤山。

险棋已走，再无回头余地。3月2日，蒋介石主持召开了国民党中常会临时会议，在京中央委员列席，通过了蒋等12人提议召开"国民会议"制定约法的提案，并推吴稚晖等11人为约法起草委员。会议以胡汉民反对在"国民会议"上制定约法，决议免去其国府委员、立法院院长本兼各职，选任林森为立法院院长。

几经沉浮的蒋介石感到因扣胡而起的政潮在暗暗涌动，为化之无形，他宴请立法院全体委员,联络感情,他在席间说:"约法问题,为本党与中国生死存亡之最大关键,胡主张国民会议不议及约法问题,中央各同志甚为不满。余对汉民之主张,事事皆可迁就。但对于主义与大政方针有关者,则决不迁就。胡称病辞职乃个人政见关系,也是政治家应有之态度。"为替自己的行为辩护,蒋在"国府纪念周"上讲演:胡汉民因为政见不合引退辞职,乃是一件极普通极平常的事,用不着奇异。胡辞职后行动是否自由,这亦不是重大问题,党员个人的行动,谁也不能自由的,胡亦曾说过此话。胡因为避嫌止谤,打算以后长住南京。胡病由来甚久,故亦非短时间所能痊愈。

面对着各方责难和舆论界要求恢复胡汉民自由的呼声,蒋介石同意胡回京。胡回到南京双龙巷的私宅后,蒋不许胡离开一步;不许与外界任何人交往,并在其门前贴上"遵医嘱须静养,凡来访宾客概不接见"的启事;不许打电话;警察厅派了20个警察看守。胡的住宅内仅有胡的女儿胡木兰和一老年女佣随侍。

蒋介石这种做法,不但不能平息舆论,反而激起了更大的不满。各方反应这么强烈,是蒋始料未及的。面对着呼啸而至的政潮,蒋无可奈何之中,一面发表题为"总统产生与革命环境关系"的谈话声称:"国民会议"只能制定约法,不必而且不应提出总统问题。外界传说本人要在"国民会议"里面提出总统问题,自己要做总统,实行独裁,这种谣言实在太没有意义。他打算以不选总统来缓和一下国民党内的矛盾。同时又为转移各方对准自己的视线,3月25日,蒋电令各军总指挥:"限令四月底前肃清各处共匪。"冀用"剿共"升级来吸引人们的注意力。

第二节 蒋介石扣押胡汉民,
打开了反蒋的潘多拉魔盒

胡汉民被扣既而被监禁,又恼又急,坐卧不宁,血压顿时升高。孙科知道消息后,几经周折,得派铁道部医官邓某替胡看病,邓某也就秘密充当了胡孙之间的联络人:孙询胡该怎样办,胡托孙及王宠惠一定要在两广建立反蒋局面救他,甚至不惜与汪派合作。

第十三章 权力之巅

蒋介石扣胡后即发现各方反感很大,尤其是粤籍要员,遂请孙科去吃饭,极力拉拢。宋美龄十分殷勤,不断替孙夹菜,并以亲戚的口吻说:"哲生,我们是自己人。"又指着蒋介石说:"他老了,以后一切,一定要哲生多多帮忙,不可见外。"

孙科的主张与倾向变化很大:1925年是国民党右派;1926年冬至1927年7月是左派,是武汉政府中的中坚分子,蒋介石曾想要逮捕他;7月以后,他与蒋合作反共,到南京做官,从1928到1930年一直联蒋反汪。现在他要反蒋了。他之所以要听胡命准备树反蒋大旗,原因是:他代表一小批广东官僚、资产阶级利益,与日渐形成的蒋、宋、孔、陈四大家族有利害冲突,此其一。他时为铁道部长,在蒋政权中没有什么发言权。胡被扣,汪在外,发动一次政治斗争,他就能出头露面,大大提高自己的政治地位,此其二。他在铁道部长任内有300余万元已被他装入私囊的公款没有报销,连造假账也造不出如此大的数目来,完全没有办法可以交代,于是打算借着政治问题把所存公款囊括而去。他算定:广东方面当然欢迎他去,增厚一分力量,决不会向他算南京的账;而南京方面则找不到他算账,就是公布或追究,人家也会认为是政治上的报复,不肯相信,此其三。其骨干部将均属于国民党中层地位,政治立场一贯反共,又坚决反蒋。他们过去和西山派、胡汉民、李济深、李宗仁等都有关系,被压在蒋集团之下,苦于没有向上爬的机会,现在国民党内矛盾重新爆发,极力鼓动孙科坚定反蒋的决心,此其四。

蒋扣胡几天后,孙科命其干将马超俊、梁寒操、王昆仑、钟天心、陈剑如、麦朝枢、周一志秘密开会磋商反蒋事宜。由马出面,代孙写了几封密函,决定王昆仑先去上海,钟天心回广州,麦、周去沈阳见吴铁城,叫他准备拉张学良反蒋,二人路过天津时会见在津闲住的邹鲁、覃振,告以反蒋时机已到,请他们务必转告汪派人士,不必再骂胡,大家一同反蒋。

不久,孙科离宁赴沪。他到上海后,派梁寒操赴香港与汪精卫接洽。汪正闷坐孤岛,百思不得东山再起之策,见有机可乘,自然庆幸万分,当即发表了《为胡汉民被囚重要宣言》,痛斥蒋介石说:"其一面摆酒请客,一面拔枪弄人,以国民政府主席,而出于强盗绑票之行径,教之青锋剑中之狗官,有过之而无不及。"但汪又怕被孙耍了,提出一个条件:孙科亲来,一同到广州下海。

谁与争雄

蒋介石得知孙科跑到上海联络各方反蒋，派出蔡元培、吴稚晖、李石曾、张静江"四元老"赴沪拉孙回宁。孙科在元老们巧舌的劝解下，发生了动摇，但秘密活动的邓演达和陈友仁与他做了恳谈，打消了他回宁的念头。孙科一跃成为时局的中心人物。

蒋介石扣留胡汉民于汤山的消息传到广州，军政各界均极震动，且大惑不解：1928年胡回国进京，做了院长，帮了蒋的大忙。1929年3月，蒋下决心铲除势力膨胀的桂系，把李济深从广州骗至南京是关键的一着棋，而这包含着胡及其政治密友古应芬的力气。李本为拥胡派，胡为自己的地位，对李就不惜牺牲了。国民党"三大"上，蒋同意对汪精卫予以书面警告，并将顾孟余开除党籍三年，陈公博、甘乃光永远开除党籍。胡以为如此就可以永绝蒋汪之间的勾搭，而永保蒋胡合作之格局。蒋在与冯玉祥、阎锡山等人斗争时，如无胡替其镇守后方，政治上为其撑腰，他一个人是无法在军事和政治上运用自如的。

胡被扣的内幕不得而知，一时谣诼繁兴，人们揣测不已。不几天，蒋介石由南京给广州发来了解释的电文："胡展堂先生对国民会议，坚持主张不得议及约法，恐因此引起党内无穷纠纷，俭（28日）晚特与详细讨论，胡先生以政见不合，欲辞本兼各职，并欲择地静居，谢见宾客，故于本日往汤山暂住。乃闻谣传扣留，殊觉失实。"此电文欲盖弥彰，反证实了胡确已遭遇和李济深相同的命运，被囚汤山了。广州军政首领无不怒形于色，都以行政院长扣留立法院长，毁法乱纪，中外所无。

此时，广州活跃着一个国民党元老级的人物，那就是胡汉民的亲信古应芬。古是同盟会会员，同汪、胡资格相同。在骗李济深北上时，蒋曾默许古任有名的肥缺粤省主席，后蒋食言，派陈铭枢做粤省主席，而给古国民政府文官长之闲职，使古大失所望。古得到胡传出的密信，立即到广州，联络各方，变广州为反蒋的据点。

反蒋派虽然多次被蒋介石挫败，但各派首领仍隐伏各处，窥视风向，伺机再起。只是在阎、冯、桂系垮台之后，哪一派都没有力量单独树起反蒋的旗帜，他们比从前更加需要联合。然而，联合反蒋需要选择一个占有地盘、拥有军队的实力派充当盟主，这就把由胡、古扶植起来而手握重兵、被人称为

第十三章 权力之巅

"瘟猪"的陈济棠推上了历史舞台。

已过了不惑之年的陈济棠穿着长袍，端着水烟袋，说话吞吞吐吐，拖泥带水，正与古应芬秘密交谈。他说："勷勤先生，此次蒋介石扣留展堂先生，实为搬起石头砸了自己的脚。现在各方联合，反蒋的政潮在扩大，他这个独夫的日子不好过了。连真如（陈枢铭字）也慷慨激昂，大骂蒋反动，颇有跃跃欲试之慨。"

古应芬不以为然："伯南差也，真如自十六年之后，早就从第四军方面变为拥蒋派，成为蒋系重要分子了。其军队在打张、打桂、打阎、打冯诸战役中都为蒋出力不小。他善于投机取巧，野心颇大，是一个军人政客。与他商议反蒋，实在不能放心，怕他中途出卖。"

谈到具体搞法时，古应芬胸有成竹地说："现在反蒋的人很多，但都不敢出这个头。我们就是要公开打出反蒋的旗帜，团结各军事实力派和政治派别，在广州开府另立中央，与蒋介石的南京政府相对抗。"

陈济棠当即表示："济棠誓以武力为广州国民政府的后盾。"

古应芬情绪大为高涨，与陈济棠筹划了排挤广东省主席陈铭枢的具体办法。

李济深被扣南京后，陈铭枢、陈济棠二人分掌广东的政治、军事权力，但二陈都想把对方挤走，成为独霸广东的"南天王"，蒋介石正是利用二陈的这种心理来驾驭他们。陈济棠刚取得广东军权，便遇到蒋桂战争中失败回广西的桂系军队的全力进攻，拥护李济深的徐景唐也举兵响应，两军直逼广州。他深感自己在广东的地位，系于此役，遂动员全部力量同桂系决战，取得完全胜利。这使他赢得了蒋介石的信任。他为巩固地位，趁机将粤军整编为五个师，以余汉谋、香翰屏、李杨敬、蒋光鼐、蔡廷锴为师长。蒋为笼络他，使粤军替其看守桂系，指定以中央在粤税收，全部拨给他作军费，连同省收入项下拨给的一部分，每月共达 430 万，加上广西梧州税款，竟达 500 万以上。按当时中央规定，每师军费为 30 万元，加上他每月对出省部队的小部分协饷，超领经费极为庞大，他除将之装入腰包外，还大肆购买武器，更新装备。

二陈的斗争十分激烈。1929 年 5 月，正当陈济棠对桂作战处于关键之时，陈铭枢为了搞垮陈济棠，便捏造谣言，说其最得力的旅长余汉谋勾结徐景唐反

谁与争雄

蒋并要驱逐他，同时密电蒋，要求将余汉谋扣留。蒋急电陈济棠，陈济棠接蒋电后，信以为真，便扣留了余汉谋。不久陈济棠即发现是陈铭枢捣的鬼，立即释放了余汉谋并继续委以重任。因此，陈济棠自然要整治陈铭枢。1930年夏天，蒋要陈济棠抽调粤军北上时，陈济棠为削去陈铭枢在粤势力，将其旧部蒋光鼐、蔡廷锴两师调出广东。北上参战这个大题目陈铭枢不便反对，同时他认为，广东富庶之区，军队驻防过久，容易腐化堕落；而且所部与陈济棠部在一起，日久必会发生摩擦；况局处广东一隅，又有陈济棠的牵制，终难获得大的发展，不如面向全国，打出去求发展。蒋介石自然不愿陈济棠独霸广东，支持陈铭枢大肆招兵买马，一次增编了由他领导的省府保安队四个团，并从捷克、德国购买了大批新式武器。

胡汉民被扣后，陈铭枢本拟有所表现，但古应芬和陈济棠对他均比较冷淡，感觉自己在广东即将上演的这出戏中只能充当被动的跑龙套的角色了。他要想有所作为，只能以十九路军为依凭，遂电在江西前线"剿共"的蒋光鼐、蔡廷锴二师长，征求他们关于反蒋的意见。蒋、蔡复电说："拥护统一，反对内战。"他便收拾行装，借口巡视各县，躲出广州，静观时局发展，再作打算。

陈济棠虽说很得蒋介石的信任，但两者之间有着尖锐的矛盾。1930年战败桂张军后，陈命令所部追击向广西退却的桂张军时，蒋已令云南龙云兵分两路进攻广西南宁和柳州，陈顿起疑心：桂张军被解决后，滇军是否会威胁广东？蒋会不会乘中原大胜的余威一举吞掉自己？他感到只有广西李、白的存在，才能保持自己在广东的半独立地位。于是，他对桂张军作战便采取消极的态度，甚至给桂张军很多方便，这才使李、白从容调度，击败滇军。之前，陈借口对桂作战任务繁重、兵力不足，获蒋准许增编不少部队，但中原大战一结束，蒋就要他裁减部队，使他对蒋产生了戒备心理和不满情绪，他常对亲信说："蒋介石用金钱和官职收买对方部下，使之倒戈相向，互相仇视，进行火并，最后是兔死狗烹，蒋则坐收渔利。"

陈济棠非常相信风水、相面、扶乩、占课等阴阳八卦五行之理。他花费重金，购买了花县芙蓉嶂洪秀全祖先的坟地，葬母于此。其兄、广东有名的术士陈维周说洪氏之祖墓本是龙脉，洪秀全之功败垂成，是由于葬坟时没有找到正穴，压在了龙尾，所以才没有一统江山。陈济常不放心蒋介石祖墓的风水，暗

第十三章 权力之巅

派其兄到奉化视察,陈维周回广东对乃弟说:"蒋母墓地鱼鳞坳比起芙蓉嶂来,差得太远了。"陈济棠笃信迷信,却对亲信部属都心存疑虑。萧佛成曾劝他疑人不用,用人不疑,他回答道:"只要世人爱酒色财气,我就要疑人。"

陈济棠之所以愿拿出多年经营的本钱相赌,经过了深思熟虑:一、他清楚他能够夺取广东军事大权,得力于胡汉民、古应芬等人的帮助,胡、古是其政治保护伞,胡、古倒台对他是个沉重打击,失去政治上的靠山,以后在这方面的发展便会十分渺茫。二、他与蒋介石存在着愈益深刻的矛盾,蒋公开支持的省主席陈铭枢一直在粤争权夺利,有力地钳制着其统治;而且在目前情况下,蒋是不会容忍他在广东继续保持半独立地位的,迟早要吞掉他,他遂打算借"胡案"反蒋,以攻为守,巩固自己的统治地位了。三、企图借各方反蒋之东风,赶走陈铭枢,独掌广东军政大权。四、他认为蒋介石多年东征西讨,与各反对派积怨甚深,只要他振臂反蒋,必然应者云集,借此还可以充当反蒋盟主,抬高自己的地位。五、他以为在蒋介石恣意践踏民主,横遭国人反对之时,公开反蒋还可以博取伸张正义、维护国本的美誉,可趁此扩大自己的政治影响。六、他打算利用反蒋名义招兵买马,壮大实力,独霸一方。

谋定反蒋大计后,陈济棠立即以巨款接济古应芬,联络国民党内各反蒋派别。1931年4月22日,粤使林翼中、香翰屏来到南宁,会见了李宗仁、张发奎等人,表示广东方面愿与广西释嫌修好。李宗仁以手加额,感谢蒋介石扣留胡汉民这一不计后果的莽撞措施,使他从局处南宁的困境中摆脱出来,收复桂东富庶地区,并与陈济棠合作,开创新的割据局面。数年的粤桂对立局面顿时峰回路转,化干戈为玉帛,组成两广反蒋军事集团,不仅使陈济棠免除了后顾之忧,而且壮大了其反蒋的声势和力量。

经过多方串联,胡汉民派、孙科派、汪精卫派、西山会议派,以及唐生智、唐绍仪、李烈钧、陈友仁等许多遭蒋打击,或对蒋独裁不满的人物和团体,都联络妥当。反蒋派的第二次大联合形成了。

4月30日,国民党中央监察委员邓泽如、古应芬、林森、萧佛成(林、萧尚在国外)联名发表《弹劾蒋中正案》的通电,历数蒋介石厉行专制独裁的罪行。

此电一出,激荡了本来已暗潮涌动的国民党政坛。

谁与争雄

首先响应的是国民党广东党部和广州各界民众团体。汪精卫通电国民党海内外各党部。5月3日，陈济棠领衔，10余名广东高级将领通电表示拥护四监委的弹劾案，公开树起了反蒋大旗。

3日的反蒋通电发出后，粤军调动繁忙。香翰屏第六十二师、李杨敬第六十三师分别在东江、北江布防；原驻广西桂平、梧州一带的第八路军全部回粤，由李宗仁派队接防。大批军火运往韶关，并在汕头港布雷。随即命李杨敬为韶关行营主任，张瑞贵为潮梅警备司令，香翰屏为惠州河源警备司令，黄鹤龄为梧州行营主任。

陈济棠还派人到江西"剿共"前线会晤蒋光鼐、蔡廷锴，拉拢第十九路军合作反蒋或保持中立，但遭到拒绝。

到5月中旬，各派陆续涌集广州。虽然广州给北方去了信，但阎、冯两派无人到场，大概去年北平组织"扩大会议"，胡汉民站在其对立面，而今反蒋阵营的组建，主要是支援胡汉民，所以阎系、冯系态度消极。根据胡的旨意，决定立即组织政府。经过协商，计划效法1917年孙中山在广州召开"非常国会"的故事，召开国民党中央执监委员会"非常会议"，由"非常会议"产生政府。

正在各方酝酿召集"非常会议"时，汪精卫、唐绍仪、孙科、陈友仁等人从香港来到了广州。5月25日，孙科在广东省党部发表措辞尖利的演说，指责蒋介石独裁，中央党部、国民政府之各种会议，均为老蒋一人所包办，反蒋不须顾虑投鼠忌器，蒋介石这个鼠子，不比普通的鼠子，真是个疫鼠，我们无论如何，都要将他铲除。同一天，唐绍仪等人通电，要求蒋介石在48小时内即行引退，两天后，国民党一、二、三届中央执、监委汪精卫、孙科、唐绍仪、邹鲁、许崇智、伍朝枢、陈友仁、陈济棠、覃振、邓泽如、肖佛成、古应芬、林森、陈璧君、谢持、李宗仁、李福林、李文范在广州成立了"国民党中央执监委员非常会议"，汪、邓、孙、李（文范）、邹为常委。同日，发布《中国国民党中央执监委员非常会议成立宣言》，称其主要任务在于推倒蒋介石独裁，完成国民革命。为壮大声势，扩大反蒋阵营，"非常会议"决定，凡是国民党一、二、三届中委，只要愿意参加反蒋，一律为"非常会议"之当然委员。

"非常会议"成立的当天举行了第一次会议,决议在广州正式成立国民政府。唐绍仪、汪精卫、陈济棠、李宗仁、孙科等16人被选为国府委员。国府下暂设财政、外交两部,以邓召荫、陈友仁分任部长。28日,国府成立大会在广东省政府大楼举行,发表的宣言宣称,南京政府已成为蒋介石独裁的工具,实无存在之价值,广州国民政府自今日始,事事当反蒋中正之私,而向于总理之公;对于财政,收入支出,一切公开;对于军人,信赏必罚。5月31日,汪精卫等联名发表就职通电。

宁粤对峙的局面形成了。

第三节　陈济棠挑起宁粤对立,各方追逐,蒋介石再次下野

面对着反蒋派的强大压力,蒋介石并不退缩。"国民会议"于5月5日开幕,8日举行第一次会议时,蒋即抛出《中华民国训政时期约法草案》。他在对该案作说明时强调:倘若我们对此计划不能完成,五六年后,必将亡国。12日通过该法案,决定交国民政府公布,"双十节"施行。约法规定:国民政府总揽中华民国之治权,选举、罢免、创制、复决四种政权之行使,由国民政府训导之;五院院长及各部长的人选,都由国民政府提请、任免。这样,蒋不顾舆论,操纵"国民会议"作其表决机器,通过了约法,使国民权力由国民政府训导,五权分立改为由国府主席一人操纵。

蒋介石夺取了政治上的制高点后,回过头来,从容与粤方放对。尽管他正忙于"围剿"红军,战务繁浩,还是南调相当军队,准备进攻广东。

另一方面,蒋介石企图从舆论上战胜对手。国民党中央执委会发表《告全国同胞书》,称对内消灭红军、对外废除不平等条约是今后两大主要任务。蒋本人先是说四监委弹劾电不合手续,继则在中央党部纪念周上作《对粤事之报告》,说很不愿意使广东为本党的事情而痛苦,指责陈济棠发表通电太不好了,犯了军阀一样的毛病,是第二个陈炯明;并警告陈济棠,用武力来挟制中央,威迫中央,是叛乱的事情,一定要和陈炯明一样的失败。这种叛乱,不光为全国所不容,即广东革命根据地——本省的人民,也将不会容许;最后气

谁与争雄

势汹汹地下了结论：不说中央军队要打他，他自己的军队和当地的人民也一定反对他，他不久就会自行消灭。

为了壮大声势，蒋介石掀起了一波浩大的舆论浪潮。除其控制的报刊连篇累牍地进行叫骂以外，很多要人都发了反粤通电：四川善后督办刘湘及省主席刘文辉指责粤方破坏统一；何应钦、何成浚、何键、鲁涤平等联名质询陈济棠；张学良等东北将领表示拥护统一，呼吁息争；湘鄂赣闽皖五省"国民会议"代表123人联名电粤方要员，劝同舟共济，切莫同室操戈；驻豫鄂陕甘将领刘峙等29人联名声讨陈济棠；吴稚晖电劝古应芬息争。吴稚晖更是跳到前台，与粤方对阵，他指出：粤之"非常会议"只是在北平扩大会议后垒起的又一大垃圾堆。列名于25日唐绍仪领衔通电的只有22人，却共分成六个派：一、超然派：唐绍仪、王宠惠、林森、李烈钧；二、国民党右派：古应芬、陈济棠、陈策、马超俊、李文范、刘纪文、林云陔、邓泽如、萧佛成、陈耀垣、邓青阳；三、西山派：孙科、许崇智、邹鲁；四、改组派：汪精卫、唐生智；五、陈济棠、古应芬之死对头李宗仁；六、第三党。

海军部奉令将"海筹""海容""逸仙""应瑞""永绩""永健"各舰，鱼雷艇"建康""豫章"，练习舰"通济"，运输舰"华安"等全部能在海上作战的舰艇调往福建，准备在必要时占领汕头。

大军一动，粮草最重。财政部奉令发行民国二十年（1931年）统税短期库券8000万元，月息八厘，以卷烟统税余款及棉、纱、麦粉等为担保。

蒋介石冥思苦想，如何以最小的代价妥善处理粤变。途径有两条：军事进攻、政治瓦解。尤其是后者，运用精妙，可不战而屈人之兵。他看到孙科几成广州之柱石，遂对其使用软硬两手：一面电告孙，对广州通电一笑置之，但念孙为总理之子，劝其勿为一时诱惑，误入歧途；派孙的亲信署理铁道部长，表示仍把这个肥缺给他留着。同时，由顾祝同领衔，蒋系将领发出通电，揭发孙科的贪污事实。再由何应钦等人通电，指责孙科参与广东反蒋政府，不忠不孝，不敬不仁，促其及早回头，放下屠刀，立地成佛。

"非常会议"面对蒋介石的舆论压力针锋相对地进行反击。它指出，共产党领导人民起来革命是因为"蒋氏执政数年，财政之设施，不根据于民生经济，日以掊克聚敛为能事，至百业凋残，四民失所，为渊驱鱼。"

陈济棠认为，战场是定胜负的地方，遂积极整顿武装，准备作战。"非常会议"常委会决定，组织军事委员会，并通过《军事委员会组织条例》，以李宗仁、白崇禧、陈济棠、唐生智、许崇智等19人为委员，两天后，选许崇智、陈济棠、李宗仁、唐生智为常委，决定将部队名称定为国民革命军，陈济棠的第八路军改为第一集团军，陈任总司令，下辖三个军；在桂的桂张军改为第二集团军，李宗仁任总司令，下辖四个军。两部都迅速扩编军队，第一集团军骤增至150个团，15万人以上；第二集团军扩为72个团。随即，两部均向湘赣边进兵。为了扩大反蒋武装力量，广州派出李汉魂到北方联络石友三部，给好变的石送去了第五集团军总司令的委任状。许崇智、唐生智也信使四出，积极准备收编旧部。周一志抵上海，密会在沪暗中进行反蒋活动的邓演达，交给邓一笔钱，作为邓策动黄埔军人反蒋之资用。就连吴铁城的心也活动起来了：他见"非常会议"气势很好，又不满蒋没有给他大官做，暗中与广州方面接头，答应秘密就任广东给他的国府委员职，俟军事行动起来，即以"非常会议"代表的身份再去东北，拉张学良入伙。

广东国民政府方面的工作也积极展开。陈友仁照会各国公使，要求撤销对南京的承认转而承认广州政府。同时，唐绍仪致电美国总统胡佛，将蒋介石扣押立法院长胡汉民的独裁行径告诉自称为民主政治典范的美国，请其援助广州国民政府。而驻美公使伍朝枢因不满蒋之专制而参加广州国民政府，从华盛顿下旗回国。广东省财政厅奉国府令发行第二次军需券1000万元，充作军费，按商人资本大小摊派。

尽管"非常会议"颁发誓词，要求全体党员一律宣誓，内云："实行三民主义，在最短期间，肃清共祸，推倒独裁。不立派别，决不凭武力毁法乱纪。"汪精卫发表公开信说，现在政治上有两大敌人，一为共产党，一是蒋介石，进攻目标已日益显著，今后一切派别之观念，须完全打破。但是，轰轰烈烈的反蒋阵营并非铁板一块，这也不是什么了不得的秘密。

作为盟主的陈济棠，只想其他反蒋派为他捧场，以维护他在广东的地位，所以他不给他们实权。他惧怕其他派别强大起来，夺掉其盟主的地位。他只允许"非常会议"放空炮，给他作政治招牌，不肯使汪、孙等分享广东的统治权。各反蒋派则企图借机再起，都想招兵买马大干一番。正因为"非常会议"

谁与争雄

中同床异梦，都只顾本派私利想尽量捞取更大权力，使其内部不断出现裂痕，几乎散伙。

古应芬、陈济棠对汪精卫本人态度还好，可是对改组派的陈公博、顾孟余等仍算旧账。这一则是因为要借重汪的政治资本但不愿汪派分享权利；一则是因为古、陈从根本上说是胡派，胡与汪却势不两立——1925年"廖案"中胡吃了汪的大亏，胡恨汪远甚于从"廖案"中获得最大好处的蒋介石；1927年"七一五"政变后，胡已先在南京与蒋合作，使汪不能参加南京政权，汪就行动起来，造成宁汉对立；胡随蒋下野而辞职后，大力反汪；蒋复职后，胡任立法院长，汪则以在野之身反蒋，胡则坐镇南京，坚决助蒋。"非常会议"成立，汪到广东，有人问他，今后是否真能与胡合作，答曰："过去我和胡先生的不和，都是上了蒋介石的当。蒋之所以专横跋扈，就是因为我们不能团结。这回反蒋，一定要合作到底。即使万一失败了去跳海，也要大家抱在一起去跳。"人们对此普遍持拭目以待之态度。

孙科派的人也遭陈济棠的不满。王昆仑写了《招我们的流亡弟兄们》一文后，三山五岳的英雄好汉蜂拥而至广州，要官做，要钱花，搞得陈济棠非常心烦，打算撤销周一志、王昆仑等在"非常会议"中的职务，分别给资出洋读书，又怕孙科发脾气，加上邓泽如等元老反对才作罢。

但赓即出现了一场大风波：许崇智与空军总司令张惠长愤然挂印出走香港，邓泽如、萧佛成出走南洋。原因就是陈济棠拉帮结伙，任用一己势力，控制其他派系经费。陈尤其对许不放心，因他是粤军之鼻祖，恐自己所部为其控制，不仅在费用上卡得死，其活动也处处受制肘。后由汪精卫、邹鲁劝说各方相让，主张委曲求全，万事容忍，以维持反蒋联盟，这才又勉强合作下去。

的确，宁方局面，颇有些动荡不安：北方阎、冯势力犹存，蒋介石军队的主力滞留北方，一为乘胜利之威控制地盘，一为钳制阎、冯，使其不能东山再起；而江西"剿共"战场，丧师失地，疲于奔命。

一个空头司令是无法指挥得动别人的军队的。广东此时酝酿北伐，显然粤军是主力，但陈济棠却任命早已过时的显赫人物、光杆唐生智为前敌总指挥。对于陈济棠来说，蒋介石的力量眼前并不可怕，他最担忧的是近在江西的陈铭枢的第十九路军回师广东。

第十三章 权力之巅

蒋介石的确计划用陈铭枢进图广东。

蒋介石命陈铭枢重领第十九路军,将部队集中吉安,并要他担任"剿赤"右翼军总司令官,明确将腹案告诉他:"共匪不是短期所能消灭的,进剿到一定阶段,就要你担负起打回广东的任务。"为了使陈铭枢尽力效忠,蒋甚至提出与他义结金兰。

陈铭枢入赣抓住本钱,却有一套自己的打算。他认为:对红军作战不易,十九路军长期转战,兵力渐感疲惫;东北自"万宝山事件"后,日军蠢蠢欲动。强邻压境,而张学良为剿平石友三,将东北主力悉数调入关内,偌大东北只有几个省防旅,东陲堪虞;蒋介石的军事指挥,一则低能,加上私心太重,赏罚不明。经他与邓演达密函往来,决定利用蒋要他出兵图粤的机会,另开局面:俟军队进入粤北,即急转潮、梅,占领东江和闽南一带,然后,陈铭枢与邓演达共同发表对时局宣言,呼吁和平,以停止内战,一致对外相号召;对宁粤双方采取武装调停的办法,建立第三势力,控制整个局势。

就在蒋介石准备实施其图粤计划,而陈铭枢打算另做主张时,日本发动了"九一八事变",对觊觎已久的东北下了手。

在全国人民"内息争端,外抗强敌,雪耻救国,收复失地"的呼声和压力下,粤方发出"马电"(21日),提出了解决时局的三个办法:一、蒋介石下野;二、取消广东国民政府;三、由统一会议产生统一政府。蒋介石也只得表示与粤方和解,派陈铭枢、蔡元培、张继为宁方代表,与粤方谈判。蒋提出的条件是:如粤中能负全责,则宁方尽可能退让一切,请在粤同志整个地迁来首都,改组政府,蒋介石个人下野,更无问题,只要粤中能切实负责,前来接替,则蒋介石即可通电下野,此其一也;如粤中不能负责,则应归中央主持,而广东政府自当取消,粤方同志,即应齐集首都,共赴国难,此其二也;如要各方合作,则蒋介石更为欢迎,但必须来京面商,方是开诚相见,同舟共济之道,此其三也。他又写信由陈铭枢直交汪精卫、孙科等人,说:"弟当国三年,怨尤丛集,过去之是非曲直,弟愿一人承乏,谴责之加,何必复求推卸……毋使五千年神明之胄,自我而斩;毋使亡国之惨史,将为中山党徒只顾内争、不恤国难之所致。"

宁方代表陈铭枢等3人于9月28日抵达香港,与同日到港的粤方代表汪

谁与争雄

精卫、孙科、李文范开始谈判。经过仔细磋商，达成妥协办法两条：一、蒋发一通电，为时局危急引咎，并申明议定统一政府办法时，立即下野。粤亦发一通电，向国民引咎，并说非统一不能救国，赴京开会，取消国民政府，并不以蒋下野为条件，两电须同时发表。目前两方均训令各级党部及报纸，停止两方互相攻讦之言论。二、须立即变更京沪卫戍警备组织，粤方才安心入京，在总理灵前宣誓开会，决议同意政府办法。蒋对此表示同意，随即任命陈铭枢为京沪卫戍司令长官兼淞沪警备司令。粤方考虑到蒋的为人，又要求调第十九路军入京卫戍，蒋也同意；但当粤方要求蒋发表下野通电的确切日期时，蒋颇觉粤方欺人太甚，重提其三个原则。粤方也不让步，"非常会议"决议最低限度要首先释放胡汉民。广东国民政府作出决议：一、由蒋决定发表下野通电日期；二、十九路军调宁后，粤代表方北上；三、俟在沪商有头绪，粤委始赴京。在团结御侮的压力下，蒋被迫让步，他对粤方表示自己早愿下野，"惟当此外交紧急，存亡呼吸之秋，不可一日无政府；如粤中同志能早到沪，或精卫、哲生、湘芹（古应芬）、君佩（李文范）诸兄先来亦可。诸兄朝到沪，此电夕发出。"上海会谈总算有了眉目。

10月20日，汪精卫一行到了上海；22日，蒋介石亦到上海；当天下午1时，蒋到孙科寓所与汪精卫、胡汉民等人会谈。汪首先发言说："同志们年来隔离，致行动冲突，但系为公，非为私。此次代表粤方同志，解决一切，共赴国难。"蒋继起发言道："本人亦如是，公而忘私。诸同志皆党中前辈，本人为后进，向来服从前辈。此次诸同志议定办法，凡胡、汪先生同意的事，我无不同意照行；若我不行，尽可严责。"会谈中正式决议两点：一、彼此须求得外交一致，共赴国难；二、关于党政军问题，由宁方派代表与粤方代表在沪详商办法，俟将草案拟定，再入京开正式会议，谋彻底解决办法。会毕，蒋即飞回南京去了。

蒋介石回南京的当天，粤方即致函宁方提出议和办法七项：一、为共赴国难，先谋外交一致行动；二、关于党国诸疑难问题，请宁方派代表到沪共商解决办法；三、"党国"根本问题在于集权于党，完成民主政治乃根本原则；四、召集一、二、三届中央委员会议产生健全的第四次全国代表大会；五、国民政府主席，拟仿德、法总统制，以年高德劭者任之，现役军人不宜当选；

六、拟废除陆海空军总司令一职；七、到统一会议决定以前，彼此应尽之责，双方应照常负担。

粤方的目的是力求通过合作来改组南京政府，宁方则想将粤方合并过去，所以，虽然宁方迫于压力，把李济深等人释放，恢复其自由，但在粤方提出党政军改革提案后，蒋介石公开翻脸，而吴稚晖化名"某中委"，不断冷嘲热讽地攻击粤方，蒋系军人纷纷通电拥护中央向粤方示威，宁粤两方展开了激烈的争吵：蒋介石要把持独裁大权不放，汪精卫、孙科等一定要夺其独裁大权而分享。最后决定双方同时召开四全大会，开会时，双方各发表表示统一的通电。商定四届中央由160人组成，一、二、三届中央委员除共产党外，一律可在四届被选，双方再各加同等人数的新的候选中委，分别选出，互相承认，再合起来在京开一中全会，修改国民政府组织法，改组政府，决定军事问题，南京政府改组后，广州政府即取消。

在日本发动"九一八事变"吞并东北，国难日深的背景下，国民党内上演了一幕不顾国破家亡而争权夺利的闹剧，正如鲁迅在其《沉滓的泛起》一文中所说："日本占据了东三省以后的在上海一带的表示，报章上叫做'国难声中'。在这'国难声中'，恰如用棍子搅了一下停滞多年的池塘，各种古的沉滓，新的沉滓，就都翻着筋斗漂上来，在水面上转一个身，来趁势显示自己的存在了。"但，在非凡的热闹中，暗潮在涌动，力量在不断分化组合，政局又将发生重大变化。

粤方的"非常会议"与政府内部矛盾重重。汪精卫、胡汉民虽信誓旦旦地表示要精诚合作到底，但两派互相攻讦、诋毁。陈济棠亲胡而拒汪，他只欢迎汪个人带一些中层干部进广东，而坚决排拒陈公博等加入，汪认为这是"去皮存骨"，对陈非常愤恨。孙科派最初比较接近汪派和桂系，也为陈所歧视。同时，因为孙派和汪派接近，胡派就和他们疏远。从本意上说，陈济棠是借"胡案"以自保，因此他绝不肯真正出兵去北伐讨蒋，也不肯使汪、孙等分享广东的统治权。汪、孙发牢骚说：土军阀的气更不好受。汪、孙等既不能推动陈出兵讨蒋，又与陈矛盾重重，"非常会议"已处于无法下台的地步。胡对于重返南京，最无指望，所以反蒋情绪最高。他生怕汪与蒋妥协，自己又不是和议代表，只有在后台出主意，极力鼓舞和推重孙科。孙则摇摆于汪、胡

谁与争雄

之间。

　　胡汉民的担心并非多余。蒋介石认为广东的局面看似热闹，但漏洞很多。汪精卫受不了土财主陈济棠的气，其手下大将顾孟余说：我们与其受地方小军阀的气，不如投降中央大军阀。只要把汪拉过来，广州的局面自然烟消云散。所以，陈铭枢作为宁方代表赴粤时，对汪作了拉拢。而正感在粤没有出路的汪对之心领神会，派顾孟余与陈坐一艘荷兰船先行北上，以便在途中作进一步的商谈，他与宁、粤其他代表乘坐美国大来公司的"麦地臣总统"号邮船后行；且当古应芬摆出一副送客出门的姿态时，汪也流露出离广州后不再回来的神气。上海和谈期间，蒋派宋子文、陈立夫、吴铁城等与汪密商。经过讨价还价，蒋汪达成妥协：汪派退出"非常会议"，参加南京中央党部和国民政府，由汪任中央政治会议主席和行政院长；改组中央党部，举行四全大会；汪派除原来的中委外，另增中委10人；汪蒋合作，对内"剿共"，对外妥协。

　　粤方的四全大会乱成一团糟。大会一开，邓泽如、萧佛成在幕后的陈济棠的支持下，提出否决宁粤上海会议关于国民党第一、二、三届中央委员为第四届中委的决议案，目的是推翻一切成议，继续割据两广。汪派借机首先全部退席，该派代表约一百五六十人到港后奉汪命不再回广州，全体赴沪。孙科因反对无效，认为大会对彼等不信任，退出大会。粤方大会分裂的消息传到上海，汪精卫更不愿再回广州；而胡汉民看到广州各派关系复杂，本不想卷入其内部争夺的漩涡，但因古应芬拔牙中毒突然死亡，粤方又四分五裂，只得回粤调解。12月3日，在沪汪派得悉粤全会通过胡汉民等的调解办法、重新选举的消息，决定丢开粤方单干，遂在上海游艺场"大世界"召开沪方的"四大"。此会没有任何议程，由汪精卫提议，选出唐生智、张发奎、王懋功、谷正刚、邓飞黄、刘文辉、唐有壬、范予遂、黄少谷、萧忠贞10人为第四届新中央委员，即匆匆闭幕。而"大世界中委"又成为一大难题，最后决定，承认该次选举有效，由宁粤双方各将已落选者增补几人为中委，以资平衡。这些中委，被称为"恩科中委"。宁方于右任的部下王陆一曾任监察院荐任秘书而受简任待遇，自称"简任秘书"，他在宁方落选委员中补上，颇出意外，因撰一联云："岂有秘书称简任，居然中委出恩科。"

　　三地同时召开的国民党"四大"闭幕了，现在剩下两个问题：蒋介石下野；改组政府。

中央全体会议以前，各方人物络绎到了南京，无论是蒋介石或其手下，都以主人自居，仿佛只是其家庭中新增了几个客人。蒋是不会轻易交权的。11月2日，他在"国府纪念周"上发表演说，指责粤方违背总理遗训，无诚意与宁方合作，故意为难宁方，实是间接援助日本。又称，本人现在决不辞职，"我早已决心，即使全国国民、全体同志都不惜违背约法和党章，但我中正个人决不能毁坏约法，违背党章。"在宁方四全大会上，蒋抢过"团结"的旗帜，把自己装扮成宽容、忍让的表率，虔诚悔过的楷模。为了达到不下野的目的，蒋请孔祥熙当调停人，拉拢住在山西的冯玉祥和8月初偷偷从大连溜回老家的阎锡山，请他们到南京来。在蒋的操纵下，宁方"四大"通过了"奖慰马占山及黑省将士案"，目的是敷衍汹涌澎湃的抗日怒潮，该案共四项：一、以大会名义电慰马占山及黑龙江驻军将士；二、由国府令张学良副司令就近速调大军驰援黑省，抗拒侵略；三、由国府克日电汇10万元犒军；四、请大会全体代表将每人应领之出席费之一部或全部捐输犒军，交由大会总汇黑省，自愿多捐者听便。

但是，蒋介石的这些手段并未化解紧张的形势。全国学生的抗日运动，尽管蒋采取种种手段阻挠、破坏，似掀起高潮，如北平九所大学的学生两千多人发起赴京请愿，而蒋致电张学良说：宁可停车，不许通行，僵持达数日，平、津铁路交通完全断绝。声势浩大的抗战声浪，不是蒋几句空话就对付得了的。粤方"四大"所选中执监委员由胡汉民领衔，于12月5日电促蒋下野，宣称若蒋不下野，解除兵权，粤方中委决不到京参加四届一中全会。在这两方面的夹击下，蒋明白硬顶下去可能会有灭顶之灾，不如以退为进，先行下野。12月15日，在京中央执监委在中央党部举行了临时常会，决议：国民政府主席兼行政院长蒋介石呈请辞职案，决议准蒋辞职；推林森代理国民政府主席，陈铭枢代理行政院长。会后，蒋发表辞职通电说："乃第四次全国代表大会，已以委曲求全的精神，接纳全党团结之方案，而在粤同志迄未实践诺言，共赴国难。胡汉民同志等'微'日通电，且有必须中正下野，解除兵柄，始赴京出席等语。是必使中正解职于先，和平统一方能实现。权衡轻重，不容稍缓须臾，再次思维，惟有恳请中央准予辞去国民政府主席等本兼各职。"

12月12日，蒋介石出席了当天一中全会的开幕式。不久，他带着宋美龄飞宁波，回奉化去了。

第四节　"太子内阁"短命，蒋介石旧招出新意，昂然入主南京

蒋介石下野，住进了溪口妙高台，各地国民党中委纷纷入京，但问题并未解决。这一点，较为敏锐的局外人都看得很清楚：12月23日，参加国民党四届一中全会的中委上午8时全体拜谒中山陵，鲁迅写了首《南京民谣》："大家去谒灵，强盗装正经。静默十分钟，各自想拳经。"

果然，一中全会一开，吴稚晖即大放厥词，对粤方含沙射影，孙科愤然乘车赴沪，随即发表谈话对吴进行反击，并表示蒋、汪、胡不入京，只有暂不问党事。蒋介石在此形势下不可能回到南京，胡汉民则绝不会进京，汪精卫的态度则诡秘得多。蒋离京前夕，约汪派大将陈公博、顾孟余、王法勤谈话说："本人甚盼汪先生能不顾一切，任此艰巨。前在沪时，曾向汪先生面述此意，汪太客气，希望三位再代转达。中兴本党，非汪先生莫属。"在此局面下，汪如进京坐头把交椅不成问题，但汪分析形势后认为，各派，尤其是蒋派根基丝毫没有触动，自己无力单独控制局面，遂决定不在蒋下野的背景下上台，而要在与蒋合作的情况下上台，首先利用蒋，与之合作，再徐图最高权力。所以，汪以糖尿病为名，住进一家德国医院，不进南京。

孙科因缘时会，成为南京唯一的中心人物。事实上，由于各方矛盾，已达成由孙组"统一政府"的协议：蒋下野，汪若任行政院长，则胡反对，胡走上前台，蒋又不能容忍。孙负气出京，使时局更加漂浮不定，宁方中委亦感不安，即派于右任、何应钦等人赴沪劝孙回京，又派人劝吴稚晖不要再随便发言，平息了意气之争，开完了一中全会。

全会在12月26日通过《中央政治改革案》，将国民政府及国府主席变为空架子后，28日通过了有关中央组织机构及人选的一系列变蒋独裁为蒋、汪、胡3人控权体制的决议。一、选蒋介石、汪精卫、胡汉民等72人为中委，推举胡汉民、汪精卫、蒋介石、于右任、叶楚伧、顾孟余、居正、孙科、陈果夫

9人为中执会常委。二、选任国府主席、委员及五院院长案。主席团对国府人选,提出申明两点:1. 五院院长及所属各部长、委员长不兼府委;2. 现任军人不兼府委。三、选林森为国府主席。四、选任蒋介石、汪精卫、胡汉民等33人为国府委员。五、选任孙科为行政院长,陈铭枢为副院长,张继、伍朝枢、戴季陶、于右任分长立法、司法、考试、监察各院。六、通过中央政治会议组织原则:1. 中央政治会议以中执监委组织之;2. 中政会议设常务委员三人,开会时轮流主席;3. 中央候补执监委得列席中政会议。七、选举蒋介石、汪精卫、胡汉民为中政会议常务委员。

接着,中政会决议了行政院各部人选:内政李文范、外交陈友仁、军政何应钦、财政黄汉梁署理、教育朱家骅、实业陈公博、交通陈铭枢、铁道叶恭绰、司法行政罗文干、蒙藏委员会委员长石青阳、参谋总长朱培德、训练总监李济深、军事参议院唐生智、禁烟委员会刘瑞恒。

至此,国民党内各派"共赴国难"的统一政府总算组建起来了。但是,身居环境清幽的妙高台的蒋介石却在谈笑间拧紧了手里的绳索,使孙科的笑容很快凝固,脸色渐渐变青。

蒋介石下台前夕,为了重新上台,暗中作了种种布置。

一、丰满羽翼,抢占要津。12月15日,蒋发表下野通电的这一天,他主持了第四十九次国务会议,改组了4个省政府,从省主席、省府委员和各厅长都换成了自己的亲信:顾祝同为江苏省主席,鲁涤平为浙江省主席,熊式辉为江西省主席,邵力子为甘肃省主席,贺耀组为甘肃省政府委员兼甘、宁、青宣慰使。这些人迅速走马上任。宁方"四大"进行中委选举时,蒋使用手段,保证选上的几乎都是蒋派人物,从而保证了宁、沪、粤三方中委和炉时,蒋派仍占有相当大的比例。

二、从经济上卡住孙科。蒋指使宋子文辞去财政部长之职,而社会上盛传,如无上海财界作后盾,谁也不敢接掌财政。宋在交接前,把部内重要档案统统拿走,科长以上职员给薪3月,要他们暂时离职,来一个大拆台。

三、假借民意,政治上插一脚。蒋积极活动召开"国难会议",拼凑了一个由14人组成的筹委会,以便抢过一面抗日救国的旗帜,以在野身份,名正言顺地进行活动。

四、筹建黄埔学生组织特务机构"复兴社"。该组织以贺衷寒、康泽、桂永清、郑介民、戴笠等黄埔生为骨干,虽未正式建立,却上蹿下跳,为蒋的复职做了大量工作。

五、操刀杀人,消除可能威胁、动摇其根基的隐患。1927年下野前杀掉第十军军长王天培是为泄愤,此次下野杀掉邓演达则是为日后复职。大革命失败后,邓辗转到苏联,并到英、法、德等国游历考察。1930年春,邓回到上海,同年8月召开有14个省市代表参加的会议,正式成立了国民党临时行动委员会,作为中央临时机构。其政治主张,主要矛头指向蒋介石独裁专制,对共产党也主张抗争,企图建立第三种势力,走第三条道路。邓除了在政治上进行反蒋宣传外,还在军事上进行策划。他一方面计划联络他在保定的同学、同事;另一方面利用黄埔军校的旧关系,和他在黄埔生中的威望,企图吸收黄埔系军人,作为其军事力量。他在上海组织黄埔革命同学会,联系黄埔军人,策动他们起来反蒋。拉拢黄埔生、插手军队等挖蒋墙角的行为被蒋知悉后,蒋对邓深为忌恨,他派王柏龄等人到上海侦察,并与上海租界当局勾结,悬赏30万元缉捕邓。1931年8月19日,临时行动委员会在上海愚园路愚园坊20号,举行来自各地的受训干部结业典礼,由于叛徒出卖,邓被捕,随即被押解至南京。蒋素知邓之才干与威望,以第二把交椅相许,遭其拒绝。邓被捕的消息传出后,江西"剿共"前线的陈诚在吉安立即电蒋保释,其他一些黄埔系军人也进行营救。但是,促使蒋下决心杀掉邓这么大个人物的原因恰恰是黄埔系军人的救援行动,使蒋认为邓在世一天,必然就要与他争夺他视为禁脔的黄埔系。其他人下的说辞也起了重要作用:何应钦、何键、何成浚联名电蒋杀邓,此人不除,不足以安天下。胡宗南等人联名向蒋呈诉:如果校长不除邓演达,我们的兵就带不成了,被邓骂作"老狗"而最痛恨邓的吴稚晖也向蒋指出邓将破坏黄埔系的根基。这一切使蒋非常惊惧,认为下台后邓可能挟黄埔系而上台,如真那样,自己的复职就可能成泡影,遂决心杀邓。

孙科等人既已将蒋介石逼下台,组阁时又将财政、外交拿到自己手里,本应想方设法统一各个反蒋力量,动摇蒋的军事、政治基础、进而摧毁它,使蒋无再起之可能,但他们不敢想更不敢做,因而困守南京,一筹莫展:各省政府各干各的,简直不买南京的账,上海的经济势力更是直接为难孙科,孙阁政令

第十三章 权力之巅

不出南京一步。孙科无支配全局的能力与威望，而三巨头虽实现合作，但蒋赴溪口、汪病上海、胡滞香港，天各一方，互相牵制。国内国际事务本极为棘手，孙科头上的婆婆们冷眼相看，害得孙科直似身处火炉之上，国府主席林森致电胡汉民说："哲生为总理单传之子，素为公所爱护者，今既然不避艰险，肯牺牲一切，公而忘私，我辈深嘉其志，尤表同情，似不忍袖手旁观，任其焦头烂额，而不加以援助。"

当然，"孙阁"开始并不认为自己上台即面临山穷水尽的窘境。中政会3常委不来，"孙阁"无所遵循，遂决定重建政治重心，中常会决议成立中政会特务委员会，推于右任、张静江、张继、居正、孙科、陈铭枢、朱培德、何应钦、冯玉祥、李济深、李宗仁、陈友仁、顾孟余为委员，规定该会于中政会常委未实行责任以前，为应付国难，迅速处理政务起见，负其责任。这样，"孙阁"身上虽仍有种种限制，但可以舒展身体，能较为自由地处理政务。

因蒋介石在财政上预作布置，使孙科日子非常难过。孙说："以言财政，几年来债台高筑，罗掘已空，中央收入每年本有4万万，但除还债外，能用之款不及1万万。欲再发债则抵押已尽，且市面债券价格，不过二三成，即强发债，于事何补？最近财政、税收，每月不过600万，而支出方面，只军费一项，照前月财委会核减之数，每月仍须1800万。"而税收极为混乱：广东自扣留税收后，旧扣未还，新税仍继续扣留；东北失陷后，东北军经费完全取之于华北，且每月不敷甚钜；湖北何成浚截用江汉关税；山东韩复榘截用国税；福建地方截用统税。署理财长黄汉梁接收国库，未得分文现金，只继承了对银行界的拖欠1000万元。黄在银行界没有地位，上海金融界对其杯葛与逼债，他第一次赴沪，原拟筹资1000万元，只得300万，仅够4天开销，而各军代表40多人齐集军政部索发欠饷。无奈之中，黄辞职，孙科不辞而别出走上海。此时的活跃人物陈铭枢找到孙说他愿当财长，并约集银行界代表张嘉璈、钱业代表秦润卿、市商会代表王晓籁、债券管理委员会代表李铭、持券人代表杜月笙、张啸林及报界代表史量才等上海滩上的大亨、地头蛇在市长吴铁城家中开会，向他们作了不与政府合作，操刀就割的暗示，迫使他们承诺每月由上海银行界与证券交易所共同负担900万元。这样，加上政府每月可收入的国税（关余、盐余），勉强可以维持。

谁与争雄

蒋介石见"孙阁"在财政上有了办法,同时不放心陈友仁的外交,耍起了新阴谋。他叫人组织一群流氓,声称要去烧南京的日本使馆,以便引起外交上的新问题,逼孙下台。泊在南京下关的日本兵舰,卸下炮衣,炮口昂然对着南京,日本使馆扬言,一声有事就向南京城开炮。孙科本身无担当,早年在广东时,就有人称他"阿斗官",如今岂敢居于一朝不保夕的危城之中,遂坐上专列悄然去了上海。为了报复蒋介石的不合作,幕僚曾建议孙,发布3道命令:一、外交上对日绝交;二、停付内外公债本息;三、罢免长江几省主席如江西的熊式辉、湖北的何成浚等人职务。孙对此虽深以为然,但既无决心也无能力实施。

蒋介石驱动财政、外交两个恶魔索取"孙阁"魂魄的同时,加紧了与汪精卫的勾结。汪精卫早定汪蒋合作、联袂入京之心,为怕蒋起误会,他甚至托词拒见专程赴沪探视其病的冯玉祥。1932年1月16日上午,汪接到了蒋请其赴杭州晤面的亲笔函,当天下午即赴杭,当晚蒋、汪见面。次日上午,蒋派毛晏初驾蒋自备飞机到南京,直入国民政府接来了孙科。17日当天,张继、张静江在杭州烟霞洞宴请在杭中委。蒋介石在宴会上即席演说:"余不入京,则政府必贸然与日本绝交,绝无通盘计划,妄逞一时血气,孤注一掷,国必灭亡。故余不顾一切,决计入京以助林主席挽救危机,本我良心,尽我天职而已。"宴毕,即在别室密谈,参加者为蒋介石、汪精卫、孙科、张继、张静江5人,这就是"烟霞洞会议"。

在杭期间,蒋、汪相约,先把汪精卫推上行政院长的职位,蒋介石仍保持在野身份。然后由汪出面,把军权交给蒋,形成蒋主军、汪主政的分治局面。

1月20日,孙科与汪精卫由沪入京,次日,蒋直接由杭入京。孙科见事无可为,在汪、蒋给其立法院长后,于25日以主动让位的姿态向林森辞职。27日中政会开会,汪精卫为主席,决议撤销中政会特务委员会;28日,国民党要员们不顾日本不断增兵上海,已于27日向上海市长吴铁城提出最后通牒的严峻形势,忙于政治上的分赃,由蒋介石主持召开了中常会,决议:一、行政院长孙科辞职照准,选任汪精卫为行政院长;二、立法院长张继辞职照准,选任孙科为立法院长,孙科未到职以前,由覃振代理。随即成立军事委员会,指定蒋介石、冯玉祥、何应钦、朱培德、李宗仁为常委。

第十三章 权力之巅

1月28日开会后数小时,卫戍京沪的第十九路军,在淞沪与日本侵略军激战,揭开了中华民族抗战的序幕。

淞沪抗战,根本不符合蒋介石"攘外必先安内"的既定方针,他遂采取种种措施,阻挠、破坏第十九路军将士的奋战。

3月1日至6日,国民党四届二中全会在洛阳召开,选举蒋介石为军事委员会委员长,兼军事参谋部参谋长,18日,蒋在南京宣誓就职。从此,蒋就被称作"蒋委员长",人称"委座。"

汪精卫主政,但手中无兵,没有实权,处处受制于主宰全军的蒋介石。汪、蒋联合很快就变成了事实上的蒋介石独裁。从此以后,国民党内再也没有人对蒋介石的地位和权力形成真正的威胁和挑战,蒋家王朝终于较为稳固地建立起来了。直到1949年,蒋介石因其嫡系主力被人民解放军歼灭殆尽而被桂系趁机挤下台。但不久,国民党残余势力撤到台湾,蒋介石又被簇拥着很快"复职",维持他在国民党的独裁统治地位,直到1975年去世。